20世纪以来的北方城乡与民众生活

主编 赵世瑜

大河上下

本项研究受到教育部人文社会科学重点研究基地2006年度重大研究项目资助（项目批准号：06JJD840018）；受到香港AOE项目的经费支持；受到新鸿基地产郭氏基金、耶鲁大学东亚研究理事会、香港大学香港人文社会科学研究所的经费资助；受到台湾中研院中国地方社会文化比较计划的经费资助.特致诚挚的谢意！

山西人民出版社
山西出版集团

图书在版编目（CIP）数据

大河上下／10世纪以来的北方城乡与民众生活／赵
世瑜主编. —太原：山西人民出版社，2010.12
　　ISBN　978 - 7 - 203 - 07109 - 9

Ⅰ.①大… Ⅱ.①赵… Ⅲ.①社会生活—史料—中国
—10世纪~ Ⅳ.①D691.9

中国版本图书馆 CIP 数据核字（2010）第 252543 号

大河上下：10世纪以来的北方城乡与民众生活

主　　编：	赵世瑜
责任编辑：	莫晓东
装帧设计：	陈　婷

出 版 者：	山西出版集团·山西人民出版社
地　　址：	太原市建设南路 21 号
邮　　编：	030012
发行营销：	0351 - 4922220　4955996　4956039
	0351 - 4922127（传真）　4956038（邮购）
E - mail：	sxskcb@163.com　发行部
	sxskcb@126.com　总编室
网　　址：	www.sxskcb.com

经 销 者：	山西出版集团·山西人民出版社
承 印 者：	山西出版集团·山西省美术印务有限责任公司

开　　本：	787mm × 1092mm　1/16
印　　张：	26.5
字　　数：	378 千字
印　　数：	1 - 4000 册
版　　次：	2010 年 12 月　第 1 版
印　　次：	2010 年 12 月　第 1 次印刷
书　　号：	ISBN　978 - 7 - 203 - 07109 - 9
定　　价：	58.00 元

如有印装质量问题请与本社联系调换

目　录

导　论

赵世瑜

一

　　新一代社会史研究从一只"丑小鸭"变成"白天鹅"，在中国大陆的历史学界以及整个学术界，经历了大约 30 年时间。

　　所谓"新一代社会史研究"，是相对 80 年前中国的社会史研究而言。后者当然不仅是指 20 世纪 30 年代"社会史大论战"意义上的社会史，也包括在那一时期出现的一些社会经济史研究，还有并未冠以"社会史"之名、但关注的问题在我看来是社会史的那些研究。

　　随着改革开放的不断深入，中国社会史研究也走过了它"复兴"的 30 年历程。由于研究主题和史料的多样性、研究方法的开放性和问题意识的创新性，它同样取得了丰硕的成果，已经不是 20 多年前只注重主题新奇的那种局面。

　　这些成果主要体现在，首先，大量的民间文献得到发掘和利用。这不仅丰富了历史研究的认识，使我们的一些既有看法得到修正，而且迫使我们重视对这些文献基本解读方法的总结和训练。其次，研究不满足于粗疏和泛泛，社会史力图从社会科学的区域研究和人类学民族志的"深描"获得启发，对盲从既有成说的概念化做法展开批判。再次，社会史研究不断出现具有活力的探索，无论是否成熟或结论确当，与其他领域相比，它较少故步自封，较多自我批判。比如关于"跨区域"、"在地化"、"碎片化"等等的讨论，都是这方面的体现。

　　但是，社会史的继续发展，取决于如何坚持此前取得的成就，还在于对目前存在的问题具有正确的认识。我认为，在诸多问题中，有三方面的问题特别值得重视和思考。

第一个方面，社会史研究如何与史学界对话？如何介入其他领域对重大历史问题的讨论？社会史研究虽然经历了一段时间的发展，在许多主题上进行了前所未有或少有的研究，但与主流的断代史或传统的专门领域交流还是很少，人们往往只是从主题的分类上判断是否为社会史，甚至无论社会史研究者的主要研究时段在哪里，便基本上认定他为社会史研究者，而非该时段历史的研究者。这样一种截然的区分，说明我们的学者头脑里有一个明晰的界限，或者有某种明确的定义，认为研究什么的或怎样研究的就是断代史研究者，否则便可以归入他类。这种情况在西方不太多见，比如年鉴学派的社会史学者多以研究中世纪的欧洲著称，但人们不会说："哦，某某不是中世纪史专家，他是研究社会史的！"

这种局面不能完全归咎于社会史研究以外的人们。社会史研究者应该反躬自问，如果我们不只研究社会生活的某些侧面，不把我们与历史研究的其他领域隔绝开来，而能与其分享我们的研究视角、方法、材料和见识，那会是什么状态？我们过去做了什么？学习社会史，首先应该学习史学史。想想国内较早研究社会史的学者，之前不是研究政治史的，就是研究经济史的。譬如冯尔康以研究雍正皇帝知名，华南的社会史学者多研究经济史。法国年鉴派的创始人布洛赫研究马丁·路德和拉伯雷，这是中世纪史的传统主题，而且可以说是社会史研究所不屑的人物研究，后来他的《创造奇迹的国王们》探讨王权强化的社会基础，也是一个政治史的主题。孔飞力的《叫魂》以一种"迷信"或者巫术观念为切入点，到最后的王朝权力体系的探讨，总体上没有超过布洛赫这本书。那么我们有没有想过，为什么会是这样？

选择区域作为研究主题的社会史研究者往往会遭遇这样的窘境，即无论你如何解释，别的领域的研究者也不觉得研究这样的"小社会"有何必要。我们除了认为这可使研究更加深入和精细之外，也无法说出更多的道理。这是因为我们把这种区域性的研究旨归局限在了"本地域"，而不是讨论超越这个"本地域"的大问题。以往已有学者提到"跨区域"的问题，但解决的方法不是使自己的研究空间扩大，因为任何区域对于下一级区域来说都是"跨区域"的，而是要使自己的问题"跨区域"，无论研究的是明代倭寇还是卫所制度，无论研究的是太平天国运动这样的事件还是乾隆皇帝这样的人物。这样，社会史研究才能走出自己的圈子，甚至，如果有这样的圈子的话，拆毁这个圈子。

第二个方面，社会史研究者如何加强自身的理论素养？这个话题似乎也是老生常谈了，因为 20 世纪 90 年代我就曾写过题为"社会史研究呼唤理论"的笔谈，到今天，这个话题还需重提。现在愿意研究社会史题目的人多了，大量搜集民间文献的人也不少，这都非常可喜。但我发现，至少在历史研究领域，具有理论兴趣的人并未增多。阅读国外学者的作品，大多也是从人家的研究主题受些许启发，很少人从理论、方法论的角度去评介和讨论，甚至通过自己的研究与人家对话。这不仅极大地束缚了我们自己的概念工具和方法论立场的创新，而且经常会导致误解，或者导致盲从。

近年来经常有人提醒社会史研究要注意"碎片化"的趋势，这本来是国外学术界的一种主张，因为好像社会史研究越做越细，意义也都不大，好像只是因为前人没有研究就拿来做。这种反省对社会史学者是必要的，也与前一个方面的问题相关。如果我们和其他领域的学者能够在同样的问题意识和方法论立场上进行讨论，如果我们的问题直接切入到一些重大历史问题上去，研究主题多么具体和冷僻也没有关系。但从另一方面来说，对这种"碎片化"的批评就不需要理论反思吗？在这里我受金兹堡的启发，也认为在某种程度上存在着研究主题的"意义等级制"——在某种学科的"规范性认识"之下，某些主题就被置于这个等级金字塔的上端，而另一些则被置于底层。所谓"碎片"就是被置于底层的这些研究主题。譬如，孔飞力的《叫魂》、布洛赫的《国王的触摸》，甚至人类学家格尔兹的《斗鸡》，都可以，或者曾经被视为这类"碎片"，现在似乎很少有人将其视为"碎片"了。拉迪里的小村庄"蒙塔尤"估计也不被视为"碎片"。在王朝史家看来，此起彼伏的农民起义也可以是"碎片"的。

其实，这些主题本身并非不可以成为"碎片"，也不一定永远都是"碎片"，事在人为。历史留给后人的本来就不可能是一个完整的图像，本来就都是些"碎片"，关键在于人们如何发现它们之间的联系及其意义，把它们连缀起来。这取决于历史学家的洞见及其不同的认识论和方法论立场。"碎片"只是相对的，如果社会史研究者缺乏洞察力，没有自己独特的理论立场，"碎片"就可能是绝对的。同时，缺乏理论素养，也无法清醒地、理直气壮地应对类似"碎片化"的批评。

第三个方面，如何认识社会史的"来龙去脉"？这里并不是要完整梳理社会史研究的学术史。这里所说的社会史的"来龙"，前面已经提及，是提醒注意社会史研究起源于对传统史学的修正，并非全盘否定。社会史只是希望以更好的、甚至是更"科学"的方法，来重新认识以往的一些重大问题（如前述布洛赫对"王权观念"的研究），当然也包括提出一些新的课题，这里不再赘论。所谓社会史研究的"去脉"，是指它的可能走向。近年来常为西方学者提及的是"新文化史"的研究，海峡两岸的史学界对此也有所响应。

西方"新文化史"的代表作品，国内已开始陆续介绍，如娜塔莉·戴维斯的《马丁·盖尔归来》、丹顿的《屠猫记》、金兹堡的《乳酪与蛆虫》等等。这些学者实际上还是自称社会史学者。人们分析，主要是以年鉴学派为代表的"社会科学史学"开始受到一定质疑，认为用精确的计量方法或动辄归因地理结构的做法，并不能真正理解历史的意义。因此，他们试图对历史给予文化的解释，或者更为内在的分析。这与我们国内的"文化史"或者"社会—文化史"不同，因为后者还是指研究意识形态层面上的"文化"（很多文化史研究就是集中在学术思想），至多增加物质文化、制度文化来研究，但都是把"文化"作为一个有边界的研究对象，而不是分析工具。也就是说，我们的文化史研究者，大多不理会其他学科的"文化批评"或"文化分析"，也不理会人类学的"文化"概念，而往往用自己的"文化史"概念去理解人家的"文化史"，殊不知此鸭头非彼丫头。

任何一种研究的发展都可能是多元的，无论是对历史的社会分析还是文化分析。即在中国，这种变化或者多元化自上世纪末以来也是存在的。比如已有学者突破以往将宗族视为同血缘实体的研究，而将其视为特定时空下的某种文化建构或者某种文化—权力策略的产物；再如突破对移民的人口学分析，而关注移民史之祖先建构或来源地建构背后的制度—文化因素等等。这些都可以被视为社会史的文化转向或人类学转向。其他如主题上的政治分析的回归、方法上的注重图像等史料、问题意识上倡导"感觉主义"等等，作为社会史多元发展的尝试，都未曾背离作为方法论视角的社会史研究的本意。

二

在近年来的社会史研究中，区域社会史研究似乎成为主流，无论研究者从怎样的主题、问题或角度切入，似乎以特定区域为框架者颇多。尽管已有学者指出了区域研究的局限性，但目前在可供深入细致地进行研究方面，似乎还没有更为成熟的方法论可以取代；在新史料的挖掘方面，目前还是只有地方民间文献的挖掘、整理和解释工作潜力最大；在学科间的互动方面，目前也还只有区域社会史研究与人类学、民俗学，甚至文学、经济学等学科的互动最有成效。

就我个人以及华南的同行的体会，区域社会史研究的问题目前出在别的方面。也就是说，我们关注小历史甚于大历史，我们关注地方文献甚于传统史书，这显然是一种矫枉过正。我们经常发现，关于一些重大事件或制度，研究者宁愿引述地方文献如家谱等来说明，也不愿引述传统史书；有的过于相信地方志，也有的过于相信档案，却很少去做一些比对的工作。我们也经常发现，一些年轻学者说起某个乡村来如数家珍，但对一些重大的"常识"问题却不甚了了。

最近因完成国家清史项目的缘故，经常遇到一些常识问题。比如顺治十八年加派练饷的问题，几乎人所尽知。档案材料中显示，主要是因为兵饷紧张的原因。众所周知，清初取消"三饷"，除了辽饷中万历时期所加九厘被改变名目延续征收外，其余未敢继续加派。到了顺治十八年，战争已进行到尾声，为什么却一反常态突然加派？据学者统计，此时期国家的岁入已经超过明万历中期，但军费支出还是会使国家财政入不敷出。特别是顺治末年的军费主要用于镇守军队的开销，而不是用于战争。难道军队驻防的开销比战争的开销还大？时人说当时的军费主要用在60万绿旗兵身上了，确实吗？顺治朝以军费不敷为由，大量削减地方存留的部分，但军费开支缓和之后，起运与存留的比例也未恢复，这是为什么？其间是否有什么关联？我查阅过一些学者的专门研究，都不能完全解惑。

与此相关的，明代国家财政收入中，物料的部分难以估计。黄仁宇有个模糊的测算，实物形式的收入约在 400 至 500 万两左右，[①] 其中是否包括实物田粮，

---

① 黄仁宇：《16 世纪明代中国之财政与税收》，三联书店，2001 年，第 338 页。

所有物料是否都统计其中，都语焉不详。因此物料部分占朝廷岁人的多大比例并不清楚，对国家财政的总收入也就难以估计准确。物料的项目或者名目可以是不确定的，清承明制，这部分收入在顺治朝有多少也不清楚。对于明清物料这样一个糊涂问题，研究者亦寥寥无几。

这就是说，区域社会史的研究者并不能不关心这样的许多问题，何况它们往往与地方有关，甚至有可能通过对地方的深入研究才能解决。事实上，有些区域社会史的研究者连明代里甲制度是怎么回事都不清楚。

关于华北的研究思路，我在拙著《小历史与大历史》的"叙说"中有所讨论，强调了国家在场、族群关系和长时段，目前的工作可以说是在这样的思路指导下进行的。但是，由于工作量的浩大和开展工作的时间不长，特别重要的是，相对我们的研究对象来说，研究者的知识储备显然过于欠缺，对方法的创新上也缺乏敏感。因此，还不大能够比较全面和有效地与华南研究进行对话。我们比较缺乏对华北的某一个区域做综合的、全面的深入研究。杜正贞对山西泽州的研究具有较好的基础，属于目前华北区域研究中的佼佼者。但她只涉及泽州的少半地方，多半地方涉及的不多，相关的豫西北地区也较少涉及，与对珠江三角洲地区、韩江流域或莆田地区的研究程度还无法相比。我们还要注意到，在华南的社会经济史研究蔚为大观以前，有不少知名的前辈学者做了大量开拓性的工作，地方史、历史地理、考古与博物馆学等领域的学者也作出许多重要的成绩，海外学者的重视也给予了很大推力，这些都是华北研究比较缺乏的。

举个例子，我们很多人都关注晋祠，也都知道太原是赵简子的时代才开始营建的，因此，要了解唐叔虞崇拜的建构过程，就需要了解山西早期的历史，了解这个历史就需要从晋南开始，了解晋南则至少要从陶寺开始。如果从这个时期开始，那我们需要补的课就太多了。但是非此我们就无法理解许多区域历史发展道路的差异，比如我在文章中曾经指出的，同在泽州，高平与阳城的情况似乎有很多不同，但清代许多阳城人恰恰说自己来自高平的赤土坡。

高平赤土坡的移民传说不过是丰富的山西历史传说中较为晚近、颇具地方性的一个。我自己以前曾讨论过分水的传说，而这类传说也早不过金元；洪洞大槐树的移民传说就更晚些。事实上，关于神农、女娲、尧舜、皋陶等上古圣王的传说也多如牛毛。就这方面的研究而言，我还是从一些学者的研究中受益良多。比如山西大学的刘毓庆和刘鳞龙的文章《陶寺遗址对接历史的可能性及其难题》，发表在《晋阳学刊》2009 年第 4 期上。如前述，陶寺遗址是我关注的晋南历史的重要关节，与晋的前身唐国的历史渊源可能颇为密切。

作者的主要观点是，一般考古界认为，陶寺遗址的断代上限在公元前 2500 年左右，下限在前 1900 年左右。那么，这相当于文献上记录的哪个时代呢？目前一般认为尧舜的时代在公元前 2300 年至前 2100 年前后，这就晚于陶寺早期。甚至认为因由阶级分化的遗迹，可以将其定于大禹传子的时代。

作者接下来提出一个我完全陌生的问题，即《尧典》中的"四仲中星"问题，就是说尧曾经命人以太阳运行和星宿位置为依据，确定仲春、仲夏、仲秋和仲冬的时间。据此对当时天文现象发生时间进行推算，四星宿特定时间/位置存在的平均年代为公元前 2476 年。这个时间恰好是陶寺早中期，因此据此说陶寺是尧城，就完全吻合了。

接下来作者的讨论就精彩了。他问，为什么陶寺与历史纪年中对尧的纪年不相符，而根据四星推测，陶寺又与尧的时代相符呢？

作者提出了一个关乎历史文献学和传说研究的重大方法论问题，他们取名叫"打结理论"。上古的历史主要是依据口传的，但口传的东西很容易遗忘。但行诸文字的史书，通常要把历史讲连续，所以很多上古的圣王都是连接不断的。但他们之间实在是相隔了很多代，没有办法自圆其说，只好把他们每个圣王的寿命拉长，100 多岁的人很多，这当然是不可能的。就是因为记忆缺失，只好用有限的几个人来填补缺失的历史空间。

作者打了个比方，比如一根一米长的绳子，剪断后再打个结接起来，长度就不够一米了。如果多断几处，多了几个结，绳子就更短了。上古历史中的每个重要人物和重大事件，都有这样的结，它们使历史变短了。这就是历史纪年中尧的时代为什么晚于陶寺早中期和晚于《尧典》"四星"测年的原因。我沿着这个思路发挥一下，就是如果想使传世文献的纪年相对符合考古发现的认识，就需要把一个个"结"都打开，虽然有断点，但还是尽可能平展地对接上。就是把文献上聚集为一个"点"的"圣王"的历史，恢复为一段"线"的"圣王时代"的历史。

作者还有一些有启发性的说法，比如上古时代同一血统或同一世系的人，往往会用同一个名号，这样也会造成同一个名号存在几百年的现象。再比如口头传说的基本内核不会变异的观点，等等。但我最感兴趣的，还是这个"打结理论"，它的意义有点像"箭垛理论"，但它却直接应用于历史传说。我其实一直希望能发现将传说用作史料、其核心就是为传说定时的方法，"打结理论"应该对此有所帮助。

"打结理论"还属于"破"的理论，我想"解结理论"是"立"的理论，怎样把文字历史中由圣王构成的"结"解开？即把一个时间点还原成一个时间段？这些问题简直太具有吸引力了！

以上例子或许说明了华北研究应该注意"长时段"的特点。其实金元时期的华北，也是以往研究中的薄弱环节。以往金元史的研究，姑且不论其汉人中心或中原王朝中心论的阴影，也是比较多地停留在民族史的框架内，即较多注意女真人和蒙古人的历史，另外也侧重于制度史的层面，对金元时期的中国，特别是这一时期的北方着墨不多。也就是较多注意政权统治者的族群属性，较少注意金元作为时代标记的意义。对金元时期华北的研究，必当有助于金元史研究的深化。

三

正是因为这个原因，本课题的名称定为《10 世纪以来华北村社、移民与宗族的历史人类学研究》，本书的副标题定为"10 世纪以来的北方城乡与民众生活"，就是希望容纳金元时期以来的北方历史。虽然并不是书中的所有文章都与那一时期有关，但像张小军对山西介休的研究、罗丹妮对山西高平的研究、王绍欣对山西闻喜的研究，以及丁慧倩对山东青州的研究，都从宋、金、元时期贯穿下来。

本书研究所涉及的地域，以山西为最多，这与我们这些年比较关注山西有关，当然更是山西保留的文物与资料十分丰富的结果。严格说来，明代蔚州卫属山西行都司管理，也可以视为山西的范围。这样，从北部的蔚州到雁门，晋中的介休，以及晋南的闻喜和晋东南的高平，虽然点很分散，但大致涉及三个不同的区域。如果以水系来分，代县和蔚州属长城沿边，基本上是桑干河与滹沱河之间的区域；从介休到闻喜，基本上在汾河线上；而高平所在的晋东南地区则在沁水和丹水流域。虽然如此，张小军讨论的是灌溉问题，但晋东南地区主要体现为祈雨。

当然还不止这些。我们在泽州的阳城和晋城看到的村社，是从相当早的时段一直延续到民国以后的；但在泽州的高平，社这种组织似乎是在明末清初才开始普遍出现的。王绍欣这里对闻喜的研究虽然没有涉及社的问题，但根据我们对闻喜、夏县一带的考察，尽管有"社"存在，但似乎并没有那么普遍和富有连续性，在社会中扮演的角色也没有那么重要。李留文研究的河南济源，在地理上与阳城相接，社似乎是一种普遍存在的基层组织，大体上相当于里甲中的甲。不过我们还不清楚这些"甲社"的渊源，因为在华北普遍存在过与"里"名异实同的"社"。按郑振满的研究，福建莆田的里社到清代转化为甲社，济源的情况如何，需要进一步研究。在这个问题上，金元明以来是否有连续性的证明，变得比较重要，这会有助于我们对济源与阳城的传统渊源进行判断。

王绍欣和李留文的研究实际上关注的都是华北的宗族问题。众所周知，学术界对宗族的重视起源于对华南宗族的关注，但从感性的认识出发，人们普遍认为北方不存在华南那样的宗族（有学者因此将华南宗族称为"完备的"宗族，而相应的北方宗族被称为"残缺的"宗族。也有学者质疑北方是否存在过那种"完备的"宗族[①]）。有人习惯于把姓与族联系在一起考虑，好像单姓村比较容易构成"家族"存在的前提，这在人类学研究和民俗学研究中并不乏见。问题不仅在于所谓同姓不同宗的现象的确普遍存在，更重要的是，无论是否同姓，只要有必要，人们就可以联宗。血缘一致与否都没有了关系，还在乎姓吗？那么，究竟是什么造成了这样的必要性呢？在历史的不同时期，在不同的区域历史条件下，原因可能是多样的。王绍欣在闻喜看到的，是宗族里的祖先开始是"户祖"，也就是最早在政府的册籍里编户入籍的那个人；李留文在济源看到的，是宗族与清中叶社的分化有密切关系，而社的分化又与"顺庄编里"的改革有直接关系，这都暗示了帝国的户籍制度与赋役制度、宗族建构的关系。而我个人通

---

① 参见兰林友：《庙无寻处——华北满铁调查村落的人类学再研究》，庄孔韶"序"，黑龙江人民出版社，2007年，第3页。

过对河南濬县以及其他地方材料的初步爬梳，发现元明"合户为军"及"合户为民"的制度，将许多完全没有血缘的家庭合并为一户，时代久远之后，他们自然属于同族。假如这样的情况得到普遍证实，这样一种被汉人自诩为典型文化特征的制度，却可能是由女真人和蒙古人发明的户籍制度所导致的。

尽管对宗族的重要性加以重视的首先是人类学家，但历史学家的介入会给问题的讨论带来历时性的考量；缺乏历时性的考量，对单个时间点上的观察都可能得出错误的结论。比如在山东南部的莒县，我们仅在图书馆、档案馆中就能发现上百部族谱。在山东的淄博地区也是同样的情况，本书中张士闪和叶涛的文章就证明了这一点。在陕西的韩城，乡村家庭中收藏有不同年代、不同形式的族谱的，并不在少数。当然，我们今天在华北乡村里见到的祠堂不如珠江三角洲普遍，也不如它们外貌华丽，但未必不比它们古老。韩朝建研究的代县鹿蹄涧村的杨氏祠堂，保存着元代的世系碑，当然与珠江三角洲在明中叶以后出现的那些宗族不同，但也颇能说明北方的历史。华南宗族系统的维系和发展，有着非常具体的原因，这些历史原因也造就了它们的许多特征，而北方可能具备某些历史因素，而不具备另外某些。

丁慧倩的研究讨论的是汉地穆斯林的宗族。在这里，她只选取了山东青州的两个宗族作为对象。事实上类似的情况在全国各地非常普遍。选择北方回回宗族对于理解宗族的建构意义非常重大，我们需要知道祠堂、族谱对于穆斯林来说意味着什么，它们与清真寺的关系是什么，宗族的认同与族群的认同孰轻孰重，伊斯兰教在宗族建构中扮演了什么角色，等等。这还不仅是对理解宗族有重要意义，而且对回回族群的建构过程有重要意义。同样是因为撰写国家《清史》的缘故，我也注意到一个常识问题，就是康熙初的"历狱"或"历法之争"中的主角杨光先是新安卫的卫官，他所支持的回回历官吴明烜也是新安人，我于是非常希望了解两个关系，一个是新安卫与回回军的关系。另一个是回回人与徽州宗族的关系。这对于我们重新认识"历狱"或其他重要问题，可以增添新的角度。

寺庙依然是我们经常使用的切入点。在本书中，三篇文章都试图从寺庙入手去了解更重大的问题。张小军其实并不关注源神庙本身，他更多的是利用源神庙中众多的碑刻。他借用了一些人类学、经济学和社会学的概念，对水权进行了分类，并且讨论了国家的介入。他认为个人是享有水权的，但这似乎只限于用水权。水的所有权事实上是公有的，但这个"公"该如何界定，并没有一致的看法。我在若干年前的文章中非常笼统地表达的观点，是水权的界定不明确导致了争水纠纷，无论水权可以分为多少类别，依然改变不了这个界定不清的事实。张小军认为国家介入水权纠纷，是国家享有水权的表现。实际上，国家司法的介入只是关心赋税，而不是关心水；况且，国家不是只充当仲裁者，而是成为水利官司两方中的一方，才能更好地体现它对水权的享有。

罗丹妮以高平二仙庙为例，揭示了村落关系的变化过程。自唐宋以来，此地的二仙庙似乎更多是由家族系统来维系，与村社系统关系并不密切，而到明清之际，二者之间有了更直接的关系。尽管她的研究还没有揭示出一条清晰可辨的发展线索，涉及的方面又过于宽泛，但毕竟勾勒出一个区域历史沿革的大致面貌。邓庆平的研究是通过一个庙的变化，展现出蔚州从军镇到商市的变化过程。在这个变化的背后，不同的人群的身份、地位、命运都发生了变化。但我更为关注的，是导致这些变化的深刻动因，我们通常会把这归结为一个商业化的过程，但除此之外还有别的吗？如果从地方的层面来看，这些过程与整个趋势有何相似与不似的地方？

科大卫讨论的李福达之狱是明中叶的一个不大不小的事件，通常是讨论白莲教的问题和外戚的问题，但是科大卫用一种侦探的眼光，发现李福达究竟有无其人还是个问题。之所以会如此，涉及明代的户籍。正是由于"李福达"四处冒籍，才使这个人的真实身份扑朔迷离。冒籍现象的严重，不仅说明明代生活中大有改变户籍和居住地的必要，而且说明户籍制度在明代具有怎样的重要性。科大卫在华南的研究中，曾发现新移民需要面对"入住权"的困境，而这个"入住权"实际可以通过入籍或者冒籍得以获取，其结果是获得了新的社会身份。李福达的例子或许说明，在明代的华北，冒籍似乎是很容易实现的。在我对晋东南市镇的研究中，很难见到新的市镇移民面临着类似"入住权"的困境。也许有了类似"大槐树"这样的说法，人口的流动变得合理和简单化了。

张兴华讨论的豫南地区（南阳府的裕州）在明清时期也是个人口流动频繁的地区。这一地区与秦、楚交界，不仅地处山区，而且历来动乱频仍。按照黄志繁的看法，所谓频繁的动乱，恰恰说明这些山区处在迅速的开发过程中。大量"无籍之徒"涌入这里，获得属于自己的一片新天地，而政府则急于将他们纳入税收的系统，使其成为"编户齐民"。这样一个从"无序"到"有序"的过程中，社会组织的复杂性和多元性是可以想见的。因此像民间教门，甚至基督教在这些地区的广泛传播，与国家正统的教化在这里博弈，也就非常常见。因此，明清时期的中国，不仅存在从"化外"到"化内"、从"新疆"到"旧疆"的过程，也存在从帝国控制意义上的"瓯脱地"到"腹地"的过程。

我本人讨论的是京城旗人是完全"合法"的移民群体，他们既不必考虑"入住权"问题，也不必考虑与帝国的关系。我以前曾经考虑过关外旗人如何成为"北京人"的问题，希望有年轻学者能开展研究，但遗憾的是目前这项研究还未完成。事实上，要回答"汉化"或"满化"的问题，必须要考察满洲人进入北京之后的身份认同变化。这里不仅有外省人变成京城人的问题，也有乡下人变成城里人的问题，而不是只看族群的标签。本文并未试图回答这些问题，而只是希望通过一个旗人家庭的日常生活，展现礼仪生活在民国初城市中的无处不在。也许正是这些"繁文缛礼"体现了旗人的城市特性。

张士闪对山东小章竹马的研究则强调的是乡村的礼仪生活，同样表现了礼仪生活对这个村庄和这个家族的不可替代性。人们通常会说旗人的"老礼儿"多，这些礼仪成为维系旗人家族关系、邻里关系及其他社会关系的重要手段。而小章的竹马表演则是一个军户移民家族在区域内的角色作用的标志，因此强调的是差异性或与众不同。从清代老谱来看，这支马氏与另一支断绝关系的马氏应该都是军户，从收"军徭"的记载来看，可能是正军与余军的关系。新修的《马氏家谱》强调的是在元代的武官身份，这显然是在为竹马的起源寻找历史依据。这与华南族谱中拼命树立汉人的正统不同，他们无需遮掩某种族群的标签，只需要延续有关悠久和高贵的历史记忆就好。

在刘铁梁的倡导下，出自山东乡土的新一代"北师大系"民俗学者——本书作者中的叶涛、张士闪、岳永逸、刁统菊都是北师大的民俗学博士——多以村落为研究单元，这与非常依赖史料的历史学者相比，的确是个无法比拟的优势。事实上，叶涛所展示的青州井塘村丰富的史料，也足以让历史学家开展村落研究。我们对青州的了解，已不仅限于北魏的佛教造像，也不仅限于丁慧情所描述的元明以来的穆斯林家族，还包括这样的村落——一个村庄保留着数十块碑刻、两部族谱、一些宗教科仪书和善书，还有历史传说——这展示了青州研究的美好前景。

　　刁统菊与她的当地合作人田传江的研究也非常有意思。她们的切入点是鲁南枣庄地区红山峪村的几十张契约，这些材料，包括张士闪的族谱、叶涛的碑刻，民俗学者一般都是不碰的，因为这不属于"口头传统"。作者通过分析得出一个非常朴素的结论，即此地的土地买卖与商业化趋势并没有太大关系，而主要与移民有关。这并不是那种区域开发过程中的移民。而是投亲靠友式的移民。或者用科大卫的话说，到这个时候，只有靠亲友关系才能取得"入住权"，或者为了取得"入住权"，必须建构一种亲友关系。这就是岳永逸说的"我们都是亲戚"。按我的理解，岳永逸所谓"说出来的"乡土社会，就是在强调一种主观建构，当然这不是学者或外在观察者的主观建构，而是村民自身的创造。他们可以将任何非亲缘关系——地缘或业缘的关系——变成亲缘关系，这就是我们过去常说的那张"温情脉脉的面纱"。过去我们将传统小农社会概括为分散的、自给自足的社会，实际上传统乡土社会比商业社会更强调合作。从前面讨论的村社组织到水利组织，从南开大学张思教授讨论过的华北的"搭套"到20世纪的互助组与合作社，这个传统是始终存在的。

　　村落绝不是研究的终点。刘铁梁虽然始终强调村落研究的重要意义，但在本书中，他以北京房山为例，试图将视野从村落放大到与村落相关的市场体系中，强调二者并非只表现出单向度的影响，而是一种互动的关系，甚至在特点的区域条件下，村落的生活模式并不一定随着市场体系的变化而变化。这呈现出一种多样性，也许京西的门头沟或京东的平谷会呈现出另外的特点。也就是说，虽然刘铁梁没有明确指出，但施坚雅的宏观区系理论也许在强调区域多样性的同时，还是未能完全避免模式化带来的同质性倾向。之所以会如此，刘铁梁暗示，这其中人们的选择是非常重要的。

　　我喜欢以讨论人或人群作为这篇导论的结束。无论是人类学、民俗学还是历史学，人都是我们研究的中心。离开人，我们就不会明白为什么会有这些制度、那些事件。幸好，本书将从科大卫讨论一个个人开始，直到岳永逸讨论人际关系结束。

移民、身份与生活

从《钦明大狱录》
看明中叶的户籍、身份与城市生活

　　《钦明大狱录》一书记录了嘉靖六年（1527）的李福达案。① 李福达，山西太原府崞县在城坊民人，当年 66 岁，涉嫌依附白莲教，先后于弘治二年、正德七年参与叛乱。② 其案件离奇曲折，记录详细，尤其可以为明中期基层社会的研究提供资料参考。本文试图通过其中的某些情节，探讨明中叶户籍、身份与城市生活。

　　李福达于成化十八年（1482）归依王良，晚间在其家听说佛教。成化二十三年（1487），王良与忻州李钺谋反被诛，其信徒被判永远充军。福达便被充军到陕西山丹卫。弘治十年（1497），福达潜逃至陕西鄜州，改名李五，"投该州在官民高尚节伊先未故父高英赁房行医"。弘治十三年（1500）移居鄜州，"在官王宗美伊先未故父王道家赁房行医"。同年潜回崞县，被拿获，充军山海卫。于此处，记录注明，"见存清军丁口簿籍为照"，可见官方也不是只凭一面之词，也注重档案文书的根据。

　　李福达并没有老老实实地留在山海卫。弘治十四年（1501），他逃回鄜州，"投该州在官民李善家行医"。弘治十八年（1505）迁洛川县。从彼时至正德七年（1512）于鄜州传播白莲教。正德七年，李福达的信徒在鄜州抢劫，攻下衙

---

　　① 不著撰人：《钦明大狱录》，收录于《四库未收书辑刊》，第 1 辑，第 15 册，以下简称《大狱录》，出处同此条。

　　② 高春平：《从李福达案看明中期的法制状况》，《史学月刊》，1995 年第 1 期，第 36—41 页。

门，射杀知县妻儿，盗劫仓库，但后被官军所败，福达逃去。①

福达逃出后，迁徐沟县同戈镇，改名张寅。"称系五台县天池都张子名叔，在外买卖，隐情投该县……民杨鼎家潜住"。"杨鼎与本镇在官民赵胜，各不合不审来历，辄便容住"。李福达"娶杨鼎在官女杨氏与男李大礼为妻"，与杨鼎建立了姻亲关系。同时，为了掩人耳目，参与五台县天池都张子名家拜祭、税收活动：

> 令男李大仁等前去五台县张子名户内夤缘投姓。遇冬年等节令，男常去伊祖坟祭扫，往来不绝……又亲去五台县天池都，不合密向张子名说称，你将我父子名字填在你宗谱内，凡本县编审差徭及造赋役，情愿出差。及说称，有人来问户，说是一户，有张子名承允。就将张寅等并妻女抄记，许说有人来问，承认张寅是伊叔，张大仁等认是伊弟。福达又将张子名祖父等辈名字及军将籍抄记，辞别回家。②

至此，值得注意的是明中叶身份建立与户口的关系。李福达每迁一次，需要当地"在官民"——里甲登记下的户口——承认。同时，本家也需要参与在某处里甲登记下的户口。在所在地与所出地同时有户口承认，是否是华北的普遍情况，不可得知，但假冒身份的人对身份证明比常人更加敏感，则是可以理解的。

李福达"因在陕西惑众诓钱，积成巨富"，不仅可以以缴纳赋税为冒籍的代价，而且可以过着"巨富"的生活，"陆续就在同戈镇置买房屋地土，又在省城地名太子府巷置买房八间避住"。"节令男李大仁等在于五台县地名西村、东冶，太谷县地名田受庄并小店庄，陆续置买庄地土牛羊不等，往来避住，又在各处放债营利"。他不止为其第三个儿子娶妻，又为其他两个儿子娶妻，"男李大仁娶五台县未到王宽未到妹王氏，李大义娶太谷县未到薛奎先未故女薛氏各为妻"。③媳妇来源与所买土地所在地相同，也与户籍登记有直接的关系。

以下材料可以说明李福达在当年北京城里甲制度下的户口登记状况：

---

① 《大狱录》，第 640—641 页。
② 《大狱录》，第 647 页。
③ 《大狱录》，第 647 页。

福达闻知陕西缉捕李五紧急，恐人探知告捕，就不合越过故关，走去京城。福达因抄知张子名户内原系匠籍，查得无人当匠，注逃年久，就不合采名张马儿，朦胧告投当匠，致蒙工部填给原刊印弘治十六年班匠勘合一纸收持。福达就称，系五台县班匠，扬言善能合药、修养点丹，在京行医，骗人财物。

又：

正德十二年间（1517），有定襄县在官韩良相选充锦衣卫上中千户所大汉将军，伊在顺城街王兵马井北二牌第十铺地名张二家居住，与福达相认乡里交往。正德十四年，遇为极边重地预防虏患，十分紧急，缺乏钱粮事例，长男李大仁、三男李大礼各以五台县天池都张子名户内人丁，蒙蔽该县未到里老冯武等具结该县，有先署印今去任典吏单仲安，起送布政司。李大仁朦胧作张大仁，纳银一百四十两，免其太原府历役，起送赴部办事。李大礼朦胧作张大礼，纳银九十两，充该司听缺承差。

正德十六年（1521），遇为措处银两接济工程以便官民事例，又将次男李大义朦胧作张大义径赴顺天府纳银五十两，充晋府候缺典膳。各隐姓埋名，一向应投。

至于李福达本人：

本年又遇议处余剩割付，以济营建宫室事例，福达亦在京，朦胧以张寅姓名，假称系援例监生，径赴顺天府纳银四百八十两，上纳山西太原左卫指挥使职衔。工部给有割付收执。①

纳银后，李大仁带妻子及两子到北京。李福达纳银后也在北京。因为有"听选官"傅文相，及在北京与他相识的韩良相，"在京城"各出银一钱，与他送轴

---

① 《大狱录》，第647—648页。

作贺。

　　大概就在这个时候，李福达与武定侯郭勋拉上了关系，可能是投身充当了后者的侍从。他自称能"合药修养烧炼点丹"，得郭勋"时常叫唤"，[①]继续巩固了他冒认的身份，同时开始了其向社会上层的攀附。

　　首先，他到了太原左卫"迎贺"。随即他又"去五台县天池都张子名祖坟祭扫，伊家概户老少欢喜。福达将伊户内年老者馈送段帛，年少者给以银两，各多寡不等"[②]。等他回到徐沟县同戈镇和太原太子巷后，更为他的孙儿"选宁化府招乡郡君仪宾"。再过一年，"嘉靖元年（1522），大造黄册。福达思得虽投认五台县张子名户内姓氏，但籍册无名，又不合，暗令张子名将黄册内添造伊户新收叔张寅，年五十四岁，弟张大仁年三十岁、张大义年二十五岁、张大礼年二十三岁，并幼男妇女俱收在册，捏注在外，原先漏报等字样。"[③]

　　到此为止，李福达从入籍到力役安排，从写进族谱到祭祖、甚至编进黄册，都已经做妥。他在明代中期无疑具有了整套的身份证明。

　　李福达发迹后身份很快败露。首先认出他原来身份的人，是几名在北京城内饭馆里工作的"酒大公"的堂兄弟。他们拆穿李福达的证据，就是对送轴作贺李福达的韩良相，说出李福达帽子下是秃头。另外知道李福达冒认身份的，还有曾在鄜州当知州的刘永振与洛川县典吏魏恭。刘与魏怎样认出李福达也不可得知，唯独他们的证据并不是李的面貌，而是一个名为薛良的人的口供。薛良是徐沟县同戈镇在官民，"常访问福达籍贯"，因此结为仇人。他所知道的李福达的原况，是从福达的义女婿处听来。于是，从刘永振、魏恭到薛良，开始揭开了李福达历史的另一面。

　　不管出于什么动机，正是这几个人最早把张寅即李福达的报告禀到衙门去。正德十六年，"刘永振暗将情具禀先任河西道孙副使，蒙唤魏恭赴道审问，差伊缉拿"。当时刘永振的消息，只来自"同戈镇并省城军民士夫人等，间有探知福达改姓埋名，原系崞县李福达，改名李五，曾在陕西妖术惑众，谋反作乱，讲论

---

　　① 《大狱录》，第648页。又：《明史》，中华书局，1974年，第3823页，《郭英曾孙勋传》："先是，妖人李福达自言能化药物为金银。勋与相昵。"

　　② 《大狱录》，第648页。

　　③ 《大狱录》，第649页。

不止"。到嘉靖三年，刘、魏才与薛联合，而薛已经知道魏被任命调查，才出头告状。薛告到山西巡抚处，由巡抚任命按察司将李福达两个儿子监禁。到嘉靖四年，当时在北京的李福达反控薛良"绝陷全家……虚词具状"，又揭发薛曾犯威逼人妻自缢身亡罪。因李福达方亦告到山西巡抚，案件也批到山西按察司。就是因为这个原因，案情到此，资料均出于山西按察司就本案的批文。

案件提到山西按察司，按察司通行有关地方查勘。所得的报告模棱两可。有谓张寅实系五台县军匠，有谓张寅在徐沟县置产与薛良结仇，也有谓崞县没有李福达名籍。李福达本人，因为儿子已经被扣，所以自投山西省收监。按察司下步即提审福达，但直拖到嘉靖五年，李福达命儿子李大仁，求他为之"合药修养烧炼点单"的武定侯郭勋帮忙说项。郭为李书一纸，"内称张寅是伊旧识，被人诬告，不过因嫉其富，乞矜宥等语"。这封信，通过镇守太监家人，送到巡抚马录处。马录却把信参到都察院，经过审讯，郭勋认罪。这一案件的卷宗便转到了都察院，由此案件升级。[①]

由于都察院介入此案，此后山西省的办案便日益清楚详细，不在话下。山西省找出了幼年在李钺家的刘已成，证实李钺没有后人（这个证据的作用不详，可能需要界定李福达与李钺的亲属关系）。又从布政司架阁库调出五台县天池都正德七年黄册，查明没有张寅名字。这个名字是在嘉靖元年时，在新修项下添进去的。官府还找到李钺兄子，认出李福达面貌（当然，应该留意，这人在成化后期充军，重见李福达——假如那是李福达的话——是三十年后的事）。又找到李福达妻弟与义女婿，问及福达充军事。更到洛川等李福达活动过的地方，寻找认识李福达的人，"令其图画形象，备写供词，就将认识真的者，摘出二三十名，连印封图形差官押送前来，以凭发勘面对"。把当地石文举等十五人，"抄供连人并福达图像，咨解巡抚……"石文举等认人的程序，与近代警察局侦案的做法无大分别。[②]

> 石文举等隔于大门外，将福达监内取出，责与本司（即山西按察司）

① 《大狱录》，第 648—650 页。
② 《大狱录》，第 651—652 页。

年大有须吏典皂隶人等一十六名，令与福达俱穿一色青衣，头戴一样纻丝青帽，排班，面俱朝东站住。唤进石文举等排班，面朝西，对认。石文举等，将福达搀住众称："这个就是陕西妖贼李午。"及将画来图像比对无异。①

又查到福达肯定是崞县人，不是忻州造反李钺之侄。所以在成化十八年黄册中，查得福达原是在城坊民户。至此，证据确凿，无可置疑。

都察院卷入后，李福达案便涉及朝廷政治。这个已经有多人研究的问题，牵连了嘉靖初"大礼仪"的两派朝臣。郭勋是早投到张璁一边的勋贵，所以变成言官批评的对象。《钦明大狱录》中开宗明义列举的都察院奏折，就是以"劾武职重臣恃势嘱托重情罪犯事"为题的，矛头所指的核心人物是郭勋，而不是李福达。但是张璁包庇郭勋，嘉靖皇帝又支持张璁，所以审判调到京城午门，由三法司会审。嘉靖不满三法司审判，派亲信张璁、桂萼、方献夫充任主审。结果张璁把整个案件推翻。

推翻李福达案，牵连很多朝廷大吏。他们有戍边者，有黜为民者，有革职者。论者每每采用前期的判决，以朝政引导后期判决为定论，忽略身份定义与认同在明代的种种困难。本文的目的并非为"大礼议"做政治定位，而是为探讨明中期户籍、身份与认同的关系，所以不把重点放在"大礼议"，而继续考虑这个案件的丰富数据是怎样显示国家制度如何深入民间及其后果。②

从一开始，张璁就把握到案件的弱点。他说：

> 朝人多仇恨郭勋，遂复根究此事。而给事中常泰乃山西徐沟县人，与张寅同处；给事中刘琦乃陕西洛川县人，见差山西；审录刑部员外郎刘仕乃陕西鄜州人，与先年反贼何蛮汉同处，俱妄说我知得根因，遂将张寅作李福达。③

不同的官员，以为事发于其家乡，便自以为对此事有特别的认识。但是，最

---

① 《大狱录》，第652页。
② 胡吉勋：《"大礼议"与明廷人事变局》，社会科学文献出版社，2007年，第310—352页。
③ 《大狱录》，第681页。

根本的问题是，他们道听途说所得到的信息，足不足以判定张寅就是李福达？

张璁以为他抓到的案件的最大矛盾，是崞县李福达与张寅的年龄不配合：

> 臣等查得山西解来崞县成化十八年黄册内有李福达名字，彼时方年七
> 岁。至弘治二年，王良、李钺谋反时，李福达方十四岁，尚未出幼。至今嘉
> 靖六年，李福达方年五十二岁，今张寅已年六十七岁，须发俱白，何得以张
> 寅即李福达也。盖因陕西调来反贼何蛮汉卷内有李伏答名字，又有李五名
> 字，遂妄指张寅是李伏答，将李伏答改作李福达，又云即李五。刘琦又将李
> 五改作李午。推厥所由，起于马录陷害郭勋，成于常泰刘琦、刘仕党助马
> 录。既而所在大小衙门官员俱要听从上司主使，遂成大狱。①

翻案的重点，是承认确实有李福达、李午、张寅等人，但是证据并不能把他
们连接起来，变为一人。

而且，不少重要的证据有伪造的成分。张璁呈辞在这方面的例子很多，现仅
举两条以示伪造的严重性。

例一，有关李福达妻弟供福达充军事：

> 本年失记月日，章纶行委代州知州未到胡伟同未到镇抚鲍玉访察，各不
> 知张寅妻姓林氏妄作杜氏，及访知在官杜文住有姐杜氏，先年嫁与本县别有
> 李福达者为妻，因盗砍山木问发充军起解去讫。彼时杜文住年方一十一岁，
> 听见伊故父杜兴说知与李钺事内李福达姓名偶同，就不合故将杜文住捉拿到
> 官刑逼冒认张寅是伊姐夫。又因查得崞县清军底册内有充军李福达妻姓张
> 氏，恐与杜氏不对，就令杜文住妄捏继娶杜氏及访知在官陈表系李福达义女
> 婿，亦拘到官。不合逼伊诬执张寅是伊妻父，杜文住就不合依供李福达先年
> 娶伊姐杜氏为继妻，后发充军带去，陈表亦不合依从诬认。各取供呈，解到
> 道，开送按察司调查，崞县成化十八年黄册内开有李福达系小口，年七岁，

---

① 《大狱录》，第681页。

扣至嘉靖五年才年五十一岁，委与张寅见报年岁不同。①

张寅妻姓林，非杜。姑毋论杜氏夫李福达与崞县李福达是否同一人，张寅妻子非其姊。杜文住所提供李福达义女婿也因此同受怀疑。

例二，有关石文举等认出李福达，乃案件决定张寅、李福达同一人的有力证据。张璁所呈，实况如下：

> 李珏会同李璋、章纶、马豸先将张寅监司内取出，与承差吏皂人等一十六名，俱穿青衣青帽，排班面东站立，唤进石文举等，面西对认。石文举因先年已曾认过张寅，及到二门内，魏恭又丢与眼色言说第七个是李五。彼石文举到堂上，不合就于班内扯出张寅认作李五。白成等一十四名，各不合齐声说是李五，当将张寅杻镣送监，将石文举等取供省发。②

石文举曾见过张寅，源于洛川县典吏魏恭，告发张寅即李福达，得山西河西道着他缉拿张寅。张寅子张大礼认识魏恭子魏相，魏相遂带引"原识李午市民"石文举去张寅家看。张大礼、张寅与他们吃饭。饭后，"魏相问石文举这是张寅是李五。石文举回说，这不是李五。李五身材小些，又有麻子"③。所以张璁证明，石文举前后矛盾。

> 张寅，确实是山西省太原府五台县人。曾祖张马儿、祖张念、父张友明。张子名为张念兄之后，与张寅同辈。娶林氏，生张大仁、大义、大礼。

> 洪武年间，张马儿编充工部军匠。永乐年间，改拨北京工部，张念应役。

> 宣德年间，张友明替役，失落勘合，后与秦太监家赘为义女婿，在武定

---

① 《大狱录》，第 695 页。
② 《大狱录》，第 696 页。
③ 《大狱录》，第 690 页。

侯家往来。彼时奏告，重给勘合当匠，一向不曾回家。至成化四年，张友明恐张寅孤子失迷家乡，引回原籍拜认亲戚，就一向带领南北两京并苏杭、徐州等处往来买卖。

成化二十一年（即王良、李钺谋反前两年），张友明病故，张寅回籍埋葬。因见族侄贫难，张璠流在蔚州，张厚流在平山县，各住坐，疑是祖宅不祥，因趁买卖在邻境盂县等处依亲住坐，仍往来两京河南地方买卖及太谷、徐沟二县放账，以后上班当匠仍用张友明名字，一向未报本县黄册。

弘治十七年，张寅因在徐沟县买卖日久，将长女许聘在官民赵胜伊不在官男赵福真为妻，今过门完娶。讫正德三年，张寅节用价银置买省城太子府巷不在官周申等房屋，又与张大仁上纳太原府吏就投居住，续买徐沟县同戈镇不在官常瓒等房屋觅佃住种。

正德十四年，张寅将张大仁纳银免历起送赴部办事，张大礼纳充本（即山西）布政司承差……正德十六年……张寅将张大义上纳晋府典膳，张寅亦上纳太原左卫指挥使职衔……本年五月内，宁化府将张寅……孙张相选充招乡郡君仪宾，未曾婚配……

本年（即嘉靖元年）大造黄册，张子名因见张寅，并张大仁等俱有职役，希图免差，与在官里长高武说知，俱报黄册。在官书手李景福收写各注原先漏报字样。①

这是张璁重构张寅发迹的过程。张寅父张有明虽然是匠户身份，其实是个游历两京及苏杭城市的商人。张寅承继了他的财产和生意。因此，他是个到处游走之人。但是在里甲制度下，他仍然可以捐纳职位，纳银免差。也因为纳银免差是户而不是个人的事情，与他同户的人可以享有同样的方便。这是他从来没有登记

---

① 《大狱录》，第688—690页。

在黄册但是发迹后登记的理由。

> 案判：张寅年六十七岁，系山西五台县军匠籍，例纳山西太原左卫指挥使职衔。"供明查发复职还役"。①

谁是李福达？历史学者可能永远不会知道。不出四十年后，庞尚鹏记：

> 臣亦以事经数十年，无从发其隐矣。近巡历山西三关，至延绥，访徐沟、洛川二县，皆李午狼蹲之乡也。质诸故老，盖知其详。复闻嘉靖四十五年，四川妖贼蔡伯贯反逆就擒，状招以山西李同为师，即李午之孙也。传习白莲教，自言为大唐子孙，当出世安民，结谋倡乱，煽惑人心。随该四川抚按移文山西，捕李同下狱，反复按问，佐验甚明。招称李大仁、李大礼皆号为祖师。查刊刻大狱录，姓名、来历一一相同，则李午以妖术传家，世为逆贼，别无可疑。②

庞尚鹏非常肯定张寅就是李福达。他读过《钦明大狱录》，对张璁所为咬牙切齿。他的证据就是山西李同供出李午之后人，与《钦明大狱录》相同。沈德符《万历野获编》更记录了另一个故事。有某老上舍，徐沟人，少年曾目击大侠张宾，知道李福达带两子投他门下，改名张寅。③ 所言亦凿凿有据。

但是，这些故事有改变身份历史的凭据吗？李福达的故事，通过张璁的奏折，已经广泛地流传。他说："潘壮等劾称，张寅天下皆知其为李午；李午天下皆知其为谋反。"庞尚鹏、沈德符所记录的，是否只不过是谣传的传播？

不能解决事情的真伪，历史学者该怎样去了解李福达或张寅的故事？我相信，这个故事，需要把身份连到一个活生生的个人，才能得到解决。身份是区域群体的一个部分，明初的里甲制假设区域群体是社会的基本单位。那么，为什么区域群体没有在这个故事出现？对有部分人，例如经常跨越地区活动的商人，没

---

① 《大狱录》，第 711 页。
② 庞尚鹏：《百可亭摘稿》，《四库全书存目丛书》，第 129 册，第 2 页—第 28 页上。
③ 沈德符：《万历野获编》"序"，中华书局，1959 年，第 466—467 页。

有从属一个固定的区域群体。对他们来说，里甲只是一个幻象。但它是个有多方面应用价值的幻象。所以把个人连到身份，没有考虑区域群体，而是依靠假象的里甲去建立，结果出现的是当代不同人利用里甲登记来处理税收的过程。我们现在很难明白，一个正在崩溃的假象，可以对部分人有多大的牵挂。李福达的故事告诉我们，可能从来没有明初身份确实的社会。但是制度史还是需要面对幻象的应用的。

明清时期裕州的市镇兴替与移民社会

引言：学术史回顾

有关市镇史的研究，学界成果颇丰，早在近半个世纪以前，傅衣凌、刘石吉就已经做过深入探讨，[①] 堪称传统意义上的经济史和历史地理研究范式下的经典研究，并对后来的学者产生了较大影响。[②]

20 世纪 80 年代以后，随着中国大陆史学界对社会史的重新重视和讨论，市镇史研究亦开始为学界所反思。[③] 近年来，在借鉴了国外理论和多学科交叉研究方法的基础上，一些学者力图在研究中寻求体现吉尔兹（Clifford Geertz）所提倡的"地方性知识"的理念，将区域社会史作为一种方法论[④]，较为自觉地给予研究对象以"整体史"的关怀，[⑤]在问题意识上，关注国家话语在地方社会的表达与实践，重

---

① 傅衣凌：《明清时代江南市镇经济的分析》，《历史教学》，1964 年第 5 期；刘石吉：《明清时代江南市镇研究》，中国社会科学出版社，1987 年。

② 陈忠平：《宋元明清时期江南市镇发展特点》，《南京大学学报（哲学·人文·社会科学）》，1990 年第 4 期。

③ 王家范：《中国古代经济史研究思维方法检讨》，《历史教学问题》，1987 年第 1 期；樊树志：《明清江南市镇探微》，复旦大学出版社，1990 年，第 11 页。

④ 赵世瑜：《作为方法论的区域社会史——兼及 12 世纪以来的华北社会史研究》，《史学月刊》，2004 年第 8 期。

⑤ 赵世瑜、邓庆平：《二十世纪中国社会史研究的回顾与思考》，《历史研究》，2001 年第 6 期；赵世瑜：《"自上而下"、"自下而上"与整合的历史观》，《光明日报》，2001 年 7 月 31 日。

视王朝典章制度与基层社会的互动。① 受此学术思潮的影响，市镇史研究者利用田野调查的技术手段，从区域社会史视角，力图展现市镇的结构过程②，以及融合了经济、政治、文化等因素的市镇整体历史变迁。③ 趋向整体史的市镇史研究，成为理解区域社会和地方历史的一个切入点，同时，对帮助我们理解国家与地方互动过程中历史的变迁也不无裨益。

笔者选取的裕州三镇：独树、拐河和赊旗，明清时期分别位于河南省南阳府裕州的东北、北部和南部，是不同地域空间内发展出的三个不同类型的市镇。这里临近鄂、豫、陕三省交界且偏靠中原腹地。有关河南的市镇历史，学界早有黄以柱、傅衣凌、邓亦兵、许檀、邓玉娜等学者做过研究，④而笔者的研究希望以明清时期裕州三镇"重建—成长—破坏"的兴替过程及其与地方人群的关系为切入点，通过回答市镇兴替过程中，市镇与当地历史脉络中原有的区域特性、经济单元的关联，不同类型市镇的人群变化，以及人群如何构建市镇空间这样几个问题，来探究 14 到 19 世纪，临近豫陕鄂三省交界边缘地方的社会历史特性。

本文依据的材料主要有地方志，笔者田野调查时收集的碑刻、族谱，以及馆藏

---

① 陈春声：《中国社会史研究必须重视田野调查》，《历史研究》，1993 年第 2 期；刘志伟、陈春声：《理解中国传统"经济"应重视典章制度研究》，《中国经济史研究》，1996 年第 2 期。

② 李国祁：《清代杭嘉湖宁绍五府的市镇结构及其演变初稿》，《中山大学学术史论文集刊》，第 27 期，1981 年；范毅军：《市镇分布与地域的开发——明中叶以来苏南地区的一个鸟瞰》，《大陆杂志》，第 102 卷第 4 期，2001 年；《明中叶以来江南市镇的成长趋势与扩张性质》，《中央研究院历史语言研究所集刊》，第 73 本，第 3 分，台北：中央研究院历史语言研究所，2002 年；《明代中叶太湖以东地区的市镇发展与地区开发》，《中央研究院历史语言研究所集刊》，第 75 本，第 1 分，台北：中央研究院历史语言研究所，2004 年；吴滔：《市镇变迁与基层区划的构建：清代苏州市镇和农村关系研究》，中山大学博士后研究出站报告，2005 年。

③ 赵世瑜、孙冰：《市镇权力与江南社会变迁——以近世浙江湖州双林镇为例》，《近代史研究》，2003 年第 2 期。

④ 黄以柱：《河南城镇历史地理初探》，《史学月刊》，1981 年第 1 期；傅衣凌：《明代开封城市性质的解剖——〈如梦录〉读后记》，香港：《抖擞》第 43 期，1981 年 1 月；邓亦兵：《清代南阳府名镇的经济性质》，《中州学刊》，1986 年第 4 期；《清代的朱仙镇和周家口》，《中州学刊》，1988 年第 2 期；《清代河南集市的发展》，《南都学坛（哲学社会科学版）》，第 16 卷，1996 年第 1 期；许檀：《清代河南的商业重镇周口》，《中国史研究》，2003 年第 1 期；《清代河南的北舞渡镇——以山陕会馆碑刻资料为中心的考察》，《清史研究》，2004 年第 1 期；《清代河南赊旗镇的商业——基于山陕会馆碑刻资料的考察》，《历史研究》，2004 年第 2 期；《清代河南朱仙镇的商业——以山陕会馆碑刻资料为中心的考察》，《史学月刊》，2005 年第 6 期；邓玉娜：《清代河南集镇的发展特征》，《陕西师范大学学报（哲学社会科学版）》，第 34 卷第 4 期，2005 年 7 月；邓玉娜：《清代河南的城镇化发展》，《中国经济史研究》，2005 年第 3 期；《清代河南集镇的集期》，《清史研究》，2005 年第 3 期；《清代河南集镇的空间分布——基于距县里程方面的分析》，《中国社会经济史研究》，2006 年第 1 期。另有江凌的《明清时期南阳盆地城镇体系初探》，武汉大学硕士论文，2000 年。

文集等。① 其中,地方志有明、清时期撰修的《南阳府志》6 部②;明、清与民国时期撰修的县志 3 部③;碑刻与碑拓片 44 通④,修造年代多为明清两朝,内容关涉寺庙兴修的原因与过程、参与人群的题名、记载当地官员政绩的墓志、田赋改革以及商业行会之行规、差务碑等,绝大部分为地方志所未收,且没被前人利用的。此外,馆藏及当地居民家中获见的族谱 17 部,族谱序言称其创修年代一般在清中叶以后,内容主要为世系。

一、明清裕州的移民社会与区域经济特性

1. 明代裕州市镇兴起及其体现的区域特性

裕州所在的地域社会在历史上开发较早。春秋时为楚方城,汉置堵阳县,属南阳郡。东汉至晋,皆为堵阳县。南北朝西魏置方城县,属襄城郡。东魏时在此置建城郡和建城县。北齐时候郡县俱废。隋开皇初,复置方城县,属淯阳郡。唐武德二年(619),改淯阳郡为北澧州,治下有方城、真昌二县。唐贞观九年(635),废北澧州,以方城属唐州淮安郡。北宋庆历四年(1044),方城县被废为镇,并入南阳县。北宋元丰元年(1078)复置,隶唐州。金泰和八年(1208),始置裕州,元、明、清三朝因之,属南阳府管辖。⑤ 从周室眼里的楚地,秦国的偏远之乡⑥,到北宋时,因王朝

---

① 笔者田野调查时间为 2006 年 10 月 24 日至 11 月 1 日、2007 年 2 月 8 日至 10 日、2007 年 7 月 23 日至 30 日,地点为社旗县城关镇、方城县城关镇、独树镇、清河乡、袁店回族乡、杨集乡、拐河镇、古庄店乡、杨楼乡以及小史店镇等 10 个乡镇的村落。南阳地方文集、档案若干,主要见于河南省档案馆、河南省图书馆和新乡市图书馆。

② 康孔高修,金福增修:《南阳府志》,明正统二年(1437)刻本;李延龙修,朱之藩撰:《南阳府志》,明万历五年(1577)刻本;王维新修,刘汉客撰:《南阳府志》,清顺治十六年(1659)刻本;朱璘撰修:《南阳府志》,康熙三十三年(1694)刻本;孔传金撰修:《南阳府志》,清嘉庆十八年(1808)刻本。其中,嘉庆《南阳府志》内容几乎与康熙《南阳府志》相同,方志作者并未做明显增改;张嘉谋校注,《明嘉靖南阳府志校注》,民国 31 年,《前锋报社》铅印本,南阳地区史志编委总编室翻印,1984 年。

③ 牛孟耕修:嘉靖《裕州志》,明嘉靖二十五年(1546)刻本;董学礼、宋名立撰:乾隆《裕州志》,清乾隆五年(1740)刻本;杜续赞、张嘉谋撰:《民国县志》,民国 31 年(1942)铅印本。

④ 碑刻分别存于方城县博物馆、方城县城关镇北炼真宫、方城县大乘山(现为“大寺森林公园”)普严寺、方城县独树镇扳倒井村刘秀庙、方城县独树镇黄石山(也称“小顶山”或“小武当山”)、方城县拐河镇关帝庙、普济寺和宝泉寺,以及社旗县山陕会馆。

⑤ 乾隆《裕州志》卷 1,“地理”,第 1—2 页。

⑥ 秦灭韩后,“徙天下不轨之民于南阳”。参见《汉书》卷 28 下,中华书局,1962 年,第 1654 页。

定都汴梁而靠近王朝中心地带,再到南宋、金、蒙古三方力量拉锯战的前沿阵地①,历经王朝更迭,裕州几易其民。②

元朝末年,河南,尤其豫南一带再陷战事,地旷人稀。但是,在明朝建立后的一个多世纪中,裕州人口已经大为增加,这其中有不少是新迁来的移民。据《南阳府志》载,明洪武二十四年(1391),裕州的人口规模为户822,口4800。可就在仅仅21年后,人口规模已经扩大到了户1161,口11324。③ 另据嘉靖《裕州志》载,"历宣德、正统、景泰、天顺以及成化、弘治、正德,渐增户至4015,口至29661。"由此可知,永乐十年(1412)以后的短短一个世纪里,仅就登记在册的裕州户、口数字已经分别增长了2.46倍和1.03倍。④ 而裕州的里甲数目,也从明初的7个里增至明成化年间(1465—1487)的24个里,并进而增至明弘治年间(1488—1505)的64个里。

从上述的人口增长情况来看,除了自然增长和元朝既已居住裕州又于明初回迁的部分人口外,这些新增人口的统计数据中必定包含了占有相当比例落籍当地的新迁移民数目。这些新移民一部分是先从山西迁往豫北、豫西北地区,继而再次南迁至裕州的。⑤ 到明朝成化年间,随着大量流民涌入荆襄⑥,裕州再一次迎来了新的移民浪潮,并于弘治初年在州城内形成了初具规模的新移民社会。⑦

明初,裕州人口主要集中于州东、州西和州北地区,其中尤以州东为重。有关这一点,可以从府志所载的村、保分布予以佐证。据正统《南阳府志》载,正统年

---

① 参见方城县地方志编纂委员会编:《方城县志》,中州古籍出版社,1992年,第14—15页。
② 五代后晋高祖天福七年(942),邓州、唐州"多有旷土",朝廷曾以免除五年差税的优厚条件,号召居民于此地开荒垦种(《旧五代史》卷80,中华书局,1976年,第1058页)。宋初,赵匡义曾设想在陈、许、蔡、颍、襄、邓、唐、汝等地组织农民开垦,但终因招聚困难而作罢(苏辙:《栾城集·栾城应诏集》卷10,"民政"第三道)。北宋时期,一方面,大量原住居民南迁;另一方面,其他省籍百姓又迁来此地。司马光曾言:"方城古称险,远在豫州南。近岁污莱辟,新民秦晋参。"(司马光:《寄唐州吴辨叔二兄》卷14,商务印书馆,常熟瞿氏茂宋绍兴本,第163页。)
③ 正统《南阳府志》卷3,明正统二年(1437)刻本,第37页。
④ 嘉靖《裕州志》卷3,第4—5页。
⑤ 参看王兴亚:《明初迁山西民到河南考述》,《史学月刊》,1984年第4期;裴泽仁:《明代流民与豫西方言——河南方言的形成(二)》,《中州学刊》,1990年第4期。
⑥ 《明史》卷159,中华书局,1974年,第4344—4345页。
⑦ 一通弘治二年(1489)的《裕州新立方城街记》碑为我们讲述了当时流民入籍、安置城西的经过。撰修民国《方城县志》时,此碑尚存于城西关土地庙,碑额刻有"南阳府裕州儒学学正安成万应选撰文,赐进士南京大理寺评事古叶毛诗书丹,南阳府通判致仕姑苏方闲篆额",民国《方城县志》卷8,第8—9页。

间,裕州只有四村、三店①。在这有记载的四村里,州东就占了 3 个,分别是东北的独树村、东南的陌陂村和州东的百泉村。三店则为东、西、北各占其一。尽管这个有关村、堡的数量难以使人信服,却也为我们透露了裕州在明朝前期地域发展不平衡的格局和州东业已显露的繁盛之势。

到了明中叶以后,这种区域发展不平衡进一步得到深化,同时也出现一些变迁。以下这个根据嘉靖二十六年(1547)修志时统计的裕州堡、图分布情况制作的表格,即向我们说明了这种延续中又有着变异的地区差异:

表 1　嘉靖裕州保、图分布表

方位/距离(里)	堡名	图数	所在乡
州城内外	坊廓堡*	3	——
东南/20	松陂堡*	4	仁孝乡
东/30	古庄堡*	3	仁孝乡
东/60	沙河堡	1	仁孝乡
东/80	大安堡*	2	仁孝乡
东北/50	贾河堡*	2	凤台乡
东北/20	招抚堡	3	凤台乡
东北/35	招安堡	3	凤台乡
北/30	抚宁堡	3	凤台乡
南/30	中封堡*	2	孝义乡
南/30	平台堡	1	孝义乡
西南/20	清河堡	1	孝义乡
西/30	大河堡*	2	孝义乡

说明:1. 根据嘉靖《裕州志》,卷三,页 5—6、正统《南阳府志》,卷二,页 25 制作。

2. 标有"＊"的,表示正统年间已有该堡。

由此可见,在除去州城的坊、廓、堡外,东部占了全部堡数的 58.3%,西部与南部各为 16.7%,北部仅为 8.3%。如此,则裕州东部的经济实力仍在壮大,而同时,南部和西部也有一定发展,北部的经济发展则相对缓慢。而如果将正统年间村、堡空间分布与上表相对照,便可以看出,增设的堡图主要集中在东(1 堡 1 图)、东北

---

① 四村分别为:独树村,在贾河堡;赵河村,在大河堡;陌陂村,在松陂堡;百泉村,在大安堡。三店分别为:陌陂店,在松陂堡;赵河店,在大河堡;四里店,在大河堡。其中,贾河堡、松陂堡、大安堡俱在州城东面,只大河堡在州西。正统《南阳府志》卷 2,第 27 页;卷 3,第 3 页。

(2堡6图)、北(1堡3图)、南(1堡1图)和西南(1堡1图)地区。这一不同地域经济单元分布的特征,又在某种程度上决定了裕州市镇兴起的地理位置,并使之与其所在的区域社会经济紧密相连。

明正统年间(1436—1449)以后,在上述堡、图分布集中的地方,兴起了很多镇、店,详见下表:

表2　嘉靖年间裕州镇、店方位分布表

方位	镇、店、集名称
东北	招抚冈店 *、扳倒井店、龙泉店 *、新店、砚山店
东	歇马店、古庄店、董家店、草店、贾河店、樊家店、房山店、梁城店 *、栗子店、史家店
东南	石桥店、小酒店、大酒店、草店、陌陂店 *、土桥店、郝家寨店 *、二郎庙店
南	许封镇、聂家店、券桥、牛家店 *、七里店、中封店、陈家店
西南	罗渠镇
西	西郭封店、赵河店 *、大河店
西北	密家店、四里店
北	前新店、后新店、姚家店 *、拐河店 *、孤石谭店、顺店 *

说明:1. 根据嘉靖《裕州志》卷二,页6制作。

2. 标有"*"符号的表示有集。

据有集期的镇、店方位显示,至晚在明嘉靖二十六年(1547),裕州已经形成了若干密集的商贸区,即州东北的招抚冈店、龙泉店一带,州东梁城店附近区域,州东南的陌陂店、郝家寨店一带,州南以距离州治40里的牛家店一带,州西距离州治30里的赵河店一带,以及州北以姚家店、拐河店为中心距离州治30里和60至70里的地区。

这其中,州东北的龙泉店即为后来的独树镇,而州北的拐河店便是日后的拐河镇。地域社会不会孤立独存,其必定要与周围发生联系。即或一个州、县之内,在靠近不同地域环境的区域,也会呈现出不同的特征。独树和拐河即有着不同的发展轨迹。

龙泉店所在的距离州治20至40里的州东北地方,是明初政府招徕移民的主要区域。明代的地方志中多有相关记载,如"州东北三十里,国初于此冈树旗招抚军民"①,"在州东北二十里,国初于此树旗,招抚军民"②。而同时,州东北又处于更大范围的州东地域。

就其地理条件和自然资源而言,裕州东部不唯地势平坦,而且地下水灌溉资源丰富。嘉靖《裕州志》的山川部分即有如下记载:

> 圣井冈,在州东南二五里。其顶有井,冬夏不涸,伏流而出,民赖其以灌溉之利。
>
> 扳倒井,在州北三十里。世传光武至此,人马渴甚,争取饮水,其水倐然涌出。至今灌田数十余顷,土人被其利益。少保于谦题:"灵泉应有蛟龙蛰,时出人间救旱年。"
>
> 圣井,在州东五十里,其地四面皆下,井居其上,水为洋溢,旱祷辄应。
>
> 圣水泉,在贾河。平地涌出,流派回曲,民多沾惠。
>
> 温泉,在州北三十里。出于七峰之阳,周匝数庙。水涌如沸,潘河之源也。三时皆凉,惟冬则温,因名温泉。迩为土人塞以广田,遂致潘易涸。
>
> 清凉泉,在州东南松陂堰,□地一孔,水极清盛,灌田数顷。③

这里除了出于七峰山,位于州北 30 里的温泉以外,其他几处均在州东地区。尽管州志对扳倒井的方位描述是在州北,但根据扳倒井所处光武帝祠位于东北急递铺的史实来看④,其方位应当也在州东北。此外,贾河附近的圣水泉,虽未道明方位,但就贾河位于州东 40 里,可知圣水泉亦处东边。

同时,州东的交通及其所处的商贸网络也为该区域市镇的崛起提供了条件。嘉靖州志曾这样讲说裕州的形胜:"唐、邓、宛、叶之通途,汴、洛、荆、襄之门户,诚中原一要地也。"⑤表 2 中位于州东北的五个店,正是连接舞阳、叶县与南阳府府城

---

① 万历《南阳府志》卷 4,第 11—12 页。
② 嘉靖《裕州志》卷 1,第 11 页。
③ 嘉靖《裕州志》卷 1,第 11、15、17 页。
④ 乾隆《裕州志》卷 2,"建置",第 22 页。
⑤ 嘉靖《裕州志》卷 1。《嘉靖裕州志校注》,第 4 页。

管道上①的东北路急递铺②,显示了其在交通上的优势,而且这一优势一直持续到民国年间。③ 这无疑对往来其间的商旅提供了便利条件,继而成为构成豫省,乃至豫省与其他省贸易网络中的重要一环。我们知道,在明中期以后,河南省府开封,以及其他一些商业市镇已经渐次显出繁盛景况。张瀚就曾在《松窗梦语》中道:"京师以南,河南当天下之中,开封其都会也。北下卫、彰达京圻,东沿汴泗转江汉。车马之交,达于四方,商贾乐聚。"④再加之以北舞渡和周家口为中心的豫中、豫东商业网络的形成,使得拥有"南襟湘汉,北引河洛,东挟江淮,西胁武关"⑤交通地位的裕州,不可避免地置身于一个贸易网络中,而与北舞渡毗邻的州东地区,能够兴起许多的市镇也就不足为怪了。

那么,州北拐河一带山区的市镇兴起又有着怎样的历史背景呢?

裕州北部的东、西面分别与叶县和鲁山县接壤⑥,这里有两条主要的河流,一是发源于州东60里当阳山东流合于干江河的贾河⑦;另一条是源自州北70里七峰山麓往东汇入澧河的拐河。⑧ 这两条河均绕经拐河镇,流入北面与之接壤的叶县。据文献所载,这里直至正统年间仍未有明晰的堡、图建制。但是到了嘉靖时期,却已然在距离州治30里的地方有了抚宁堡,其下设有3图,与贾河堡、招抚堡和招安堡共同隶属于凤台乡(详见表1)。而与此同时,州北地区也兴起了诸如前新店、后新店、姚家店、拐河店、孤石谭店和顺店等6个镇、店(表2)。

如果我们将这一变化放回到成化年以后,荆襄移民浪潮也是明代裕州迎来第

---

① 此路的历史源远流长。《史记》所载之"夏路"就包括从开封到裕州的这一段,而至晚在唐代,这条路已经被开设成为驿道。参见龚胜生:《唐代南阳地区驿道考述》,《陕西师大学报(哲学社会科学版)》,1991年第3期。

② 即招抚冈铺,州东北20里;扳倒井铺,州东北30里;龙泉店铺,州东北40里;新店铺,州东北50里;砚山铺,州东北60里。嘉靖《裕州志》卷2,第21页。

③ 据县志载,东部独树、东北部古庄店大部平坦,交通尚便。再往东边稍远一点的草店、杨楼则山岭起伏,交通阻滞。更远的小史店镇和酒店镇为大部多山,交通阻塞。南边和西南一带的陌陂、券桥、清河、赵河,连同稍靠北边的杨集,都是交通尚便。再往北去的拐河、孤石滩,以及西北的维摩寺、袁店则是山岭绵亘,交通不便。民国《方城县志》卷1,第6页。

④ 张瀚:《松窗梦语》卷4,上海古籍出版社,1986年,第73页。

⑤ 乾隆《裕州志》"原序",第1页。

⑥ 嘉靖《裕州志》卷1,《嘉靖裕州志校注》,第3页。

⑦ 嘉庆《南阳府志》卷1,第25页。

⑧ 正统《南阳府志》卷2,第15页。

二批大规模移民，以及南阳地区山区开发①的历史背景下，就不难看出，明中叶以后，州北的市镇兴起与移民的到来似乎存在着某种关联。一则地方志记述的万历朝州北开荒过程中出现虎患的史料，为我们更为生动地透露了当时裕北山区移民开发的某些线索：

> 皇上御极之丁未冬季月，岁且暮矣。州民张一和等奏，州檄查看开荒，次及顺店里，闻虎患剧甚，白昼雄行，三日内噬人凡十五六，辈畏缩不敢前。禀州为牒，告隍司神，此伏腊念有二日也。……文告之三日，里社猛户张加士等请入山捕虎，不佞心难之，而复为之牒其里土地。又数日，加士还告曰："某等日月险入虎穴，绝不见虎，兹里之被虎患者亦寂不闻再毒于虎。"②

据乾隆州志的记载，沈应奎为万历三十四年任③，这样，丁未年即应当是万历三十五年（1607）。州民张一和在查看开荒情况到达顺店里的时候，听闻虎患严重，当地里社有捕虎行为，却无功而返。后来，地方官求告隍司后，发现老虎消失，州民认为此乃隍司的庇佑。顺店位于州北 70 里，有集，距离拐河只有 10 里。可以说，拐河店等州北市镇的兴起与成化年以后移民对山区的开发密不可分。

赊旗镇虽然在清朝才崭露头角，但其所处的裕州南部地域却已在明代即有了较好的发展，至晚在嘉靖年间，在距离州治 7 至 20 里、30 至 50 里之间的地方，即已形成了较为密集的镇、店聚落，而赊旗镇恰是位于 30 至 50 里这个镇店密集区中。州南经济的崛起得益于丰富的灌溉水源，以及靠近汉口商业网络的交通地理优势。

嘉靖十年（1531），刘漳、安如山重修的四个陂堰中，除了两个位于州东南，剩下的俱在州南。它们是"潘河大堰，在州南三十五里，灌田二十余顷，承种者四十余家。潘河小堰，在州南三十里，灌田十余顷，承种者十五家"④。

---

① 马雪芹：《明中期流民问题与南阳盆地周边山地开发》，《陕西师大学报（哲学社会科学版）》，1995年第 1 期。

② 沈应奎：《灵应隍司记》，乾隆《裕州志》卷 6，第 31—32 页。

③ 乾隆《裕州志》卷 4，第 5 页。

④ 嘉靖《裕州志》卷 6，第 10—11 页。

此外,州南的一些镇店位于南入唐县唐河的赵河附近。明嘉靖朝,裕州参政刘漳、州守安如山曾经筹划过使州北水系通达唐河而入唐县,从而实现裕州、唐县通船,并认为"此功一立,万世之利也"。① 我们知道,唐河直通汉水,成化年间(1465—1485),汉口兴盛,到万历时(1573—1620),这里更成为楚商行盐的总口岸。② 因此不妨推测,明中叶裕州南部经济的发展与汉口所辐射的经济网络也不无关系。

从上述裕州经济区域发展不平衡的景况可以看出区域社会向省内和省外的开放性。另一方面,处于不同区域的镇、店也因着各区域的特性而呈现出不同的特质和变迁轨迹。例如州东和州北地区,同样拥有丰沛的地下水资源,农业经济发展较好,却也存在着差异。州东兴起的由村、急递铺发展而来的镇、店与其所处东北路官道便利的交通环境密不可分,同时也受惠于北舞渡、周家口等豫中、豫东的商业网络。而北部市镇的崛起则是伴随着山区的开发。州南地域的繁荣又得利于众多可资利用的河水陂堰灌溉和湖广商业区的贸易往来。

2. 清代裕州移民社会及区域差异的继续与变迁

自明嘉靖十一年(1532)裕州推行均田以后,地方经济负担加重,加之驿站费用的大量消耗③,明王朝加派豫省军需,以及政府财政的种种诟病,裕州经济,包括较为繁荣的东北部镇、店逐渐衰颓,大量流民涌出。④ 明清鼎革之际,全国性的动

---

① 他们针对当时堵水、潘河两河回合处距离唐河80里,"舟楫弗达处"50里的情况提出:一是,堵水和潘河都发源于西北山麓,邻近其源的西边有拐河,东边有澧水,两水被分水岭隔开,如果能凿开分水岭,则拐河、澧水合流,水势就可以增大而南流。二是,由于潘河源头温泉的水势很茂盛,若除去州北十里处梁子堰的淤塞,使温泉的水不至于狭隘,合并各支流,再加上把北山诸水引入此水,潘河即可载舟。三是,堵水、潘河故道因为多砂石而阻塞,但砂石下面就是土,这样加一尺之深的水,船只便可通航。但这些是地方官员的美好设想,其可行性就另当别论了。如分水岭是否容易打通?再如上文所引,潘河的源头温泉虽然水源丰盛,但是嘉靖年间,温泉附近居民"塞以广田",导致潘河容易干涸。可见,当地百姓为了灌溉农田,故意塞住温泉泉眼,使地下水可以流到更广阔的地方。他们是否同意把这些水都引向南边,以充实潘河之水?不知嘉靖州志的作者是否也意识到这些困难,所以他在引用完刘漳、安如山的鸿篇大论之后,感慨道:"惟欲兴利者图之。"嘉靖《裕州志》卷1,第17页。
② 范植清:《明清时期武汉港的商业和水上运输》,《湖北大学学报(哲学社会科学版)》,1985年第2期。
③ 嘉靖《裕州志》卷3,第11页;乾隆《裕州志》卷2,第22页;顺治《河南通志》卷14,第96—98页;杨士聪撰:《玉堂荟记》卷下,清抄本。
④ 参见明天启六年(1626)吴阿衡撰:《河南代巡杨公捐赎代州民完饷生祠碑记》,此碑民国31年(1942)仍存张廷尉祠偏西,字间有残缺,现不存。民国《方城县志》卷8,第9页。

乱此起彼伏,李自成、张献忠等部转战中国北部、中原以及湖南、四川等地,裕州所在的南阳一带,地处要冲,很快就被卷入了全国规模的动乱狂飙和地域性动荡之中,[①]裕州市镇受到极大冲击。清前期的几部方志作者均对此一巨变记忆深刻。[②]据州志中丁口的统计,明朝末年裕州原额14642丁,明末战乱以后,"残害于流寇者十之二,残害于土寇者十之六,而户口几尽矣"。裕州再一次迎来了移民流入的情景。这些移民中,除一部分是明代原住裕州而返回故土的居民外,[③]占据大多数的还是附籍的移民,即所谓"迩来生齿渐繁,而土著者少,附籍者众"[④]。就笔者所见的家谱和祖茔碑而言,这些迁来裕州的移民多来自山东、山西,且修谱年限一般在清中叶以后。[⑤]

当然,在清中期裕州商业力量崛起的同时,明代裕州各地域之间的差异、特质仍然得以存留。通过下表,我们可以看出明清裕州市镇兴替的变迁与原有地方历史特质相关的因素:

---

①　顾诚:《明末农民战争史》,中国社会科学出版社,1984年,第27—106页。

②　董学礼曾言:"(裕州)户口殷蕃,蓄积饶足,富庶甲于宛南,至今遗老犹有能道其盛者,盖俨然一盛区矣。"乾隆《裕州志》,原序,第1—2页。褚介昌也在他的《堵阳赋有序》中追忆:"迨至明季盛极而衰,流寇蹂躏无遗,市井萧条,田畴荒芜荡焉烬焉,父老之流传不亦良可慨哉!"褚介昌:《堵阳赋有序》,乾隆《裕州志》,第1页。

③　如《朱氏家谱序》:"裕之朱姓,迁自山西。长门迁城南券桥,垦荒下户,无后,字讳无传。三门迁唐邑下户,明季登科,别居日久,字讳无传。二门迁裕州,后裔本此。当明兴之初,自我始祖以我祖、我父,六世书香,皆以忠厚传家,至崇祯辛巳(1641),流寇李自成陷裕,被虐如毁,土寇李好等飙起,横劫尤炽。我先人自饥死于异域,不失坚白于贼穴。于是当分离,逃难四方。德甫十三,父托德于岳父,贡生张公讳素,字其一,号樵谷,因而至荆楚历吴粤,如断梗飘萍。适我国于定鼎,复见天日,顺治九年,始为故里。"《朱氏家谱序》,中国人民政治协商会议社旗县委员会文史资料研究委员会编:《社旗文史资料》,第二辑,1988年,第109—110页。

④　乾隆《裕州志》卷1,第15页。

⑤　如州西南袁店《姬氏族谱》记载:"本支先祖是由山东汶上县姬家沟。始迁于山东省朝城县姬家湾。清康熙年间又由始祖凤池公迁裕,至今已十四代。"《姬氏族谱》,获见于方城袁店乡姬家,1995年,第38页。再如独树李家洼李家同治七年(1868)《李氏茔阡引》中有诗云:"故土东阿郡,清初履裕州。一人亲稼穑,十世乐优游。全籍栽培厚,能口岁月周。古风多变换,家运几沉浮。堂构绵延远,云仍得郁稠。当年存姓氏,此日溯源流。慨北兵戎起,难为燕翼谋。勒碑遗迹在,蔚蔚著千秋。"《李氏茔阡引》,《宛东李氏族谱》,2005年,第226页,方城县档案馆藏。

表3 明清裕州店、集变化表

正统	嘉靖	万历	顺治	康熙	乾隆	
西	—	西郭封店、大河店	西郭封店、大河店	—	郭封店	郭封店
西北	赵河店	密家店、四里店	密家店、四里店、维摩店	—	—	维摩寺集、柏树冈集、袁家店、顺店
北	四里店	前新店、后新店、姚家店、拐河店*、孤石潭店、顺店	前新店、后新店、姚家店、拐河店*、孤石潭店、顺店	—	—	北关集、四里店集、拐河店、姚家店
东北	—	招抚冈店*、扳倒井店*、龙泉店*、新店、砚山店、贾河店、	招抚冈店*、扳倒井店、龙泉店*、新店、砚山铺店、贾河店	招抚冈铺、扳倒井铺、龙泉店铺、新店	招抚冈、扳倒井、龙泉店、唐新店	招抚冈、扳倒井、龙泉店、唐新店、砚山铺店、贾河店、孤石滩店
东	—	歇马店、古庄店、董家店、草店、樊家店、房山店、梁城店*、栗子店、史家店*	歇马店、古庄店、董家店、草店、樊家店、房山店、梁城店*、史家店*、栗子店	歇马店、古庄店、贾河店、房山店、史家店	歇马店、古庄店、贾河店、梁城店、史家店	歇马店、古庄店、董家店、草店、樊家店、梁城店、史家店、白草坟集、五龙庙集
东南	陌陂店	石桥店、小酒店、大酒店、草店、陌陂店*、土桥店、郝家寨*、二郎庙店	石桥店、小酒店、大酒店、草店、陌陂店*、土桥店、郝家寨*、二郎庙店	小酒店、陌陂店	大酒店、小酒店、陌陂店	小酒店、大酒店、陌陂店、郝家寨店
南	—	许封镇、聂家店、券桥店、牛家店、七里店、中封店、陈家店	许封镇、聂家店、券桥店、牛家店、七里店、中封店、陈家店	—	兴隆镇、券桥店、赊旗店	赊旗店、兴隆镇、券桥店、兴隆集
西南	—	罗渠镇、赵河店	罗渠镇、赵河店	赵河铺	赵河店、中封店	赵河店、中封店、鬼湾集、高家集

说明:1. 根据正统《南阳府志》,卷三,页3;嘉靖《裕州志》,卷二,页9—10;顺治《南阳府志》,卷六,页24;康熙《南阳府志》,卷二,页80;乾隆《裕州志》,卷二,页28—31制作。
2. 符号*表示有集。

由上表可知,清朝顺治年间(1644—1661)首先兴起了若干镇、店的是裕州的东北、州东,以及距离州城较近的东南与西南地区。到了康熙年间(1662—1722),

又在州城以南兴起诸如券桥店、赊旗店这样的集镇。在此统计中,州西北与州北地区尚没有集、店的出现。拐河、四里店、维摩寺集、袁家店等北部与西北部的集、店至早出现在康熙末年,至晚在乾隆初期。因此,我们可以断定,清朝初年,裕州经济的恢复是从东部、东北部,及州城附近的东南、西南开始的,之后在康熙朝往南拓展,继而遍及西北和北部。所以,清代前期的裕州,依然延续着明朝区域发展不平衡的地方特性。

里甲分布的变化也表明了相应的现象。根据乾隆州志作者的追述,裕州在明末的时候共有 33 里,且 1 里之内有甲、乙之分,这是嘉靖州志未曾详提的。顺治时因人口大减,并为 8 里,即松陂、柳林、中封、方城、清河、平台、招安、抚宁①。如果我们对照表 1 就可以发现,清朝初年,存留下来的里主要分布在州北、东北、东南、州南和西南,而原本有 3 堡 6 图的东部地区,和 1 堡 2 图的州西则无有存留。乾隆五年(1740),“户口殷繁,生民日聚。一里中有较昔而增数倍者,不为分析,则抚字催科咸有未便,故因其民户之多寡,或仍彼旧名,或新为更改,共得十八里。”②在这18 里中,州东南的松陂里析为史老、史新、梁城 3 里;州南中封里析为中老、中新 2 里;州南平台里析为平老、平新 2 里;西南清河里析为清老、清新 2 里;东北招安里析为招老、招新、招河 3 里;州北抚宁里析为抚老、抚新 2 里;柳林、方城仍旧。③ 所以,清朝前期,裕州发展较快的地区依次为州南(增设 3 里)、东南(增设 2 里)、东北(增设 2 里)、西南和州北(各增设 1 里)。

与明初州东经济实力强大之形势不同的是,清朝初年,邻近唐县的裕州南部及北部山区的人口优势显露出来。下文将通过对州北拐河镇、东北独树镇以及州南赊旗镇三个个案的分析,来揭示市镇特性及其所处不同区域社会历史脉络、特征之间的联系。

---

① 乾隆《裕州志》卷 3,第 2—3 页。
② 乾隆《裕州志》卷 3,第 3 页。
③ 民国《方城县志》卷 1,第 4 页。

二、山区开发：拐河的乱与治

1. 明末清初的动乱与山区开发

就笔者所知，最早关于拐河的历史记录当属今存拐河镇普济寺里的一通金承安三年（1198）度牒碑①，其上"方城县拐河村"几个字至今清晰可辨，说明至晚在当时拐河一带即以此为村名。就是这个拐河村，在嘉靖《裕州志》"坊乡"之"镇、店"部分才又重新"登场"，州志载"姚家店、拐河店，俱北 60 里，均有集"。②

前文略略提及位于州北 60 里的拐河镇，其在明代的兴起乃是伴随着成化年间荆襄移民而来的山区开发。因限于史料，我们对明代拐河的开发情况所知较少，拐河形象的逐渐清晰是从明末裕州地区的动乱开始的。明朝末年，一名屯聚州北山区拐河的动乱领袖——李好曾引起不少史家的关注。郑廉于《豫变纪略》谈到"土寨之豪"对明王朝所构成的强有力冲击时，曾言及李好。③ 此外，彭孙贻也在他的《流寇志》里记述，崇祯十五年（1642）十月，李好投奔了李自成的军队，乘胜攻取南阳。继而屯扎在开封北面，休息三个月后开始进攻开封。④十六年（1643），李好又由拐河攻叶。⑤

① 石存方城县拐河镇普济寺内。其上题写有"奉政大夫礼部员外郎蒙古承直郎翰林修撰同知制诰权郎□郎"、"通议太守礼部尚书张郎中"等官职人名。据碑文记载，金世宗大定初年，广公和尚云游于此落居，历时 30 多年阐扬法教，广兴工役，建造殿宇。另据嘉靖《裕州志》载，至明洪武三年（1370），该寺得以重修。嘉靖《裕州志》卷6，第6页。

② 嘉靖《裕州志》卷2，第6页。

③ "如刘圊头、张长腿、李际遇、申靖邦、任辰、蓝二、李好、张扬、王彦宾、房文璃、戚念梧、程肖羽之徒，不舆也。迨其后，或诛，或散，或叛，或降，或降而复叛，或叛而就擒，或合众而为强，或併小而为大。相疑相忌，相轧相屠，横行于秦、蜀、楚、豫之间。飘忽震荡，蹂躏荼毒。文臣掉舌而盈庭，捍守拥兵而养寇。"参见郑廉：《豫变纪略》卷2，中州古籍出版社，2002年，第54页。

④ 彭孙贻：《流寇志》卷6，浙江人民出版社，1983年，第98页。但是，李好似乎并没有一直追随李自成。还是同样一本书谈到，就在这一年，李自成军屯驻在汝宁府城外七天，后来又转战确山、信阳、泌阳。此时，"大寇去，土贼纷纷入城，搜窖藏，掠村落，官兵渐集，乃去。河南土寇李好、孙学礼、李际遇拥众各数万，小者亦数千。"可见，李好等人最后还是脱离了李自成的大队人马。彭孙贻：《流寇志》，第100页。

⑤ 石其灏修，程沭撰：《叶县志》卷1，乾隆十一年（1746）刻本，第4页。

有关李好势力来源的详细情况，很难找到直接的史料予以说明。但笔者在拐河作田野调查时，听到一个流传于当地"皇帝借粮"的故事，却透露了些许明末裕北山区动乱背后的线索。故事说的是，明朝末年拐河有两大家族——李好家和陆家。时值国库空虚，皇帝同时向拐河的李、陆两家借粮，李家不允。陆家因积蓄不多，遂找李家借粮，并以此粮借给皇帝。于是，皇帝嘉奖了陆家，却将李家抄家。李好义愤填膺，便带领家丁起义，成为英雄。现在拐河镇中心的那条街还被称为李好街。

从以上传说透露的信息可以让人隐约体察到李好并非一个家资贫寒的下层农民，而是颇有势力的一个地方豪族。陆、李两家平日应当有些交情，否则李家也不会借粮给陆家。李家对皇帝"借粮"（其实应该是"征粮"）不满，而陆家却投诚朝廷，利用了李家，从而造成两家关系的破裂。最后，李好选择了公然反抗。故事的情感取向显然是倒向李家的。我们应当知道，李好作为农民起义军领袖留下好的口碑，与新中国成立以后农民战争史的阶级分析话语不无相关。所以，姑且不论孰是孰非，"皇帝借粮"故事似在为我们呈现出在地方动乱发生前，拐河即已存在着大族势力争斗的情形，李好所代表的实际上是地方势豪在王朝更迭时期的地方军事化行为，而这在全国相当普遍。

清朝入关后的相当长一段时期内，这些啸聚拐河的地方势力仍然存在。根据康熙三十三年（1694）《南阳府志》的记载，顺治二年（1645），"天下方定，拐河土贼李好，南召周家礼尚未革面"。当时直隶河间人王燕翼任南阳府知府，"燕翼下车招抚，谕以投诚地方，始靖"①。也就是说，府志里认为，势力平定的结果是李好被招安了。对于李好"余孽"的处置情况，府志言：顺治九年（1652），满洲人楼希昊分守南汝道，力图息盗安民。而李好的旧部吴家宽仍在拐河招聚人马，人数日益增多，白昼出来进行劫掠，渐渐有难以控制的蔓延势头。楼希昊侦察到吴家宽的落脚之处后，亲自率领兵丁，与叶县知县许鸿翔捉住了吴家宽，解散其人马，并且以"拐河山谿险阻，达店、神林素为奸薮"为由，上疏朝廷，最后奉旨禁绝此地民居数十年。从此，拐河一带盗贼不生。② 然而，

① 康熙《南阳府志》卷4，第16—17页。
② 康熙《南阳府志》卷4，第3—4页。

比照乾隆《裕州志》就会发现事实并非如此，拐河的李好仍然与盘踞淅川西南山的"南阳剧贼"王二等"声势相倚"，而且，裕州因此遭遇到的祸患更为惨痛。[①] 此外，康熙三十五年（1696），拐河山区陷入了动荡。[②]

与动荡时局相伴的是山区的开发和争夺山林资源的冲突。与明代相似的是，清代州北的开发同样伴随着频发的虎患。据地方志记载，康乾时期，裕州的官民曾深受狼、虎、豹的困扰，这些虎狼不仅屡次在山林中害人，而且还来到田间、州城，以致需要知州率兵击杀。[③] 康熙五十年（1711），州守董学礼为曾在万历三十四年（1606）驱除虎患的沈应奎重修了祠堂。沈应奎是万历三十四年（1606）知州，曾以为牒驱虎而闻名当地。[④] 康熙年这次重修沈应奎祠的举动，不仅显示出地方官对治理虎患的重视与期望，也从侧面显示了州北生态平衡的破坏。而有关移民争夺生活资源的情况，乾隆《裕州志》"土产"部分的记述，为我们提供了一些线索：

> 裕州多柘槲，足放蚕收利，但山无定界，民各争伐木，侨居者又欲私占，遂致争讼不休。[⑤]

黄志繁曾以宋至清的赣南社会为研究对象，深入讨论了所谓"贼"、"民"不过是一种国家官方话语的体现。"贼"有时就是官方对未落籍的当地的移民，包括畲、瑶等民的称呼。[⑥] 所以，上述康乾时期，在大批移民来到鄂豫陕交界山区繁衍生息、激烈争夺生存资源的背景下，地方志中频繁记录的"盗警"很可

---

① 乾隆《裕州志》卷4下，第2页。
② 乾隆《裕州志》卷4下，第1—2页。
③ "顺治五年（1648），妖狼十数成群，人畜俱伤，经年始息"，"（康熙）十四年（1675）豹入城，街民击杀之。十九年（1680）白面长须虎去来如风，白昼行州境，伤人三十余，知州佟鹦彩督鸟枪手数百人逐之，患乃息"，"（康熙）四十五年（1706）大乘山至菜山一带地方有一白额虎去来无踪，伤人无数，路几绝。南阳别驾张宏祚署州篆焚牒祷神，虎始不见，里民为建去虎亭在大乘山下"，"（康熙五十年，1711）十月有虎卧北城敌台下，知州董学礼率兵民杀之"，"（乾隆）三年（1738）十月东山有大虎为患，知州宋名立虔祷隍庙，即日率抢手杀之，其虎两耳共有十三缺。"乾隆《裕州志》卷1，第20—27页。
④ 乾隆《裕州志》卷4下，第5页；卷6，第31—32页。
⑤ 乾隆《裕州志》卷1，第19页。
⑥ 黄志繁：《"贼"、"民"之间：12—18世纪赣南地域社会》，三联书店，2006年。

能就是一些没有落籍的移民。下文将以一个"王家赢告御状"的故事具体分析这背后移民社会的图景。

2. "王家赢"告御状的故事：移民、动乱与田赋改革

今日的拐河镇留传着一个"王家赢告御状"的故事，《方城文史资料》里即有一个形成文字的故事版本：

> 王家赢，清雍正年间裕州招河里（今方城县拐河镇）人，生卒年不详。父王松，于康熙年间随兄王桐自洛阳军屯迁入，居裕北七峰山阴分水岭王家村。王桐无子，王松有八子，家赢居次。因家赢自幼随父习文演武，胆艺过人，爱打抱不平，遂得绰号"王二野人"。
>
> 康熙六十一年（1722），拐河人李好的后代李先实，因抗皇粮被南阳镇台奏本圣上，以谋反罪抄家，庄地八十余顷及全部房产（现拐河卫生院一带）一并入官。其入官土地划为官课地，佃给当地百姓耕种。后经巡抚杨题奏请，招河里官地的钱粮较别里加倍完纳，分夏秋两季交运州仓。拐河本系山区，土地贫瘠，与别里同倍完纳已属艰难，要加倍完纳便使山民苦不堪言。哪知州吏与地方劣绅串通一气，乘夏秋纳粮之机恣意敲诈盘剥，加之去州城山高路险，为此拉夫派差，更使山民如坠水火。
>
> 雍正元年（1723），裕州知州差来八名悍吏，前往拐河催租，抢了王松家的黄牛拉车，并刺死黄牛。"王二野人"打走了悍吏。次日一早，知州带领人马围住王家村，绑走"王二野人"。"王二野人"逃脱并前往京城告御状。途经开封城外十里铺，遇到被劫茶叶从江南返回的朝廷命差，帮其夺回茶叶。命差愿意帮其告御状，并介绍王在午朝门外专门招待下朝官员的茶庄主人那里打杂。终于通过十四王爷在雍正面前告成了御状。雍正因王无名，遂赐"王家赢"，并赐王家"文兴运国瑞永祥世万安"十字宗谱，赐玉石香炉一尊祭祀宗祖，将官课地收归国课地，佃与山民耕种。将七十五斤市斗更为十四斤京斗，就地建仓，免其纳租路远派差之苦。并革去知州之职。
>
> 至今民间依然传说此故事，王家村也早被改成"王家赢"，只是传

"嬴"为"营"罢了。①

据故事讲述，这次发生在雍正年间裕州拐河一次不大不小的官民冲突，是由于当地移民受不了朝廷因土著居民抗交皇粮而加重赋税引发的。后来，这些移民借助商业网络中的官员力量将不满之意达于皇帝面前，并最终摆脱了加倍完粮的厄运。这段叙述未能向读者提供事件发生的历史依据，然而，笔者通过梳理县志、碑刻和家谱资料的相关记载，却发现了一些关涉拐河移民社会山区开发的情景。

首先我们来看造成拐河加倍完粮从而引发官民冲突的导火线李先实。故事中言其为李好的后代，关于这一点，笔者并不能从目前所见的史料中予以证明，只是推测出他二人关系的两种可能，一是确如故事所说有亲族关系，二是李先实涉及抗交皇粮，与关于李好的传说有共同之处，因此故事附会出李先实是李好后代。

其实正史中亦有关于李先实的记载，例如民国县志就讲述了李先实"压地入官"的原委：

> 康熙二年（1663），奉部饬招募认垦，无论外省、别邑、土著，三十余年陆续垦报，计户四百余家。秦民李先实以垦买二百余顷。至五十七年（1718），省会设立满兵巡抚杨宗义误听讹传，云李先实系前巡抚旗员李锡家人，因激变地方犯罪，并按照顺治七年（1650）禁民间房地售于旗下，违者房地并入官定例题奏，驱逐入官，拨给满兵，并报为八百余顷。及奏部议饬查，委抚标守备洪洞知府沈、知州董学礼按亩丈量。李先实地实无八百余顷，竟将别地概作先实之地，且一亩倍作数亩，以足额数。后经巡抚杨宗义论将冈坡地并垦以抵。②

文中"洪洞知府"一词让我们怀疑这段记载的准确性与真实性。不过，仅

---

① 贺金锋：《雍正皇帝与王家嬴其名》，中国人民政治协商会议方城县委员会文史资料研究委员会编：《方城文史资料》第 10 辑，第 57—61 页。
② 民国《方城县志》卷 4，第 1—2 页。

就其他部分而言，李先实在这里是以一个陕西移民的身份出现的，而且被讹传为前巡抚旗员李锡家人，这样就不是故事中所讲的"李好的后代"。其获罪的缘由也不是"抗皇粮"，而是因为"激变地方犯罪"和售民地800余亩于旗下。而故事中的"巡抚杨题"恐怕就是县志所载的"满兵巡抚杨宗义"，拐河一些田地需要"加倍完粮"与此人有关，这在两段叙述中都是一致的。不同的是，故事里的结局是雍正年后，通过英雄般出场的"王二野人"的多方努力而取得官民冲突中民众的胜利，县志里记载的结局则是朝廷"饬查"，委托洪洞、裕州地方官员重新核实该案，发现所售田数并无这么多，巡抚杨宗义遂将一些冈坡地算在其中抵足了亩数。如果事情的发展真如县志所载，那么，如此的结果并没有减轻拐河的田赋负担，反而令更多的田地也被纳入"加倍完粮"的征粮政策之内了。

不过，"加倍完粮"政策虽在日后得以继续推行，但最终却被废止。据乾隆州志载，雍正十二年（1734），有当地乡民自首了夹荒地20.702顷，并指出这部分田地也应当照前例加倍缴纳赋税。雍正十三年（1735），宋名立到任裕州后，亲自来到拐河逐亩查勘，体察到乡民自首的田地其实很贫瘠，并不能与沃壤相比，若照例加倍乡民定会不堪重负，于是禀明督院王士俊另立招兴里，附于招河里后，钱粮仍照别里完纳，免去当地乡民"加倍完粮"之苦。① 民国《方城县志》中还记载了乡民"自首"的原因，即当时清政府正充赏"告发隐地"者，祥符县民陈侯振等禀告拐河有隐地，宋名立亲到地方勘查，当发现是诬告之后冒雪到开封府城请求究办诬告之人。② 这样，乾隆州志中的"自首者"成了希图加重他人负担的"诬告者"。这两段记述，隐约向我们透出拐河地方各种势力之间的冲突与角逐。

在"王家赢告御状"的故事中，"王二野人"通过经商结交权贵，最终告赢了御状，并取得更换京斗、得名"王家赢"（王家营）的胜利，是一场官民冲突，或者说是代表着商、农利益的民众与官府在田赋问题上的一次斗争。而地方志所反映的则有陕西民人购买拐河土地、民人涉嫌卖地给旗人、祥符县民与拐河镇民的冲突以及拐河重赋等问题。事情的终结也不是因为民众抗争，乃是官员的

---

① 乾隆《裕州志》卷3，第3—4页。
② 民国《方城县志》卷2，第18页。

努力。这显示出无论是作为农民战争和民间传说语境中的"告御状"故事，还是颇具官方色彩的地方志，在记载历史时都不可避免地带有各自的局限。

告御状的故事没有向读者讲明拐河终止"加倍完粮"政策的具体时间，反而拉出之前"山民苦不堪言"，和之后"更换京斗"等事。不过，这样的事情也并非空穴来风，笔者在拐河镇关帝庙内见到的一通清嘉庆二十五年（1546）"校验征赋量具"碑，即是关涉此事的历史留痕：

> 否极泰来，剥□复生，此固天□□□□□□□□□□拐河佃种官地，相传八十余年。法久弊生，胥吏蠹役□□□□□□□□十二年，郡伯孙公垂念民瘼，校准京桶，更换斛斗，此方之人，莫不加□□□□□□。久而弊端复滋，踢斛、淋尖之习陋，浸浸又出。于二十五年秋，□□□□□□□□□□为校验三十六桶，不加系毫，并颁明示予民，自冲平斛响□□□□□□□□□旦，扫除而剪灭之，则公之永垂良法，惠保无疆，岂仅天道之循环，实乃人事之□□。于是合里感德，想公行谊而叹方山之巅，不足为高，澧水之□，不足为清。则公之惓惓于民者，恩有加而事无。民者有所取法，并使后之居斯土者，有所遵守也。是为记。
>
> 大清嘉庆二十五年□月上浣合里仝立①

由此可知，自雍正十三年（1735）免除"加倍完粮"之害后的80年中，地方征税中又出现"踢斛、淋尖"等恶习，使得百姓实际缴纳的税收多于规定数额。如果把"王家赢告御状"中拐河百姓的抗争与之联系起来，则或许"校准京桶，更换斛斗"乃是官民双方抗衡中民众取胜的结果，而非郡伯孙公自觉自愿的行为。

那么，既然始终都是一个集体行为而非某个人的功劳，那么故事塑造出的这个"王家赢"又有着怎样丰富的意味呢？

照传说所言，促成废除拐河"加倍完粮"的王家赢是洛阳军屯后裔，其父

---

① 石存方城县拐河镇关帝庙内，碑刻拓片存方城县博物馆。

33

王松，于康熙年间随兄王桐迁入裕北七峰山阴分水岭，居王家村。① 其实，根据笔者对田野调查时所获见《王氏族谱》的解读却得出了另一个结论。

据《重修王氏家谱序》记载，"军屯王氏家族，其先自山西洪洞迁河南府洛阳县城北乡小姚凹，居有年。始祖讳建，又携家迁至洛河南岸董圪瘩儿王家□。后其女与本地唐姓结秦晋之好，遂阖家迁军屯定居。至今，我王姓于此繁衍已达千余口。"② 另一处《追远堂王氏宗谱整续记》记述，王建于康熙三十四年（1695）迁来裕州，与其长子天宠、次子恩宠定居王家营。王建妻携三子君宠、四子福宠定居于洛阳县军屯村。并有始祖母祖茔在小姚凹村西南约半里，君宠、福宠随葬。③

这些追述是根据《民国丁丑年王氏适南联宗序》中所载的洛阳、拐河王家联宗一事整理的。《联宗序》记载，初洛阳、拐河两支王家几近三百年，并无往来。民国 26 年（1937），年逾七旬的九世孙王尚志，率十世孙宪章、十一世孙宗智，携家庙碑文前往方城，"辗转数日，遍访王姓，终无音影"。后来碰到老者张氏告诉说拐河镇西南十里许王家营王姓居多，可以寻觅。王尚志到达王家营后，出示家庙碑文，拐河王姓九世孙国儒才知祖先。④《追远堂王氏宗谱整续记》内记录："清咸丰年间，九世孙廷拔、尚□、尚德诸公，初修家谱。光绪末年，王氏宗祠建成立碑。十世祖同心公撰碑文，同时初续族谱。"

从以上的文字中，我们并无法断定拐河王氏是否真与洛阳王氏一族，乃军屯移民的后裔。但是，这些记叙却为我们提供了王家营为拐河清初移民聚落的可靠信息。

至此，通过对照解析文史资料中"王家赢告御状"的故事，乾隆州志、民国县志、关帝庙"校验征赋量具"的碑刻和《王氏族谱》，可以大致得出这样的图景：故事中有着谐音意味的"王家赢"，其实本就是一个群体，即住在拐河镇王家营的乡民，于康熙年间迁来拐河。当他们力量逐渐壮大的时候，开始不满于客居时的沉重赋税。此间，还有一些来自祥符县的民众参与拐河山区的资源争

---

① 贺金锋：《雍正皇帝与王家赢其名》，《方城文史资料》第 10 辑，第 57—61 页。
② 《追远堂王氏家谱》。
③ 《追远堂王氏家谱》，"追远堂王氏宗谱整续记"。
④ 《追远堂王氏家谱》。

夺。雍正十三年（1735），在平衡多方利益的情况下，州守决定新设一里，并且除去加倍完纳的重担。这批百姓继续耕种官地，如此过了80年，赋税征收时又出现踢斛、淋尖的陋习，百姓不满并要求定准量器，得到地方官的同意和支持。既有不同移民群体之间争夺生活资源的冲突，又有官民围绕征收田赋一事的抗衡，这种复杂的情形映射出清代前期直至中后期，拐河镇所在山区的移民社会特征。

3. 移民社会商业力量的壮大与拐河镇的兴起

在清初拐河的移民中，有部分人即是因为经商的缘故移居此地，并参与到拐河的重建过程中。《拐河支派祖茔主碑》即讲述了一个这样的故事：

> 我林氏，原籍山东省莱州府人也。太高祖公辅公于康熙年间贸易于裕州北拐河街，遂家焉。既殁，遂卜葬于此。……思我家自迁以来，数世于兹，迄今生齿日繁，衣食无缺，要非我先人培植之厚，何以至此。爰勒石垂永远，俾我子子孙孙知我祖德之不可忘也！云尔。是为序。
> 大清同治七年岁次戊辰三月上浣[1]。

因上述提供的信息有限且该碑立于同治七年（1868），基于此，在支派记载上，也只有数代，并没有追述林氏一族在山东的情况，颇让人有"无本之木"的感觉。我们或许可以有如下的解读：一是，确如碑文所说，拐河林氏于康熙年间来此做生意，历经几代积累，于同治七年（1868），即裕州咸、同年间大规模动乱结束后，开始构建自己的家族谱序。其二，他们本来就是康熙年间迁来此地的流民，因而家族来源未可考也，在拐河定居后逐渐参与到经济贸易中，成为商

---

[1] 《闽鲁豫林氏近支宗谱》卷11，"拐河林氏宗谱·拐河支派祖茔主碑碑文"，第5页。

人，所以，子孙在追述先祖时就附会为商人之后。① 第三，拐河一带本来商人就多，所以把自己说成是商人之后比较合于众人。不过无论如何，这块碑文都透露着些许移民与拐河商业的关系。

拐河的经济力量在清前期显然已经具有相当的实力，乃至其可以在嘉庆十八年（1813）的饥荒中发挥重要的赈济作用。饥荒前，拐河社仓原贮谷20387石零3升9合9勺。饥荒后10年，当州志再一次统计全州社仓时，拐河社仓的实贮谷量仅为3868石5斗②，比原来减少了3/4。然而，即便如此大力度地参与赈济，拐河的地方经济也没有受到太大影响。据嘉庆十九年（1814）《商贾□办碑记》记载，当时的拐河关帝庙③虽然出现了一些资金紧张的情况，但是立刻有合街善士捐资以助。参与此事的竟然有 34 个商号。10 年后，拐河商民再度起社，并列了一对石狮子："道光五年，街之邻家五十二，有捐钱一二百文者，或三四百以及五六百文者，甚至无钱而愿效力者，同齐一社，名之曰义扛。历年来，陆续积钱三十余千，公议转为所蓄，置石狮一对，列于庙院。"④

---

① 笔者认为第二种解释较为妥帖。1946 年，拐河林氏与鲁山林氏联宗，并进入鲁山林氏的支派记录中。"稽谱本源两支，始自齐地，均出□公、尊公，逢□公之后。子孙迁豫以来，逢齐妇捻军战乱，宗谱已失元考，但素与我鲁山闽林有关，互相来往，族谊敦厚，虽未人籍，而字派略同，故接连而续起。既从早年敦宗于光前，当有今日睦族于裕后。其间虽有福建与山东、鲁山、方城与登封、拐河与郜沟之殊，总未有如陈之易衰，如虢之易郭，如田之易车，如张之易灌者也。虽敬居千万里之外，应联一谱之中，以别昭穆，分尊卑，视为同堂，情若一席。今我鲁续修谱牒，而拐河、郜沟两支踊跃接洽，悉一续人者。因自续之后，历二支世代代按鲁支所定字派为派，庶千百年后支不紊，辈不乱，俾后世子孙敬其所当尊，爱其所当亲，垂仁孝于永远矣。"《闽鲁豫林氏近支宗谱》卷 11，"拐河林氏宗谱·拐河及郜沟谱序"。在《拐河林氏宗谱》的《拐河支派祖茔主碑》的年代前面，加了"天后宫"三字，因笔者在林君家所见该祖茔主碑碑文的抄录原件中，"天后宫"三字字体与墨色皆显示出为另一个时间加入，故而笔者怀疑，当为民国时期与鲁山闽林联宗后所加。
鲁山林氏自称比干之后。"周武王西访其孤，得于长林之中，因此赐姓林。传至秦，子孙居齐地，汉为济南郡。福建林氏，始自禄公，由河南光州之固始县，随晋元帝渡江入闽。康熙六年，存侯公以总兵官左都督后军都督府，及胞侄副将伯韬公，副将伯友公，历任直隶保定府参将职，统领二十四营，奉旨屯田于河南鲁山县星砦，散居□河以南，东西绵延八十余里，村庄寨垣无处不有。"《闽鲁豫林氏近支宗谱》卷 1，"族谱本源"，第 2 页。
② 民国《方城县志》卷4，第 15 页。
③ 据乾隆元年（1736）《创建关帝庙碑记》的记载，"自顺治至康熙以迄雍正，重熙累洽，人民渐臻，富庶岁月，愈见生平。本镇善人白锡璧、张文星、谷沛雨等，共集一社"，创建关帝庙，并在其旁立一道观。整个工程只花费了一两个月的时间。碑文由晋都廪生李鹏程撰写。参见乾隆元年（1736）《创建关帝庙碑记》，石存方城县拐河镇关帝庙内，碑刻拓片存方城县博物馆。两年后，拐河镇人又在关帝庙内建了卷棚，共费银 30 两 5 钱。参与的 26 人中仅有一个有功名之人，即贡生张建弼。参见乾隆三年（1738）《重建关帝庙卷棚碑》，石存方城县拐河镇关帝庙内。
④ 道光十一年（1814）《建造狮子序》，石存方城县独树镇关帝庙。

就笔者目前所见到的史料而言，清中叶以后，拐河与山西商人的联系愈来愈多，裕州"北引河洛"的地理优势在拐河镇的发展中得到了充分的体现。如果说创建关帝庙时邀请"晋都廪生"撰写碑文的事情①，还只是略微透露出拐河与山西之间关系的话，那么从道光十六年（1836）至咸丰五年（1855），山西绢绸商人在拐河创建山西会馆就将这种关系更为清晰地展现出来。该会馆于道光三十年（1830）破土动工，"首创正殿三楹，并筑周围垣墙。占地十八亩。正殿飞檐斗拱，明柱暖阁，蔚为壮观。"咸丰五年（1855），又补修了墙垣，创立山门，工程告竣。据《创修山西会馆碑记》言：

> 拐河乃蚕丝之乡，经历代率以绢丝为业，而山西客此者尤夥焉。在昔蚕事屡丰，经营无不如意。同乡诸公每相聚语曰："吾侪不远千里，服贾滋生，曾思货殖之由乎。"……凡山西买绸绢之客，织绸绢之户，并开设绸绢之行，皆令按货拨钱，以为集腋成裘之计。②

由此可知，拐河盛产蚕丝，山西商人有在此买蚕丝自己织绢绸者，有直接即买绢绸者，亦有开绢绸之行的商人。可以说，拐河的兴起与当地丝绸的经营关系甚大。

从以上所述拐河的发展轨迹来看，裕州北部山区市镇的兴起明显带有移民社会山区开发的历史特征。清中叶以后，尤其与山西的丝绸贸易有着密切关系。从金承安三年（1198）度牒碑上的"方城县拐河村"，到明嘉靖《裕州志》的"拐河店"，再到清同治七年（1868）《拐河支派祖茔主碑碑文》里的"拐河街"和清乾隆元年（1736）《创建关帝庙碑记》中提到的"本镇"，拐河经历了从"村"到"店"，再到有"街"之"镇"的发展。同时，其特殊的山区环境、移民社会的历史背景，使之具有独特的地方特性。

---

① 乾隆元年（1736）《创建关帝庙碑记》。
② 《创修山西会馆碑记》，原存方城县拐河镇粮库大院北。林旭昶、潘志明：《拐河镇山西会馆》，《方城文史资料》第五辑，第11—12页。

三、驿道上的独树

如果说拐河可以作为裕州山区开发的一个缩影的话，那么独树镇则为我们展现了一个交通枢纽的市镇所承载的繁华与动荡。因道路通达，及与东北部经济的内在联系，笔者将独树镇置于整个裕州东北镇、店网络中予以考察。

今日的独树镇镇中心，大致相当于明、清时期的"龙泉店"。早在明正统年间（1436—1449），独树就作为四个重要村落中的一个被记录在《南阳府志》里。[①] 这说明此时这里已经得到了开发，只是规模尚小。到了正德六年（1511），刘惠军队来到裕州的时候，此地已具"店"名。店东北的龙泉寺，因寺中僧人抵御动乱力量而留名青史。[②] 明朝末年，龙泉店已然被人称为"镇"，明末裕州乡绅吴阿衡在其所作《龙泉店重修三官庙碑记》中，就描述龙泉店为"镇之民人殷富，士风丕振"[③]。可见，当时龙泉店虽名曰"店"，实已为"镇"。

明代独树所处州东市镇的兴起与明初政府的招徕移民政策、州东的交通条件及其所处的商业网络密不可分，前文已述。这些影响市镇经济发展的因素，在清代同样得到延续，同时又在不同的历史场景中经历着新的变化，使其具有不同于拐河所在地域的市镇特征。

1. 驿道、驿站与"汉光武帝祠"

清代，裕州的驿铺曾被裁减，西南路只存郭封铺、赵河铺，东北路则裁了沙淤、新店和砚山，只留招抚冈铺、扳倒井铺、龙泉店铺三处。不过，独树的交通地位并未因此而改变。这其中，最为著名的驿站是扳倒井铺[④]的汉光武帝祠。这里不仅是裕州一处重要的驿站，同时还是体现州东北清代官商力量，以及裕州官绅建立本地文化形象的载体。

---

① 正统《南阳府志》卷2，第27页。
② 地方志中留下了大量后人吟诵"辛未之变"中捐躯僧人的诗词。参见乾隆《裕州志》卷2，第19—20页。
③ 吴阿衡：《龙泉店重修三官庙碑记》，乾隆《裕州志》卷6，第21—23页。
④ 今为扳倒井村，属方城县独树镇。

康熙年，知州潘云桂在《重修光武庙碑记》中这样描述过自己频繁往来于驿道、留驻光武庙的景况："自莅任以来，寒迎暑送，雨暗花明，徘徊于兹者，盖岁不下数十次也。"① 扳倒井刘秀庙内一通题有"圣旨"的康熙四十一年（1702）碑，其上刻有"山东防海道周昌、钦差运粮道邵思尧、南阳府知府郭、襄城营都司康宜寿、守卫刘、汝宁府确山县知县孙、经历司李奇明、舞阳县知县祖良屏、捕衙郭、叶县知县吕柳文、捕衙王、新野县知县颜、新郑县学政邱、裕州知州唐绍勋"② 等多处地方官员的题名，足见当时此地的热闹。

这条驿道，官员们走，自然也是商旅的通途。州守宋名立在《建脱脚河石桥记》中记载此桥修建意义时，几处都提到"商贾"。文章说，裕州"当荆襄楚豫之孔道"，州东20里的脱脚河上没有桥梁，遇到洪涛涨溢的时候，"不唯行商服贾之人不能牵车负担，跋涉登程，虽有羽书飞檄鞅掌王事者，无不为之徘徊"。有一个州民李大年倡修石桥，一年竣工，"不独行人贾客得沐其施，而凡为王事驰驱者亦不致有遗误之虞。"③

官府、商人两股力量，影响着位于驿道附近的州东北社会，这在扳倒井的汉光武帝祠修筑碑刻的题名录上得到体现。光武祠的修建，起初主要是官府，后来则多为绅商。如康熙二十九年（1690）祠堂大门的修葺也是由知州潘云桂主持。④ 不过，康熙三十一年（1692）修葺光武祠的工作中，已有大中丞阎兴邦的加入，并且由"里老"分董其事。⑤ 而商人的力量，在前文所引康熙四十一年（1702）的"圣旨"碑中，参与重修光武祠的人除了邻近府、州、县的地方官员外，还有一个姓周的商人，而且商人、商号也占了相当的比例。⑥ 在一块可能年代更为靠后的《重修光武庙广生殿□王殿》碑中，商人力量体现得愈发明显，题名录开列的205个捐修个人或团体中，就有商号7个，当商1人，监生9人。⑦

---

① 乾隆《裕州志》卷6，第45—46页。
② 石存方城县独树镇扳倒井刘秀庙内。碑阴另有题名录，文字不清。
③ 乾隆《裕州志》卷6，第66—68页。
④ 乾隆《裕州志》卷1，第13页。
⑤ 康熙《南阳府志》卷2，第62—63页。
⑥ 石存方城县独树镇扳倒井村刘秀庙内，碑阴另有题名录，文字不清。
⑦ 根据在嘉庆十六年（1811）《大乘山普严寺重修再碑》（石存方城县大寺森林公园普严寺）名录里亦有"吴钰"其人而推测此碑年代。石存方城县独树镇扳倒井村刘秀庙内。

到了道光十三年（1833），修建光武祠已然是"合邑绅商，翕然助资"。①

此外，州东地区，尤其扳倒井铺附近的官方力量，还体现在官绅不断重构汉光武帝的故事，以此来重塑地方文化形象。最早关于裕州"扳倒井"的记载，见于嘉靖《裕州志》："世传光武至此，人马渴甚，争取饮水，其水倏然涌出。"然而到了清顺治年间，这个传说却变成了："昔光武微时，经裕憩息于此，偶扳石，石倒，醴泉涌出，后因即泉为井，建其名曰'扳倒井'。其泉潺湲清冽，光武历昌瑞应，爰开建宁，额其宇曰'光武祠'。"至少在康熙五十九年（1720）也还是类似。对于此井，"人曰此光武扳倒井云"，且"无旱涝，有祷必应"。此光武遗事，"三岁稚儿亦能道"②。并且之后，光武帝扳倒井的故事又不断得到重写和强化。③

这一对汉光武帝故事的附会，不只发生在光武祠，在州东北的其他地方也有体现。如距离独树镇 20 里的招抚冈，乾隆州志记载其为"光武起兵招抚士卒于此"④。但更早的明嘉靖《裕州志》却只是说"国初于此树旗，招抚军民"，既未上溯到汉代，也与光武起兵无关。

可见，清代的裕州官绅，希望通过对光武故事在当地的重构，力图挖掘或者赋予裕州以久远的文化形象，以及从属王朝正统的历史传承。因此，也就使得独树镇所在的州东北地区带有较多的政治色彩。

---

① 道光十三年（1833）《道光十三年重修扳倒井汉光武庙碑记》，石存方城县独树镇扳倒井村刘秀庙内。
② 乾隆《裕州志》卷6，第14—16页。潘云桂乃康熙年间知任裕州，根据成文年代有"康熙庚子"字样，推知应为康熙五十九年（1720）。
③ 现存光武帝祠内的同治十三年（1874）《扳倒井古柏记碑》即为我们讲述了清中后期地方社会的历史记忆与重构。碑文载："汉世祖光武皇帝御极二年，邓奉、董䜣叛命。廷尉岑彭为征南大将军，帅建义将军朱□、左将军贾复、建威将军耿□、汉中将军王常、武威将军郭守、越骑将军刘宏、偏将军刘嘉、耿植等八将军战数不下。次年，帝自将亲征，驻营口于此。夏四月，大兵云集，士卒汲水于井，取之不尽，用之不竭。帝顾谓曰'扳倒井矣'，因而得名。"（参见同治十三年（1874）《扳倒井古柏记碑》）石存方城县独树镇扳倒井村刘秀庙内。与早先的历史书比较，此碑不仅添加了汉光武帝经过裕州的原因，而且还将战事描述得有声有色。然而事实上，《后汉书》中并没有此次叛乱光武亲征堵阳的记载，可知以上种种，皆为后人附会、添加所得（《后汉书》卷1上，中华书局，1965年，第31页）。如今，方城县流传刘秀"扳倒井"的契机，已经变异为"王莽追刘秀"（《方城县志》，第549—550页）。
④ 乾隆《裕州志》卷1，第7页。

2. 独树"官店"与新移民社会

从下面流传于独树镇的"官店"传说中，可以看出一个与官府、商人和新移民有关的反映独树镇特质的例子。

传说讲的是，嘉庆十八年（1813）直隶大旱，李氏兄弟从宛平县辗转来到龙泉铺。他们起初给人帮工，渐蓄钱财，在街西开了一座客店，名李家店。后来，又将店迁到街里偏西路北，占地9亩，且兼营丝绸业。那时，常年有张家口、蒙古一带丝绸客商住店，一度垄断了独树、拐河一带丝绸产销。由于住宿条件好，过往官宦权贵也投宿于此，"官店"的名字就被叫开了。①

通过解读此段传说，我们至少可以看到这样几个有关豫东地方社会的信息。首先，以开客栈起家的李氏兄弟于嘉庆十八年（1813）因逃荒来到独树镇，当时正是裕州爆发全州范围饥荒的一年。据地方志载，州民乞食者达到3万多户6万多口。翌年二月十五日至三月底短短一个半月的时间里，裕州就收养了贫民近37万口。② 故从李氏的经历来看，嘉庆饥荒时必定有不少难民来到独树，而其中一些人即落户当地，积蓄家资，并逐渐参与经商。其次，独树镇亦以丝绸业闻名，其交易对象并非如拐河镇以山西商人为主，而是以张家口和蒙古的客商为主。当然，因为此"官店"故事形诸文本是在当代，其中难免加入近世商贸情况的回忆。不过，可知的是在近代有关拐河和独树两镇的回忆中，双方似乎存在着竞争关系。第三，因其驿道、驿站的特殊地位，独树镇的商业中还参有政府官员的力量。与上述清代修建光武帝祠的碑刻题名中所见到的官方、乡绅与商民三种力量相似的是，官店的传说同样透露出一个官、商、绅相交织的市镇商业特征，这便与拐河以商民为主，兼有乡绅参与市镇经济的情况形成了鲜明的对比。

独树商业力量的崛起，乃是因着众多人群的推动。这其中不乏明末原住独树的州民③，不过更多的恐怕还是清初迁来的移民。借着清初政府的招抚流民政策，龙泉店所在的州东北一带，依然是较早得以恢复和里甲增置较多的地区。清顺治年间恢复的12个店中，州东北地区便占了三分之一，即招抚冈铺、扳倒井

---

① 李克昌、李克文：《独树"官店"与独树寨》，《方城文史资料》第七辑，第151页。
② 民国《方城县志》卷3，第19页。
③ 乾隆《裕州志》卷5，第29—30页。

铺、龙泉店铺和新店。①

当然，并不是所有来到独树的移民都像"官店"传说中的李氏兄弟那样以经商为业，更多的移民还是以务农起家。现住独树镇李家洼李氏族人，在追述其先祖来由时留下的一段论说，即为我们提供了一个移民独树、务农起家的例证：

> 山左东阿县蒲家屯为李氏旧居，惜家罹于兵灾，未获知始自何时，并源支脉之序至……太高祖抒庵公孤身来裕，计赋授田，垦理荒芜，李家洼遂为吾一门托迹之……先。②

此碑立于清同治七年（1868），当时李家已历经五代，由此推测，则李氏先祖来到裕州的时间当在清康熙年间。李氏先祖初来裕时，是靠着"计赋授田，垦理荒芜"而生存下来并得以繁衍生息，显示了其务农起家的过程。

3. 咸、同动乱中的独树堡寨

在清中叶"楚警"白莲教、嘉庆癸酉饥荒，以及咸、同动乱的动荡社会环境下③，独树连同拐河、杨楼、小史店、赊旗镇和州城是受扰最为严重的地方，其中独树镇和拐河镇还一度出现了镇寨合一的形态。

裕州咸、同动乱起于咸丰六年（1856），当时裕州李太春、张五突，泌阳王四老虎等人，因"年荒失业，结捻讹索酒食"，转战于独树东南一带。到咸丰八年（1858），随着韩八千为南阳府知府金梁所杀，裕州的地方性动乱力量基本消失。之后是起自咸丰十一年（1861）更大规模的捻军、太平军势力的到来。④

咸、同动乱之前的道光十一年（1831），拐河地方已经修筑了券门，用以防

---

① 顺治《南阳府志》卷6，第24页。
② 大清同治七年岁次戊辰十月六世孙生员，金敬刊《李氏茔阡引》，《宛东李氏族谱》，2005年，第226页。其中"……"表示为短碑失文部分。
③ 杜炽：《杜惺斋文集》，清抄本，河南省新乡市图书馆藏；民国《方城县志》卷3，第19页；嘉庆十九年（1814）赈灾设立粥厂碑刻碑文拓片，字迹不清，方城县博物馆藏。
④ 民国《方城县志》卷5，第30—32页。

御，并于同治元年（1862）在券门东约50米的地方筑起了石寨。① 与此同时，咸丰年间（1851—1861），独树镇也在李兰洲的主持下，修建了铺寨。《李兰洲修寨功德碑》记载了咸丰年间动乱之后独树镇修建寨墙的经过："盗匪猖獗，为害商民。先是筑垒建堡以御，及后险隘要塞地段，垒与堡之间修墙贯连。"独树寨墙从咸丰九年（1859）动工，到咸丰十一年（1861）落成。建成后的龙泉铺寨，东西长约1,500尺，南北长约1,300尺，顶宽可容四人并行，并设东西南北四门，贾河自北向南流经东门外。南、西、北寨墙外开凿宽20公尺、深10公尺的寨壕，寨墙和寨壕间建有"拦坝墙"。寨墙呈长方形，惟东南角向里凹进一块，因顾忌田家菜园，曾为此拖延很长时间。后来，南墙开工时，石料已经用完，费用拮据，只有用土代石了，② 俨然一个小州城的模样。时至今日，独树镇还存有"大清咸丰十一年菊月创修"题有"映旭"两字的东寨门。如此，则独树镇修筑寨墙的时间恰是咸、同动乱中当地较为和平的时期。也许正因为此，在之后的动乱中，无论是安徽捻军，还是太平军都未曾涉足独树，而比较多地选择了赊旗店和中锋镇，即或前往叶县保安驿经由独树，也未见该镇遭遇战乱。③

由以上的分析可知，在邻近湖北的裕州地区，无论是拐河还是独树，其堡寨均是在原有镇、店的基础上建立的，而这种情况其实是与清前期裕州墼堡的设立思路有关。乾隆《裕州志》"墼堡"部分，记述了在裕州东北路、西南路的驿道沿线，每隔10里一墼，每隔10里一堡，墼堡交错，之间相隔5里。④ 因此，在经历了动乱之后，这两镇仍处于镇、寨合一的形势下，与杨国安所述的湖北乡村堡寨⑤情况有所不同。

---

① 《创建文昌阁及券门群墙碑序》记载，文昌阁落成于清道光十一年（1831），那时拐河镇文人、学士组织有"文昌社"，欲建立文昌阁，同时又碰上合镇"乃有两事之殊途，竟一举而两得，不惟不相悖，而且相资，诚千古之奇遇矣！若夫合镇公修里门，原为防守计，而文昌社诸君子因思大众券门修墙，我社建阁于上，此藉门墙之基址，彼藉栋宇之复昌，相须甚殷者，应相得而益彰。遂谋于众，众皆唯唯。于是公修门墙，社修殿阁，分办厥公"。林旭昶：《拐河文昌阁》，《方城文史资料》第七辑，第154—155页。

② 此碑原位于官店大门东侧，毁于1958年。李克昌、李克文：《独树"官店"与独树寨》，《方城文史资料》第七辑，第151页。

③ 民国《方城县志》卷5，第30—32页。

④ 乾隆《裕州志》卷2，第23—24页。

⑤ 杨国安：《社会动荡与清代湖北乡村中的寨堡》，《武汉大学学报（人文科学版）》，第54卷，第5期，2001年9月。

　　清代独树的发展延续了明代该镇的某些特质，同时又存有变异。相比拐河而言，独树的发展和成熟都较早，明正统年间已有独树村，正德六年（1511）已名"龙泉店"，并且作为裕州东北路六大急递铺之一，龙泉店事实上也是一个"铺""店"合一的市镇。清代独树的恢复也较早，并体现出其所在地区官、商、绅多种势力相混杂、相交织的地域经济特色。与拐河镇相同的是，在清中后期裕州的地方动乱中，两者都曾一度呈现出镇寨合一的市镇形态。

四、商贸转运市镇——赊旗

　　赊旗所在的裕州南部地域，虽然在明代中后期已经形成了若干镇、店密集区，但是赊旗镇的兴起却是在清康熙年间。光绪《南阳县志》曾如此描述赊旗：

> 　　清水以东，唐泌之间，赊旗店亦豫南巨镇也，在县东北九十里。镇莫知之由起，或曰元分旗屯田，军主氏佘而讹也。地濒赭水，北走汴洛，南船北马，总集百货，尤多秦晋盐、茶大贾。居民率游手足食，不事蓄聚，乍富乍贫，习俗奢靡，厮养走卒，仪观甚都。客妓利履，笙歌盈衢，故土衣履或敝则众笑之。乾隆、嘉庆中，置巡检司，设营汛。咸丰军兴榷关，其市税常巨万。[①]

　　在县志作者的笔下，首先需要强调的是赊旗镇突出的商业地位——"豫南巨镇"，作者认为"地濒赭水，北走汴洛，南船北马，总集百货"有利的交通条件是赊旗发达的命脉。在众多的商人中，山西、陕西的盐、茶商显然具有绝对优势。有关赊旗店的起源问题，县志作者坦言不清楚，至今学者们也没有一定的说法。[②]

　　笔者将在以下的论述中，试图通过分析赊旗镇兴起的历史地理背景，及其在明、清地方经济发展脉络上的传承与变迁，来梳理这个位于裕州南部地区的市镇

---

① 潘守廉、张凤冈、张嘉谋撰：光绪《南阳县志》卷3，光绪三十年（1904）刻本，第22页。
② 邓亦兵：《清代南阳府名镇的经济性质》，《中州学刊》，1986 年第 4 期；许檀：《清代河南赊旗镇的商业——基于山陕会馆碑刻资料的考察》，《历史研究》，2004 年第 2 期。

的历史和特征。

1. 从村到镇

回顾前文可知，明正统年间，距离州志 30 里的地方就已经形成了较为繁荣的人口聚落，而在嘉靖时期（1522—1566），州南已有许封镇、聂家店、券桥、牛家店、七里店、中封店、陈家店等 7 处镇、店，分布在城南 7—20 里、30—50 里之间较为密集的人口聚居区。州南市镇的崛起与农业经济的发展，与"南襟湘汉"的交通地位和贸易环境密不可分。

清初，裕州南部较为荒凉。从表 3 中可以看出，顺治年间（1644—1661）裕州镇、店情况来看，相比于东北 5 处镇、店已然恢复，州南竟无一处市镇得到复苏。但这一情况到康熙年间得到明显好转。前文论述清前期裕州经济发展概况时曾经提到在里甲增置上，州南不仅中封里析为中老、中新 2 里，而且平台里亦析为平老、平新 2 里，一共增设了 3 个里，是当时裕州发展最快的地区。与此同时，这里还兴起了兴隆镇、券桥店、赊旗店等 3 处镇、店，其中除了券桥店是明代既有以外，兴隆镇与赊旗店俱属新兴。[①]

起初，赊旗店仅以"村"名，并不称为一个市镇。州守宋名立纪念一个赊旗店村烈妇韩氏的文字给我们讲述了一些康熙、雍正年间当地民人的生活场景：

> 韩烈妇者，山东郓城人也。少许鲁暖儿为配，长于归焉。雍正元年，翁鲁焕迁裕，卜赊旗店村而居，妇遂为裕州民妇矣。家贫无以为生，翁、夫咸力作以供衣食，妇则织而助之。一日，邻村武氏以钱付翁，属妇织布。布成翁适出，夫是日为他佣。[②]

文中所示，鲁氏一家于雍正元年（1723）自山东郓城迁来赊旗店村，并入了裕州的户籍。家里男丁以"力作"挣得生活所需，偶尔也为别人佣工，妇女则织布贸易补给家用，并且贸易的方式是先得订金，然后再将织好的布送到付了

_____

① 关于兴隆镇，乾隆州志记载了其设立的过程，即"康熙二十九年，知州潘云桂招徕流寓，新设此店，现存数十家。"乾隆《裕州志》卷 2，第 28 页。
② （清）宋名立：《韩刘两烈妇传》，乾隆《裕州志》卷 5，第 32—35 页。

订金的人家。虽然透过文字并不能知晓鲁家迁来裕州的原因，但是"家贫无以为生"的描述不免使我们把其投放到清初大量山东籍流民移居裕州的大背景之下进行考虑。故而，鲁氏一家定居赊旗店村的经历，也在一定程度上折射出清康、雍时期（1662—1735）裕州移民社会中的赊旗面貌。

在这种看似平静的男耕女织生活场景的背后，赊旗店的商业正悄然兴起，并且呈现出与此般田园生活的步调不大一致的贩运业繁忙景象。

早在康熙晚期，赊旗店的商贸地位和转运型市镇的特征就已经显现出来。据乾隆《裕州志》载："（康熙）四十八年春，大饥，米价腾贵，几无鬻者，赖有客舟贩米至赊旗店，民乃全活。"[1] 现存社旗县山陕会馆中的一通雍正二年（1724）《同行商贾公议戥、秤定规》碑[2]为我们进一步展示了这个转运型市镇在雍正初年的发展情况。此碑的立石方注明是"行头隆茂店、大生店"。在碑文作者的印象中，赊旗店起初只是一个墟，以贩运业起，尤其关键的是水运码头。近期来到此地的人不断增多，并且从事转运业的就有 20 多家。这些商家为了谋利，会随意制定戥、秤标准，给商业贸易带来恶劣的影响。此事在全行、集头于关帝庙公议的情况下，规定了戥、秤准则，并言明违者罚戏三台，对执意不遵者将举报官府。不过，行会对如此规定仍不满足，最后通过呈报知州，寻求到官方法令的约束后才得放心。由此可见，雍正二年（1724）的时候，赊旗店的商家已经拥有了行会组织，并设有领袖"行头"，他们与"集头"之间存在着一定的联系和张力，以至于规定戥、秤准则的时候需要双方协商。

如果说前文所引《南阳县志》作者论到赊旗店"居民率游手足食，不事蓄聚"的记载属实的话，那么构成行会的主要成员应当不是居住在赊旗镇的本镇居民，而应当是那些在日后被称为"秦晋盐、茶大贾"的山陕商人。所以碑文中提到的"齐集关帝庙"和"罚戏三台"的记述就显得意义非凡。或许我们可以推断，当时的赊旗店商家即以关帝庙为活动的中心，而从现存社旗山陕会馆中其他碑刻文字中也可以看到，后来这个关帝庙在赊旗镇的商业社会中曾一度扮演过重要角色，体现着山陕商人在镇上的力量与地位。

---

① 乾隆《裕州志》卷 1，第 26 页。
② 石存社旗县山陕会馆。《社旗文史资料》，第二辑，第 59 页。

这次公议戥、秤定规以后，乾隆四十七年（1782）更多的商家在赊旗店创建了春秋楼，并与原有的关帝庙构成日后山陕会馆的重要部分。① 有关此次创修各捐资商家数量、行业以及银钱数和抽厘额，许檀在其文章中已经做了很好的阐释。春秋楼建成以后的清嘉庆二十二年（1817），山陕两省商人又用建庙所剩银两建造了铁旗杆，并言其为豫省继朱仙镇之后第二处立有铁旗杆的山陕会馆。②

尽管山陕商人很希望赊旗"地以楼传"，但当时的赊旗镇并非只有山陕商帮这方面的势力，其本地早已存在的绅、民力量同样不容忽视。后者有如前面提到像韩氏烈妇一家那样过着男耕女织田园生活的赊旗店村乡民，而前者则在嘉庆十二年（1807）镇上重修火神庙的举动中得以体现。一块《重修火神碑记》曾如此记载此事："我裕州南赊旗店河南东街，旧有火神圣祠，创始前朝"，历经时代更迭，风雨飘荡，至清前期已经退破不堪。贡生王涵捐出自己家的一段地，"以便酬神演戏"，又邀请其他人捐资兴建火神庙。③ 重修题名录中共计 19 人，其中生员 4 人，监生 2 人，且无有商号。赊旗镇火神庙至今犹存，笔者 2007 年 10 月 24 日在社旗县城田野调查时，见到了它及对面的戏楼。④ 由此可知，在嘉庆年以后，火神庙仍然继续得以扩建。

王日根在研究贩运业与会馆兴建及其带来的土客冲突中，曾引述了数条豫西北、豫西南当地经济在外地商业力量侵入后所遭受的打击和亏损⑤，如唐河县，"秦晋之氓聚居贸易，乘乡民缓急称贷而垄断取盈，故贫者日益贫"。虽未言及赊旗镇，但从上述火神庙的兴建中，依稀可见市镇地方原有势力与外来贩运业商

---

① 据《创建春秋楼碑记》载，早在设立关帝庙之初即已"谋卜地为建楼之基"，但因"事巨用广，工大费奢"，且建楼所需的木材远在南方，运输不便，又要寻访雕工能手，所以一直拖到乾隆年间才将创建春秋楼之事提上日程。商人们希望"自此地以楼传，益显坤舆之秀；楼以经传，永惟圣数之尊"。参与此次建造春秋楼的有 14 个商号，单从名字上就可以看出有 1 家粉店和 1 家磁铺。乾隆十七年（1782）《创建春秋楼碑记》，石存社旗县山陕会馆。《社旗文史资料》，第二辑，第 1—3 页。

② 嘉庆二十二年（1817）《南阳赊旗镇山陕会馆铁旗杆记》，石存社旗山陕会馆。《社旗文史资料》，第二辑，第 51 页。民国 12 年（1923），《重兴山陕会馆碑记》载："赊镇山陕会馆创于前清乾隆时代。山陕经商于此，各捐资财，置买地基，创建会馆，嗣又增筑群房，添够义地，以叙乡谊、通商情、安故旅，洵为盛举。"显示出赊旗镇山陕商人的优势。参见民国 12 年（1923）《重兴山陕会馆碑记》，石存社旗山陕会馆。

③ 嘉庆十二年（1807）《重修火神碑记》，《社旗文史资料》，第二辑，第 68—69 页。

④ 火神庙已为社旗县一所学校占用。戏楼高两层，第二层两旁石质楹联题字为："当花妙舞，何殊西子之姿。对月清歌，不亚广陵之曲。"

⑤ 王日根：《乡土之链——明清会馆与社会变迁》，天津人民出版社，1996 年，第 121—122 页。

人势力之间存在的制衡。

2. 饥荒、动乱中的赊旗

赊旗转运型市镇的特征已为许檀、田冰等学者所注意。而赊旗镇的这一特性也早在康熙朝晚期已显露出来。据乾隆《裕州志》载："（康熙）四十八年春，大饥，米价腾贵，几无鬻者，赖有客舟贩米至赊旗店，民乃全活。"①

此外，赊旗镇的商业转运活动还因着其对物价的影响而作为社会调控力量而存在，这在嘉庆十八年（1813）裕州所遭遇的那场饥荒中得到明显的体现。杜炽的《救荒书》为我们展现了当年赊旗店在平衡豫鄂交界地区贸易圈内米价浮动所发挥的重要作用：

> 直隶、山东、河南连年旱荒，赤地千里，逃亡饿死者，不可胜计。不料南阳今亦遭此大旱。窃以南阳户口十分之中，富者不过二分，贫者不下八分。幸而得雨种麦，至来年麦熟，尚有十月。今湖北丰收，唐河船麦至赊镇，为银钱之薮，富商囤积此，八分人户有牛者，每一车载麦三石六斗，除费用外，可长银三两有零。一家五六口人，与牛可备十日之用。肩挑者，每一人可挑二斗，长钱二百，一家三两口者，亦可备十日之用。本地之禁搬贩者，原恐人不顾度用，贪价轻卖，其实有粮之家，自用尚不足，安肯轻卖？往来搬贩者，乃湖北之船麦，非本地之粮也。若禁不得贩，则湖商不来本地，八分之人户，无所仰食，而本地已困，此通商所以必先开禁闭也。②

杜炽认为，救荒的权宜之计首先在于开禁闭、清道路，从而使商贾贸易通畅、运行无阻。饥荒中，唐河的商船运来湖北麦子贩卖，这一举动引起了唐县一些人的不满，担心如此会降低粮价。不过杜炽却认为如果禁止贩卖湖北粮食，则全县十分之八的人可能都会断粮。可见当时商业调控的重要作用。而杜炽对利益不均、商人因利争斗等弊端的担忧，也反映出当时赊旗镇所处商业地位的复杂状

---

① 乾隆《裕州志》卷1，第26页。
② 杜炽：《救荒书》，《杜惺斋文集》。

况。

在《救荒书》中，杜炽还提到了饥荒中的动荡局面，并认为当时乡间劫夺之事"大抵皆无赖恶徒，倡率饥民"为之。这一动乱情形于咸、同时期达到高潮。咸丰六年（1856），"年荒失业，结捻讹索酒食"，李太春与来自汝阳确山的王当、熊瞎子等，共约五六千人于八月攻打了赊旗镇。咸丰七年（1857），确山王党、肖匪于八月十五日，至赊旗店。《豫军记略》载："大掠而焚之，蔓延乡村，死伤塞道。"这次重挫，在赊旗山陕会馆的碑刻中也都有体现。据民国12年（1923）《重兴山陕会馆碑记》："咸丰七年，会馆被毁大半"；[①]"慨自咸丰七年八月捻匪蹂躏，焚及会馆大殿、廊房、春秋楼。"[②] 同治四年九月十九日，张宗禹大掠赊旗店而北。五年正月朔，皖匪复自新野拢县境而东。六月复折赊旗店。咸丰十一年二月初四日，安徽亳州捻军姜台霖等奔来裕州。裕州知州孟宣泗在魏家冈与其作战，终力不能敌，捻军遂往赊旗店和中锋镇而去。八月，姜台霖再一次进入裕州。千总刘福和调民兵与之战于七里冈。刘福和战殁，兵民伤亡甚重。此战后，姜台霖由赵河一带转战裕州西南，在攻打赊旗镇不成后，便转到泌阳，之后又往叶县。

联系前文可知，同样历经咸、同动乱，拐河与独树均能以"结寨自保"的方式幸免于难，而赊旗却遭到屡被焚掠的厄运。如果说拐河于动乱前即开始修筑券门和石寨的行为体现了一个山区市镇防微杜渐、自觉防护的姿态，而独树又是在清代裕州塈堡体系中因着当地士绅的主动修造而实现了镇、寨合一的话，那么，就目前笔者所见史料而言，赊旗自始至终也未有过类似拐河或独树那样"结寨自保"的举动。也许，这恰反映出作为商贸转运型市镇的赊旗所独有的特点。在一个商人力量，尤其外省商帮势力尤为突出的地方，虽有本地绅、民力量与之抗衡，但就其地方控制力而言，恐怕是不及本镇乡民无论数目、势力均占优势的拐河与独树了。

---

① 民国12年（1923）《重兴山陕会馆碑记》，石存社旗山陕会馆。
② 民国12年（1923）《重建山陕会馆碑记》，《社旗县文史资料》，第二辑，第33页。

六、结　论

　　综上所述，明初政府在裕州东北部一带招徕移民的政策，促使这里较早地形成了新的人口聚居区，加之交通、经济地理及所处贸易网络等条件，独树所在的州东北地区较早地兴起了若干重要市镇，并在整个明代裕州的经济中占有瞩目的地位。经历了由村—铺—店—镇的发展，独树呈现出与江南一些市镇相似的成长历程。[1] 不过江南市镇的形成时间较早，如南浔在宋代即已设镇，而我们在明代州志中所见的独树仍以"村"名。由于史料所限，笔者并不能清楚地勾勒独树一带宋元时期的发展情况，但毫无疑问，战乱及人口迁徙曾打断甚至摧毁过当地经济的发展，不过在经历元明、明清王朝的鼎革后，独树社会内部却存在着一种延续，展现了豫西南处于交通要道附近市镇艰难的成长历程。清代，因着裕州官绅通过州东北的汉光武帝祠重塑地方文化形象，以及作为驿站所在地对官、商能量的承载，独树镇所在的地区表现出官、商、绅多种势力相混杂、相交织的特色。同时，因为清朝整堡制度的设计，清咸、同年动乱期间，独树在本地士绅"结寨自保"的努力下出现了镇、寨合一的市镇形态，与同时代湖北乡村堡寨的不同特征。而就其明清时期的经济实力而言，这里未能形成如豫北怀庆那样的本地商帮，[2] 其经济实力薄弱，贸易范围、力度相对窄小，与河南省其他发达市镇形成了鲜明的对比，更不用说宋代经济重心南移之后有着良好经济基础的江南市镇了。

　　拐河镇的兴替为我们提供了明清时期豫西南山区开发的一个缩影。它的兴起是伴随着明代成化荆襄移民浪潮迁至裕州的民众开发山区的结果。这些移民的力量不断壮大，并于明末裕州的地方动乱中得到体现。清初生活在拐河的人除了明代业已入住的住民外，另有一些新迁移民，他们曾在缴纳田赋的事情上经历了许多厄运，但由于移民力量和拐河经济实力的不断增强，最终取得了废止"加倍完粮"和"更换京斗"等斗争的胜利。如果将其所显示的历史特征放回整个中

---

①　叶美芬、邵莹：《从村落到市镇：南浔镇起源探微》，《浙江社会科学》，2007 年第 6 期。
②　崔来廷：《略论明清时期的河南怀庆商人及贸易网络》，《河南理工大学学报（社会科学版）》，第 7 卷，第 3 期，2006 年 8 月。

国的大历史环境中去考量则会发现，在赣南、赣东南、闽西北和粤东毗邻山区的社会变迁中也可以发现相似的情形。① 所不同的是，对于赣南山区而言，因着明代中后期王阳明等地方官员设立十家牌法和乡约，地方大族通过文教形成士大夫群体，改写着"盗区"形象②，而拐河因未曾担过"盗区"之名，也就没有了所谓"贼""民"称谓的挣扎。此外，虽有山区移民之间，乃至官民之间的冲突，但是笔者在梳理史料时却未发现拐河有如赣闽粤山区那样农佃矛盾所引发的地方性动乱，即使咸、同年间的动荡局面也仅仅是受到波及而已，或许这也说明了当地的人群分化不如赣闽粤山区。同时，在移民开发山区过程中，虽然拐河也曾出现了一些家族、豪强，但该区域终未见赣南明朝即开始的大规模的宗族建设。其实这种情景也是整个裕州明清新移民社会内宗族发展和成熟程度的表征。

赊旗镇虽然兴起于清康熙年间，但其周围地区则至晚在明中叶，随着明初裕州移民逐渐向南拓殖、州南适宜农业生产的自然环境，以及鄂豫陕三省贸易网络的形成和商贸市场的活跃，已经形成若干市镇聚落。不过在康熙朝以前，赊旗还是一个名不见经传的地方。事实上，它在清代的突起繁荣与汉口商贸地位的突显、清以来山陕商人与湖广商业贸易的成熟有着密切的关系，充分体现了贸易圈与地域社会之间的相互影响。从村到镇，虽然本地乡民的力量在地方事务中有所体现，但外省商帮尤其是山陕商人，显然是另一种具有相当影响力的地方势力。但无论如何，这群人均未能像拐河、独树的人们那样去主动构筑抵御战乱的城寨，也许这也恰恰反映出其作为转运型市镇的特性。

裕州三镇的例子表明，市镇与其所在地域社会有着千丝万缕的联系，可以说它们互相成就、构成，并且强化着当地社会的区域特征。自明代以来发展和形成的裕州北部、东北和州南各自的特征与差异，在清代得到延续，并于不同的历史情景中呈现出新的变化。赵世瑜曾提出把区域社会史作为一种方法论来看待与使用，贯通地域社会小历史与国家王朝大历史的考量和书写，强调以长时段的视角

---

① 傅衣凌：《明末清初的闽赣毗邻地区的社会经济与佃农抗租风潮》，《社会科学》第3、4卷，福建省研究院社会科学研究所，1947年；饶伟新：《生态、族群与阶级——赣南土地革命的历史背景分析》，厦门大学博士论文，2002年；黄志繁：《"贼""民"之间：12—18世纪赣南地域社会》，三联书店，2006年。

② 黄志繁：《"贼""民"之间：12—18世纪赣南地域社会》，三联书店，2006年。

审视地域社会整体历史的变迁。[①] 本文对明清时期裕州市镇兴替与移民社会的个案研究，大概为我们认识学界较少关注的靠近中原腹地，但又处于豫陕鄂三省交界的边缘地域社会 14—19 世纪的历史特征提供了一些借鉴。

---

　　① 赵世瑜：《作为方法论的区域社会史——兼及 12 世纪以来的华北社会史研究》，《史学月刊》，2004 年第 8 期；赵世瑜：《明清史与宋元史：史学史与社会史视角的反思——兼评〈中国历史上的宋元明变迁〉》，《北京师范大学学报（社会科学版）》，2007 年第 5 期。

民国初年一个京城旗人家庭的礼仪生活

——一本佚名日记的读后感

要了解一个传统的都会向现代城市的转变，北京永远都是一个很好的例子。其原因并不复杂，就在于它所具有的多重身份：既是都城，又是府城、县城；既是帝国和皇权的缩影，又是一个自金元以来就融合了多个族群、多种文化的民间社会。因此，它也不断引起研究者的兴趣。① 而关于城市中的礼仪生活，有些研究颇具开创性，但或失之笼统，或脱离了人的生活情境和背后的历史关联。②

本文的主要资料是一本佚名的日记手写本，藏于广州中山图书馆，著录为《民初日记》，作者阙名，封皮上有"民国6年"四字，应即为日记所记事的那一年。③ 该日记应该是主人若干本日记中的一本，记事从当年的正月到八月。起

---

① 关于北京史各方面的研究，可参见郗志群主编：《北京史百年论著资料索引（1900—1999）》，燕山出版社，2000年。当然，以往通论性的著作和论文较多，讨论的问题也不一样。韩书瑞的 Peking, Temples and City Life（2000）讨论了相关主题，但时代与本文不同。董玥的 Republican Beijing：The City and Its Histories，1911—1937（2003）讨论的时代是民国时期，但关心的问题不同。她有一些关于北京的文章，但讨论的都是比较重大的主题。卢兴源的 The Adventures of Wu：The Life Cycle of a Peking Man（1983）在1941年和1942年出版了两卷本，80年代重印，其切入角度与本文类似，但基本上可以被视为民族志式的描写。最新的一部著作是白思奇的 Localities at the Center：Native Place，Place and Power in Late Imperial Beijing（2005），但其中心议题是会馆和在北京的外地人，并未关注普通北京人的生活。

② 比如王斯福和施舟人早年研究台湾的文章，参见施坚雅主编、叶光庭等译、陈桥驿校：《中华帝国晚期的城市》，第699—730页，第783—814页，中华书局，2000年。最近康豹对西方学者的相关研究进行了概括性的评论，其中也包括了"城市中的宗教"部分。他认为这个领域的研究是"大部分时候都被忽略的"。参见康豹：《西方学界研究中国社区宗教传统的主要动态》，2009年第1期，第58—74页。

③ 该日记记日虽以农历为序，但在每月初一条之上要注明这是阳历几月几日，在星期日那一天之上注明"星期"二字。这种以农历为主，西历为辅的情况，正是民国初年新旧计时方式交替时期的表现。另外，日记中提到去西直门火车站坐火车。西直门火车站建于1906年，因此日记至少不会早于1906年。

始和最后应都有缺页，因此属于残本。但即使如此，里面的细节描述仍能为我们提供许多鲜活的信息。[①]

一、生活空间：镶黄旗与正白旗的旧地

日记的主人公阙名，以及写本的手写体都给我们对材料的阅读和叙述带来了不便。从内容中，我们需要首先判断他的住处和邻里地区，再了解他的人际关系网，也许由此我们可以猜测他的身份。

日记从正月初二的后半部分开始，因为前页缺，只能根据后文猜测是记录来往拜年的亲友人家：

> ……姻太姨母家、秦老胡同李姻外祖母家、马将军胡同铭六族伯家及同居之近族长支姑太太座前、府学胡同联义母家、皇城根麟宅延大族叔、延二族叔家十一处拜年。今日罗车坑铭九伯，东观音寺、福建司营吴宅、潘泽生姻弟，及东皇城根住之吴振清姻晚，系黄米胡同荣大嫂之姨甥，均来拜年。……
>
> 初三日丁卯，晴，连日回暖。……前往福建司营潘泽生姻弟家、炒面胡同富三姨母家、奶子府关东店恩七姻舅家、大草厂蔡宅、吉二姻姑母家、后门回蜡库黄二舅家、黄米胡同荣大族兄家、马大人胡同陈大族姊家、本胡同荣大姑母家几处拜年。……

在后面记载的亲友之间拜年和回拜的内容里，除上述以外，涉及的地点还有西仓门、褡裢坑、瓦盆胡同、七条胡同、扁担厂、班大人胡同、礼士胡同、琉璃寺、西绦胡同、小菊胡同等。从这些地名来看，日记主人家庭的活动区域大体在今天北京东城区的中心地区，即以东四为中心向南向北的一个半径 2.5 公里左右的区域。在民国时期，这里主要涉及内一区和内三区。比如最南的是东观音寺胡同，地点就在今天东长安街中国社会科学院大楼的北面，它的东口就接着福建司

[①] 承蒙科大卫教授提供给我这份材料的照片，谨致谢忱。另外，文中未注明出处的引文，均出自这本日记。

营；炒面胡同和礼士胡同是东四南大街靠北的两条相邻的胡同，方家胡同在它的东南；奶子府、关东店和大草厂，位于王府井北大街，东厂胡同以南；皇城根应指东皇城根，奶子府等就接东皇城根，都在内一区。

内三区是今天的东四大街以北，直到北二环。东边是今天的东二环，西边是今天的美术馆后街一直向北到安定门。日记中的黄米胡同就在今天的美术馆后身，西仓门胡同在东四北大街北新桥路东南，班大人胡同在朝阳门内北小街左近，马大人胡同在东四北大街路西，七条胡同在路东，府学胡同、马将军胡同都在今张自忠路以北，瓦盆胡同、小菊儿胡同和褡裢坑在东直门南小街以西，罗车坑在小菊儿胡同西边，两条胡同的北口都接东西走向的瓦盆胡同。方家胡同则位于国子监南，与之平行。

内五区的西半部把前海、后海和积水潭地区都包括进去了，东半部就是鼓楼大街这条中轴线和安定门内大街之间的区域。日记中的秦老胡同、沙井胡同就分布在南锣鼓巷的东西，相距极近。扁担厂在北锣鼓巷西侧，琉璃寺在扁担厂以北隔两条胡同。西绦儿胡同在旧鼓楼大街以西，贴在北二环南侧。

上述地名中唯一不在这三个区的是蜡库。蜡库在清末民初被划归内六区，其实位置就在景山东街的东北侧，紧挨着内三区，只是在这三幅地图上看不到，地理距离还是很近的。

在清代，这里应该是镶黄旗和正白旗的区域。从上述日记的内容来看，主人家的各种关系应该是旗人，他们自己也应该在旗。日记三月二十九日"午后，西仓门柏佐领族叔来"；日记三月初九日记"往马将军胡同取月饷"，旗兵的月饷在民国初还没有被裁掉，到1919年就只有在春节、端午、中秋三大节时才有了，到1924年最终裁撤。另外，二月十一日，主人曾到西直门火车站乘车前往"圆明园正白旗营舅父家中看望"，说明至少他母家是正白旗的。他们究竟属于哪一旗并不能确知，① 也不重要，只是这本日记揭示，到民国初年，内城旗人仍然相当集中地居住在内城的某一区域，从他们的情况看，并未发现改朝换代让他们的地位一落千丈。

---

① 根据刘小萌的研究，清代京城内城旗人由于上三旗包衣随主居住、军事调防、民房买卖等原因，旗人并不一定严格按旗分的区域居住。见刘小萌：《清代北京内城居民的分布格局与变迁》，《首都师范大学学报》，1998年第2期。

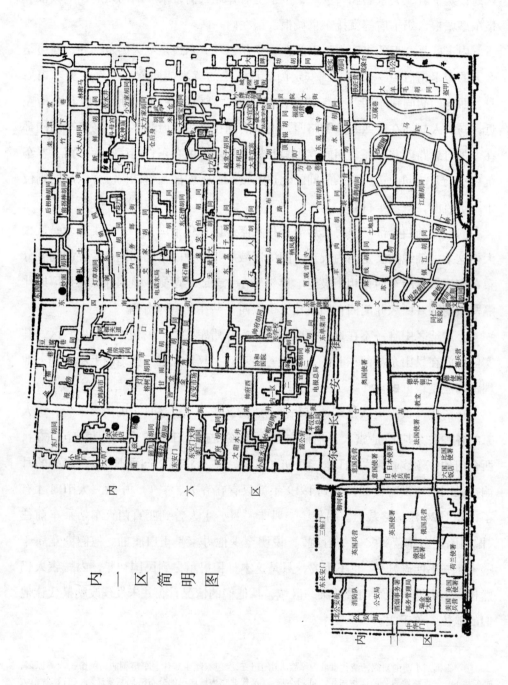

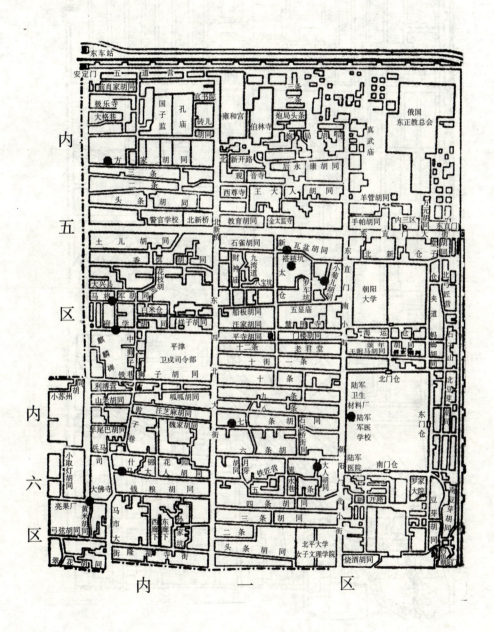

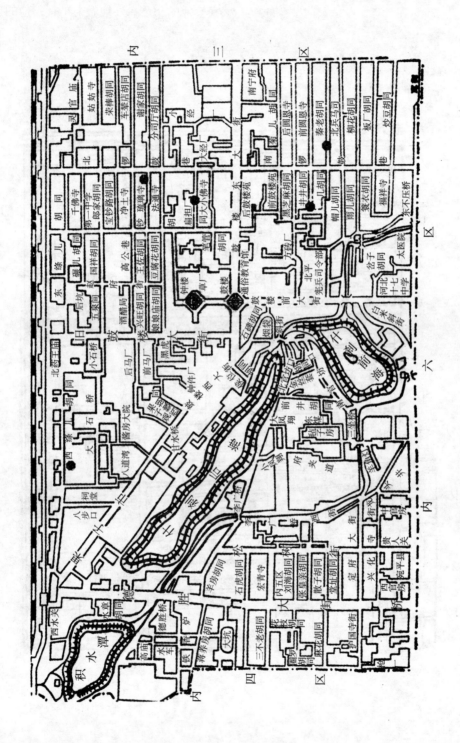

　　日记主人一家并不是十分破败的旗人家庭。他的父亲在外地做个小官，他的弟弟在工厂工作（二月初六日，"少卿弟仍回织布厂做工去了"），他本人似乎也经营一点商业或会计事务（日记中语焉不详，如三月十八日"午后往黄米胡同看望，算理经手代办之事款项"；三月十九日，"午后往黄米胡同清算经手账目"）。应该说，虽然他的家庭在民国初年多已自食其力，但由于家人多有职业差事，所以家境还算过得去。

　　日记载，闰二月初三日，"七条胡同震兄来告，知昨日子时不戒于火，将宗祖祠堂焚毁，所有影像、神主，一切仪器、祭卷，全行付之一炬。二三百年尊藏以来，至今皆尽。惟此兴祈跪求祖母怜救。……余即往七条胡同看视，果然房已落架，一物无存"。初四日"午后，往皇城根两院，代七条胡同震兄缓颊，宽其不孝之罪"。可见七条胡同这里是他们家和皇城根亲戚等家的长支。以"二三百年"的说法推算，这个宗族祭祀的传统至少从清初就开始了，应该是满洲的大族。据记载，康熙第十五子胤祸的后代住在七条胡同，乾隆时超勇公海兰察住七条胡同。① 如果日记主人是这两家的后代的话，似乎不应是海兰察，因为海兰察世居呼伦贝尔，到乾隆时才因战功从普通披甲人擢升，不应有那么长的家族祭祀历史。由此，这一家的祖上应该并非寒族。

　　年后不久，这家人决定租房搬家。日记中没有明确说过他们原来的住址，但猜测应该在钱粮胡同（东四北大街西侧，隆福寺以北 300 米），因为日记中曾记，"内子并往马大人胡同看望，又往钱粮胡同旧邻张宅、吴宅道乏"。住在扁担厂的"富世伯""知我家觅房未妥，情愿将伊本院所住之南房三间、耳房二间、西院西平房二间让出，作为典住。彼此意见相同，议定典限五年，价银二百元"。② 二十三日，"遵新章呈报本管之内左二区之派出所为迁移之事，并领得迁移证据一纸"。二十七日正式迁居到扁担厂路南门牌三十二号，从此开始了在钟鼓楼区域的生活。

　　拜年与回拜展示了日记主人一个最密切的亲友关系圈。让今人难以理解的是，这个圈不仅在年节这样的特殊时间如此，就是在以后的日常生活中亦如此，

---

① 朱一新：《京师坊巷志稿》，北京出版社，1962 年，第 109 页。
② 到二月初八双方签订契约时，又改为典期四年，典价 350 元。

我们几乎没有看到超出上述地点的交际。为什么日记主人的亲友，包括许多姻亲，都居住在一个相对邻近的空间内？我们有理由假设，这样一个亲属关系网是在八旗内部特定组织体系中形成的，而且这个网络格局没有被改朝换代和排满风潮所打破。

事实上，除了亲朋的交往之外，家庭成员的其他活动也很少超越这个空间。日记中记载他的妻子和母亲偶尔会去护国寺和隆福寺，他本人去邮局寄信到后门大街（即今天的地安门），看戏去后门内月牙胡同"二簧票房"（月牙胡同在蜡库附近），后面还会详论他们的拜佛烧香往往也是去邻近的寺庵。比较特殊的是清明节上坟，要到东直门外成各庄"老祖茔上祭烧纸"。这证明了我在《远亲不如近邻》一文中的基本观点，[①] 直到20世纪初，邻里地区是普通北京人生活的基本空间单元。

二、以家族为中心：节庆时间的礼仪生活

过年是节庆礼仪生活中最重要的，虽然我们已不能知道日记中对大年三十和初一的记载，但从后面还是可以看出这一重要性的。初二的晚上"摆供设位，恭祀增福财神，焚香行礼礼毕，焚化钱粮"。光绪时的《燕京岁时记》也记载："初二日，致祭财神，鞭炮甚夥，昼夜不休。"[②] 一般说这是北方的习俗，但明代沈榜《宛署杂记》没有记载，清乾隆时潘荣陛的《帝京岁时纪胜》也没有记载，京畿各府县地方志同样很少记载这一风俗，惟民国20年的《天津志略》有"初二日之晨，居民、商店均祀财神"之说，疑是较晚形成的习俗，可能与都市商业化有关。

到了初八，"晚间摆供燃灯，恭祭诸天星象、南极延寿星君，又恭祀日宫太阳星君，系今岁父亲本名值年之星君也。焚香行礼礼毕，一同焚化钱粮"。初八祭星在清代叫顺星，《帝京岁时纪胜》的解释是"初八日传为诸星下界，燃灯为祭……有按《玉匣记》本命星灯之数者"[③]。这个习俗似乎从明代开始："而上

---

① 赵世瑜：《小历史与大历史》，三联书店，2006年，第227—237页。
② 富察敦崇：《燕京岁时记》，北京古籍出版社，1983年，第46页。
③ 潘荣陛：《帝京岁时纪胜》，北京古籍出版社，1983年，第8页。

元十夜灯，则始我朝。太祖初建南都，盛为绿楼，招徕天下富商，放灯十日。今北都灯市，起初八，至十三而盛，迄十七乃罢也。"① 这个"招徕天下富商"的说法是否属实姑不论，因为众所周知朱元璋对富商打击甚厉，但初八的燃灯便成为上元节的一个组成部分。这里体现的更多的是与个人命运的关联，十三日以后才是群体性的。所以到清代上元节期从十三日始，初八的燃灯祭星便成为单独的习俗。据说初八这天"家家顺星，亦不许妇女出门"，② 但日记中却显示，"皇城根麟宅老姨太太带二叔之姨奶奶来拜年……瓦盆胡同金宅姑娘来"，并不一定严守习俗的约定。

十三是春分，日记上专门标注了"春分节"三字，但并未记录任何祭祀活动。十五元宵节"早间，敬诣祖祠前，供茶焚香行礼。……晚来风止，明月当空，呈供佛堂、灶王前素元宵，焚香行礼。又呈供祖祠前荤元宵，焚香行礼，撤去年供。今岁元佳节，颇有繁华气象，铺户亦有张灯庆贺者。此为数年未有之盛景"。民国初年的北京开始从庚子事件的破坏和清朝覆亡的惊恐中慢慢缓解过来，此前已经很少见的街市上店铺的张灯结彩，这时也开始重现。时人亦记："燃放爆竹，本为官厅所禁止。自民国 9 年始，警厅忽取放任主义。"③ 日记中的确没有关于燃放爆竹的记录，其时应该还在禁放的期间，但人气已开始复苏。作为个别的家庭，上元节更多的是对祖先行礼，祭祀灶王也比较普遍。

元宵之后，年就算过完了。日记的主人家也没有更多的年节祭祀安排，如二月二这一天，日记中没有特别的记载；二月初三日条上注明"祀文圣"，但下面的内容都不涉及。日记记闰二月十四日丁丑是清明节，从这个日期和节气可以断定本年确是民国 6 年即 1917 年。这一天已成为北洋政府的法定假日，"二丁自今日起学校放春假四日"，这种情形大约到国民政府时期被取消。但日记主人家在这一天并没有什么特别的活动，反而在其后的十七日（这一天是星期天），会同七条胡同震兄、黄米胡同二侄荫芳"乘车策蹇，往东直门外康营地方先祖茔祭扫，行清明之礼"；二十一日，又"偕少卿弟往东直门外成各庄老祖茔上祭烧纸，行清明上巳之礼"。清明节扫墓，并不一定限于清明当日，扫墓之人也并非

---

① 刘侗：《帝京景物略》，北京古籍出版社，1982 年，第 57 页。
② 胡朴安：《中华全国风俗志》下编，河北人民出版社，1988 年，第 16 页。
③ 胡朴安：《中华全国风俗志》下编，河北人民出版社，1988 年，第 14 页。

全家出动。日记主人的父亲在外地，不能参加。他也不带自己的儿子参加，女性成员也不见踪影。可见清明扫墓活动在这一时期虽然存在，但已不能受到家庭的重视，成为继续维系亲属关系的重要方式。

五月初五日，"今日为端阳佳节，清早敬诣佛堂灶王前，呈供粽子、樱桃，焚香行礼，又呈供祖先神牌前清茶、粽子、樱桃，焚香行礼"。这种仪式主要是针对家内的，因为灶王和祖先都是庇佑家庭的。

七夕在日记中完全消失，但七月十五日被注明为中元节。"今日为祭扫老祖茔之期，因雨缓期"。中元节的礼仪只剩下祭扫祖坟，而且可有可无。后来的日记中也没有记载曾经补过。而到八月初三日是"司命灶圣诞之辰，呈供焚香行礼"，祭灶成为家中最重要也最频繁的礼仪活动。

遗憾的是，日记记事就到此为止。我们不知道在八月中秋、九月重阳及以后的节庆时间里，日记主人及其家庭有何安排有何活动，但从上述节庆活动来看，家庭是礼仪的中心。即使是在正月过年的时期，拜年还是在亲戚的范围当中进行的。

在日记中，来往拜年的亲戚如下：

铭六族伯、延大族叔、延二族叔、铭九伯、荣大族兄、荣大嫂之姨甥、陈大族姊、荣姑母、荫芳二族侄、柏族叔、荣宅姨太太、荣寿、荣大嫂子、长老姑太太、六伯之大二姨太太、李大族姊、续斋二姑太太、麟宅老姨太太、岱宅国六族叔、金宅姑娘、裕华峰表嫂、蔡二姑太太、三姑娘、震兄、陈宅大少奶奶、大嫂子、延三表伯、陈姑奶奶、齐二姑太太、岱三族祖、延三表伯。

富三姨母、黄二舅、圆明园正白旗营房英舅父、三姨夫之妹、富二太太、黄五舅。

姻太姨母、李姻外祖母、潘泽生姻弟、吴振清姻晚、恩七姻舅（恩远峰姻舅）、吉二姻姑母、傻内弟、铭三姻叔、铭三姻婶、恩新泉姻舅、金子怡姻兄、浚哲章姻弟、金大姻嫂。

联义母、富大世伯、金大少爷、陈义子之母陈姑奶奶。

旧仆人周妈之子周荣、看坟家丁萧三、坟丁顾昆、顾恩、顾小八、坟丁吴秃子、旧仆人顾姐。

我不能确定这些亲戚与日记主人的具体关系，大概的分类也有不准确之处。

大体上，第一类亲戚是其父系一族，即称族叔、族伯、族兄之类及其家眷；第二类亲戚是其母系一族，即称舅、姨等及其家眷；第三类是姻亲，即本人及兄弟姊妹的妻家或夫家之人；第四类属于干亲关系；第五类属于家仆。严格说来，后两类已不属于亲戚，但他们与这个家庭的关系已形成多年，并通过某种拟亲属关系的形式形成密切联系。

除了极个别的情况外（比如铭三姻叔、铭三姻婶），我们很难确定上述亲戚中哪些属于一家人或直系家属，我们也不知道是否日记残缺的部分漏掉了拜年的更重要的亲属。但我们可以肯定的是，首先，通过拜年体现出来的节庆礼仪，主要服务于亲属关系圈的维护。这个亲属关系圈既不限于小家庭，也不限于直系亲属，而是发生在一个较大的亲属关系圈里，社交圈与亲属关系圈在较大程度上重合。其次，这个节庆礼仪的操作或者亲属关系圈的维护主要是靠家中的女性来完成的。她们之间的频繁走动反映出她们作为家庭代表的身份。

因此，在20世纪初的北京普通人那里，节庆主要意味着家庭关系和亲属关系的强固，而不是公共生活的场域。同时，刘小萌认为清光绪时期的"旗人大多以个体家庭为单位居住一地，不要说传统的宗族组织早已瓦解，连同一家族的成员也难得一聚了"，① 这个说法还需要再审慎地考察，因为上述过年期间密切往来的亲友在平时也保持着同样密切的联系。

三、寺庙与日常礼仪生活

日记中也显示了这个家庭与寺庙的关系。这种关系是多种多样的，使日常生活充斥着人们对信仰和礼俗的重视。

在民国初年的日常生活中，寺庙是不可或缺的，但并不一定与信仰有关。明清时期北京最为繁盛的"东西两庙"，与日记主人一家的生活区域不远。比如，二月初七日，"母亲逛护国寺半日"；二月初十日，"余往马将军胡同一看，并往隆福寺买东西"；二月十八日，"偕少卿，带二丁往护国寺一游"；闰二月二十九

---

① 刘小萌：《清代北京内城居民的分布格局与变迁》，《首都师范大学学报》，1998年第2期，第52页。

日，"隆福寺买东西"；三月初十日，"往隆福寺买东西"；三十日，"余往演乐胡同找麟厨子说事，带二丁逛庙，买烧鸭子、芍药花"；七月初九日，"母亲往隆福寺"，等等，或去购物，或去游玩，目的都不是烧香敬神。

此外，三月初三日，"想蟠桃宫庙会必然热闹可观"，但不曾去，可能因为远在东便门吧。蟠桃宫不是什么大庙，但供的是王母娘娘，神诞又是在传统的三月三，所以过去成为祈子的重要所在。蟠桃宫的位置又在运河进京的路上，地处要道，所以庙会期间非常热闹。所谓"蟠桃宫里看烧香，玩耍沿河日正长。童冠归来天尚早，大通桥上望漕粮"①。所谓"热闹可观"，也是游玩的场所，可见，一般民众的信仰生活并非随意地与任何一座寺庙发生联系。

容易让今人忽视的是节气在日常礼仪生活中位置。二月十三日，日记在该日上方标出"午初一刻惊蛰节"。联系到前文已提到的春分节、清明节可知，传统的节气在民间一直被视为"节"的。这天，"往后门街沐浴、推头，闲逛半日"。"沐浴"二字在日记中都被刻意大写，说明它还是一种特定的礼仪行为，但这种情况在其他节气日是不常见的。

那么，诸多神诞日在人们的信仰生活中扮演着什么角色呢？二月初三日是文昌帝君神诞，日记在该日上方注"祀文圣"，但大约是从皇历上抄的，因为下面并没有祭祀文昌帝君的活动。与此对应的是，日记记录的另一个神诞是六月二十四日的"关圣帝君圣诞之辰"，方式是在家里"焚香行礼"，也并不去京城多如牛毛的关帝庙祭祀。除此之外，日记唯一记载的神诞日是碧霞元君的生日。对于妇女来说，妙峰山的娘娘庙远比东岳庙要重要，所以四月十五日"晚间，母亲遥向妙峰山天仙圣母驾前焚香行礼"。但我们不知道她是否曾是到妙峰山朝山进香的香社成员。

在笔者对东岳庙的研究中，涉及与东岳庙的大量善会组织，但也谈到东岳庙在朝阳门一代的祭祀中心地位。在日记中并未记载这家人在平时或东岳大帝生辰时与东岳庙发生过密切关系，唯一的一次是在正月二十一日，"母亲往炒面胡同去，并往东岳庙三姨父灵前吊祭"。虽然东岳庙有专司阴曹的职能，但显然也作为邻近区域内供人家停灵的所在。往日停灵既可以在家里，也可以送到庙里，送

---

① 得硕亭：《草珠一串》，收于《清代北京竹枝词》，北京古籍出版社，1982 年，第 56 页。

到什么庙，并没有统一的说法。在庙里请道士或和尚做法事，焚化黄表及冥器，称为"送库"。在这段时期内，日记作者的母亲去东岳庙的唯一一次就是除孝送库的日子。位于北京西皇城根北曾有座明代修的嘉兴寺，民国初曾是很有名的停灵发引的寺庙。直到 20 世纪 50 年代以后，梅兰芳、齐白石、陈垣等还都是在这里办的丧事。另外还有位于旧鼓楼大街大石桥胡同的拈花寺、位于鼓楼西大街鸭儿胡同的广化寺等等，京城各处佛寺多承应这类事务。道教庙宇承应此类事的极少，东岳庙是一个，但我们在现存东岳庙的材料里却看不到多少痕迹。

正月初三日，"邀少卿弟、荣寿往方家胡同白衣庵庙内拜年"；初五日，"法通寺庙智果和尚来拜年"；初九日，"法通寺智果庙及扁担厂清法庙回拜"。这里提到的三座庙就是和这个家庭关系最为密切的寺庙：方家胡同的白衣庵、法通寺胡同的法通寺或净因寺、扁担厂的大佛庵。其中又以白衣庵最密切，他们的关系已经超越了寺庙与普通信众的关系，也许是这个家族的家庙。

白衣庵至今保存三间殿，门额为"古刹白衣庵"，相传为唐代古刹，1928年，北平寺庙登记时记为建于乾隆年间，当时还有房屋殿宇 68 间，属于较大的寺庙。[1] 法通寺距离也不远，在安定门内法通寺胡同，现在的华丰胡同，建于元初，明代数次重修，康熙时重修改名净因寺，民国时还有房屋 73 间，面积大约有 5400 平方米。[2] 现在均已变成民居。扁担厂这个庙可能是指大佛庵，按民国年间的调查，此庙建于明，当时有殿宇 9 间，规模不是很大。[3] 由于这个胡同现已无存，寺庙自然也不复存在。

在这三座庙中，法通寺规模最大。据明万历四十年之《重修法通寺记》，是"内翰张公在寺多年资福焉，祝延圣寿，见佛殿倾危，乃与侄张保曰：圣地焚修之所，不无壮观之美，遂鸠工集材而鼎新之。不数月，前后殿宇莫不焕然一新"。从碑阴题名来看，主要的供养人应为尚膳监太监张堂，还有别的太监、官员和普通信众。[4] 该寺也许在明末清初遭到较大破坏，因为清康熙四十四年的《敕赐净因寺碑记》中说："敕赐净因寺者，即法通寺之故址也。"碑阴写明：

---

① 北京市档案馆编：《北京寺庙历史资料》，中国档案出版社，1997 年，第 219—220 页。
② 北京市档案馆编：《北京寺庙历史资料》，第 38 页。
③ 北京市档案馆编：《北京寺庙历史资料》，第 562 页。
④ 《北京图书馆藏历代石刻拓本汇编》第 59 册，中州古籍出版社，1981 年，第 39—40 页。

"御前总管梁九功、御前达哈里珠子李郁发心置地十顷，舍与净因寺永远供奉，焚修香火，勒石于后。地坐落在京北太平庄，共三段，地界四至在册。"这里几乎成为皇家寺庙，所以在明清两代势力较大。日记主人因是旗人，与净因寺应该也是老关系，"余往法通寺崔星甫家、净因寺庙内智果处拜望。此二处皆是旧邻、旧友也"。闰二月二十八日，"褚裢坑铭三姊来看候，同至智果庙还利银"，说明他们与净因寺之间还有经济关系。在日记中，到净因寺去"还利银"的记录还有三次。

日记记载，正月初六日"扁担厂清法尼投帖拜年"，说明大佛庵与这家人关系应该比较熟稔，很快又因为他们搬家至左近而发生更直接的往来。"清早恭诣佛位迁移，因新居西院之房未曾修筑，暂行借供在扁担厂大佛庵庙内"。闰二月二十七日，"请来府学胡同世二弟同往本胡同大佛庵庙内恭请前曾借地供奉佛位神龛，移供家堂焚香"。但日记并未记载他们之间更多的信息。

而这家人与白衣庵的关系就要密切多了。日记中记载：闰二月二十五日，"方家胡同白衣庵五师傅及其徒能和先后来道谢，道乏"；三月初四日，"白衣庵庙送来白碧桃花数枝、香椿一盒、凤尾挂面二匣"；三月十五日，"母亲往白衣庵庙看望，晚回"；四月初五，"母亲往白衣庵庙看四师傅，贺七旬寿"；初九，"白衣庵五师傅与其徒能和先后来道谢，道乏"；五月十五日，"母亲往白衣庵庙散闷"；二十一日，"母亲往白衣庵去，晚间与能和尼同来"；二十四日，"母亲于昨午前往白衣庵庙，去后半天回家，至晚往白衣庵庙宿下。今日午前，该庙五师傅送回家"；六月初，这家人准备给祖母祝寿，初四，"白衣庵五师傅来预拜寿，送素菜点、鲜桃四盒"；六月十五日，"母亲往方家胡同白衣庵庙道乏"；七月二十三日，"母亲由白衣庵回家，在彼住了十天也"；八月初七日，"白衣庵五师傅来道谢，道乏"；初九日，"白衣庵五师傅来送果子"。

与白衣庵这样密切的往来，甚至家中的女眷可以在庵中住宿十天，应是他们积极参与到了寺庙的宗教活动中，而不像日记中反映的好像只是世俗的应酬。从日记的点滴记载中，我们还可以看到这个家庭与善会组织的关系。二月十九日，"午前，母亲往方家胡同白衣庵庙随善会，送钱四千，茶叶一蒲包"。四月十五日，"母亲往东边大佛庵庙随善会，送钱四千"。七月十四日，"母亲往白衣庵庙随善会，送钱四千，宿下了"。可见，日记主人的母亲参与了两个寺庙的善会，主要是白衣庵的。这两个寺庙都在自己的邻里范围，而一般人参与的善会都与自己邻里的寺庙有关，难得看到那种跨区域、远距离的善会、香会组织或个人参与。在北京林林总总的寺庙中，基本不存在祖庙与分庙或子孙庙那样的系统，各自之间互无关系，因此个人不一定都参加到某个更有影响的大庙的善会组织中去。

有个可能相反的例子。七月十八日，"土儿胡同增福寺住持智姻叔、和尚智泉来投帖，请本月三十日为□南庙白纸坊崇效寺善会"。土儿胡同原在东四北大街路西，地近北新桥，也属于邻里地区。一说建于明成化八年，一说建于清咸丰年间。① 住持是这家的亲戚，来劝说他们参与崇效寺的善会。崇效寺是座有名的大庙，唐代叫枣花寺，后毁，元代重建，赐今额。明嘉靖时太监李朗捐建藏经阁，并植大片枣树，后又以牡丹、丁香、海棠闻名。在清代，王士禛、朱彝尊、纪昀、洪亮吉、林则徐等均往还于此。至民国初年还有房屋殿宇 108 间，占地 42 亩。白纸坊在宣南，距离他们的生活区域很远，不知道土儿胡同的增福寺与崇效寺有什么关系。奇怪的是，日记中恰恰在七月三十日这一天缺载。我们不知道这家人是否参与了崇效寺的善会。如果他们是通过增福寺介入善会活动的，那还是属于邻里地区的。

尽管如此，在日记主人一家与寺庙的关系中，我们看不到宗教组织成员之间的频繁互动，而只是某个家庭成员与特定寺庙的神职人员的往来；我们也看不到整个家族或者整个社区（邻里地区）与特定寺庙发生某种固定联系，而只是这个单独的个体家庭与该寺庙的联系；我们看不到知识精英在这个特定区域（主要是内三区）的宗教活动中扮演的角色，也看不出由此构成的某种"权力的文化网络"，看不到某些"象征性资本"（比如醮仪）在这里发挥了什么作用。当然，这可能是由于这八个月的日记资料所限，材料特性的局限一定会遮蔽许多事实。但是也许存在另一种可能性，那就是在一个非常普通的城市居民区当中，在一个寻常的时间周期里，事情就是如此。

---

① 北京市档案馆编：《北京寺庙历史资料》，中国档案出版社，1997 年，第 64、510 页。这条胡同已经在近几年被拆除改建了。

四、赘论：城市为何需要宗教

施坚雅所编《中华帝国晚期的城市》收入了三篇主要以台湾为对象的城市宗教研究文章，[①] 王斯福讨论了城市中的正祀以及与民间信仰之间的关系，德格洛珀通过鹿港的仪式活动讨论了宗族、街坊及其他社群之间的竞争，而施舟人的研究主题与本文最为相关，他讨论的是台南各个街区围绕寺庙建立起来的各个祭祀性的会、社，特别是土地公会的重要性。

国家正祀是各级城市的重要特征，但却带有明显的等级特点。有些祭祀只能是在都城中由天子或他的代理人来进行的，比如祭天。但更多的正祀神庙祭奠除了官方出现的场合之外，其余的时间要依赖民间社会与他们的合作。韩书瑞的《北京：寺庙与城市生活，1400—1900》一书，用了较大篇幅处理这个问题，讨论了清代北京寺庙与公共及私人生活之间的联系。在城市的各个街区都存在自己的庙宇，作为这个街区的公共中心，这似乎也成为整个中国从北到南的普遍现象。在这些寺庙的背后都存在着数量不等的祭祀组织，即各个会社（或者反过来说，若干会社组织会享有一座寺庙）。这些组织就成为一定范围内处理多方面事务的团体。直到今天这些组织的重要性还为康豹所强调（所谓"寺庙委员会"）。[②] 即使是我自己对于北京东岳庙及"五顶"的研究，[③] 也是在强调寺庙在城市生活中扮演着与乡村同等的重要角色。

不可否认，城市和乡村一样需要宗教，还有可能更甚。韩书瑞的著作统计了明清时期各类寺庙达 2500 多座，[④] 1928 年的统计是 1600 多座。以清代中叶到清末北京内外城人口近 80 万计，平均大约 400 多人享有一座寺庙。当然这个统计是不够准确的，比如韩书瑞书中指出，1938 年北京的穆斯林人口为 17 至 20 万

---

① 它们分别是王斯福的《学宫与城隍》、德格洛珀的《一个十九世纪台湾海港城市的社会结构》和施舟人的《旧台南的街坊祀神社》，见施坚雅：《中华帝国晚期的城市》，中华书局，2000 年，第 699—730、762—814 页。

② 康豹：《西方学界研究中国社区宗教传统的主要动态》，《文史哲》，2009 年第 1 期，第 65 页。

③ 赵世瑜：《小历史与大历史》，三联书店，2006 年，第 188—257 页。

④ 韩书瑞：《北京：寺庙与城市生活，1400 - 1900》，第 23 页，表 2.1。

人，那么当时的清真寺数量只能达到 4000 人享有一寺的程度，① 这样的比例使人们的宗教生活变得难以想象。我们随便翻检一下北京市档案馆所藏民国时期社会局档案，其中出现的寺庙在 1928 年统计中不见的，仅以内一区为例，就有三教庵、照宁寺、马家庙、永通寺等。无论是韩书瑞还是民国时期北平特别市的统计都没有包括会馆，而会馆与寺庙在很大程度上是相通的；当然，也没有包括清真寺和天主教堂。

但是，即使城市中人均寺庙数再多些，一个数百人口的乡村只拥有一座寺庙的情况在明清时期的多数地方还是不多见的。这固然不能因此得出城市居民的宗教意识淡于乡村的结论，但的确与很多独特的因素有关。比如，城市内部具有比乡村更严格的空间规划。以北京为例，紫禁城、前三海和皇家园囿就占去了内城面积的 1/15 左右，还有许多官署和王公府邸，街道的数量和复杂程度也随着城市等级的升高而增加，这都会影响城市寺庙的空间布局，与乡村相比减少了许多营建上的随意性和自由度。再比如，城市人口要远比一个村落复杂，这里存在多种族群、多种宗教、多种职业与行业、多个不同的原籍、多种社会身份，这就必然导致多重复杂的认同。北京的士大夫比例无疑较高，他们可能会到寺庙中吟诗赏花，也可能为善会的碑文题词篆额，但他们不会成为这些善会的主体。北京的穆斯林、天主教徒各自去相应的寺庙、教堂活动，不会成为那一两千座寺庙的参与者。又比如，大城市中的外来人口比例是较高的，而且流动性很大，这些人的上层，比如商人、举子，与会馆联系密切，其他人便很难与本地土著一起比较稳定地参与邻里地区的寺庙活动，等等这些因素既会提高上述人均寺庙的比例，也会让我们考虑用比乡村社会更复杂、更多元的体制因素，分解社区居民与寺庙之间本来具有的多重关系。

我们必须对我们所用资料和研究对象进行检讨，这将有助于问题的解决。为什么罗威廉强调了行会、善堂，王笛强调了茶馆在城市社会中的作用，而康豹却觉得美中不足、有遗珠之憾？② 原因就在于城市社会的复杂性，它给不同的人群

① 同上书，第 573 页。
② 康豹：《西方学界研究中国社区宗教传统的主要动态》，《文史哲》，2009 年第 1 期，第 65 页。该处注释中提到劳格文著有《中华帝国晚期的市民社会》，疑为罗威廉论文之误，不知是译者所致还是作者所致。

69

提供了多种选择，也提供给他们进行多元建构的空间。当我们使用寺庙中的材料来重构历史的时候，我们主要用的是碑文，它们势必分外凸显出寺庙的重要性。对北京的研究也面对着资料之间的紧张关系：我们面对的是明清时期北京的碑文，而口述资料却是民国时期的，二者由于时间上的错位而不能完全互相印证。对于寺庙中的资料来说，即使资料所记载的所有人和事都能表达寺庙的重要性，但资料中没有记载或提及的人和事对寺庙如何表达，我们就不知道了。我们不能下结论说，寺庙资料中记载的人和事比未记载的还多，还重要。

研究对象呢？台南或清代台湾府的寺庙与社区生活的密切关系，直到今天我们还能多少有所感受，这种关系不能脱离它作为新开发的移民社会的特点来理解。我们会同样感叹华南地区数量众多的宗族祠堂，感叹宗族在区域社会中的重要地位，但这也要在一个边陲的开发、移民和族群关系变迁的脉络中去理解。这些特点和脉络揭示了与众不同的紧张关系。这个区域社会处在一个秩序建立或者社会重构的过程中，寺庙以及控制寺庙的人群便尤为重要。王铭铭也讨论过泉州的情形①。这里的城厢三十六铺九十四境都有自己的境庙，当然还有开元寺、海印寺、关帝庙、玄妙观等大量寺庙，并未被作者提及。在七月的一整月中，每天分别由一铺负责当日的普度，即连做 30 日的普度，这种仪式秩序的安排背后是激烈的、不断的械斗。作者在书中提到，清康熙年间武将蓝理根据地势划分"东西佛"，并倡导迎神赛会来使泉州这座"鲤城"富有活力的传说。姑且不论这个传说的意义在于何处，只是其中康熙平台这个时间点便非常重要，因为后面紧接着就是"复界"和"开海"，而这一变动对漳、泉一带的社会关系重组产生了巨大的影响。遗憾的是，从该书中，我们未能看到沿此历史脉络对铺境寺庙及其复杂的冲突与整合进行解释，但可以确信，除了地方传统之外，这种神庙系统的发达背后具有重要的历史变迁因素。

在北京，我们从寺庙或风俗志材料中还是可以看出寺庙的重要性。从民国初年北京还存在如此多的寺庙来看，这一重要性也是毋庸置疑的。但这种重要性并不能与特定时期的台南或者泉州等量齐观，也不能与其他城市的情况同等视之。从日记这样一种"外部"的记录（就是从寺庙或祭祀活动以外的角度，而不同

---

① 王铭铭：《逝去的繁荣：一座老城的历史人类学考察》，浙江人民出版社，1999 年。

于碑刻、科仪书、签文签诗、寺庙壁画、塑像等）来看，人们与寺庙的关系并非不直接、不密切，但却更多地表现了一种日常生活的节奏和松弛的关系。在日记主人一家的附近，存在着许多寺庙，但他们似乎只与三家、主要是一家有比较频繁的往来。这可能与时代已进入民国，城市居民的宗教生活已开始淡化有关系，也可能与日记主人所谓时局动荡有关，更可能与北京这座都城、特别是清代以来北京城的特点有关。当我们看到北京内城的一种相对稳定的居住格局和相对严格的社会秩序时，寺庙和宗教的作用在哪里呢？除了扮演礼仪秩序的空间角色之外，它主要成为满足人们日常精神需求的工具了。

　　总的来说，即使对日记中记载的与大量红白喜事、生儿育女等有关礼仪活动忽略不计，我们也可以看到这一家人礼仪生活的丰富。不过，日记的记述方式还是过于简略，它完全忽略了事项的内容和过程，因此我们无法了解这些丰富的仪式生活的细节。但日记不同于其他材料的优点，就是把记述具体到一个个体的家庭及其环境，不再是泛泛的描述。因为泛泛的描述对于某些人群来说是真实的，而对于另一些人群来说就可能并不真实。我在有关东岳庙和鲁班会的研究中揭示出来的是北京宗教生活中的一面，而这里则揭示了另一面。

　　这个真实就是，在民国六年的北京，一个没落旗人家庭的生活空间是相对稳定的，节庆和平素的交往大多在亲缘关系和信仰的圈子里进行，这与清代京师内城八旗驻防分布的固定、与寺庙和仪式行为在生活中的重要作用是有关的。

　　民国六年实际上是不平凡的一年，张勋短暂的复辟在日记中也被淡淡地记下了一笔，然后是冯国璋代理大总统，皖系和直系军阀的争斗开始浮出中国政治的水面。但是，这不到八个月的日记给我们展示的，是忙碌、平淡的礼仪生活，新旧交替的社会剧烈变动仿佛被消解在了这样的生活秩序中。

鲁中小章竹马：
军户移民的历史记忆与文化表演^①

　　自 2003 年 2 月起，山东民俗学界在山东昌邑地区西小章村进行了持续调查。^② 此后在每年的正月初八，笔者都跟随该村竹马表演队伍游走乡里。调查所获资料大致可分为三类：一，口述资料，来自健在的竹马老艺人、参与现场表演的竹马队员、本村及邻村村民；二，书面资料，包括家谱、碑刻、个人杂记等民间文献，以及历代官修的相关县志、文化艺术志、文史资料等；三，行为资料，即包括小章竹马在内的西小章村各种民俗活动资料。尤其是关于小章竹马表演方面，我曾多次现场观看，也收集到以前表演的 4 种录像带、VCD。此外，我还两次跟随小章竹马队伍到其"老家"莱西市夏格庄镇双山村巡演，不仅对其表演

---

　　① 本课题得到赵世瑜教授主持的教育部人文社会科学重点研究基地重大招标项目"20 世纪以来华北的信仰、宗族与制度"的资助，并在 2009 年 4 月 23 日至 25 日河北鹤壁"20 世纪以来华北的信仰、宗族与制度研讨会"上发表，蒙赵世瑜、张小军、刘志伟、柏桦等先生指教，特别是刘宗迪先生提出许多建设性建议，在此一并致谢。

　　② 最早对小章竹马进行调查与研究的是昌邑市艺术剧团王云峰和山东大学孟广来、叶涛，见王云峰：《昌邑小章竹马》，《民俗研究》，1985 年第 1 期；孟广来：《竹马·竹马舞·趟马——从民间舞蹈到戏曲程式的发展一例》，《民俗研究》，1986 年第 2 期。真正对小章竹马展开民俗志研究的，是 2003 年 2 月，由叶涛、张士闪、姜波组织山东大学民俗学专业 12 名硕士生进行的调查。此后，对于小章竹马的跟踪式调查坚持下来。在每年正月初八小章竹马表演的"正日子"里，张士闪都前往调查，其中刘铁梁、王建民参加了 2007 年的调查活动。较大规模的调查活动还有 2005 年 2 月 14 日至 19 日，张士闪组织的山东大学、山东艺术学院 9 名硕士生的调查。相关成果有：张士闪：《乡土社会与乡民的艺术表演》，北京师范大学博士学位论文，2005 年；张士闪：《俗化的信仰与神圣的艺术》，《民俗研究》，2005 年第 1 期；张士闪：《村落语境中的艺术表演与文化认同》，《民族艺术》，2006 年第 3 期；刘铁梁：《作为村落生活与文化体系中的乡民艺术》，《民族艺术》，2006 年第 1 期；张士闪：《乡民艺术的文化解读》，山东人民出版社，2006 年；王建民：《艺术人类学新论》，民族出版社，2008 年，等等。

过程进行记录，而且在双山村采集到该村家谱、碑刻、祖牌以及部分口述资料，形成了对上述三种资料的良好补充。

在近现代乡土社会中，关于家族迁徙的历史记忆，在家族传统的选择、凝结、传承、再造及运作机制中处于何种地位？如何影响了民众的家族史观/历史观？如何影响了民众的精神倾向与生活选择？他们如何以移民传说为资源，面向现实社会组织团体、开展活动？诸如此类的问题，似乎并未引起主流移民研究者的注意。这正是本文所关注的。

一、马氏家族的军户移民传说

昌邑西小章村马氏家族系明初由莱西双山村迁徙而来。就目前所知，两村共有谱本四种，包括双山村修于光绪年间的《马氏族谱》一种（简称"双山马家光绪谱"）①，和西小章村谱本三种，即乾隆二十八年谱本（简称"西小章马家乾隆谱"）②、光绪丙午（1906）年谱本（简称"西小章马家光绪谱"）③、1996年新修谱本（简称"西小章马家新谱"）。

先祖迁徙的经历，关乎家族系统的建立，往往是族谱修缮者首要考虑的问题。在"西小章马间光绪谱"中，马原既是始迁祖，又是一世祖。④ 这说明西小章村马家与莱西双山马家此时并未合谱。而在"西小章马家新谱"中，已经将一世祖改为元朝初年的马室，马原则为七世祖，由莱阳迁居昌邑县西小章村落户，是该村马家的始迁祖。⑤ 该谱为图省事，从"西小章光绪谱"中摘出"马氏居昌邑县小章庄自一世至二世图"，简单地附贴于后，在同一谱本中出现了两个"一世祖"并列的情形。在"双山马家光绪谱"卷一中，收录一篇《双山马氏世谱序》，系清朝嘉庆戊寅年（1805）春马氏家族19世马元京所作，序中这样推

---

① 2004年10月18日，笔者在莱西市夏格庄镇东双山村村民马义田家所见。
② "西小章马家乾隆谱"是迄今所知西小章村最早的一部家谱，今已不存，唯有一篇落款为"二公下十一世孙增广生员国桢七十五岁谨识"的《始修谱序》，收录于"西小章马家新谱"之中。
③ 该谱修于光绪三十二年（1906），为西小章村马家第十八世马克钧与二十世马德云共同主持修撰。马克钧在昌邑县做过讼师，马德云是村里的教书先生。
④ "西小章马家新谱"："一世，原，字振西，自明初迁居昌邑县小章庄，生四子，分为四支。"
⑤ "西小章马家光绪丙午谱"将马室列为一世祖："室，字荆斋，配梁氏，元初自云南迁居登州府莱阳县双山，葬双山。"将马原列为七世祖。"原，配失传，迁居莱州府昌邑县小章庄。"

大河上下：10世纪以来的北方城乡与民众生活

测马氏家族的起源：

> 吾马之受姓也伯夷，之后赵奢封马服君，遂氏焉。厥后铸铜标而载功
> 绩，[①] 青海重光[②]；设绛帐以授生徒，[③] 白眉继烈[④]。年代从远，罕有考稽。
> 　我双山马氏先世家云南，元初我始祖荆斋公迁居莱阳之双山。忆其时，
> 一世二世以至八九世，枝叶未繁，岁时伏腊，群相合祀。一本同支之谊，犹
> 然俱在焉。十世而后，云礽诜绳，支派疏远，各自为谱，各自为祀，一姓也
> 若异族焉。况散而居四方者，宗祧失系，行辈多舛，甚而孙犯祖讳，卑同长
> 名，奕世而下不渐，且有不知为同族者乎！使谱有作，安至若此！

　　该序第一段显系因"年代从远，罕有考稽"而生的附会之辞。第二段记述
先祖从云南迁徙到莱阳双山之事，从行文语气揣测，当时应有口碑资料可据。当
然，作者之旨并非在记叙历史，而是要以旧时全族欢聚场景之"忆"，与当下族
系松散的现状形成强烈对比，强调及时修谱的重要性。
　　在上述马氏谱本中，有以下数点值得注意：
　　其一，"西小章马家乾隆谱"马国桢所作的《始修谱序》中，在声明"吾族
从未有谱，无所考订"外，对该马氏家族的源流予以蠡测：

> 始祖讳原，其先无所考，相传为观阳元真人马端阳之苗裔也，盖其地有
> 马夫子庙云。我始祖于明初卜芙蓉郡崇德乡东岳庙前而寄居焉，诞生四子，
> 伯仲叔季。

　　显然，此时马国桢并未将西小章村马家人与莱西双山马家人相联系，而是采

---

① 汉伏波将军马援征南，于交趾立铜柱表功。到了唐朝，马援的后裔马总做安南都护，在原汉立铜柱的地方又立了两根铜柱，以示自己是伏波将军的后裔。五代时，马希范也于此立铜柱。
② 东汉马腾，字寿成，马援后人。灵帝末年，青海氐羌叛乱，马腾应召从军，因征战有功，拜前将军，封槐里侯。
③ 汉校书郎中马融，才高博洽，世称通儒，弟子常千余人。他于教室里设绛纱帐，前授生徒，后设女乐。弟子都专心听讲，无人顾盼。
④ 三国时蜀国名士马良（187—222），字季常，襄阳宜城（今湖北宜城南）人。兄弟五人并有才名，其中马良眉中有白毛，且才学最高，俗称"马氏五常，白毛最良"。

用了"（马原）其先无所考"、"相传"等比较慎重的说法，并将马原视为"吾族"的"始祖"。

而在相隔百里之外的莱西双山村的"双山马家光绪谱"中，将西小章人马原列为这支"元初从云南迁居登州府莱阳县双山"的马家人的七世祖，在六世祖马先的四子中排行第四。该谱收录了马先栖居双山村的三子（即马斌、马亨、马志）的支系源流状况，独对外迁的马原一支阙如，仅在马原名下有"原，配失传，迁居莱州府昌邑县小章庄"的说明。该谱后附一份"马氏居登州府莱阳县双山谱图"，详绘出家族的传承谱系，表述甚是分明。这说明莱西双山与昌邑小章两支马家人虽同出一脉，但在清朝光绪年间尚未合谱。且至少在清朝乾隆至光绪年间，双方并无联系。

其二，我们在调查中得知，"西小章马家光绪谱"中两个"一世祖"并列的情形，已被一些村民传为笑谈。据西小章村村民说，在 20 世纪初叶，双山村马家主动与西小章村马家取得联系，欲联宗续谱。但西小章人刚于 20 年前修成"西小章马家光绪谱"，不欲参加，便在该谱本中安插上以莱西双山始祖马室为一世祖、马原为七世祖的前六世排序。时至今日，西小章人对于当时修谱的前辈还是给予充分的体谅。① "西小章马家新谱"，其实是西小章人根据"双山马家光绪谱"的辈分排序，对"西小章马家光绪谱"予以调整、续修的结果。

其三，在"西小章马家光绪谱"中，马国桢的《始修谱序》对明中期两支马家人之间的一次暴力冲突记载甚详：

> 始祖讳原……于明初卜芙蓉郡崇德乡东岳庙前而寄居焉。诞生四子，伯仲叔季，一本四支，迄今似续。虽多寡不齐，未尝有一支殄世。寄居之地，原有匠户马青山。我祖与之联宗，因亦帮贴税银。其在观阳，本军户也。家中每来此收军徭，恒有武断气。季公下经、纪、约、络等与之角亢，遂弗通焉。自大清定□以来，余族遂为鄄城匠户，常赋其税，而族姓亦繁衍矣。②

---

① 西小章村村民马炳辉："这么办，原因就是在明朝那时候两下里失去了联系。那时候道远，来往交通不方便，又没有什么通讯工具。""因为当时和老家断了联系已经很多年了，已经说不清楚了，就直接以原祖的支派往下修。"（2003 年 2 月 24 日）

② 《马氏族谱》，《始修谱序》。

那么，同为"元初自云南迁居登州府莱阳县双山"① 的马家人，留居双山村的一支与再迁西小章村的一支到底有何关联？

马原迁居西小章村后，所生四子被西小章人俗称"四大支"。查阅"西小章马家光绪谱"可知，"季公下经、纪、约、络等"即为"三支下"的第七代人。这次冲突发生于此前一直缴纳军徭的西小章村马家人与前来收缴军徭的双山村马家人之间，时在明代嘉靖年间。显然，引起双方冲突的主要是与军徭的收取与交纳有关的经济因素。此后两支马家人断绝往来，直到民国年间双方再度接上联系。于是，"西小章马家乾隆谱"以马原为第一代始祖也就不奇怪了。有趣的是，西小章人在接受了莱西双山马家的族谱后，仅于家谱中"始祖马原"之前简单添加上莱西双山马氏家族的六世先祖，仍保留了其习以为常的以马原为第一世的谱系排列，这让知悉内情的双山村马家人很不满意。

明中期马氏家族这场内部冲突何以发生？冲突牵涉到与军户有关的家族移民问题，而这关系到明代的军户移民政策。② 于志嘉在《明清时代军户的家族关系——卫所军户与原籍军户之间》一文中以族谱资料为主，以实际案例发掘卫所军户与原籍军户间可能存在的各种关系，观察制度与人情对双方关系带来的影响。明代的军户移民政策并非是一以贯之，而是有多次调整。明初，政府为确保军力，实施世袭军户制度，嘉靖以前在军籍者例不得分户，卫所军人的移民方向完全由政府一手操控，移往卫所的常为单丁或以卫军为主的核心家庭。宣德以后情况逆转，留居卫所繁衍子孙者大为增加，军户有原籍与卫所之别，政府改行落地生根政策，原籍军户与卫所军户间的关系也相应起了变化。原籍军户与卫所军户的差异主要在赋役形态上。卫所军户承担军差，缴纳屯赋，原籍户丁平时则服民役、纳民赋，与一般民籍无异，但另外却又平添了对卫所军户补役、帮贴的义务，即在卫所缺丁时由原籍勾补户丁继役，军丁赴卫所时由原籍户丁供应军装、盘缠，平时则对卫所提供经济上的支援。由此，使卫所军户与原籍军户间在血缘关系之上，产生一种额外的经济权利与义务关系，使得二者之间产生了错综复杂

---

① "双山马家光绪谱"。

② 赵世瑜认为，要想研究明代以后的移民问题，几乎无法离开对卫所、军户制度的了解。因为在明初移民的浪潮中，军户的迁移占有相当大的比重。见赵世瑜：《小历史与大历史：区域社会史的理念、方法与实践》，生活·读书·新知三联书店，2006 年，第 47、118 页。

的恩怨情仇。① 莱西双山马家与西小章马家之间，正是一种类似于卫所军户与原籍军户的关系。

我注意到，在"双山马家光绪谱"中，有一篇二十二世孙马贞琅所作的《马氏谱跋》：

> 余马氏自荆斋祖居双山，四世单传，六世祖有为元顺帝护驾至黑龙江北者，其讳配无考，难为注明。所可注明者，惟恩荫守备天一祖。

据谱中所载，可知莱西双山马家系卫所军户无疑。马家六世祖马先，"字天一，赐守备，敕授武信郎。配李氏，封安人。葬双山。"据西小章村村民马炳辉说，双山村马家属于莱西军户，马原之兄马斌曾当过莱阳守备。②

显然，莱西双山马家是"元初自云南迁居登州府莱阳县双山"的卫所军户，此后将军户身份世袭下来。西小章马家最初属于"离乡不脱籍"的原籍户丁，平时像一般民籍那样服民役、纳民赋，另外还对观阳卫所军户有补役、帮贴的义务。然而，西小章马家的始迁祖马原为了更好地在"寄居之地"昌邑县小章庄（后在清朝后期分为东小章村、西小章村，马家人住在西小章村）谋求生存，而与当地匠户马青山联宗，"帮贴税银"。至少在明代中期，在莱西双山马家看来，西小章村马家未脱军籍；而在西小章村马家看来，自身已入匠籍。若要兼顾传统的"军户"身份与为适应现实生存而加入的"匠户"，则西小章马家势必要比常民多支出一份税银，冲突的根由就此埋下。"恒有武断气"，其实是西小章村马家挑起冲突的借口或导火索。明清交替之后，西小章马家正式成为匠户，两地马家人长期中断联系。

二、基于军户移民记忆的小章竹马表演

然而，我在 2003 年以来的多次调查中，发现村民口述与如上族谱所载颇不

---

① 于志嘉：《明清时代军户的家族关系——卫所军户与原籍军户之间》，载黄宽重、刘增贵主编《家族与社会》，中国大百科全书出版社，2005 年，第 406—407 页。
② 2004 年 10 月 18 日，我与西小章村村民马镇华、马炳辉同赴双山村马松举家，这是马炳辉在介绍4 块先祖牌位时所言。

相同。比如，按照族谱所言，历史上马家军户身份的主要承继者是双山马家，但双山马家现在已全然没有关于军户的记忆；而自明初起军户身份就已逐渐淡漠并在清初完全转为匠户的西小章马家，则在很多场合特别强调自身的军户身份。如何理解这一现象？流行于西小章村的小章竹马表演活动，是解读这一谜题的关键。

小章竹马的实质，是西小章村马家人从家族本位出发，以家族史上的灾难传说为动力，以与军户移民相关的历史记忆为资源，逐渐建构起来的一种家族/村落的口头叙事与表演传统。在近现代潍水两岸的语境中，这一活态的口头叙事与表演传统，更是成为这一家族/村落生活共同体中最重要的文化象征符号。

每当问及小章竹马的起源问题，西小章人总是不自觉地强调它在起源之初的道德合理性与不可更易性，而且用的是反证法。创编竹马为的是繁衍子嗣，以免马家绝后；创立祖传武术为的是保护家园。二者都在现实社会中收到了切实功效，否则，马家子孙怎会如此繁衍兴盛？传说中五世祖马亮曾在元代被封为元帅，后被塑造为创立竹马、武术的"家族英雄"。在西小章人看来，马氏家族世代多有武林高手保家护院，扬名乡里，承继的正是马氏家族的"军户"传统。后世对竹马及武术的传承，就有了纪念先祖光荣功绩、绝不让祖传技艺失传的神圣感。

在西小章村，很多村民将竹马视为对三世祖马合或五世祖马亮的纪念性仪式，少数人认为马亮是这一竹马表演仪式的始创者。然而，目前没有任何文献资料对此证实或证伪，故马合或马亮与竹马之间的关系无从知悉。就我的田野观察而论，显然是西小章村部分村民在努力地为竹马赋予更多的神圣色彩，不断地为其寻找更具权威性的解释。马亮元帅的显赫经历，马原联宗马青山得以栖身于潍河边，以及至迟在 20 世纪初已存在的年复一年的小章竹马仪式表演，都是马氏家族历史上并存的事实，但三者之间可能并无直接的因果关系。是西小章人基于种种现实功利的考量，为之建立联系。这种联系最初可能只是个人的偶发奇想，而后逐渐铺延到整个家族，凝结为全家族的集体记忆。当然也不否认会有另外一种可能，如克拉克洪所谓"事实上有证据表明，当压力足够大并特别普遍时，相当数目的不同的个人几乎会不约而同地创造出一样的幻想来，然后它们也就广泛流行开来"①。但这两种情形其实具有一定的共同性，即都强调民间传统凝结过程中的群体性色彩，其区别仅在于对凝结机制中个人作用的不同认识。我们可以选择民俗活动的个体心理与群体心理为研究路径，对村落传说及仪式活动予以解读，但无论选择哪种路径，都应将传说与仪式视作整体性村落生活与文化系统中的有机组成部分。

下面，我们将回归村落生活与文化本身，从通过田野调查获得的有关村民生活实践与心理现象的材料出发，对小章竹马与马氏家族的移民历史之间的关系予以理解。

1. 马亮元帅传说的群体动力

在西小章村，关于竹马的起源主要有"马亮创制竹马说"、"马青山移植竹马说"。除此之外的几种说法，影响都不大。

马亮创制竹马说。这与西小章人对莱西双山一段家族生活的记忆有关。我注意到，在 2005 年我组织的山东大学、山东艺术学院民俗学师生进行较大规模的调查活动之前，持这种观点的西小章村村民并不多，其中以马炳辉为代表。马炳辉在西小章村，是公认的博学者，一旦开口往往滔滔不绝、纵横捭阖，谁都很难驳倒他，而他的确已将"马亮创制竹马说"演绎成了一个融会各种知识的比较精致的叙事结构。时至今日，马炳辉人已病故，但大多数村民都接受了"马亮创制竹马"的说法。

按照马炳辉的说法，在元朝的"初年的初年"——也就是元朝还没有建国的时候——那是忽必烈以前，还没统一"元朝"，已经筹划着要统一南宋，但一时又难以征服，便采取了一个隔离战术，先把南宋分割包围起来。公元 1252 年，蒙哥当皇帝时，元朝先将世居云南的大理国消灭。元人征战，一开始喜欢杀戮，往往是征伐之处尽行屠戮，所以山东这一带人烟稀少。征战大理时，他已经开始重视人口，便将保留下来的人口迁送到无人之地。马氏家族的一世祖、二世祖便于此时从云南迁居到莱西双山。30 年后，元军平定东南，又开始征伐西南缅甸

---

① 克莱德·克拉克洪：《神话和仪式：一般的理论》，载于史宗主编，金泽、宋立道、徐大建等译：《20 世纪西方宗教人类学文选》上卷，上海三联书店，1995 年，第 148 页。

一带。此时，双山马家的三世祖马合被推举当兵，参加了此次征战。最终元朝大获全胜，并将劫掠来的财物、美女选送北京，也就是向元大都运送。马合自然参与其中——现今小章竹马表演的就是这段历史。双山马家发展到五世，出现了一个杰出人物，就是马亮元帅。马家是军户，国家一旦征召就必须从军。马亮一生仕途顺利，最后官拜"管军总把都督大元帅"。然而，他一直苦于家族人丁不旺，代代单传，这在当时可是个大事。当他正为此事忧闷时，手下一个军师近前献计，说只要你们把竹马跑起来，马家人就一定能兴旺。据说这个军师就是汉中人，他们那里流行竹马。马亮一听大喜过望，遂命以军师为首编制了一套竹马戏，并以马亮之祖父马合征伐缅甸一事为该戏的素材。马亮是武将出身，不通文艺，却喜论兵法战策，遂在竹马表演中融进古代行兵布阵之法。所以从某种程度上说，小章竹马的编创有马亮元帅的一大部分功劳。而原先的汉中竹马只是单纯的一个竹马舞蹈，是形成不了一个戏的。

马青山移植竹马说。在西小章村赞成这种观点的人数相对较多，马镇华便是其中之一。而他是从据说活到 99 岁、逝于 1958 年或 1957 年的马思京那里听说的。其主要情节为：因为双山地界土地稀薄，凹涝薄碱，马原遂在明朝洪武二年"肩挑二子"逃荒来到了土地肥沃的西小章一带。当时，这一带仅有一户姓马的人家，名为马青山。明朝时兴同姓联字，所以马原与马青山联成一字，定居于此，马原算是马青山的义子。[1] 马青山是"御木匠"，每年在清明时节都要到京城送交他在家里做好的秋千，再留京干一段时间的木工活方可回家。竹马就是马青山在明朝永乐年间从京城移植过来的。据说当时他还从北京拉回来一大车绒线，那本是供京城妇女打秋千时防护磨手用的。马青山有一块御赐铜牌，方便在京城行走，但被其后人拿出去卖了废铜。马镇华还提到另外一种说法，与此相似：马青山因为年年去京城，见多识广，脑筋很聪明。他发现家乡儿童喜欢玩耍拿着秫秸当马骑的竹马游戏，就自己琢磨着制作出竹马舞具。[2]

接受我们访谈的大多数村民，对于马青山移植竹马的说法一般都不置可否，

---

[1] 马镇华为了证实自己的说法，还加了一个旁证："以前的老墓田里有马青山的坟，也有他后人的十几户坟。现在墓田里的马氏祖墓，指的是马原。后来马青山家就没了后人。但马家之所以能在小章落下脚，主要是因为有这个姓马的。"（2003 年 2 月 23 日）其他村民也证实马镇华的上述说法是可信的。

[2] 马镇华口述，2003 年 2 月 23 日。

但认为比起"马亮创制竹马说"要靠谱。然而,村民的说法是可以变化的,以马镇华为代表的一般村民显然很容易受到马炳辉说法的感染。当我们2006年再去西小章村调查时,马镇华的说法已有明显变化。他已经认为在马原迁居西小章村之前,双山老家已有竹马流传,而小章竹马是从莱西双山继承来的。① 这已经比较接近于马炳辉的观点。

第三种说法是,竹马和云南的竹马戏有渊源。这种观点在西小章村影响不大,只是个别退休回村养老的老干部认为有这种可能,故仅存此说,不做进一步分析。

此外,我还在西小章村偶然采集到一种值得注意的说法:马原最初移民到西小章这一带时,家中有四子四媳。刚开始是他领着儿子媳妇"跑马",组成9人9马的演出队伍。可是以前的妇女都时兴缠足,在场上跑动困难,后来家族中只要有男丁, 一般就不让女子上场。这种说法不知传自哪朝哪代,但西小章人显然对此不愿多谈。② 然而我注意到,在传统社会,这种由家庭自组班底在农闲时节游走乡里演出以贴补家用的方式,在整个山东地区颇常见。③ 或许我们可以推论,最初迁居西小章村一带的马原一家,虽然通过与马青山联宗取得了地方认同,但依然难解衣食之忧,需要游走乡里表演竹马以接济农耕生活之不足;或许在濒临淮河、水灾濒发的西小章村,马家人曾有过借表演竹马以谋求衣食的一段生活经历。但此说在西小章村罕见流传,是子虚乌有还是代表了西小章村马家人选择遗忘的一段记忆,目前尚不能确定。王云峰在20世纪80年代初期在西小章村调查时,曾采集到在村民中间流传的关于小章竹马起源的两种说法,其中的第

① 马镇华(2006年2月6日):"元朝初期我们的祖先从云南迁居到莱阳双山,我们西小章的祖先又是在洪武二年从莱阳双山迁到了西小章,就把竹马带过来了。""竹马挪到小章已经跑了640多年了,这之前在双山跑了多少年就不知道了。"

② 2003年2月23日,当我询问小章竹马演出中为何要男扮女装时,马炳辉谈及这一传说,以说明这一习俗的由来。以后我再也没有听到这一说法。每当我有意引出这一话题时,往往会遭到一致的否认。

③ 如山东"三大秧歌"之一的海阳秧歌,最初便是由一家人为度过荒年而自组班底外出表演,其角色设置显示出一家老少三代同堂的家庭结构。

二种说法与此说颇有关联。① 从整个表演过程来看，他认为"第一种说法的可能性大些"，而第二种传说"似乎也有些道理"。具体说来，他观察竹马队伍的组成与表演程式，发现"四"男马与"四"女马总是一对一相伴而舞，很像"老座马"（竹马队中的领舞者）的四子与四媳，而后面手持枪刀剑戟的武术队员，很像他们的随从护卫或护院家丁；从表演的"四门斗"、"十字梅"、"双沟"等舞段，以及男、马女马间的眉来眼去、感情交流，很像一对对夫妻或情人。但"从唱词中看，可就对不上号了"，因为台词和两个唱段所演绎的是一位元朝武将奉命押送美女去京城进贡的故事。综上所述，我认为四子四媳的说法有一定的生活实践基础历的，并非仅仅是对竹马表演体制的释源性联想。村民对这一说法的避讳，是因为它对马家的"神圣家族"形象有潜在的解构或颠覆的危险。现在以马镇华为代表的竹马活动组织者，特别强调"小章竹马非请不演"的规矩，借以与他们所不屑的"要饭表演"划清界限，与此乃是同样道理。

在关于民间文化的起源问题上，研究者很容易陷入过于相信民众口述资料的陷阱。走出这一陷阱的途径之一，是我们应该清醒地意识到——任何一种民间文化，都不能达到对其传统的"原汁原味"的恪守（有无这种恪守的必要是另一问题）；乡民的口述资料并不能复原某一段历史，而仅仅是关于那段历史的集体记忆的一部分；学者的研究同样也难以复原民间文化的历史真实，但可以通过乡民对于这一传统的现实操作与价值设定，分析他们对自身文化传统在起源方面的认知及其所赋予的文化意义。民间文化起源的种种说法所代表的是某种集体记忆，这种记忆并不等同于真正的历史，但人们的认同感却可以通过这种集体记忆而获得。换言之，尽管民间口述传统往往对历史津津乐道，但它们很少与真实的历史有关；尽管它们讲述的不是"真实的历史"，却并不妨碍它们成为世代相传、敬奉不坠的"真实的历史记忆"，从而呈现出真实的民众心态，并形成种种"效果历史"。具体到小章竹马起源方面的种种口述资料，它们大多并无历史依

---

① 王云峰："小章竹马起源于何时，没有确凿史料可考，据小章马氏家族历代的流传，就有两种传说，一种说法是：这种独特的文艺表演形式，是为了纪念元末明初，一个元朝武将，奉命押送美女去南方进贡，路上遇山游山，遇水玩水的行路过程，另一种说法是：他们姓马的家族，元末时，在山西曾出一个九门提督。这种形式就是为纪念他清明节那天，带着他的儿女、家丁、丫环侍女出去游山逛景而留下的。这两种说法似乎都各有道理。"见王云峰：《昌邑小章竹马》，《民俗研究》，1985年1期。

据可言，并不能反映小章竹马的真正的起源，但村民既以此来解释，却反映出小章竹马当下的真实情境及其对村民而言所具有的真实意义，以及村民对竹马的理解实况，从而成为村民获知"真实的"集体记忆。透过诸如此类与起源有关的种种说法，我们尽管可能无法获知小章竹马的真实起源，但却可以了解小章竹马的当下境况以及其对于村民的意义。

村民关于小章竹马起源的种种说法，要想找寻其漏洞甚至荒诞不经之处是容易的，但这种寻找没有意义。西小章人自有其建构家族村落历史的方式，为此，他们取材于族谱、碑记及口述传统等内部知识，同时也求助于地方志、中小学历史课本、现代媒体等外来信息。其实，类似情形也同样存在于以追求客观相标榜的学者的研究活动中。格尔兹指出，作为调查对象的当地人固然是在主观地建构自己的历史，而前来调查的学者也同样是在主观地取用、分析调查对象所提供的资料，借此建构自己所理解的当地人的历史。王铭铭将之概括为："社会科学不同于自然科学，因为后者研究的对象是人的认识对象，前者的对象是认识事物的人本身。而人类学者观察的正是那些包括人类学者自身在内的、给予他们的世界以意义的人。因此，人类学者并不能像古典时代所期待的那样'完全钻入当地人的脑中'，他们与当地人一样在解释着世界，而他们的描述所能做的就是对他人的解释的解释，抑或'叙说对事象的言说'（saying something of something)。"①

这是格尔兹对马林诺夫斯基所谓的"文化持有者的内部视界"一说的超越。克拉克洪曾说，"人类学者一向比社会学者和历史学者对于历史意义的重要性更为敏感。和'什么事实际上发生过'同样重要的，是'人们以为发生过什么样的事'，以及他们视它有多么的重要。"② 本文所要强调的，是在"解释的解释"当中，如何寻求包括传说、族谱、艺术表演在内的村落民俗事象之间的互释关系及意义关联。以此为出发点，我们对于西小章人关于竹马起源几种说法的解读，就转换为对于该村落内部知识结构与文化逻辑的认知。换言之，我们并非要考察

① 王铭铭：《"格尔兹文化论丛"译序》，见克利福德·格尔兹著、纳日碧力戈等译《文化的解释》，上海人民出版社，1999年，第10页。

② 克拉克洪：《历史人类学、历史社会学与近代欧洲的形成》，见贾士蘅译《走进历史田野——历史人类学的爱尔兰史个案研究》，麦田出版股份有限公司，1999年，第386页。

"马亮创编竹马说"是否为历史真实，而是要从该传说在这一家族村落中已经存在并发生影响这一事实出发，分析传说背后所反映的民间心态，即西小章人为何要这样言说，这一言说对于他们有何意义。

显然，在西小章人看来，人生之最重要者莫过于对生命不朽的追求，而生命的不朽与家族的绵延长久有着直接关系。族谱上六世单传的"表象"，与七世以下子孙繁盛的景观，① 触发了他们的灵感。这种灵感最初被马氏家族的哪位成员捕捉到或许并不重要，重要的是这种灵感一旦闪现，便在群体中发生着越来越广泛的影响。这一灵感的核心要素在于，功成名就的马亮要想进一步追求不朽，必然会因家族中六世单传的困境而产生强烈焦虑，以繁衍子孙为神圣使命。在国家政治局势动荡不安的战乱时期，对于一个拥有军户身份、随时听凭国家调遣出外征伐的家族来说，延续与振兴自己的家族就显得尤为切要。马亮神话的神奇来自后世马氏子孙的赋予，这不仅表现在对他建功立业、光宗耀祖的肯定，更将他视为引导家族走出"六世单传"困境的英雄而予以膜拜，他被西小章马家人追认为家族的中兴之祖也就在情理之中。

就这样，西小章人将自己的文化逻辑，赋予在其五世祖马亮身上。这一文化逻辑，还将沿着竹马起源的线索继续往马亮的生活世界延伸，并将他们所感兴趣的细节缠绕在一起。表面看来，西小章人将祖先对竹马的选择赋予一定的偶发色彩，如马亮身边军师的及时献计，"竹马"这一名称与马家姓氏的谐音巧合等等。然而，如果就这一事件做深层挖掘，西小章人赋予其中的历史必然性与社会典型意义便会逐渐清晰。

综上，小章竹马、马亮将军以及家族的人丁兴旺，这些都被西小章村村民认为是自家独有，是其特别引以为自豪的事情，因此也就被该村村民与其"身份"联系起来，成为其自我标榜的"象征"，并被赋予相同或相通的意义。正是这种相同或相通的意义空间，使三种原本可能互不相干的现象浸染其中，被紧紧地联系在一起，从而有了"因果关系"。

从上述村落语境出发，民间文化就是一个容纳有丰富的历史文化信息、具有

---

① 在《马氏族谱》中，自徙居莱西双山的一世祖马室至六世祖马先，皆是单线相连（室、本、合、源、亮、先），这可能是双山马氏家族六世以上失考的标志。这本是家谱中的常见现象，但西小章人普遍将之解释为其先祖曾陷入六世单传的困境。

神圣秩序意义与情感交流价值的象征性载体，是乡民生活中不可缺少的有机组成部分。作为一种文化文本，小章竹马深深植根于村落生活的厚土之中，其意义是在家族与村落中展开的，而又自始至终离不开家族与村落的日常生活。此中寄寓的这种家族与村落情感，其实更接近人的情感本能的律动。这促使我们回到小章竹马的文化原点，对于如下问题进行思索：其一，无论小章竹马是本土原创还是外来移植，是怎样的乡土生态使得它能够扎根于斯？其二，关注这一"元语言"如何转换成西小章村现代话语的问题。

三、潍水两岸近现代社会中的西小章村

西小章村位于昌邑地区中部，潍河东岸，属于昌潍平原的一部分。昌邑地区位于山东省东部、山东半岛西北端，在行政上隶属潍坊市，处于该市东北部潍河下游地段。东与掖县、平度县以胶莱河为界，西隔潍河与坊子区、寒亭区相连，北濒莱州湾，只有南边的小片地界与高密、安丘毗邻。受制于两河一湾，昌邑辖域纵长横窄，中若蜂腰。南北长75公里，东西宽处32.5公里，窄处仅7.5公里。西小章村正处于潍河水系与胶莱河水系之间的"蜂腰"地带，村西不足2公里处即为潍河，东距胶莱河不足6公里。

历史上的西小章村，特别适合于农业生产与果木林木的种植，但因为气候原因而呈现出不稳定的特点。这与整个昌邑地区所属的暖温带半湿润季风性气候区有密切关系。西小章村所在的宋庄镇属于中部的冲积与洪积平原区，地势平坦，坡降小，海拔在6~13米之间，相对高差仅1~7米。土壤主要为潮土和褐土化潮土，母质为冲积物，发育良好，且地下水源丰富。然而据文字记载，至少在清代以降，由于天灾人祸等方面的原因，昌邑地区的民众生活经常遭受灾难，处于极不稳定的状态。（见下附统计表）

表1：昌邑地区清朝以降遭受天灾与战争状况一览表①

顺治九年 （1652）	五月二十三日，潍河决口，飘没小麦无数。
顺治十六年 （1659）	七月十二日，潍河大决口，洪水灌城，毁城墙 14 处，淹没城乡房舍；10 日后，大水复至，秋禾一空。
顺治十八年 （1661）	三月，白塔等社（今龙池乡），蝗虫爆发，如蜂屯蚁聚。
康熙七年 （1668）	六月十七日，大地震，墙倒屋塌，城垣数处塌陷，潍河堤断裂，一些地方平地开裂，喷涌泥沙；十八日复震；七月十日又震；八月十八日再震。
康熙九年 （1670）	冬，大雪酷冷，至明春更冷，境内果树冻死殆尽。
康熙十四年 （1675）	四月十七日，南部高阳一带，大霜，冻坏小麦；六月，暴雨 3 日，田禾多淹没。
康熙十六年 （1677）	七月，淫雨连绵，十五日潍河决口，塌城墙 9 处，淹没民舍，淹坏庄稼；二十六日，河水复至，城东门倒塌。
康熙十七年 （1678）	七月，暴雨连日不止，胶潍两河决口，庄稼尽毁，房屋倒塌无数。
康熙三十年 （1691）	六月，蝗虫成灾；秋，又生。庄稼歉收，来春大饥，百姓四处逃荒。
康熙五十八年 （1719）	潍水东徙，弃故道 10 余里，取径直下，形势遂失其旧。
雍正五年 （1727）	十月三日，海大潮，沿海农田被淹，人畜均有伤亡。
雍正八年 （1730）	六月暴雨倾盆；二十五日夜，潍河决口，水浸城基；二十八日，水患更凶，乡村房舍淹没，民众集聚高埠，或三昼夜不得食。
乾隆十三年 （1748）	夏，南乡高阳一带飞蝗成灾，所到处禾苗竹叶无遗。
乾隆四十七年 （1782）	八月，猝然海潮，沿海房舍和农田被淹。
乾隆五十年 （1785）	夏大旱，天气炎热，墙壁热不敢近，庄稼颗粒无收。来春大饥，夏天瘟疫流行。
嘉庆十七年 （1812）	春，大饥，大疫，死者无数；秋，大雨，潍河决口，庄稼全毁。
道光元年 （1821）	六月，潍河小营口决口，农田房舍被淹；八月，瘟疫流行，死者无数。
道光十三年 （1833）	冬，大雪，自十月二十五日始，连续 60 多日，直至年底。

---

① 本表系笔者根据董法进主编、山东省昌邑县志编纂委员会编写的《昌邑县志》（昌邑县印刷厂1987 年印刷）中的相关资料整理而成。

道光十五年 (1835)	春，大旱；夏，阴雨连绵。虫灾严重，禾苗全被吃光。
道光十九年 (1839)	春，风调雨顺。高阳一带麦高过人，穗大如指。至立夏，忽生黑疸，全死无收。
道光二十六年 (1846)	五月二十日下午，雷急、雨暴、风狂。虫埠村（今属李家埠乡）石牌坊被刮倒，折树掀房无数。
咸丰九年 (1859)	春，大旱，自上年八月至本年五月上旬未雨，十八日始降小雨；秋又歉收，民大饥。
咸丰十一年 (1861)	二月，捻军将领张洛行率军初入昌邑，四乡团练筑墙截击。
同治元年 (1862)	六月，蝗虫成灾，气候反常，出现低温，庄稼产量大减；八月，瘟疫流行。
同治二年 (1863)	太平军、捻军联合作战，攻打驻柳疃的团练。
同治六年 (1867)	五月至九月，赖文光与任化邦率捻军与清军激战，最终强渡胶、莱两河，经昌邑西去临沂。上台村人白云彩发动农民起义拥捻。
光绪元年 (1875)	七月，狂风连刮5日，损坏田禾无数。
光绪二年 (1876)	春，旱情严重，至五月二十三日始降小雨；秋，昌邑南部飞蝗成灾。
光绪五年 (1879)	二月，大海潮，沿海农田被淹。
光绪七年 (1881)	闰七月，潍河决口数处，淹没田舍，各社重修河堤。
光绪十四年 (1888)	五月四日，地震，东城门楼塌陷；秋，阴雨连绵，庄稼歉收。
光绪十七年 (1891)	正月，潍县人马纲率众起义，进入昌邑南部北孟一带，被镇压。
光绪十八年 (1892)	十月十五日，狂风暴雨，继而海潮。
光绪二十一年 (1895)	潍河决口10处，扶宁（今属夏店乡）一带河堤全塌。
光绪二十五年 (1899)	昌邑南部农民，从诸城请来大师兄，设坛练武，组织义和团；冬，发展到1500人。
光绪二十六年 (1900)	三月九日，昌邑大刀会千余人赴高密袭击德国铁路公司；七月至九月，全县反帝斗争风起云涌；九月十八日，境内大刀会、义和团被镇压下去。
光绪三十年 (1904)	四月十七日，南部高阳一带降冰雹，一日两场，麦如丝麻。潍河两岸田家湾决口，洪水东越胶莱河，直抵三合山，万亩良田变为汪洋。
1912年	7月，潍河吴家漫决口，黑埠至辛庄一段，河沙淤毁良田。龙池一带，民房倒塌无数。

1912 年	农历五月十八日晨，城内劣绅纠集衙役残杀由同盟会员组成的参事会、议事会议员和民主积极分子 28 人。
1914 年	7 月 15 日和 20 日，吴家漫附近潍河决口，庄稼被淹，房屋倒塌。
1917 年	蝗虫成灾，高粱叶和谷子叶全被吃光，庄稼大减产。
1919 年	春，北部龙池一带，红蝗爆生，小麦受害减产。
1922 年	4 月，海匪在潍河入海处烧毁辛安庄帆船 1 只，绑去 5 人，打死 1 人，船上财物抢劫一空。
1925 年	4 月 12 日午后，张家车道一带降冰雹，击死 1 人，庄稼受重灾。
1926 年	境内各地纷纷组织"红枪会"，抗粮抗捐，与土豪劣绅、土匪军阀作斗争。
1927 年	夏，共产党员王兴选在昌邑县建立第一个党支部；7 月，军阀王子修部占据县城，北去柳疃催粮逼款，红枪会 3 万余人追击至县城，围困半月。
1928 年	6 月，饮马一带农民自发组织"红枪会"，共产党在饮马村组织"贫民会"暴动并联合、改造"红枪会"，在附近 42 村发展会员 5000 余人；6 月 11 日，海匪 300 余人，在下营码头大肆抢劫，打死 6 人，绑走渔民 120 人，50 多家商号因此倒闭；9 月，密埠村"红枪会"千人攻克土匪高老七盘踞的密城；柳疃后官庄农民建立"连心会"，从潍县神庙堂请来武师教练武功。
1928 年	7 月 20 日，飞蝗自西南方遮天蔽日而来，飞越县境，历时 1 昼夜，庄稼全被吃光。
1929 年	3 月，国民党第四十六师范熙绩部占据县城，镇压"红枪会"，残杀其领袖胡心善等 6 人。
1930 年	阎锡山和韩复榘部队在饮马镇西南作战，十几名群众被打死。
1931 年	7 月，潍河决口，下游受灾。
1931 年	李家扶宁农民武装暴动，劣绅李云芬勾结军阀刘珍年，残杀多人。
1932 年	国民党"剿共专员"于锦荣伙同昌邑县长刘毓章清剿共产党。
1938 年	日军侵入昌邑，直至 1945 年投降。

　　由表中可以看出，对于西小章村日常生活影响最大的莫过于村西处不足 2 公里的潍河。潍河古称潍水，俗称淮河，全长 246 公里，流经昌邑境内 86 公里。其上游山岭叠嶂，支流众多，每逢大雨滂沱山洪暴发，往往咆哮直下，破堤毁岸，淹没房屋，吞噬庄稼，给包括昌邑在内的下游人民带来灾难，因而又有"坏河"之称。从 1751 年到 1907 年的 156 年间，这里发生较大决口 11 次。当地流传着这样的民谣："开了吴家漫，昌邑淹一半；开了田家湾，淹到三合山。""开了田家湾，淹到三合山；开了小营口，昌邑潍县跟着走（指外出逃荒要

饭）。"西潍河没有三里直，三十年河东，三十年河西，河水决口哭天地。"描述的正是因潍河决堤、河床改道而导致灾区百姓流离失所、呼天抢地的悲惨情形。潍河东岸的围子镇葛达子村有一块元代石碑，上刻有"西至潍河十五里"的字样，说明元朝时潍河还在昌邑城西15里左右，现在却跑到了城东7里以外。

马原之下育有四子，西小章人常说的四大支便由此而来。在西小章村居住的是这四大支中的长支与二支的后人（他们称之为大支下、二支下），四支下居住在西小章村以东3华里的宋东①。现今在宋西居住的马姓人家，是在后来由二支下迁移过去的。三支下已全部迁走，不知所终。村民说，三支下这支马家人行踪非常神秘，据说在乾隆年间，因为三支下无人承继，大支下与二支下曾各出一人列于三支下名下，但这二人也很快就被远迁他乡的三支下来人带走了。再往下，西小章马家又分为二三十个小支，至今已有25世。家族的辈分按"金、水、木、火、土"的顺序排列，依次是克（或金）、泮（或光）、德（或桂）、炳（或焕、煜）、墀（或池）。

马氏家族在辈分用字方面显得很讲究，同一祖父的同辈人起名字时的辈分用字完全一致，不同祖父之间同辈人的辈分用字则用相同偏旁的字来区别，如辈分用字为炳、煜、焕的三个人，一看就是马氏家族中不同小支中的同辈人。

据西小章村《马氏家谱》记载，留在西小章村的大支下最初人丁极不兴旺，自马维以下九世单传，一直到十世上才分家，这时已经到了明末清初时候。而马德全的二支下则涌现出一批文人，马氏家族的第一本族谱便是在二支下中的九世祖马景瑞的主持下完成的。乾隆二十八年族谱修完，十世祖马国桢为之作序，该序追述了二支下子孙多次考取功名的兴盛状况。该序还提到，后来迁居宋庄的四支下也比较兴盛，只不过他们以"熟娴射骑"为能，并以之猎获功名。"四公之下，衍及十世有光星。"而乾隆年间的大支下、三支下人丁不旺，只是勉强凑得马家四支"未尝有一支殄世"而已。②

现在的西小章村，大支下与二支下的人口数差不多，大支下略多。然而，二支下小支甚多，大支下则相对集中于几个小支，按照村民比较通俗的说法就是

---

① 宋东、宋西两个自然村合称宋庄。
② 西小章村《马氏族谱·始修谱序》。

"大支下里没有远人，二支没有近便人"。这可能是在近现代以降的马氏家族史上，大支下表现出更具凝聚力的原因之一。另外，从村民关于 1928 年村里恢复竹马活动的相关记忆来看，当时村里的富户多出自大支下，大支下占据了村里最好的土地。[①] 在西小章人的记忆中，从 20 世纪初担任村官的一般都是大支下的人。因为在西小章村，对于村官的评价"就看言行"，大支下的人因为处事老成稳当而在村内选举中处于绝对优势。

家支的不同，还决定着村民在日常活动中的不同参与状况，甚至影响到村内的居住格局。大支下、二支下在村内形成了各自的居住空间聚落，一起参与村落祠堂里面的祭祖活动，但在大年三十从村西公墓"请家亲"到祠堂然后回家过年的仪式活动中则各行其是。遇有葬礼、婚礼时，双方原则上是互不掺合，各人视日常生活中另外结成的社会关系而定。实际上，即使在同一家支的内部，各小支之间往往也会根据与事主关系的远近，在礼仪轻重、参与程度深浅等方面有所差异。由此形成的"差序格局"（费孝通语），虽然在外来者看来规则不免复杂，但对于村落日常生活的运行与村落秩序的调控却起到了国家政治所不能比拟的作用。

在西小章这一单姓家族村中，祖先崇拜是该村最具普遍性、影响最大的信仰活动，列祖列宗代表了村内最大的庇护神系。西小章人对其家族力量的凸显，并不直接诉诸家族化管理模式的强化，而是精心构建以竹马、祠堂、族墓、族谱等为主要象征符号的信仰体系。显而易见，这一信仰体系的营造并不以所谓的"历史真实"和严密逻辑为主要指向，而是有意识地强调本村在家族正统方面的话语控制权，并在周边乡土社会中营造道德伦理优势。小章竹马的巡演路线，恰好象征着马氏家族的跨村落网络。[②]

---

① 马炳辉："俺这里分大支下、二支下，大支下土地多，净（是）东坡地，二支下净（是）西南坡地，沙多。所以（1928 年的时候）主要是大支下在学，让孩子学武术，老头子们那时候也不是为了旁的目的，别当小偷，别赌钱。所以很多家里都是老头子硬送着去练。"这至少说明，在 1928 年恢复竹马活动的时候，西小章村大支下的很多户已经非常富庶，因为担心家族成员在社会上学坏变坏，才痛下决心恢复竹马演练传统。

② 2009 年 2 月 1 日（正月初八），小章竹马的巡演路线是：从西小章村马家祠堂出马，先到宋西村老祠堂旧址前，再到宋西村马家人中辈分最高的一家门前；随后行至宋东村，先到该村老祠堂旧址前，再到该村辈分最高的一家门前；随后到本村几家事先邀约的个体经营业主的家门或店门前进行表演。一些具有特殊纪念意义的日子，如纪念族谱修成、举行祭祖大典等，小章竹马也可能会举行表演活动。

从近现代村落历史来看，西小章村因为有着良好的地利与气候条件，村民的生活在这一带算是比较富庶的。该村良好的生活条件与如下三个方面的原因有关：其一，地处由潍河自然冲击而成的河汊三角平原地带，地下水资源较为丰富；其二，由村西边至潍河，是一大片自然淤积而成的荒地，生长着不知是从哪一辈传下来的极为丰富的林木与果木资源；其三，有着较为良好的气候条件。因此，西小章人回忆起20世纪二三十年代总是很自豪，当时村里只有一百五六十户人，但却拥有100多挂铁瓦大车，这是直到20世纪70年代仍能使华北地区大多数村落羡慕的一个数字。当时西小章人生活之富裕由此可见一斑。

这种情况一直持续到民国元年（1912）。这一年潍河连涨大水，最后导致决堤，淹没了东岸的许多村落。淤沙覆没了原有的植被，土地沙化，庄稼因之减产、绝产，极大恶化了西小章人的生存条件。对于这场浩大水灾过后的生活状况，西小章人有许多极为形象的记忆方式。如形容当时由于土地沙化而导致庄稼连年减产绝产的状况，西小章人说"场院里十年不动碌碡"；对于洪水过后地面上凸起一个个沙埠所导致的交通不便的状况，则说"三个骡子拉不动一辆空车"；西小章人不得不经常陷于风沙弥漫之中，周围村落奚落西小章人"一年多吃两个大壑"。① 而最令西小章人感到痛苦的是，他们一直引以为骄傲、活动从不间断的竹马表演因之陷入停顿，这是村民记忆中小章竹马的第一次失传。直到20世纪20年代末，西小章村才又慢慢恢复元气，出现了。1928年小章竹马的复兴。

这次潍河决堤损失惨重，对于西小章人的思维方式也有一定影响。"昌邑这个地方，今年是你的地，明年就不一定了。比如说，民国元年那一场大水后，自家的地忽然成了河西人家的，好好的庄稼地忽然就形成了那么多沙埠子。"② 村民很形象地总结出一句俗话，作为对后辈人的提醒："混地亩，清媒约。"实际上就是说，大自然的一切说变就变，只有人与人之间的约定才能靠得住。

然而，在近现代社会中的潍河两岸，大多数村落本来就处于低生活水准，在面临由潍河水造成的生活资料再分配的残酷事实面前，经常会出现道德失控、社

① 马炳辉，2006年2月4日。壑：大土坯。
② 马镇华，2003年2月23日。

会失序的混乱局面。在涉及昌邑近现代社会史的诸多文献资料中，有这样一些记述颇值得注意：

"隔河找地"与"隔河不找地"——历史上潍河常年泛滥，河床不定，可谓是十年河东，十年河西。每当潍河决堤，便是新一轮的冲坝淤滩，毁地造地。隔河找地，必然引起纠纷。有一年河西王庄某户，因潍河决堤后大块地段被隔在河东，但仍有两间屋子，并有人住着为证。河东人为了争地，烧了屋子，杀人灭口。结果官司打了数年，人命案不了了之。"隔河找地"属于人之常情，但却酿成命案，以至于最后不得不由昌潍两个县区的知县出面商榷。结果是，两县地方官商定以一种类似民间俗约的形式来控制这类冲突——"隔河不找地"，并以相应的官样文书遍告乡民。

由潍河决口引起的械斗——历年来，伏讯期间，河水汹涌，汪洋一片，大家都怕有人越河扒坝，乘机嫁祸于人。两岸民众，越是雨天之夜，越是绷紧神经，手执灯笼火把看堤护堤，时不时地鸣锣警戒，鸣枪示威。双方隔河遥相呼叫，警告着，咒骂着，互不相让，剑拔弩张。谁都知道，决口的一方将生灵涂炭，而另一方将由此解除惊险万分的水警，并将按照"隔河不找地"的规则受益若干。光绪年间，田家湾决口，淹了东乡百多个村子，有传闻说是对岸金台人扒的堤，所谓"金台李家，扒堤累煞"。东乡的一百多个村落联合起来到金台兴师问罪。双方展开械斗，金台人动用了土枪土炮。械斗结束后，双方又打了多年的官司，久难平息。

"有理的大街，无理的河崖"——长年不断的两岸风波。因为潍河河床不定，淤滩造地争地易生事端，我国传统思想中的是非感、情理观在这一带影响有限。其主要表现于：其一，诸多传统伦理观念在潍河两岸失去了控制力。昌潍两县，一河之隔，亲戚之间时相往来，夏日伏讯期间多乘船过往。划船者，一般要赤身裸体地趟水。妇女过河，路人不免杂言闹笑，引起双方詈骂，甚至打架混战，过后再寻衅复仇，形成恶性循环。其二，过去生活穷困，生活资料有限，由此引发种种争斗，乃至酿成血案。如潍河岸边精心种植的腊杈，常常在一夜之间被人劈作烧柴，看树人夜间被砍死的情形也一再发生。其三，旧时的困苦生活，再加上日常生活秩序的失控，容易出现逼良为匪的现象。河崖上树林茂密，易于藏身，应付官府绰绰有余，许多家户遂亦民亦匪。李雪村老人回忆说："河两岸近村，干土匪者较多。"①

由于自然气候的变幻莫测，造成了不同家族、不同村落在地界方面的纠葛，官司难断，民间调解也颇有难度，或明或暗地诉诸武力以求得比较有利的结果，遂成为一种可考虑的选择。区域之内的这类冲突，有时会成为一种连锁反应式的世仇，冤冤相报不已。许多华北村落，因为坐落于内河流域中的两县交界地带，往往面临这类冲突频繁的问题，由此形成了这类村落文化中的一些共性。具体到西小章村，上述状况赋予该村落文化如下特征：第一，其向心力及组织力量超强；第二，这种超强的向心力及组织能力主要以宗族为形式；第三，出于强化宗族力量之需"，最终在家族集体历史记忆中找寻到竹马这样一种资源，通过对这一资源的改造利用，使之成为家族村落的标志性文化，对内整合家族力量，对外发挥一定的震慑作用。

在这种情境中，相对富裕的村落往往倾向于借助现有各种资源以维持现有秩序，如政治资源、经济资源、文化资源。西小章人努力从他们的祖先崇拜中找寻文化资源——事实证明，他们从关于马氏家族的共同历史记忆中找寻到一种以竹马、武术为特色的"军户文化"。正是在现实功利的诉求面前，他们强调家族的整一性，凸显家族的军户身份，刻意保持着跑竹马与演武的传统。按照村民的说法："这是老头子（或老祖宗）留下来的东西，不能丢！"

在 20 世纪上半叶的社会境域中，西小章人自认处于一种渺小的、无奈的境况，因此，他们渴望从神灵崇拜中寻求慰藉。生活中的种种不顺心，周边乡土社会中家庭或家族或骤然富贵或忽遭灭顶之灾的个案，更使他们切实地走向村落生活共同体或家族团体的怀抱。为此，他们图求地缘、血缘或事缘为基础而形成较为密切的联结纽带或极为固定的组织机构，努力寻找可资利用的文化资源与物质资源，这是他们举行村落性仪式的心理基础与社会基础。

近现代历史中西小章村所处的这一社会背景，有助于我们理解，为什么小章竹马会凝结成一个相对稳定的村落组织，小章竹马的传说会与整个家族团结一致应对困境的记忆以及祝愿家族人丁繁衍的期望如此紧密地联系在一起。诚如赵世

---

① 李雪村：《潍河的风波》，载中国政协山东省昌邑市委员会文史资料研究委员会编：《昌邑文史资料》第九辑，第107—113页。昌邑市报社印刷所1999年12月印刷。

瑜所言，人们对于自身历史的记忆不仅是一种社会的建构，而且是出于他们面临具体的生活境遇时的需求。当这种历史记忆成为一种社会记忆的时候，他们必须为此创造出可以共享的资源，获得形成社会记忆的契机。① 近现代社会的混乱环境，乡村社会中以血缘、地缘维系的传统道德的没落，使得以家族、信仰等为基础而形成的民间组织日益凸显，这些正是"马亮神话"产生的社会语境。

四、民间文化表演对于乡土社会的意义

小章竹马在家族内部的文本表演活动，涉及村落内部的家族关系以及村际关系。事实上，这种村内表演活动，对于密切同一村落内不同家族或同一家族内不同家支的关系，展示一种村落秩序，具有非同寻常的意义。而其跨村落演出活动，或为强化跨村落的家族联系，或为强化村际关系，其迎送之间往往以象征手段实现村际关系中的礼仪交换，并对乡土社会秩序予以重温或重建。西小章村马家，与莱西双山马家之间是一种单向的认祖归宗、睦族追远的寻根关系，而与宋庄马氏家支之间则是同一家族内不同家支之间双向的礼尚往来关系。

西小章村马家与莱西双山马家的关系比较复杂。在西小章村马家人的记忆中，始迁祖马原是在洪武二年迁出莱西双山，"肩挑二子"西行，最终在西小章村一带驻足，在此开始了他成功的家族创业生涯。莱西双山，是做过元朝元帅的五世祖马亮的出生地与墓葬处，是永远值得西小章人自豪的老家与圣地，是该村村民引以为自豪的军户身份的证据。然而，被西小章人常常挂在口头上的军户身份，与以祖传的名义秘不外传的竹马和"军拳"，在双山村居然寻不到丝毫踪影。这不能不让人想到，西小章马家的竹马、武术完全与双山马家人无关，而只是西小章马家"发明的传统"。由此产生的另一个疑问是，西小章马家跟双山马家联宗续谱，是不是也纯属攀附，冒称军户倚以自重，而两者之间其实并无实质的血缘联系？这一点是西小章人所不能接受的。

另外，一个并非不重要的历史记忆横亘在西小章村与莱西双山两支马家人中

---

① 赵世瑜：《小历史与大历史：区域社会史的理念、方法与实践》，生活·读书·新知三联书店，2006 年，第 124 页。

间，即前文所述发生于明朝嘉靖年间的两支马家人的冲突。这种武力冲突不可避免地为两村关系留下阴影。在我国的乡土社会中，类似的阴影可以通过家族或村落的集体记忆的方式传承数世纪之久，甚至永难抹去。[①]

2002 年正月初六这天，西小章人专程赶赴莱西双山村，以竹马表演的方式向老家人拜年。通过当时的录像资料可以看出，小章竹马作为莱西双山马家人主持的祭祖仪式的一部分，其表演庄重、肃穆，最后在一种其乐融融的大团圆氛围中返程。西小章马家人充分感受到了莱西双山马家人的热烈欢迎，虽然这种欢迎更像是老家人在面对浪子漂泊归来时所展示的宽阔胸怀。西小章人有所感动，但并不满足。往日竹马表演中所展现出来的那种浩浩荡荡的气势与空手入白刃的强悍，似乎在双山马家所推重的繁缛、庄严的祭拜仪式中有所弱化。在西小章马家人心目中，竹马与武术象征着马氏家族昔日的高贵与荣耀，理应成为在双山老家祭祖仪式中的主角。然而，莱西双山马家仅仅是将竹马当作祭祖仪式的点缀。这里没有家族军户身份的记忆，也没有关于竹马表演的任何记忆。换言之，莱西双山马家人并不认为竹马表演的传统与家族历史有什么关系。

由于在莱西双山找到了家族的归属感，并由此获得了家族历史悠久的绵延感，西小章人感到满意，这也是他们决心与莱西双山建立密切联系的最初动机。虽然他们的竹马并未被双山马家认可为马氏家族的共有传统，但由于在双山之行中感受到当地古老仪礼的权威力量，所以，他们在有些气馁的同时又暗暗叹服，知道要提升自己在整个马氏家族中的地位，还要付出更多努力。这一次演出的结果，大致奠定了西小章马家人与双山老家的现实关系：他们会努力保持与双山老家的联系，但这种联系暂时不会太密切。

此外，眼前的双山老家并不是西小章人关注点中最紧要的部分，其最大兴趣在于马亮。他们迫切希望能在老家双山找寻到一种路径，将自身与"马亮元帅"紧密联结于一体。在西小章村的家族墓地里，只有本村始祖马原埋在那里——村落始祖也只能追溯到马原。于是，他们思谋用另外的方式加以弥补，如以老家双

---

① 如笔者在北京门头沟区所调查的联村古幡会，本来是由庄户村、千军台村与板桥村三村联办，但因某朝某代的一场武力冲突，幡会改为庄户与千军台两村走会。时至今日，两村依然拒绝板桥村重新加入联村古幡会的要求。见张士闪：《京西幡会：一个追求"天人吉祥"的联村仪式》，《民族艺术》2007 年第 3 期。

山的马亮神牌为母版，精心刻制了一套色泽更鲜艳、样式更气派的木制神牌。在西小章人看来，更明确的证据是本村独有的竹马活动。他们一再强化"马亮创制竹马说"的神话，强调自己的"军户"身份，试图以此证明唯有他们最具有代表"马亮元帅"之正统的资格，以此证明小章竹马的神圣性。这是解读西小章人心态的关键之处。

小章竹马的表演活动，既是一个纪念先祖的仪式的实施，也是一种当下文化的表演过程。这一仪式与文化的表演必须深入人心，才能在乡土社会中占据一定位置，这一位置将取决于它在表演者与观演者心中的位置。其表演深入到哪些人的心灵，就将在哪些人的文化观念与社会生活中具有意义。西小章人试图借助竹马活动所特有的肃穆感与艺术感染力，将之运作为周边马氏家族的传统，在家族的跨村落联合体系中拥有更多的话语权力，同时在周边乡土社会中扩散自己的影响。

当然，这种文化表演并不"单纯"。就竹马活动本身而言，它意欲"让外人看到西小章马家人有礼貌、心齐"①，它展演的实际上是对于当下社会秩序的尊重与本家族的强悍气质，一年一度地以象征手段对周边乡土社会发散影响。

五、小章竹马：族谱中的新传统

比较西小章马家与莱西双山马家的多种谱本就会发现，"西小章马家新谱"的奇特之处，在于其中有一篇当代人所撰的《竹马补序》。该序尽管在措辞上多有不雅驯之处，个别句法也不甚规范，但短短四百言中充溢着对竹马的夸赞之辞。这似乎预示着，小章竹马已经"登堂入室"，在更高的规格上被西小章马家认定为值得珍视的家族传统：

据考证，我们的先辈亮，任当朝兵马总督大元帅，率部将与卷（应为"眷"）属进京见驾。当时马氏家族强盛兴旺，后人为继承发扬祖先的荣耀，以艺术的形式跑竹马来传颂千古。竹，疾风骤雨依然挺拔矗立，严寒苦署

---

① 马镇华，2004年10月18日。

（应为"酷暑"）照样枝繁叶茂，故借竹性辨（应为"编"）成竹马传颂之光辉业绩。

跑竹马始于明代，竹马的艺术完全体现了明清两代元帅进京见驾的形式，庄重、严肃、威武、遵（应为"尊"）严，是中华民族独具一格的民间艺术。历代本族人氏，每逢春节跑竹马，来光宗耀祖，象征马祖（应为"族"）兴旺发达，后继有人。

竹马是稀世的民间艺术，历史悠久，被誉为民间艺（缺"术"字）之最，已在电视台登上屏幕，并多次被邀请出席潍坊国际风筝会，赢得了国际友人的赞扬。庚午年春节联欢晚会，为首节目就是我们的竹马登上屏幕舞台。由此可见，竹马是当今民间艺术之瑰宝，源远流长，千古流芳。

让祖传的竹马队真正跑出本祖（应为"族"）所从事的各业，心想事成，万事如意，马到成功。

使之（误字）竹马这个稀世之瑰宝，将继传后世，先祖荣誉光照千秋。①

可以说，小章竹马既是西小章村马氏家族记忆历史、表述文化的工具，同时又是该村现代生活的一部分。作为记忆历史、表述文化的工具，小章竹马代表了村民不愿忘却的传统，成为该村社会生活中富有生命力的、最不易变更的部分。而随着现代化生活的全面渗透，小章竹马所代表的传统生活方式在该村所占份额正越来越少。或者说，小章竹马作为整体性的传统村落生活遗留下来的"碎片"，是该村传统与现代生活的链接点。或许，正是感觉到小章竹马在当今社会中的传承危机，该序才将种种过誉之辞赋予竹马。可以想见，在过去的若干岁月里，西小章马家人也是基于对竹马表演活动的现实需要，从本家族移民历史的相关记忆（如族谱、碑刻、史志文献、传说等）中寻找为之"升值"的资源，并顺循村民自身的文化逻辑予以论证、认定，以显示自身文化的不同凡响。竹马，首先是作为有利于本家族的生存而被珍视，而非是抽象的对于"传统"的传承、

---

① 见"西小章马家新谱"中的《竹马补序》，该序落款为"公元一九九六年十月长支下十九世孙泮升整编"。

保护等等。从发生学的意义上来说，村民就是需要为其村落、家族寻找一种可以群体参与的仪式，以这种活动作为日常生活的调剂，为节日添加一种热闹红火的气氛。但这类活动并非随意进行，村民总是将已有的历史文化积淀作为组织表演活动的资源与素材，并以自己独特的思维方式予以理解、创造、传播、传承。

寺庙与基层社会组织

庙宇·水权·国家
——山西介休源神庙的个案研究

一、庙　宇

鸳鸯泉位于山西省介休市洪山村，又称洪山泉，相传泉涌时鸳鸯①鸣于此。《国语·周语上》有："周之兴也，鸳鸯鸣于岐山"。岐山，古人认为是狐岐山的简称。狐岐山又称洪山，为介休东南天峻山北侧山峦。《山海经》有："狐岐之山无草木，多青碧，胜水出焉。"北魏《水经注》中有"胜水出狐岐山，东流入汾。"汾为汾河，穿越介休县境。从上述史籍的记载来看，鸳鸯泉水历史悠久，至少已经有两千多年历史。《夏书·禹贡》中记载"禹敷土，随山利水，莫高山大川。冀州，既载壶口，治梁及岐，既修太原至于岳阳"。其中"治梁及岐"一句，梁指吕梁山，岐当指狐岐山，虽然没有提到鸳鸯泉水，却说明当地早期历史与水的联系，那时应该水患频繁，不似今日河道干枯。

宋代，鸳鸯泉始分东、西、中三河，灌溉48村。除了上面三河，还有"洪山河：即三河发源处，俗名架岭水，流至狐村，又名狐村河。一河而两名也。其源发于鸳鸯泉之上，度源神庙前小桥达铁孔，鸳鸯泉亦分入焉。总以铁孔满为度，余则仍退入三河"。

宋大中祥符元年（1008）的《源神碑记》中，提到鸳鸯池有"灌一川之秀

---

① 鸳鸯，古书上说的一种水鸟。

丽"，此碑文主要歌颂神之灵、圣之德、水之利，但是看不到有任何水利组织的蛛丝马迹。撰文、题铭的多是有佛寺背景的地方官员。主要的立碑人是学究（科第之一）、维那（掌管佛寺之执事）以及地方官等，还有附近寺院的僧人，文人和佛教气息浓重。从排列看，不是按照官职大小。退职的押司、庄官都在前面，当职的知县、参军、长史反而在后面，另有一些只有名字。这些人应是至道三年（997）重修神堂的主要人物（参见表一）。其中并没有和水利直接有关的官员。

表1　《源神碑记》（北宋大中祥符元年，1008）立碑人一览表

顺序	立碑人职衔	立碑人姓名	说明
1	学究充副维那	魏 朗	学究：唐宋科考之一种，专门研究一经。维那（都维那）：掌管佛寺之执事
2	维 那	郭 威	
3	前县尉衔押司	武 及	押司：县衙里主办案牍的吏
4	前马大卿庄官	任 颜	庄官：应为一种乡官或村官
5	前油务	任 能	油务：介休产麻油，管油的小县吏
6	学 究	任 玉	
7	故西头供奉官岚州兵马都监第三传业	任光舜	西头供奉官：宋代地位较低的武官职。兵马都监：州府的武官。
8	习学究	郭文政	
9	前押司录事	高 绾	
10	前守大通监主簿兼都维那	任 密	大通监：宋代以并州交城县铁冶建为监
11	宣补郑州泽县镇将兼知县	王 道	
12	磁窑税务	任 韬	介休产磁器，故设磁窑税务
13	故汾州录事参军，孙学究	卢化言	录事参军：州吏，知州的佐官
14	侄	卢永昌	化言为录事参军的孙子，永昌为侄
15	洪山寺尚座，讲《上生经》	僧 云秀	尚座即上座，与寺主、都维那谓之三纲
16	讲《百法论》业讲《法华经》	僧 智皓	洪山寺僧
17	见充寺主	僧 智峦	

顺序	立碑人职衔	立碑人姓名	说明
18	见充寺	僧 智显	
19	见充寺	僧 法敬	
20	见充寺	僧 法蕴	
21	见充寺	僧 法言	
22	将仕郎守介休县尉	（未署名）	将仕郎：九品文散官。
23	通引官充介休县酒务	候 裕	
24	前磁窑税务	武 忠	
25	习学究	田 镃	
26	苻大王庄官	郭 强	
27	牡员寮	王 □	员寮：骑军兵士名
28	禅林院主业《百法论》	僧 惠进	禅林院
29	业《上生经》	僧 惠间	禅林院
30	业《法华经》兼文殊阁主	僧 惠海	禅林院
31	业《法华经》	僧 惠郎	禅林院
32		僧 惠清	禅林院
33	将仕郎守介休县主簿	张 文	
34	客司充介休县商税务	章 雅	
35	衙长	焦 茷	衙长：负责县衙日常事务者
36		李 臻	
37		李 绪	
38		赵 达	
39		温 弼	
40		王 旻	
41		杨 璨	
42		王 宗	
43	日照寺主讲《百法论》《上生经》	沙门奉泰	沙门即出家的佛教徒
44	业《法华经》监寺	僧 奉贞	
45	讲《上生经》	僧 奉美	

顺序	立碑人职衔	立碑人姓名	说明
46	讲讼《维摩经》	僧 奉臻	
47	讲《维摩经》《百法论》	僧 奉谭	
48	儒林郎守介休县□	□ 赞	
49	使院勾覆官	武 谦	使院：宋节度使的治事之所
50	押司录事	王 刊	
51		梁 杲	
52	前行	赵 谦	前行：县役职称
53		小张谦	
54		大张谦	
55		□ 宪	
56		任 显	
57		田 遥	
58	弓手节级	赵 斌	弓手节级：弓手的头目
59		张 弁	
60		丘 训	
61	司理□节级	任 斌	司理节级：狱卒的头目
62	前勾当庄官	任 钊	勾当：职衔，有主管之意
63	前随使	郭 谦	随使：官名
64	长史	郭 演	长史：官名，在州知府之下

注：本表备注部分参考了《山西介休源神庙水利碑刻》，介休市洪山水利管理处供稿，冯俊杰、延保全、王星荣注释。中华书局2001年出版。

上述碑阳的64个立碑人，特点如下：（1）僧人17人，维那3人，共20人与佛教有关。（2）没有官职显赫者，最高的是知县。（3）从上述顺序来看，并不是按照官职大小排列的。其中有未署名的县尉。僧人为主的立碑人，反映了庙宇的归属性质。

洪山源神庙的最早兴建时间不详，1983年在洪山古窑遗址出土的《法兴寺碑》，为唐贞观十一年（795）所立，此碑记载当时有寺僧40多人，其中列举土地等寺产，有"源神后水磨一分"。推测此"源神"可能是座源神庙，且后有水磨必定有水。从上述保留下来的最早的宋代大中祥符的碑文（《源神碑记》北宋大中祥符元年，1008）来看，这座民间佛教组织祭祀的庙宇中，不只有佛教的神，还有自然的水神、道教的神等等，反映出民间宗教融合的特点。当年供奉的配祀神有南岳天尊、李陵、贺鲁、李世民；而能够"纵子推于云外，撒雹兴雷；顺栾巴于盏前，□风唤雨"的，"皆因神德若也"。从碑文的行文来看，其中有很大篇幅在讲此神的威力和法力无边，它能够"盘游宇宙，役使风云……知物外之精微，察人间之善恶……深知人事，朗鉴天心，报吉报凶，或瞋或怒"，这很像是指一个具体的神。其中有"銮玲杂合，北返龙宫；击鼓峥嵘，西归凤阁"之句。"北返龙宫"句似说明了龙王的属性，且当地也有祭祀龙王的风俗，"六月十五日祀龙王"①。上面《源神碑记》提到，至道三年（997）六月初十重建造神堂。这个建造时间，赶在祭祀龙王的日子之前，不知道是否巧合。②

图一　介休洪山源神庙

---

① 嘉庆十九年《介休县志》，卷四，节序。
② 元至正二十年（1283）《洪洞水利碑刻汇编·重修明应王庙碑》，首句便是"海神播气"，此海神与"大郎"（水神明应王）应非同一人。《洪洞介休水利碑刻辑录》第11页注一引《宋会要辑稿》记载知：大郎乃霍山神阳侯长子，宋徽宗崇宁五年（1106）赐庙额"明应"，说明当地有海神信仰。

笔者推测：源神庙早期可能主要祭祀龙王海神，不仅是水神、雨神，还是地方祭祀神。东海龙王的祭祀在唐宋十分普遍，并且它是国家认可的神明。宋代去高丽，国家船队从浙江明州（今宁波）出发，就先要祭拜东海龙王。从上述碑文看，眼界、手笔很大，一开始就有"显昆仑之秀气，涌渤澥之波澜"。宋代碑文中完全没有后来祭祀的尧舜禹的记载，也没有关于水管理组织的记载。另外，大中祥符碑主要为僧人所立，但是与水有关，东海龙王是佛教神话中的神，比较符合祭祀神的身份。

《源神碑记》的碑阴展示了与碑阳十分不同的另类画面。碑阴文字原有初步整理，但未收入《洪洞介休水利碑刻辑录》（《陕山地区水资源与民间社会调查资料集》第三集）。原因可能是碑阴文字排列不整，字迹潦草且大小不一，明显出自非工匠的多人、多次刻画，整理起来确有难度。笔者于2006 年将整理的碑阴文字发表于《华南研究资料中心通讯》总42 期①。

上述碑阴明显是一个署名的空间，顶部刻有"修造都维那住仁密"，结合碑阳的落款，可知都

图二　大中祥符元年的《源神碑记》

① 张小军、卜永坚、丁荷生：《陕山地区水资源与民间社会调查资料集》补遗七则，载《华南研究资料中心通讯》，2006 年总42 期。

维那住仁密本名为任密，住仁密是其法名，曾任铁冶的大通监主簿，并任都维那。他应是至道三年（997）重建源神庙神堂的主管。这通碑就是在神堂落成的大中祥符元年（1008）刻录的。碑阴上在他名下留出的空间，一般应是给修建的捐款人落款的地方。从落款看，主要是分村落的署名，共有地名56处，包括49个村、3个庄、4个社；人名520个，且大多人名为单字。每个村落的人名多以"邑头"、"邑人"分类，此外还有维那、乡录事、学究、酒务等，部分人名与碑阳有重复。碑阴的部分内容如下（原碑文格式参见发表）：

修造都维那住仁密

王村　邑头武忠、武全、宋敢、宋臻、侄玘、王伦、王韬、王琼、宋荣、武□、武□、□□、王伦、王德

　　　邑人武贵、王斌、王枚、王斌、武璘、王丰、武琼、宋璘、刘韬、□□、璧珂、宋密

褚同村　邑人庞斌、阴□、□奇、维那王进、史真

　　　　邑人张□、庞荣、李□

耿判官□

前守代州繁畤县主簿易明经及第　耿翊

乡事录宋斌

　　　宋珂、杨臻、杨钊、马钊、刘通、任审、胡嗣、任忠

　　　张珣、杨兴、宋莒、学究郭或、王钊、丹青、梁知璨

石同村　邑头田鑆、学究田（瑧）、田岳、张珂

　　　　学究田昭、马斌、田显、田均、田顺

衙前行首田斌

　　　张斌、刘荣、邑头刘德、梁全

　　　李朗、刘琦、侯璘、王瓒、杨凝

石涧村　□□

柳林庄　任旻

龙□村　邑头庞□、宋进

　　　　邑人庞敏、庞祚

武同□庄　武□、张琳

郝靖、张朗

洪山北社瓦匠人敬信　姚审、王诚、田荣、曹蕰

石贵、杨超、赵乂、苏喦

大许村　修造副维那魏朗、郭威、庞筣、庞密、□□、庞朗、魏臻、魏元、
赵文同

维那武因、郭超、武遇、王璘、武荣、□贵、郭贞、王荣、刘谦、
王钦

王李村　邑头任超、李忠、李进、古贞、李怀、李□、□翊、李显

邑人温德、李□、李裡、郑习、李子、孟莒、李□

马大乡庄　学究任岫

洪山南社　邑人焦遇、张训、李德、李谦、马训、魏饶

邑人高超、张荣、张琼、魏朗、李遇、令狐谦、李贵

焦寺村　维那□□□、郭谦、□密、郑超、李琼、田荣、李真、刘超□

维那郭文政、任剑、任斌、任顺、任谦、樊荣、李真、□□、
□□

□村　邑人罗晖、韩瓒、赵乂、王信

邑人罗德、任荣、赵宝、王因

县前书手　团头魏臻、郭显、王臻、王宗

神子冀超

磁窑户　杨赟、马美

邢　村　邑头□言、任园、李斌、刘兴、侠□、那兴、席璘、邢训、尹海、
李荣

邑头王荣、卢通、卢□、卢拙、高钦、邢谦、张□、李荣、高海

曹麻村　前酒务武 郭伦、云臻

邑人□□ 王琼、李谦

……（略）

上面这50多个村庄500多人的落款，究竟反映出怎样的乡村组织？他们是

否为村落的佛教组织?① 实际上，这些分村落的落款，很可能是当时散落乡间的村民佛教会社，并且兼有水利组织的功能。有关佛教民间社邑的研究，谢和耐在《中国5—10世纪的寺院经济》中有很好的归纳。他认为："邑"一词在16世纪的佛教徒中，就相当于"社"的同义词。"邑会"一类的佛教社在6世纪时数量很大。在敦煌文书中，已经有"邑人"的说法。②

上述民间佛教组织，很可能与寺院经济有关，甚至与水有关，因为上述源神庙碑阴落款的民间佛教邑社与用水的48个村落高度重合。换句话说，一般的佛教寺院散播的村落可能是更为广泛的，但是不一定按照水流经的村落。而这些用水村落的佛教民间组织与源神庙的密切关系，至少反映了围绕水的组织联系。

下表列举了明代以后不同时期碑文中的落款人和撰文人，其中反映出源神庙已经从佛教庙宇演变为道士管理的地方水利庙宇。

表2　源神庙明清民国碑立碑人情况一览表

碑号	立碑时间	立碑人（水利、庙宇）	立碑人（官员、其他）	撰碑人
五	万历十六年	管水老人2人，渠长3人	知县等官员6人	知县王一魁
七	万历十九年	水老人13人	县丞等官员10人	知县王一魁
八	万历十九年	三河水老人18人（与碑七重复10人），纠首30人	县丞吕师儒等官员11人，书碑1人	二品，四川按察使梁明翰
九	万历十九年	碑阴：水老人3，渠长2，夫头2，程头17	碑阳：县丞吕师儒等官员14人立	王一魁等2人书碑
十	万历二十一年		县丞等官员2人立，知县王正巳绘图	汾州知州刘衍畴书
十一	康熙二年	三河水老人21人	县丞等官员3、生员9、贡生1立，书碑1，住持道士1及其门徒2、孙2、重孙1	介休县事吕淑胤

---

① 2005年的一次田野考察，现执教于浙江大学的杜正贞曾提示我这些可能是民间佛教组织。

② 谢和耐（Jacques Gernet）、耿昇译：《中国5—10世纪的寺院经济》，上海古籍出版社，2004年，第260—265页。

碑号	立碑时间	立碑人（水利、庙宇）	立碑人（官员、其他）	撰碑人
十二	康熙八年	碑阴：施地人 62；洪山村 18 程 25 程头（其中两名女性程头）施银，狐村 26 程 31 程头施银	县事等官员 2，起意纠首 1，住持道士 1 及其门徒 2、孙 2、重孙 1	生员张化鹏
十三	康熙八年	四河纠首 15 人（其中生员 6，信士信官 3，贡生 1，监生 1）	县丞等官员 4 人立，书碑 1 人，住持道士 2 及其门徒 1、孙 1	生员张化鹏
十六	康熙四十九年	碑阴：五河纠首 31 人（其中生员 3 人，监生 1，贡士 1，候选训导 1）	碑阳：修庙纠首 7 人，住持道官 1 及其徒 1、孙 1、重孙 2	温席珍
十七	乾隆八年	碑阳：洪山、狐村水老人、众渠长、有水土民公立。碑阴：两村水老人 3，洪山 18 程程头 73 人（其中生员 1，监生 1，州同 1），狐村 26 程程头 79 人（其中生员 6，贡监 1，儒学训导 1，监生 1，举人 1），经理人 4，耆约保 7，两河公议经管挑河公举人 10	碑阴：住持道士 1，门徒 2，师弟 1，侄 1	
十八	乾隆二十七年	碑阳：洪山狐村河与三河水老人 9 人，纠首 19 人公立（经历 1，监生 3，生员 2，贡生 1，恩荣 1，怡园 1）。碑阴：洪山狐村河渠长 63 人，东河渠长 30 人，中河渠长 49 人，西河渠长 50 人庙（其中东岳庙 1），共有渠长 192 人。	碑阳：书碑 1 人，本庙住持 9	刘必元
廿一	乾隆五十九	碑阳：狐村河水老人 2，经理账目 3。碑阴：洪山 18 程渠长 36 人（其中从九 3，生员 1，监生 2），狐村 26 程渠长 28 人。	碑阴：住持 1，侄 1，徒 2	水老人邑庠生郭其洸
廿二	嘉庆九年	总理中河水老人 2（吏目 1，从九 1），八村经理水利 16 人（其中从九 2，生员 1，监生 2）。		

续表

碑号	立碑时间	立碑人（水利、庙宇）	立碑人（官员、其他）	撰碑人
廿三	道光八年	碑阳：董事2（州同1，按察知事1），纠首8（千总2，候诠训导1，从九，东昌卫守备1，生员1，布理2），四河水老人18（监生4，武生2，从九2，大宾1，耆宾1）。碑阴：18程72程头（箕学生1，介宾2，监生10，守御1，从九5，武生1，耆宾1，附贡1，理问1）。	碑阴：丘祖龙门派住持1，徒侄2，侄孙3，曾孙1	邑庠生张鼎五
廿四	道光十年	碑阳：经理三河水老人6（其中监生5，生员1）		邑庠生任维翰
廿五	光绪十八年民国5年	碑阴：行务18人，行头三班共19人，民国5年中□事人	碑阳：15家碗窑行会公立。碑阴：住持1人	里人田五信
廿六	光绪二十年	三河值年首事6人		
廿七	光绪二十一年	东河值年水老人2；渠长等；培原局经理人5人		
廿八	光绪二十二年	架岭河旧新老人4；东河旧新老人4；架岭河经理人1；东河董事人4		
廿九	光绪二十九年	碑阴：东河14村渠长41人和6个堂共47；东河值年旧新水老人6；经理人2（耆宾1，监生1）	书碑1人。碑阳：介休典使监刊	知县陈摸
三十	光绪三十一年光绪三十四年	碑阳：四河值年老人8人碑阴：经理人8（从九1，五品衔1），四河老人8人（从九3，候选训导1，布理问1，五品御1，分部主事1，布政司理问1）	碑阳：住持1，羽士1，徒1。碑阴：书碑1	从九郭之淦
卅一	光绪三十一年	中河值年水老人2	住持1，徒1；书碑1	前汾西训导郭锦章
卅二	宣统元年	起意人1，纠首经理13，值年乡保1	住持1，徒1	

111

明代，从县志和现存碑文可见水管理组织的出现和祭祀尧、舜、禹的记载。嘉靖二十年（1541），孔天英所撰"复西河水利记"，最早提到当时用水的情况："顾民不善疏，官不荒度，则水之用微矣。"于是，"宋文潞公始作三渠，引水分灌"，才有百姓深享其利。《介休县志》早在嘉靖二十五年（1545）就已经出现知县吴绍增为防止豪家侵夺水资源，而"厘正前法"的干预行为。[①] 说明当时已经有"法"。有法，则应该有执法的水管理组织。《介休县志》中有知县王一魁撰"重建源神庙记（万历十九年）"，首次提到源神庙"正殿五楹，肖尧舜禹三圣人像，盖狐岐为禹治而尧舜命之也"。[②] 从内容上，此文实际上摘编自当时的碑刻，即《新建源神庙记》（万历十九年），也由进士、知县王一魁撰文。此碑没有明确提到"尧舜禹"，只是说"正殿五楹，塑三神像其中"。并说"每岁三月上巳，有司率土人，诣庙修浮沉，盖东作溉田甡也"。首次说明三月上旬在源神庙有祭祀，且在此时开始灌溉。

万历间王一魁重修源神庙，一再论证这不是淫祀，因为源泉既能以水灌溉，又能蒸发成云雨，所以"其所祭不为非，其所祭则不得谓之淫祀"。可见当时是冒了"淫祀"风险的。碑文记载，源神庙原来地址在现在庙址的西侧（大约50米），面向南，前有山如墙，视野不广，王一魁重修时迁庙到现在地址。新址特点是背靠南山，面向西北的泉水流下方向，有了源头之势。历史上，源神庙上下还有另外两座庙，分别为庙后山上的上巳庙（已经坍塌）和顺水下方约200米处的下巳庙（曾为陶瓷厂车间）。上巳指三月上旬巳日。《周礼·春官·女巫》："女巫掌岁时祓除衅浴。"郑玄注："岁时祓除，如今三月上巳，如水上之类；衅浴谓以香薰草药沐浴。"可见与水有关。上巳节魏晋后普遍改为三月三，三月三是当地早期源神庙会的时间，与分水灌溉合而为一。[③]

源神庙后来不仅是与水有关的庙宇，清末还是碗窑行会的祭祀场所，可以说，是一个多功能祭祀的地方公共场所。洪山的陶瓷业历史悠久，碗是陶瓷业的主要产品之一。早在宋碑中，立碑人中就有"磁窑税务"官职。光绪十八年的《公同议阖合盌窑条规碑》，提到碗窑行会也是以源神庙作为祭祀场所，祭祀左

---

① 嘉庆十九年《介休县志》卷2，"水利（附）"。
② 嘉庆十九年《介休县志》卷12，"艺文"。
③ 参见《介休文史资料》，第三辑，第81—82页。

配殿即老君殿的太上老君，祭祀时间为正月十五、六月廿一和八月十五。据说每年八月初一是陶瓷行业的庙会，此时也是"周水"闭水之时。

光绪二十一年的《源神庙碑》，主要为东河所立，说东河公所在源神庙，"乐台之右有厅三楹为东河办公之地"。

> 光绪二十年碗窑行张光悦、马正玉等竟自强占，任竟践踏，值年老人郝子组向彼剖析，反出恶声，且攘为该行之地，谓非东河公所。

可见当时有一个东河与碗窑行的争执。除了左配殿为老君殿，供奉老君、列子、庄子外，左后配殿还是圣母殿（娘娘殿），供奉女娲、娥皇、女英（尧的两个女儿，舜的两个妻子）。右配殿则供奉伏羲、孔子等儒家先贤。源神庙可以说是一个集祭祀国家帝王、民间偶像以及道家和儒家先贤为一体的庙宇，同时还是水管理组织和碗窑行会的活动场所，是一个重要的地方公共祭祀和活动空间。当然，这是一个不断变化的过程，从早期的海神龙王，到明代的尧舜禹，再到后来的老君殿、娘娘殿等，透过庙宇祭祀和权力的关系，反映了地方社会的变迁。

图三　石屯源神行宫戏台

113

在中、西河分水处的石屯，有一座源神行宫，现在也是县级文物保护单位。① 源神行宫为洪山源神的行祠，占地约 1500 平方米，正殿供奉源神，有戏台。在中、西河分水处，有《重修源神行祠碑》待寻。源神庙和源神行宫两座庙宇都在分水处，说明了分水中权力的意义（参见图三、图四）。在源神庙的碑文中，有多处借神力或立碑来保证水利条规的语言，足见庙宇空间的重要性。

二、产　权

介休洪山泉（鸳鸯泉）的个案研究资料主要来自洪山村源神庙现存的历史碑铭②和其他史料。在山西历史上，有大量泉水提供灌溉和饮用，源神庙等水庙也应运而生，并在水管理中起着举足轻重的作用。由于水的流动特点和在农业中的重要性，以及纷纭的历史、文化和社会结构，水的产权形态十分复杂，也因此提供了讨论复合产权的充分可能。对此，笔者曾以洪山泉为例，讨论了复合产权（广义产权）的理论。③

1. 水权的经济资本权属

宋代，鸳鸯泉始分东、西、中三河，灌溉四十八村。嘉庆十九年（1814）《介休县志》记载：

> 鸳鸯泉：即胜水。出狐岐山，俗谓之源泉。水利所在，民讼罔休。宋文潞公始立石孔，分为三河。迤东为东河，伏流于地见潭大小者三……中西两河至石屯，立铁孔分四六，中河用水四分……西河灌南北褚屯村……而石屯、三佳亦分灌焉。此三河引渠灌地，大较余水俱流入沙河达于汾。④

---

① 参见《介休文史资料》，第三辑，第 82—84 页。
② 黄竹三、冯俊杰等：《洪洞介休水利碑刻辑录》，中华书局，2003 年。
③ 张小军：《复合产权：一个资本体系的视角——以山西历史上的水权为例》，《社会学研究》，2007 年第 4 期。
④ 嘉庆十九年《介休县志》卷 2，"水利（附）"。

图四　狐岐胜水图（引自《介休县志》）

文潞公名文彦博（1006—1097），封号潞国公，介休文家庄人，四朝为仕，天圣五年（1027）中进士，庆历时任宰相。文潞公三河分水，开始了水权的分配制度。

历史上，由于气候变迁，加上人口的增加，水资源越来越紧缺，水权逐渐成为突出的问题。不仅洪山泉，晋祠所在的晋水、洪洞明英王庙所在的霍泉都是如此。水权的经济产权形式与一般的物质产权不同，它具有几个特点：

（1）产权发生的时间不固定。如冬天没有产权，春夏的灌溉期间才有，并且是分段分时间占有。（2）因为水的流动特点，产权无法准确度量，通常先以"程"划分控制管理权，再以时间（点香计时）来测量使用权。（3）村落、家户和个人的产权共存。因为水的流经特点，村落间有先后顺序，然后到村，再到家户或个人。（4）由此形成多重的经济产权形态：跨村落的48村以所有权为主，村落之间以处分权为主，村落内部以处分和控制权为主，家户和个人产权以使用和收益权为主。萧正洪也曾经论述过关中地区历史上的水权分割问题，特点

115

是所有权和使用权的分离，水粮包含的使用权费则体现了国家的所有权。[①]（5）集体占有权和个人的使用权都在水的使用中一起消失。因为水在使用中消耗了，不像土地可以不断使用（见表3）。

表3　经济水权的多重特征

产权单位	主要权属	产权特征
跨村落的区域	所有权	泉水流经地共有，自然法则
村落间	处分权	分水、分程，庙宇仪式和神的合法性
村落	控制、处分权	分水到户，集体性管理和监管
家户	使用、收益权	灌溉，家庭个人性使用

明代以后开始有造水册之法。水册是水权登记的重要文本。如介休县张良村《水流簿》（民国36年闰二月重抄）记载：

> 每年派水，头程全由大许村公派，二程咱村派二人，大许村公派二人。……公田水水少，只派二人……末程照水簿轮流挨派一人，其余程分照簿挨派二人，一定不能二人从权少派一人，不可为例。有三十亩水以上之家须派三人，有二十亩水以上之家须派二人，有十亩水以上之家须派一人，决不可少派。不上一亩者不派。其余下短之人由值年办水务者酌派可也。

上面水册所述的是分水中的管理权，包含了村落间的分管权、水程的监管权，家户参与的监督权以及值年水务的管理权、这样的水权是相当严格的，因为管理本身就是在执行水权的划分。该《水流簿》中有"造水牌前截禀稿"，记载"具禀狐村河水老人某名为纂修水牌，乞恳标判以便周转事，某照依旧规，按水簿各程充膺值年渠长并交接日期，时刻依法自下而上，轮流浇灌，周而复始，挨次转递，不致有误"。所谓"自下而上"，是指灌溉的顺序先下游村落后上游村落，反映出产权享有的先后顺序。

[①] 萧正洪：《历史时期关中地区农田灌溉中的水权问题》，《中国经济史研究》，1999年第1期。

2. 水权的文化资本权属

　　山西历史上大量水利庙宇其主要特征是司民间水管理之职，通常由民间水利管理组织控制庙宇，并通过庙宇进行日常的水利管理。围绕水利庙宇，形成了一套水管理的祭祀和水权见证的权威体系。这类文化资本（习俗、知识、伦理、信仰、价值观念、传说等）进入泉水而形成的文化产权比较复杂，它不像经济资本那样直观和容易界定。

　　庙宇的权力和神的权威是分水的保证和见证。当地48个村每年三月三在源神庙商议分配当年的用水，然后发放水牌，并举行开水仪式，意味着当年的灌溉开始。水牌就是水权，它的合法性用神庙权威和仪式来见证和界定。这种水权分配的做法，正是一种文化产权，即一种用文化权威来认定和界定的水权。除了神威的水权见证，其中还包含了分水用水（如时间测算等）的知识产权以及公平等伦理产权。

　　早期的民间用水之争和水权之分，并没有借助寺庙的神判权威，因此冲突频繁。明代开始了一个用水神圣化的阶段，形成专门的、涉及管理的水利庙宇。源

图五　源神庙戏台

神庙碑中也出现祭祀尧、舜、禹的记载。由源神庙碑文可知，民间水管理组织的出现至少是在明嘉靖年间。《介休县志》（嘉庆十九年）卷二水利部分（附）也记载，早在嘉靖二十五年（1545），就已经出现知县吴绍增为防止豪家侵夺水资源，而"厘正前法"的干预行为，说明当时已经有"法"，或应该有执法的水管理组织。

《新城南上堡水神庙记》（万历八年，1580）中有：

> 兹水赖神之灵，吾三堡三分其利，三日周而复始，次第轮流，向无争夺。诚恐日久生弊，致水泽有不均之患，非但人起讼端，而神其馨此黍稷乎？……愿子孙世世守此旧规，若有违者，唯神殛之![1]

在没有法律或政府介入管理的民间社会，用神威来确立和保证用水权的合法性，形成了水利庙宇的管水功能。源神庙最早是佛寺，但考察明万历十六年以后的明清碑阴，碑阴落款中没有了僧人的痕迹，说明民间水利组织对庙宇的控制。直到清代始有住持道士的名字，但明显只是住持而已。主要的落款人还是民间水利组织中的人。

除了神威的见证，文化水权还体现在一些民间传说的集体认同当中。如在山西许多地方，都流传有一个类似洪山的油锅分水的故事：

> 原来洪山源神池的水没有统一的管理，人们常常因为抢水而打架。后来人们想了一个办法，用一口大油锅烧开，里面撒了十个铜钱，洪山村的五个人捞了七个铜钱，所以用水七成。五个被烫死的人厚葬在源神庙后的山顶上。[2]

上面的水权分配借用了一种民间契约的形式，这种民间契约不是形成法律条文，而是用一种集体认同的通常是自然天定的某种说法（此处为传说故事）来

---

[1]　黄竹三、冯俊杰等编著：《洪洞介休水利碑刻辑录》，中华书局，2003年。
[2]　参见介休民间文学集成编委会，《介休民间故事集成》，山西人民出版社，1999年。

确定。可见，分水是一种文化安排，油锅分水的故事表达了水权分配的诸多产权原则：如非个人的集体性、天然公平的伦理以及竞争的分配等等。

笔者曾经提出"文化地权或者伦理地权——靠共同的伦理和文化编码维持其存在和权威的地权"[①]。价值和伦理在产权的界定和划定中是重要且基本的，虽然伦理和价值本身不等于产权，但是当它们以文化资本方式进入某"物"时（该物可能是实物，如水和土地；也可能是为界定产权而人为设定的，如"专利"等)，该"物"就具有文化产权的形式。

3. 水权的社会资本权属

产权在新制度经济学家看来，并非对某物的占有权力，不是人与物之间的关系，而是指因为某种稀缺物的存在及其使用引起的人与人之间相互认可的行为关系。这个观点十分重要，即产权是人与人之间相互认可的行为关系。社会资本正是基于人与人之间的行为关系而存在，因此，它不可避免地成为一种基本的产权形式。萨林斯（M. Sahlins）认为："经济活动是具体生活形式中，价值体系与社会关系的物质表述。"[②]

洪山泉水的产权，不同于固定的土地产权。它的流动性导致水必须流经村落或其他家户及个人才能达到某个家庭或个人。因此，村落之间和村落与家庭、个人之间必须达成集体和个人并存的合作协议和契约，从而形成基于不同社会关系资本的产权形式。按照上述《介休县志》，洪山泉的村落分水有两个联盟层面，第一个是源神庙的水源分水，分东河与中西河水；第二个分水处在石屯村，有源神行宫，分中河与西河水。

上述水权的公、私并存是由水流经的地缘和灌溉土地的地权关系造成的，它既包括村落联盟和以村落为单位的集体水权，同时又存在私人（家庭）的产权。哈丁（G. Harding）的"公有悲剧"（The Tragedy of the Commons），认为公共财产实际上没有确定的所有权，结果，大家都作为理性人吃公家，最后导致悲

---

① 张小军：《象征地权与文化经济——福建阳村的历史地权个案研究》，《中国社会科学》，2004 年第 3 期。

② 萨林斯（M. Sahlins）著、张经纬等译：《石器时代经济学》，三联书店，2009 年。

剧。① 但是在洪山泉，并没有出现悲剧，反而上述公、私兼有的产权制度十分合理，其重要的基础就是村际关系、集体和个人关系以及人际关系之间相互包容的社会关系资本。此外，水公产之间的纠纷，通常需要国家的保证。国家借此机会在基层社会建立起来。因此也形成了国家与基层公产组织如村落或者村落联盟以及宗族等关系的共存。如果简单按照私有产权的逻辑，上述水权体系一定会产生悲剧。但是中国百姓却以他们的社会关系资本完成了其社会产权的建立，并且形成了一套诸如上游村落监督下游村落（因为灌溉的顺序自下游向上游）、村内相互监督的制度体系。

从过去的水纠纷不断到建立起用水方面集体和个人之间良好的社会关系，再到建立起相应的用水制度，其中融合了伦理的文化资本、民主的政治资本和信任关系的社会资本。道格拉斯在《制度如何思维》开篇中，列举了一个小群体合作的极端例子：5 个人的探险队困在山洞中，救援需要时日，但洞内已经物尽粮绝，无法维持到成功之日。困境在于：要么大家一起死；要么牺牲一人，供他人食用。出路有二：（1）按照理性选择的经济人理论，大家不会因为集体利益而牺牲个人，通常是采取搭便车的投机行为。② 或者选择为生存而相互厮杀，结果是强胜弱汰。（2）按照道格拉斯的文化解释，强调集体意识与表征，强调共同的认知和宇宙观。制度正是因为这种集体性和公共性才得以实现的。③ 水资源困境好像上面的山洞困境，原来是互相厮杀，水冲突不断。后来人们认为这样不行，经过集体商议的办法，找到神威的见证———一种文化理由，然后形成集体认同的制度——即所谓的"庶规制定"。这是一个从约定俗成的"习惯法"到制度建立的合理过程。这一过程与国家强制的制度建立是不同的。

洪山泉水权制度以"庶规制定"建立的过程，好像是哈贝马斯在其沟通理论中的"沟通"过程，即通过沟通建立起程序性民主，近而促进市民社会和公共领域的过程。市民社会和公共领域基础上的社会产权包含了民主的成分，也应该属于政治的社会产权形式。"庶规制定"的制度建立方式，说明了治水和管水

① G. Harding：The Tragedy of the Commons, Science162：1968.
② Olson, Mancur, The Logic of Collective Action：Public Goods and the Theory of Groups. Cambridge, Mass：Harvard University Press, 1965.
③ Douglas, Mary, How Institutions Think, Syracuse , New York：Syracuse University Press, 1986.

的组织形式和权力关系并不必然是专制和集权的。上述沟通中后来虽有国家的参与，似乎违背了哈贝马斯的理想。但是，这个沟通的确很"自由"，最初并不是国家自己非要参与的。管理水利的民间社会组织，其自发的发展方向不是专制化，基于百姓的公平水观念和集体性，他们甚至具有内在的抑制专制的倾向。①

4. 水权的政治资本权属

政治水权主要表现为国家对水权的分享。包括分水的参与、水利法规的制定、对民间水册水簿的认可，以及通过（水地权合一的）田赋而参与水权等。《介休县水利条规碑》（万历十六年）② 由当时的介休知县王一魁撰文立碑，记录了政府第一次介入当地水权的情形。其缘起在《介休县志·水利（附）》中有所介绍：

> 宋文潞公始立石孔，分为三河。……计地立程，次第轮转，设水老人、渠长，给予印信簿籍。开渠始于三月三日，终于八月一日。岁久弊生，豪家往往侵夺。嘉靖二十五年，知县吴绍增修筑堤防，厘正前法。其后又有卖水买水之弊。隆庆元年，知县刘旁将现行水程立为旧管新收，每村造册查报，讼端少息。而又有有地无水、有水无地之病。万历十五年，知县王一魁通计，地之近水者若干，务使以水随地，以粮随水，立法勒碑，甚为详悉。③

上述嘉靖二十五年（1545）已经出现知县吴绍增为防止豪家侵夺，而"厘正前法"的政府干预行为。隆庆元年（1567），又有知县刘旁"将现行水程立为旧管新收，每村造册查报"。可见编造水册并非单纯民间行为，而与政府直接相关。在民间，水册就是水权的登记文本。政府的"设水老人、渠长，给予印信簿籍"，使得政治水权成为水权的一个重要部分。甚至包括水老人和渠长的民间管水组织也是政府认可和给予资格证明的。

---

① 张小军：《双重部门与影子国家——平昌源神庙水碑文的历史考察》，见《扩展中的公共空间》，天津人民出版社，2001 年。
② 黄竹三、冯俊杰等：《洪洞介休水利碑刻辑录》，中华书局，2003 年，第 163 页。
③ 嘉庆十九年《介休县志》卷2，"水利（附）"。

前述万历十五年订立，次年颁布的水利条规，将水权地权合一，不过是国家参与水权的延续。这个案子，因为介休县民温恕等人联名具状，惊动了山西地方督察院，最后由钦差冀南道左参政侯世卿审案，钦差提督雁门等关兼巡抚山西地方督察院右副都御史沈子木批文，可见受到了相当的重视。国家之所以重视此案，原因在于国家的粮赋。此案诉讼的主要内容，是状告如下弊端：国家粮赋，依水地、旱地而有所不同。本来应该水地有水浇灌，水粮也多；旱地无水额，靠天吃饭，地粮少交。但是因为水、地的产权分离，造成了有人在土地买卖中卖地不卖水，卖水不卖地。"富者雨积沟浍，而止纳平地之粮，贫者赤地相望，而尚共水地之赋。……久之富益富，贫益贫。"富人控制水程，有水可用，却只缴纳旱地的粮赋；穷人的水地粮赋高，却无水可用，因此叫苦不迭。

明代国家介入水纠纷与私人产权分配的程度增加，乃与明代的赋役制度的加强有关。刘志伟曾经论及明代广东地方编户齐民的里甲制与办纳粮差的结合。[1]山西的情况也有类同。介休在明初开始编制里甲，共"编户四十五里，里分十甲，里必有长，甲亦有长。凡有差徭，依次轮应"。[2]县志中所记载的最早田赋，始于明初的洪武和永乐间，共有官民地4785顷。后来定额征粮分为六等（参见表4）：

表4　征粮地等定额[3]

土地等级	征　粮	征　银
上等稻地	粳米八升一合，每石折银一两六钱九厘	每亩九厘，每石加驿站银七分二厘。遇闰每石加银一厘
上次等水田	征粮八升一合，每石折银九钱六分五厘	每亩九厘
中等平地	征粮六升	每亩九厘
中次等坡地	征粮三升八合	每亩九厘
下等沙碱地	征粮二升七合	每亩九厘
下次等岗地	征粮二升五合	每亩九厘

明代以前的赋役制度，对户收税，重户（人）不重地，不管占有水还是占

---

① 刘志伟：《在国家与社会之间——明清广东里甲赋役制度研究》，中山大学出版社，1997年。
② 嘉庆十九年《介休县志》卷4，户口。
③ 嘉庆《介休县志》卷4，田赋。

有地，都按照户头缴税。明代的里甲户籍并不是单纯的户口登记，而是编户于土地，以便纳粮税。① 加上纳税土地的等级与用水并不匹配，这样才使得水、地关系尖锐化。因为税在地，不在人。甚至发生有人无地但因为能控制水，结果既不用交税，还可以赚钱。

当时的知县王一魁所做的主要事情，就是将水、地的产权合二为一。让水地有水，厘正有水（屯水）而无地，以及将本来的旱地改为水地的现象。具体做法是：（1）重新丈量土地，并确定粮赋；（2）划分土地等级；（3）重新分配水程，造水册每家一本；（4）规定今后卖水和卖地要同时进行，卖地则连同水一起卖。"务使以水随地，以粮随水。"最后的结果，就是制定水册，每家一本，同时"镌勒石碣，竖立发源处，所以垂永久"。

在一般的产权理论中，诸如赋税制度等属于产权的外部条件，本文则视其为产权的一部分，即当制度或政策作为政治资本进入产权时，税制一旦实施，本身就是地权的一种存在形式——政治地权。柯志明在《番头家》中，讨论了清代台湾熟番地流失的原因，在于"民番无碍，朦胧给照"的政府政策，即民番田赋税额低，于是有"藉民番地开垦田园匿报逃税的现象"。② 国家的土地税收和政策使得土地具有国家的政治权属，附加了土地的政治产权（主要表现为国家对土地享有处分权和收益权）。而土地政治产权的改变（如税制和税收政策），会影响到土地的经济产权的改变（如土地流失和转移）。这才是清代台湾熟番地流失的产权关系实质。笔者也曾论及国家通过赋税对土地的处分权及其中的象征资本再生产。③ 此外，政府参与的水管理、批准水权和地权合一的法律，以及对不同群体赋税多少的规定等，都反映了水的政治产权。《介休县水利条规碑》（万历十六年）说到建立制度的过程：首先是官府的调停，然后是百姓愿意遵守，最后以一纸"红头文件"行令颁布。其中使用了一个词"庶规制定"。其含义是百姓立规矩，由制度确定下来。这是一个从约定俗成的"习惯法"到制度

---

① 参见刘志伟：《在国家与社会之间——明清广东里甲赋役制度研究》，中山大学出版社，1997年。
② 柯志明：《番头家：清代台湾族群政治与熟番地权》，中央研究院社会学研究所，2001年，第106页。
③ 张小军：《象征地权与文化经济——福建阳村的历史地权个案研究》，《中国社会科学》，2004年第3期。

建立的合理过程。

5. 水权的象征资本权属

按照象征资本理论，象征资本对其他客观资本具有两个主要的作用：（1）作为各种客观资本之间的转换媒介。（2）对所有资本（包括自身）进行再生产。笔者曾经论述过土改中象征资本的再生产，看地权是如何通过象征资本的再生产而从地主转换到贫农手中的。[①] 新中国成立后，随着地权公有化，洪山水权公有化的转变也是如此。

象征资本之所以可以作为各种资本的转换媒介，是因为各种客观资本都可以象征资本化，然后经过象征资本层面的再生产（意义的生产和再生产），完成资本间的转换。以明代洪山泉的水权为例，民间的水纠纷民间可以自己协商解决，甚至可以建立制度。但由国家税收引起的水纠纷，使得国家通过税收和法规介入水权，形成政治水权。在这个过程中，税收引起的经济水权纠纷先要被象征化为"需要国家介入调停"的认知，然后确实将国家的水权条规（实际上是政治产权）引入，完成一个经济产权政治化的转换过程。

源神庙神权的引入也是如此。本来宋代文潞公分水并不能覆盖 48 个村之间的具体水权分配，村落间的水权纠纷导致了村落间选择"建立一种共同的神权认可"的集体象征认知，并赋予水权由神权来界定的意义，从而完成了对经济产权的一种文化产权形式的转换和引入。类似地，在前述"五人墓"的故事中，用油锅烧开捞铜钱的方法来解决产权纠纷，也是一个先在象征层面借助传说故事（无论是否虚构）的意义表征，然后完成一种文化产权引入的过程。

不同的产权认知，会导致不同的产权制度和文化安排。象征产权作为一种认知产权，必然表达于各种客观的产权，同时也在不断进行着自身的再生产。石普顿（P. Shipton）对热带非洲土地和文化进行研究后，认为土地所有权带有各种象征的含义。世系群（lineage）和氏族更多的是意识形态的建构，土地的传承不一定只是通过世系群，还可以通过其他群体。他提出一个有趣的问题：在那里的土地改革中，为什么人们平静接受土地的再分配而没有引发暴力？这些或可从宗

---

① 张小军：《阳村土改中的象征资本再生产》，《中国乡村研究》，总第二辑，商务印书馆，2003 年。

教和经济、仪式和生存、神圣和亵渎等关系来思考（Shipton，1994）。[①] 又如中国的宗族及其土地控制同样主要是观念和意识形态的文化建构。科大卫指出了明代珠江三角洲的宗族控产如何变得可能，这是"因为祖先变成了控产的法人，也就是说，一个宗教的观念变成了一个法律的观念"[②]，最后变成了地权的控制。陈奕麟在讨论香港新界的"土地命"和地权冲突时认为："土地这个东西就和租约一样本身并无意义，其意义都是人所赋予。但是当我们把逻辑追溯到原点的时候，我们就会发觉更重要的问题不是土地有哪些意义，而是什么是殖民主义，什么是资本主义，什么是现代化，什么是一个传统社会，这些才是有价值的社会现象，这些才是有意义的理论话题"。[③] 水权也是如此，它带着公平、信仰、神威、国家、伦理而流淌着，不断被注入不同的意义，并转换和扩展着各种权属。

象征产权渗透于各种产权之中，例如水管理中的神威和神证，体现了中国社会中的象征理性（意义理性或文化理性）的丰厚以及象征产权的生产和创造空间。水利碑铭也是一种象征的文化产权形式。碑的权威含义来自国家政治，因为碑碣早在中国的国家政治中具有共同认可的历史象征含义。《介休县水利条规碑》（万历十六年）是知县王一魁在解决水纠纷后与水老人一起官民共立的碑，其中有"行令立石，以垂永久"，"事完具遵，行过缘由，并刊完书册，及镌立石碣，各印刷数张，送州以凭，转报施行。奉此，拟合刊立石碣为此，除外合行开坐。仰管水老人、渠长及有水人户，一体查照，遵守施行，须至此碑"。可见，碑文似一纸红头公文，上报州府，下示百姓。《复鸳鸯泉水利记》（康熙二十九年）碑中也说："尤恐时移事异，日久生奸，因命工镌石树碑于治之仪门，垂为定例，俾后人不得纷更焉。"道出了碑的长久不变的含义。《皇清诰授中宪大夫今管汾州府清军分宪事加三级魏公讳乾敉号玉庵万民感戴碑》（乾隆八年），是为感谢魏公为洪山河狐岐村搬去水磨之害，"嗣后此水平以上永远不许擅建水磨，万姓感戴，立石志之，以垂不朽云耳"。这一方面是百姓感戴的纪念碑，另

---

① Shipton, Parker, Land and Culture in Tropical Africa: Soils, Symbols, and the Metaphysics of the Mundane, Annual Review of Anthropology, 1994, p353, 367—368.

② 科大卫（D. Faure）：《国家与礼仪：宋至清中叶珠江三角洲地方社会的国家认同》，《中山大学学报》1999 年第 5 期。

③ 陈奕麟：《香港新界在二十世纪的土地革命》，《中央研究院民族学研究所集刊》，1986 年总第 61 期。

一方面也是警示水磨之害于众人。庙碑因此成为重要的象征权威。

象征资本的生产性尤其体现于国家的象征资本再生产。笔者在《象征地权与文化经济》（张小军，2004）一文中曾经提到，国家拥有更多的象征产权，因而具有更大的象征资本再生产能力。[①] 历史上，国家对洪山泉水管理制度建立的作用，最初主要是参与界定水的产权，并不直接参与管理。从宋代介入水公产分配到明代造水册水簿因而介入私人水权，反映了国家在步步深入基层社会。但是，国家并没有直接参与管理和制度执行，国家的作用是一种象征的"影子国家（the shadow state）"——民间的水制度庇荫于国家的影子之下。国家的权威是一种影子权威——借用权威（borrowed authority），也是一种象征权威。影子国家早期代表着公平和权力，是自然为百姓接受的。明代以后，国家权力逐渐强化，但仍然主要体现在象征层面。影子国家在合作化以后（确切说是民国开始）才有了一个明显的"影子实化"的过程。[②]

三、国 家

宋代以来，有一个政府因为水利纠纷而不断参与地方社会的过程。在这个过程中，政府曾经参与丈量土地等，但是并没有形成直接管理水的组织。特别是乾隆以来，从参与立碑的名单来看，官员直接参与的越来越少，同时民间水管理组织的"乡绅化"和"官员化"情形却十分明显。其间，水的纠纷并没有减少，表明了民间解决纠纷的能力增强，这与水管理的制度化有关。

从源神庙的碑文看，民间水管理组织的出现是在明代嘉靖年间，但是从嘉靖二十年（1541）《复西河水利记》碑的内容看，简单的水利管理应该在宋代文潞公分水散河的时候已经存在，不过并没有管理组织。文潞公庆历时曾任宰相，与司马光交情甚厚。他元丰六年（1083）以太师退休。元丰三年司马光亲自撰写

---

① 张小军：《象征地权与文化经济——福建阳村的历史地权个案研究》，《中国社会科学》，2004 年第 3 期。

② 张小军：《双重部门与影子国家——平昌源神庙水碑文的历史考察》，载《扩展中的公共空间》，天津人民出版社，2001 年。

"文潞公家庙碑记"。① 元祐五年（1090），文潞公第二次退休。所谓文潞公分三河之举，应该是在其退休之后。

《复西河水利记》记载，当年（辛丑）夏天，有参政于公巡视，问民疾苦，得知西渠淤塞废用，于是召集父老（而不是管水老人）讲说疏浚利民之理，并命县尹主持疏浚。这项工程只用十天便完成了。如果当时真的有用水之需，又有水利组织，相信渠道会一直畅通，不致淤塞，疏浚也不是费力之举。可见，当时的情形是没有正式的管水组织，但是百姓的疾苦已经涉及用水和管水的需要。最早明确记载有民间水管理组织的是明万历十六年（1588）的《介休县水利条规碑》。此碑距离文彦博分三河有近500年的时间。撰文者是知县王一魁，碑文落款中第一次出现了"管水老人"和"渠长"。此碑因为水诉讼而立。从与介休相隔的洪洞县《水神庙霍泉水利碑刻汇编》看，其最早的《都总管镇国定两县水碑》（金天眷二年，1139）也是因为水诉讼。在元延祐六年（1319）《重修明应王殿碑》中，第一次出现了"渠长"、"渠司"和"水巡"。

上述表2的记载中，可以看到一些有趣的现象。

首先，是民间水管理组织的"乡绅化"和"官员化"过程。开始的立碑人中，水老人和官员是清楚分开的两列，但从康熙八年的碑开始，纠首中开始出现生员、监生等乡绅名号；到了乾隆八年，不再有单独的官员参与立碑，而各类水管理人物中的各种官员、退休官员和乡绅的名目明显增加。这种情况表明：随着水管理的民间组织与官府的不断磨合，正在形成一个水管理组织乡绅化和官员化的过程。这是一个重要的中国社会的基层民间组织现象，说明了另类没有国家直接参与但是与国家关系密切的组织形式。

第二，女性程头（碑12，九程：梁李氏、门李氏）和"堂"（渍润堂、公济堂、思忍堂、纯锡堂、三义堂、毓厚堂）参与的水管理。表明了女性和家庭（族）参与水管理的情况。堂通常是家庭（族）的名号。

第三，"管理"和"经理"的分离，即管理水老人的管理层和经理、纠首的经理层的分离。后者常常为某一具体的目的组织起来，如修庙等，它重叠在水管理组织之中。

---

① 嘉庆十九年《介休县志》卷12，艺文。

第四，"委员会"的出现。《源泉平讼记》（光绪二十九年）中，两次出现"委员会"："委员会鞫未克允服"，"前日委员会讯谕"。说明当时有一个委员会参与平息上述纠纷，并且这个委员会不是官方的，而是民间的水管理组织。从以水老人为主的民间水管理组织，到"委员会"的出现，显示出一种新型"委员制"的管理思想正在被接受。

社会制度（social institution，社会制序）通常被理解为组织起来以满足一个社会的基本需要的相对稳定的社会结构。制度的产生，是要形成一种大家认同和遵守的规范，以最小的管理成本达到最大的效率。制度具有不同的层面。第一，用法律规定的制度是约束性最强的，也是最没有"民主"的。因为它具有很强烈的扩展目的性。扩展目的性指的是强迫人们遵从的目的性，监狱等国家机器就是其中的主要制度工具或者说秩序工具，这是政府的行为。第二，企业组织的管理制度，也是约束性很强的，并且带有很强烈的盈利的扩展目的性。通常，扩展目的性越强烈，制度的约束性也就越强，并且强迫性越强烈。第三，宗教制度是另类约束性很强的精神制度，违反了同样要受到惩罚，同样包含着目的性。但是目的性属于收敛的目的性——不强迫人们遵从。如果你不想遵从，可以改变宗教信仰。第四，约束程度最低的是道德规范，基本的特点是约定俗成。它在目的性方面最不固定，属于松散的目的性或者说无目的性。道德一般不需要制度的保障，只是规范的约束。

介休水管理民间组织的形成，与目的性的性质关联密切，并且有一个变化的过程。首先是目的性有一个从松散、收敛到强迫的过程，这是随着水资源的日益紧缺和国家田赋制度的改变而形成的现象。随着目的性的强迫性遵从要求增强，制度化的要求也随之增强。但是制度的形成又需要水的公平观念，需要约定俗成的道德规范。这就形成了一种既有强烈的扩展目的性，又是约定俗成道德规范的两者结合的制度要求，即国家和基层社会共同参与的制度建构。

1. 《介休县水利条规碑》（万历十六年）

此碑是当时的介休知县王一魁撰文立碑，缘起在《介休县志·水利（附）》中有所介绍（参见 121 页碑文）。

从县志的记载来看，早在嘉靖二十五年（1545），就已经出现知县吴绍增为防止豪家侵夺，而"厘正前法"的干预行为。万历十五年（1587）的订立水利条规，不过是其延续。诉讼的主要内容，是状告水、地分离的弊端。王一魁所做的主要事情，就是将水、地的产权合二为一，建立起国家认可的产权制度。

2.《复鸑鷟泉水利记》（康熙二十九年）

此碑由介休知县王埏撰文，其中提到位于中西河分水处的石屯村与中西河之间的水纠纷。纠纷的发生不是因为过去没有规则，而是因为"今夏雨泽愆期，农民急资灌溉"。一旦老天不降雨，用水的需求增加，水变成更加短缺的产品，产权问题便凸显出来。当时主要的纠纷在于两河之民谓石屯人用"疙瘩水"相混。所谓疙瘩水，指的是粗糙的水，没有经过细算。本来石屯应该用西河水六分，中河水四分，但是实际上没有很清楚，结果有使西河侵犯中河或者相反的情形出现，即产权不清。

解决的办法是重新算计水程，"并召石屯士庶暨各渠长共酌可否，咸以为公。余曰：众既称公，则情可平，法可久"。这里，将新的制度依据建立在大家认为的公允之上，并认为这样的法规才可能长久。

3.《源神庙碑》（光绪二十一年）①

此碑主要是东河18村与碗窑行会争夺源神庙的三楹厅堂做办公之用。最后，东河赢了官司：

> 荷蒙郡司马朱老仁宪判断，令斯地永作东河公所，于他人无与，勒石为记，以垂久远。此后非向东河值年老人渠长同许，不得私自开占，倘本庙住持狗情私假，察觉议罚。披读判词，钦感仁政焉。嗟乎！近圣逆旅，何惜盈尺，居停有属，看竹难言。维召父欣逢，民歌乐只，念先之人创始甚难，愿后之人守成勿替。则宪天德泽恩膏，与狐歧盛水并传，而感兴善举，东河十八村人士守先待后，亦□代有人焉。

---

① 张小军、卜永坚、丁荷生：《陕山地区水资源与民间社会调查资料集》补遗七则，载《华南研究资料中心通讯》，2006年总42期。

碗窑业在当地历史悠久，前文已有叙述，时间上远早于用水的组织。该行会设在源神庙的老君殿，历史上不断与管水组织有冲突，最后自治不成，还是需要国家的参与。然更有趣地是碑文中对国家仁政和官员的感恩之辞，因为一纸判词便如此大做文章，足见百姓是如何在日常中将国家步步捧高的。

4.《源泉平讼记》（光绪二十九年）

此碑由进士介休知县陈摸撰文。主要的争执是位于源头的洪山村与三河的纠纷。本来历史上，洪山与狐村使用架岭水，其源头不是鸳鸯泉，而是在其上的河道水，汇入鸳鸯泉。过去洪山架岭水的引水铁孔总是以水满为度，剩下的才进入三河，在洪山先有东河分水，在石屯中西两河再分水。这次争讼，是因为洪山擅自修鸳鸯泉池，毁坏碑匾。本来鸳鸯泉不属于洪山村，而是属于三河。三河渠长也受到洪山人的殴伤。从碑文看，当时有一个"委员会"，应该是管理水的组织，它没能制止洪山村修泉池，因此三河告官。修池本来是一件好事，但是三河不让洪山参与，实际是因为涉及泉水的归属，即涉及产权。

解决的结果是订立了四条规矩：一是修复毁坏的碑匾，不得增减字句。二是按照旧的规章分水。三是修泉池要经过大家协商，不准堵塞池外漏水。四是源神庙殿旁有房屋三间，原来是三河之沙堡村修盖，光绪二十年被碗行借用，后来有争讼。以后无论谁人使用，都应该向东河水老人暂时借用，不准久占。若非庙内公事，一概禁止。

格尔兹（C. Geertz）在《尼加拉——19 世纪的巴厘剧场国家》中，认为巴厘农业灌溉的管理很大程度上不在国家行政，而在生产单位的自治。基层农业仪式在其中发挥着重要作用。仪式涉及两种角色：上层王权仪式和基层自治生产单位的农业仪式。而王权在"开水"仪式中的作用只是象征的；农业仪式主要是由生产单位自己进行的。盖茨的巴厘岛研究描述了一个不同层次的庙宇体系，包括主要灌溉会社庙（Pura Ulun Carik，耕作单位的灌溉会社）、村庙（Pura Balai Agung，灌溉会社的村落内部联系）、众水神庙（Pura Ulun Suwi，与整个水系生态系统联系的各个灌溉会社），还有"全巴厘"庙（Pura Batu Kau，由大收税官主持）等。灌溉会社（subak，irrigating society）是一种民间水社组织，或者说

"民社"（krama subak）组织。所谓剧场国家，是指国家上层的政体表现为象征性的管理，好像仪式的主持人，注重展示性的表演；而地方性村落政体则专注于地方管理。[①]

表5　巴厘岛的祭祀和灌溉体系

Level 层次	灌溉会社之间	灌溉会社	灌溉会社内部	梯田
Temple 庙宇	全巴厘庙	灌溉会社庙 村庙 众水神庙	祭坛	稻田
Ritual 仪式	全塔巴南放水仪式	庙会	定期献祭	庆祝
Emcee 主持人	收税官、祭司 （Jero Gde）	专职祭司	祭司	稻田祭司

兰辛（John S. Lansing）后来批评格尔茨的观点，认为国家的象征权力并非仅仅是表演性的，它真实地参与着产权的一整套文化安排。在《祭司和规划者：巴厘景观策划中的权力技术》（Priests and Programmers：Technologies of Power in the Engineered Landscape of Bali）中，他描述巴厘岛的实际灌溉和相应的仪式来自祭司和百姓的农业仪式。农业仪式超越王权仪式的原因在于水系对诸侯王国的超越。但是与格尔兹不同，他认为仪式涉及三种角色：一是上层王权，二是中层祭司的神权，三是基层生产单位（灌溉会社）的仪式。其中，灌溉会社之上的中层水庙神权在灌溉中的作用最大，而不是格尔兹认为的生产单位（灌溉会社）或者魏特夫强调的上层王权。[②] 水庙系统中的仪式贯通于神权和底层社会，形成一个整体，并与王权分离。[③]

沈艾娣（Henrietta Harrison）从道德经济的视角，分析了山西晋水水利系统和相关的晋祠，指出了百姓和官方不同的水观念。百姓视水为可以买卖的商品，宗教仪式和传说强化和推崇着用水的暴力冲突，而暴力冲突强化了水权的归属意

---

① 格尔兹（C. Geertz）：《尼加拉：十九世纪巴利剧场国家》，上海人民出版社，1999年。（Negara：The Theatre State in Nineteenth—Century Bali. Princeton University Press, 1980.）

② 魏特夫（Karl A. Wittfogel）、徐式谷等译：《东方专制主义》，中国社会科学出版社，1989年。

③ Lansing, J. Stephen, Priests and Programmers：Technologies of Power in the Engineered Landscape of Bali. Princeton University Press, 1991.

识，由此建立起水权和水利体系的概念。官方则不认可，官员强烈反对卖水。通过一些水纠纷的判案，显示官方不是根据水权所属，而是根据其需要进行判案的①。洪山泉的逻辑恰恰相反，是暴力冲突来自水权，宗教仪式和传说的本意则在界定产权。百姓和官方的冲突来自税收引起的水权问题，官员并非反对卖水，而是反对水、地权分离的卖水所引起的税收冲突。

无论如何，上面的理论都揭示了一个简单的事实：水权不是单纯的经济资本现象，国家、认知、信仰、仪式、伦理观念以及相应的庙宇祭祀，都在真实地作为和体现着水权的系统和秩序。

明代，国家的税收采取编户齐民的赋役户税制度，使得税收与家庭或者个人紧密地联系起来。这一赋税政策在私有产权方面产生了几个后果：一方面编户强化了户、人的私产权，但是另一方面这一私产权却被纳入了国家的控制之中，并因此造成了私产权的更加不充分。此外，这种国家化的私产权破坏了原来和谐的公产权与私产权的并存，并引起诸多不公平现象，从而破坏了产权的公平土壤和充分私产权的可能。

前述所谓"设水老人、渠长，给予印信簿籍"，"隆庆元年，知县刘旁将现行水程立为旧管新收，每村造册查报，讼端少息"，说明政府对于水权管理的直接参与。特别是水簿，是水权登记的文本，每村造册查报，等于在登记私有的水权。王一魁订立水条规和造水册，显示国家已经介入了私人产权的界定，而不仅仅是三河分水那样的水公产界定。国家对产权分配的参与，有一个从村落以上的水公产到私人产权的介入过程，从中可以看到国家的介入如何从大到小、从上到下的深入过程。②

国家对粮赋的重视，促进了水的私人产权的明确化和制度化，这是一种国家没有直接参与但是间接介入的过程。明代以后产权的界定之需要，不仅因为资源的短缺，还涉及资源的属性。当水仅仅用于灌溉和饮用时，产权的界定主要表现为乡村集体之间"水公产"的界定，对国家的需要不那么强烈；而当水不仅用于灌溉和饮用，还附加了田赋的属性时，其私人产权就有了随土地、田赋进行界

---

① 沈艾娣（Henrietta Harrison）：《道德、权力与晋水水利系统》，《历史人类学学刊》，第一卷，2003 年第 1 期。

② 张小军：《阳村土改中的象征资本再生产》，《中国乡村研究》总第二辑，商务印书馆，2003 年。

定的需要。因为这一需要，国家或者政府会参与制度的建构。按照新制度经济学的观点，国家的主要功能是供给制度。一般来说，国家在建立和维护产权方面的介入程度有三种可能的情况：（1）产权安排完全是私人之间的合约，国家权力的介入仅仅在于承认这种合约的合法性和有效性，保护依据这种合约进行的产权交易。（2）产权由国家强制做出安排，例如随着政权更迭，剥夺旧政权下的私有产权为国有产权，或者把国有产权私有化等。（3）国家的作用居于两者之中。国家不强制剥夺产权，但是干预产权的交易，如限制产权的交易范围、价格甚至国家出面强买、强卖。国家介入产权安排程度的深浅，与产权的有效性并无直接的关系。但是按照经济学原理，由国家强制做出的产权安排必定是无效率的。不过，从象征产权的角度看，国家强制的安排还是可能有效的，因为当资源过少时，人们很难达成一致同意，常常需要国家出面进行安排。

国家在推行赋税制度中一方面会破坏传统的公有，另一方面也在破坏尚不充分的私有。因为国家的进入，使得水权的集体制度和"庶规制定"的传统被赋税引起的私人产权观念打破。政府因为税收而强化水权的私有化，将水权与地权合并，但同时却使得传统权威受到挑战，诉讼越来越依赖国家仲裁，"庶规制定"结果转变为越来越依靠国家的制度规定，丧失了集体的思维，瓦解了真正的民主基础——集体协商性民主。国家赋税不仅破坏了水的民间协商机制（因为水权随着赋税而变得无法协商，必须去找制定赋税规则的国家），也削弱了民间制度的建立（因为民间制度无法绕过国家的赋税政策和规定）。结果，国家的介入逐步使得政府制度取代了民间制度。

重要的是，国家赋税和百姓的国家依赖不仅破坏了"庶规制定"，还导致许多不公平现象，从而最终破坏了集体意识和集体理性，反而导致了经济人经济理性选择的投机行为。一旦制度从民间制度（庶规制定）变成国家集权制度，就失去了制度的公众合法性基础，造成不遵守国家制度的现象并形成国家依赖。类似的推论也适用于市场，市场在中国早期社会已经存在，这种早期市场和自由贸易好像制度的庶规制定，是民间自然形成的。但是，当后来国家通过税收和管理进入市场，便破坏了市场本有的自由和公众基础，导致初具规模的市场经济制度之瓦解。

唐宋以来高平地区寺庙系统与村社组织之变迁

——以二仙信仰为例

一、引　言

二仙崇拜几乎是晋东南地区所独有的信仰体系[①]，在今天的壶关、陵川、高平、晋城、长治境内仍保留着大量的二仙庙。据史料记载，高平县境内规模较大的二仙庙主要有以下四座：现存的中村（南村）翠屏山的二仙庙、西李门村岭坡二仙庙、高平市城关镇南赵庄村的二仙庙和史籍有记载而今已不存在的西李门村与张庄之间的二仙庙。通过整理各个庙宇历代的重修碑，可以发现，这几座二仙庙初创的历史背景与其后的发展路向、承继的信仰传统都有所不同。透过神庙系统的演变所展现的村落社会的整合模式也有差异。

关于二仙信仰的起源、分布情况，前辈学者早就有所关注。比较早期的有戏

[①]　从现存材料来看，与晋东南地区对二仙崇拜的情况相似的还有与晋东南周边接壤的豫西北地区，在今天河南焦作市的古修武境内，历史上也曾建有不少二仙庙。据道光《修武县志》记载："二仙庙，董遇固、苏蔺村、承恩镇、王褚、白庄、田门、李庄、西村俱有之。"（见道光 20 年冯继照、金皋撰《修武县志》，卷 6 "祠观附" 所收录的元代修武县教谕赵宜中撰写的《栖凤山二仙庙祈雨感应记》中的记载。）其中又以王褚和西村栖凤山两处的二仙庙规模最大、香火最旺、建庙最早，俱建于金元之间，且有元代的地方官撰写的重修碑记。道光《壶关县志》，卷 7 "人物志·仙释" 也记载："道光十年，于河南荥阳县丕彰灵佑，水旱疾病祷者辄应，建庙立祠，请崇封典，移文壶关，备查原委以闻。"（壶关县志编纂委员会校点道光十四年本《壶关县志》卷 7，第 376—377 页。）又道光《河内县志》，卷 4，《金石志补遗》中记载存有一块《元重修真泽庙记碑》，可见当时的河内地区（即河南省沁阳市）也建有二仙庙。

134

曲史、艺术史方面的研究者对现存二仙庙的碑刻资料、戏曲文物进行搜集和分析。① 近年来又有一些以晋东南二仙信仰为主题的专门研究，例如，王锦萍在其硕士论文《虚实之间：11—13世纪晋东南地区的水信仰与地方社会》中就专辟《晋东南的二仙信仰》一节，对二仙信仰的起源、传播流变过程做了十分详尽的梳理，认为二仙在后来晋东南地区是作为著名的水神出现的，并提出，"二仙信仰能达到几乎遍及整个上党地区的局面，是在宋代时候奠定的。尤其是祈雨应验的传

南赵庄村二仙庙

说起到了关键的作用"②。张薇薇撰写专文就晋东南地区二仙文化的历史渊源及庙宇分布问题进行讨论，并提出，二仙的祭祀功能从最初的"祈雨抗旱"，到后期水信仰为主，兼具地方性保护神祇的特征，并"由最初单纯的民间信仰演变成后期民间与政权上层共同祭祀的对象"。她认为二仙信仰主要集中于晋东南地区的原因，在于其特殊的地理环境和信仰系统本身的理论特点。③

　　与以往传统宗教史的研究旨趣不同，在区域社会史的视野下，民间信仰不是

---

　　① 碑刻资料方面的搜集考证，如冯俊杰等编著：《山西戏曲碑刻辑考》，中华书局，2002年；冯俊杰：《戏剧与考古》，文化艺术出版社，2002年。戏曲史、艺术史学者在相关的研究中，也关注到二仙庙丰富的物质遗存，例如山西师范大学戏曲文物研究所编：《宋金元戏曲文物图论》，山西人民出版社，1987年；冯来生：《金代戏剧人物线刻画发现记》，《戏友》，1988年，第1期，第57—60页；景李虎、王福才、延保全：《金代乐舞杂剧石刻的新发现》，《文物》，1991年，第12期，第34页。

　　② 王锦萍，《虚实之间：11—13世纪晋东南地区的水信仰与地方社会》，北京大学未刊硕士论文，2004年，第18页。

　　③ 张薇薇，《晋东南地区二仙文化的历史渊源及庙宇分布》，《文物世界》，2008年第3期，第45—52页。

岭坡村二仙庙

作为研究的对象，而是一种研究的路径。研究者真正关心的是国家透过什么制度和形式进入乡民社会，"中国"何以成为"中国"。武雅士（Arthur P. Wolf）、华琛（James L. Watson）、王斯福（Stephan Feuchtwang）等学者对汉人社会神明崇拜和祭祀仪式的研究，为我们将民间信仰纳入乡村社会史的研究视野提供了一个新的切入点。他们将乡村社会中的神明崇拜理解为乡村秩序的一种表达，认为信仰与仪式不仅具有一定的象征意义，更是一个不断创新的历史过程。透过对神明信仰的形成和仪式行为的分析，可以了解社会文化变迁的历史过程和其中的动因。华琛通过研究香港新界沙岗天后庙，提出"神明标准化"（Standardizing the Gods）的概念，即国家通过敕封地方神来实现对地方神统一化，从而使国家权力和意识形态贯彻到地方。[1] 宋怡明（Michael Szonyi）则以福州地区的五帝为例，对华琛的观点进行修正，指出正统化的神用到地方，不一定会改变乡民对神

---

① James L. Watson, "Standardizing the Gods: The Promotion of T'ien Hou ('Empress of Heaven') along the South China Coast, 960—1960," in Popular Culture in Late Imperial China, eds. David Johnson, Andrew Nathan and Evelyn S. Rawski (Berkeley: University of California Press, 1985), 292—324.

的概念。民间和本地的习俗有着很强的延续性。^① 科大卫（David Faure）、刘志伟等学者从考察宋明礼仪的变迁入手，讨论宗法伦理的庶民化过程，分析了地方社会与国家整合的过程。^② 刘志伟提出，珠江三角洲北帝崇拜既是标准化神明信仰地方化的过程，又是地域社会在文化上进一步整合到大传统中的过程，两者相互渗透。^③ 陈春声通过考察宋代到清代潮州地区的双忠公崇拜以及三山国王信仰出现和演变的历史过程，分析了其背后展现出来的另外一个过程，即潮州地方社会逐步进入"国家"体制的过程，并进一步指出，这其实表现了当地士绅培养民众对王朝和国家认同感的一种努力。^④ 杜正贞在《村社传统与明清士绅：山西泽州乡土社会的制度变迁》一书中，将信仰和祭祀活动作为考察村落关系的重要因素。作者认为，在宋代以后，因为气候环境的变迁，泽州地区的民间信仰体系经历了从土地神崇拜和佛教结社到雨神崇拜的转变，形成了数个信仰中心，如府城的玉皇庙、崦山白龙庙和析城山成汤庙。各村社的社庙和这些作为信仰中心的祠庙构成了层次不同的神庙系统。作者还提出，与华南地区、福建和徽州不同，泽州地区这种信仰系统、村落关系和村社组织形式至迟在金元之际已经定型，并且一直延续到明清。^⑤

这些学者的研究表明，"区域"的边界并非僵硬的地理界限，"区域"范围大小的选择和界定都是由我们要探讨的问题本身决定的，而问题的提出则是依据史料本身。我们在村中见到的一寺、一庙又经常不只是一个村落的庙、一个村落

---

① Michael Szonyi, "The Illusion of Standardizing the Gods: The Cult of Five Emperors in Late Imperial China," The Journal of Asian Studies 56: 1 (1997), 113—135.

② 科大卫：《明嘉靖初年广东提学魏校毁"淫祠"之前因后果及其对珠江三角洲的影响》，载周天游主编，《地域社会与传统中国》，西北大学出版社，1995年，第129—134页。科大卫：《国家与礼仪：宋至清中叶珠江三角洲地方社会的国家认同》，《中山大学学报（社会科学版）》，1999年，第5期，第65—72页。David Faure, "The Emperor in the Village: Representing the State in South China," in State and Court Ritual in China, ed. Joseph P. McDermott (Cambridge: Cambridge University Press, 1999), 267—298.

③ 刘志伟：《神明的正统性与地方化——关于珠江三角洲地区北帝崇拜的一个解释》，载中山大学历史系编，《中山大学史学集刊（第二辑）》，广东人民出版社，1994年，第107—125页；刘志伟：《大族阴影下的民间神祭祀——沙湾的北帝崇拜》，载汉学研究中心编辑，《寺庙与民间文化研讨会论文集》，台北市：行政院文化建设委员会，1995年，第707—722页。

④ 陈春声：《正统性、地方化与文化的创制——潮州民间神信仰的象征与历史意义》，《史学月刊》，2001年第1期，第123—133页；《宋明时期潮州地区的双忠公崇拜》，载郑振满、陈春声主编《民间信仰与社会空间》，福建人民出版社，2002年，第42—73页。

⑤ 杜正贞：《村社传统与明清士绅：山西泽州乡土社会的制度变迁》，上海辞书出版社，第5页。

的寺，它们常常凝聚集合了来自各个地区的人们，要理解它们，必须打破有形的地理空间范围。而我们从庙里看到的许多文献本身也都反映了"跨地域"的问题。他们关于民间信仰、仪式祭典等课题的研究，目的是从民间信仰及其相应的社会组织的层面，考察官方政治体制和意识形态对地方社会产生的影响，进而重构整个时代社会变迁的图景。

笔者选择以二仙庙为主要的考察对象，意不在"庙"而在"村"。笔者关心的并非二仙信仰本身的起源和流变，而是"进村找庙"的实际意图是要建立民间信仰与地域社会之间的历史联系。与以前的研究角度有所不同，本文更为关心的是，在泽州高平地区，二仙的信仰系统跟周边村落社会的关系，以及在这一历史过程中，"二仙"这个在晋东南地区看似为一个整体的信仰系统，是如何在时间的脉络里呈现出地域的多样性的。要厘清二仙信仰在高平地区的发展脉络，首先要从探明二仙信仰在晋东南地区发展的源头开始。

二、从唐代民间的乐氏二女到宋代祭典中的冲淑、冲惠真人

尽管在晋东南地区不少的二仙庙都将创建年代追溯至晚唐，但是目前我们所见的唐代有关二仙庙的资料却十分有限。后世关于二仙的神话传说有很多不同的版本，特别是二仙的出生地跟成仙地说法不一。但是从叙述的结构来看，故事的始末主要都来自金大定五年（1165）陵川赵安时撰写，现存于陵川岭常村西溪真泽宫的《重修真泽二仙祠记》。依据赵安时在碑文中的说法，这篇碑记的资料来源乃"天德四年，因任太常职事，于寺肩检讨旧书，偶见《仙墨碑》，乃唐乾宁年进士张瑜所撰"，即是依照唐代壶关县《乐氏二女父母墓碑》所作。而目前笔者能够找到的有关二仙记载最早的文献资料，即为这通唐乾宁元年（894）的《乐氏二女父母墓碑》[①]。笔者的兴趣在于探究这两篇碑文关于二仙的记述发生了哪些变化，以及从唐代这通碑刻记载之时到金大定五年（1165）之间，二仙信仰在晋东南地区发展的情况。

有趣的是，虽然这块碑刻的部分碑文收入了光绪二十七年（1901）刊行的

---

① 《山右石刻丛编》（清光绪二十七年〔1901〕刻本），卷9，第41—44 页。

《山右石刻丛编》，不过在历代《壶关县志》和《陵川县志》中均未收录。在光绪十八年（1892）刊行的《山西通志·金石记》中也仅著录有此碑，"谨案金赵安时《重修真泽二仙祠记》云：天德四年，因任太常职事，于寺扃检讨旧书，偶见仙墨碑"，但未载碑文，并在文后提出这样的疑问：

西李门村二仙庙碑

> 其地距陵川最近，两县人奉二女至虔诚，何以安时仅见墨本而云庙中古碑散亡？壶关旧志亦仅引宋大观碑言，真人父母墓碣，唐乾宁甲寅所作而已，岂碑久湮，至近年复出耶？[①]

碑文即是说，壶关县跟陵川县毗邻接壤，既然两县百姓都崇祀二仙，为什么壶关县庙内的古碑已散亡了，而只有赵安时看到了唐代的这块碑文。壶关县的旧志也仅著录了宋代大观年间的碑刻，为什么这篇作于唐乾宁年间的碑湮没这么多年，直到近年才被发现。

《山右石刻丛编》收录的《乐氏二女父母墓碑》里记载，乐氏二女乃"大唐广平郡乐公之二女"，碑刻现存于壶关县南九十里的樱桃掌，碑文先记述了乐氏二女合葬先代父母于紫团山樱桃掌其间出现的五种灵异现象：

> 大唐广平郡乐公之二女，灵圣通仙，合葬先代父母有五瑞，记师巫□秦通□□灵在樱桃郊东地王家地内，其灵一也。又三月七日，村人等再将酒脯香火于所通去处乞灵验，尝有旋风柏引此□□□，其灵二也。取石之日，于古任村西山，便见此石下有白蛇，其灵三也。又载石之日，有仙鹿二口于车前过，其灵四也。又卜地之日，闻空中悲声，其灵五也。

---

① 赵安时：《重修真泽二仙祠记》，载光绪《山西通志》卷93，《金石记》五，第22页。

接着又写到乐女二神在任村显灵、建庙的事迹和二女各方面的神力：

> 不知□□□□不委化现何时，古墟任村，园□□废，踪留洞口，庙立兹川，坠落金钗，犹呈绣履，求恩者寀寮皆至，祈福者俊豪咸臻，岁俭求之即丰，时旱求之即雨，名传九府，声播三京，致谢而有似云屯，列□而如同雾集。

由此可知，此时壶关县的二仙已是声名远布，当地也建有祭祀二仙的庙宇；而二仙的神力所及，几乎覆盖了社会生活的各个方面。碑文后半部分则比较详细地记载了唐乾宁年间二仙真人降神于巫、迁改父母墓地的经过：

> 昨者春祈之际，巫女通□□父母魂灵，苦要重葬，虽□□语，意甚□疑，既显明师，请□灵验，当行应瑞，异种祯祥，敢不虔诚，修营葬礼，棺椁备制，碑□□之，仪注皆成，奔驰道路，地名山号，已有前衔，选择明堂永记。乐翁讳山宝，母杨氏，起立之松柏，其景也，生蛇屈曲，凤翼回翔，前□□□，后似群羊，一低一昂，状如走虎，具标仙景，史籍常存，缘有六雄，壶关上望，地连三□，灵药紫团，寺额雄山，仍通麦积，静林□□，上党荒城，茔接秦开，川呈赤壤。是日也，感得祥云五色，慧日重轮，鹦啼谷响，猿叫山昏，灵禽异兽，悲号惨闻，助葬者□□五县，赠财者千村万村，英旄秀士，文武官勋，排比威仪，花队辇辇，斗帐罗衣，绣衣烟霄，逸路车马，骈莫□，□数若乃，考寻奥义，不委何代，而与史籍无虞，未审何君而灭，既道名讳姓氏，咸衣为缘，祥瑞频生，皆从柏引□□古人之语，万户钦尊。二女化身之时，寻至罗神之曲，红裙绣履，便是本身，凡圣难明，几经视现，违之者灾祸交至，□之者恩福俱兴，迁葬先□□酬兹顾村人刘刚、王美，合邑长幼等，村南二里地亦有凭众立封疆壹亩贰分。

由上可见，当地的百姓有春祈的传统，而这两位大唐广平郡乐氏二女的父亲"讳山宝"、母亲杨氏，按碑文所说，迁改茔兆后，"助葬者□□五县，赠财者千村万村，英旄秀士，文武官勋，排比威仪，花队辇辇，斗帐罗衣，绣衣烟霄，逸路车马"，可见当时已有规模盛大的仪式性活动，而其中的主导力量，仍为刘刚、王美等本村邑民，即任村的百姓。

还有一点值得关注，就是二仙为什么要选择在这一年迁葬父母的旧墓。这块碑的撰写者张瑜在文末一再强调"乾宁元年"这个年份的特别意义，即平息了王仙芝、黄巢的叛乱，为"百郡咸宁"、"燕赵"罢战的日子，碑曰：

> 属以摄提格之岁，六合之年，天地同隆，阴阳并运，累代深远，今始显扬，万人归心，敢不从政，农夫罢业，织妇停梭，云馔千般，各施献礼，经过王仙芝异乱□长聚兵，柴存起在江西，黄巢集于淮北，国章否泰，天下荒残，离落□西，分张南北，此地缘仙宫隐迹，神女呈威，虽度危亡，不至伤戮，今以妖□已息，百郡咸宁，韩魏停征，燕赵罢战，尚恐贤良未辩，难保岁寒，海变桑田，改移山岳，粤以乾宁元年甲寅之岁，为余之月，节候朱明，甲午良辰，□生二叶，瑳磨宝器，著思成文，琢石镌题，将为永记。其词曰：猗欤圣女，感德称仙，或游十地，或归九天，刜置松柏，广集群贤，故立碑记，徒标岁年。

关于碑文撰写者张瑜的情况，雍正《山西通志》卷166，《祠庙三》，《灵川县》中记载，张瑜是灵川（陵川）人；清人徐松撰《登科记考补正》记载，张瑜乃唐德宗年间的进士，依据的是雍正《泽州府志》卷27《选举进士科》的相关记载。

可见撰碑人张瑜在力图将此时乐氏二女在地方化身显灵事迹纳入刚刚平息了战乱、顺利度过危亡的王朝叙事背景之下，突出地方神明与王朝"正统性"之间的契合。《山右石刻丛编》的编撰者胡聘之在碑文后所附的考释中，是这样解读"今以妖□已息，百郡咸宁"的："碑又云'今妖□已息，百郡咸宁'，唐中和三年（881）一月李克用攻孟方立，取泽、潞二州。大顺二年（891），克用取邢、洺、磁三州。景福元年（892）十月，李存孝以邢州叛克用。乾宁元年（894）三月，克用执存孝，杀之，碑有乾宁甲寅为余之月云云，是碑立是年四月，正克用俘存孝后，故云妖□已息。"这段话其实进一步点明了立此碑时，泽、潞地区重要的时代背景，即唐末，汴州的朱全忠与山西太原的李克用两大藩镇势力之间，从唐僖宗中和四年（884）开始，一直延续了近四十年时间的军事争夺。在汴、晋两大势力的角逐过程中，昭义镇也因其重要的战略地位，[1] 屡遭战乱波及。乐氏二女现身显灵、迁坟重葬父母的故事，即发生在时局暂时平息的乾宁元年（894）。

从唐代的文献记载看，乐氏二女是当时壶关县及其周围的百姓崇祀的地方神明，由壶关县任村的百姓立庙祭祀后为远近村民供奉，成为福佑当地风调雨顺的神明。

继唐乾宁年间的《乐氏二女父母墓碑》之后，宋代有关二仙的文献记载就是北宋开宝七年（974）泽州凤台县山头里的《二仙馆碑记》：

> 开宝七年，今在凤台县山头里。《凤台县志》无撰书人姓氏，内多别字，讹乐氏为岳，后书"大宋开宝七年甲戌七月壬申朔二十日丁卯"，为太祖纪年。记云西邻宿凤之台，知栖凤之说不第李村宋幢也。[2]

因为碑刻全文今已不见，仅能从现有的资料进行假设，并不能断定此处凤台县的二仙馆与文上提及的壶关县乐氏二女之间的确凿关系。不过，从"讹乐氏为岳"一句可以推断，这里所说的二仙很可能就是乐氏二女。此外，乾隆《凤台县志》《寺观》中记载："二仙馆，在城东北三十里，祀乐氏二女，有宋开宝七年碑记。"[3] 这也可说明此时凤台县的二仙馆供奉的主神是乐氏二女。

宋大中祥符五年（1012），壶关县神郊村的二仙庙得到了大规模重修，不同于唐代立庙之初是由周边村民出资创建，这次工程所需的经费是由泽州、潞州、邓州等州和壶关县的地方官员以自己的俸禄捐纳而来：

> 复有新知府，四方馆使，恩州刺史，知潞州军州事，提举泽、潞、晋、绛、慈、隰、威胜军等七州军公事，兼提举巡检（阙文）劝农使杨权忠

---

① 对于唐中晚期昭义镇战略地位的了解，笔者主要参考了中央民族大学郎洁的硕士论文《唐中晚期昭义镇研究——兼论中央与藩镇关系》，2007 年 5 月，中国优秀硕士学位论文全文数据库。

② 光绪《山西通志》，卷 94，《金石记六》，第 2 页。

③ 乾隆《凤台县志》，卷 12，《寺观》，第 8 页。

□□宰君，栖鸾侍御知三年，字民有术。闻二圣应变无方，各减俸钱共为葳事。神道设教，其在兹乎！邑首都维那崔□等，得备四民，咸有一德，常勤耕稼，敢负神祇？遍诣群情，必谋修葺。

前代州军事推官张仪凤撰《再修壶关县二圣本庙记》，开篇即以舜妃娥皇、齐女、弄杼、秦楼等前代神仙的事迹来与"乐氏二女"作比，强调二圣的灵应和合法性也应列入祀典，感慨道：

其有不刊祀典、大洽民心、神鬼难明、阴阳争奥、垂名千载，何代无人？况案据之有凭，见形声之可验者，即二圣之神钦！①

在碑文中，张仪凤还进一步叙述了乐氏二女采药于深山、服用金丹玉液成仙的经过和二圣本庙创建的故事，表现了当地的地方官员着力提升壶关二圣的地位的用心，希望将当地民众广泛认可的神明纳入国家祀典的范围。

大约在同时，泽州凤台县的山头里也创修了专门供奉乐氏二女的二仙庙，"在城东三十里，山头里，南有宋绍圣七年（1100）碑，卫尚撰；大观元年（1107）碑，苟显忠撰"②。宋绍圣七年（1100）碑史籍不载，大观元年（1107）碑则被县志收录。

在这篇碑文中，关于乐氏二女的故事，比起唐代，情节上增加了新的要素：第一，在唐代的碑文里，乐氏二女乃"大唐广平郡乐公之二女"，并没详细的身世记载；而到了此时，乐氏二女的生平有了更丰富的信息："唐时陵川乐氏二女，母始娠，感神光而生"，"后移居壶关紫团山。"③ 第二，在论及凤台县的二仙庙与陵川二仙庙的关系时，苟显忠将陵川二仙庙奉为本庙，以泽地，即凤台县二仙庙为其行宫，由于"泽地与陵川错壤"，"地僻路歧"，所以才建立行祠与招

① 张仪凤，《再修壶关县二圣本庙记》，收入冯俊杰等编著，《山西戏曲碑刻辑考》，第1页。《再修壶关县二圣本庙记》碑后题款是"前代州军事推官将仕郎试秘书省校书郎张仪凤撰"，按碑文所述，张仪凤乃"蟾宫折桂"，应为进士，但查不到其生平资料。
② 乾隆《凤台县志》，卷12，《寺观》，第8页。
③ 苟显忠，《鼎建二仙庙碑记》（宋大观元年，1107），碑存晋城郊区原山头里二仙庙，碑文见（光绪）《山西通志》，卷94，《金石记六》，第38页。

贤馆。第三，过去并未提及的二女成仙的过程，经由苟显忠的描写，也更为具体。最重要的是，在乐氏二女的故事中加入了"孝"的元素。而这一部分的碑文记载成为后来流传最广的有关二仙传说的一个版本，碑文记载：

> 世传二仙，唐时陵川乐氏二女，母始娠，感神光而生。继母吕遇之酷冬月，单衣见胫，责采茹，号于野，泣血渍土，产苦曲，赤叶斑如，持以奉母，虐愈甚。移家壶关紫团山，使拾麦田遗穗，无所得，呼天以诉。黄龙忽从空下，御之以升，代有灵迹。①

可以说，"二仙"以孝道感天动地的故事，其实是在这时才被创造出来的。第四，加入了北宋崇宁年间"二仙"被敕封为"冲惠、冲淑真人"的情节。碑文记载，宋徽宗崇宁年间西夏侵扰中原，朝廷派大军出征，因为长途跋涉，军旅困乏，二仙化身农妇为朝廷大军沿途送饭。朝廷为表彰二仙的事迹，敕封乐氏二女为冲惠、冲淑真人，并敕立官庙命民间祭祀二仙。而这一传说本身其实是地方历史记忆很有特色的展现，它反映了宋代这一地区非常重要的时代主题，即北宋与契丹在山西地区的长期对峙。

辽宋时期，山西地区分属辽、宋两个政权。虽然北宋灭掉了北汉，完成了统一，但在北方兴起的辽国却成了与宋长期并存的一个劲敌，双方长期处于战争状态。山西的北部是对峙冲突的中心地区，石敬瑭割让燕云十六州后，契丹势力覆盖了整个雁北地区，大量契丹人进入山西。北宋北部与契丹对峙，西北又受西夏的威胁，泽潞地区也自然成为北宋防御西夏进攻的一条防线。正是在此背景下，才有了二仙化身农妇为战场上与契丹作战的官兵沿途送饭的故事。从另外一个角度看，这样一个宋辽对峙的战乱时期，正为地方大族的崛起提供了新的契机。实力雄厚的大姓凭借着其在地方强大的影响力组织民众自卫，借着神力凝聚人心，抗拒入侵者，稳定了地方秩序。于是他们往往以神灵庇佑地方有功为名，通过州县长官向朝廷请求赐封，借以保持或提高家族在地方上的影响力。因此，二仙受

---

① 苟显忠，《鼎建二仙庙碑记》（宋大观元年，1107），碑存晋城郊区原山头里二仙庙，碑文见（光绪）《山西通志》，卷94，《金石记六》，第38页。

到朝廷敕封这样一个故事本身，也体现了此期高平地方势力在基层社会滋长的声势。

关于乐氏二女被北宋朝廷敕封的经过，还有另外一个版本的记载，即现存于壶关县神郊村二仙庙内，立于宋政和元年（1111）的《乐氏二真人封号记》。①这篇碑文的撰写者是当时壶关县的知县李元儒。他在碑文中称，大观三年（1109）七月大旱，"祷旱于真泽之祠，至诚感通，其应如响"，于是"请于府丐奏仙号"，最后获得官府许可。"政和辛卯（政和元年，1111）夏四月丙辰，敕封二女真人之号，长曰冲惠，次曰冲淑"。在碑文中，李元儒写道："二真人，本乐氏子，图经所载、丰碑所书，第云微子之后，皆略而不详，屡加博询，莫究其始。"即说乐氏二女乃微子之后，其间的世系、二女的具体身世也没有确切的史料记载。李元儒还称，在真泽祠东的樱桃掌找到了立于唐乾宁元年二真人父母的墓碑，并读到了碑上所记，二仙改迁父母墓葬后出现的五个瑞兆。不过，按李所说，在这块墓碑上并未记载乐氏二女成仙的具体经过，"至于真人仙去之由亦莫得闻"，由此我们基本可以判断，关于乐氏二女成仙过程的叙述基本都是后来人们杜撰而成，并无确切的文献依据。

这里需要特别注意的是，在壶关二仙庙保存的这篇碑文里，二仙得到官方敕封的主要原因不同于凤台县二仙庙碑文中所说的是化身农妇慰劳出征的军队，而是因为在当地大旱之时祷雨得应，二仙在祈雨方面的神力在此处是被强调的。

另外，在这篇碑记里首次出现了"真泽之祠"的字眼。此前关于二仙的记载并未提及真泽祠，而由上文"祷旱于真泽之祠"可以推断，真泽之祠里供奉的应为乐氏二女。据《山右石刻丛编》中所收的政和元年（1111）《真泽庙牒》②可知，在受敕封之前，真泽庙过去叫"壶关县乐女二仙庙"，先是崇宁四年（1105）隆德府下发了敕文，赐庙额。"今据本寺状捡准令节文，诸神祠应旌封者先赐额，合取自朝廷，指挥牒：奉敕宜赐'真泽庙'为额。牒至准敕，故牒。崇宁四年八月十二日牒"。接着才是政和元年（1111），"特封冲惠真人、冲淑真人。奉敕如右，符到奉行"。因此，二仙之敕封，是分崇宁四年（1105）、

① 李元儒，《乐氏二真人封号记》，载道光《壶关县志》卷9，《艺文志上》，《文类》，第10—11页。

② 《山右石刻丛编》，卷17，《真泽庙牒》，第1—2页。

政和元年（1111）两次进行的。

通过上文的分析，可以看到，金以前，晋东南地区的二仙庙主要分布在壶关县和凤台县境内。上文提及的几篇关于壶关县二仙的碑刻，均在今壶关县树掌镇神郊村的真泽宫。据《山右石刻丛编》收录的《乐氏二女父母墓碑》后面作者的附记所言，"壶关县志真泽二真人庙在县东南八十里神郊村"，原本是"土人立祠祈祷"之所；"祠东南幽谷间曰樱桃掌，有真人父母墓"，"乐氏二女父母墓碑"即保存于此地①。而凤台县境内的二仙庙即是今天在晋城市东 25 公里金村乡小南村北的二仙庙，方志记载中位于"山头里"的二仙庙，保存有绍圣七年（1100）、大观元年（1107）两块宋碑。

可以看出，乐氏二女从被壶关县任村百姓供奉的民间神明到北宋时期被纳入国家祭典的冲淑、冲惠真人身份变化的过程，一方面是张仪凤、苟显忠、李元儒等地方官员、士大夫的推动，通过对乐氏二女身世、事迹的改造，赋予其"忠"、"孝"的正统性，向朝廷申请祠额。另一方面，则是在这些地方官员、士大夫背后，高平地方豪族的支持。他们通过组织信众、重建庙宇和申请祠额等活动，为本地的民间神明争取合法的地位，进而发挥其在基层社会的影响力，巩固自身在各项地方性事务中的核心地位。

以唐代乐氏二女为代表的民间祠神，至宋代，在地方官的推动下，成为列入国家祭典的合法信仰，实现了"自下而上"的转变。这一变化表现了一个趋向，即唐宋以后高平社会的"地方化"进程。

1910 年，内藤湖南在《概括的唐宋时代观》中初步提出了唐代是中世而宋代为近世的看法。② 一般认为，正是在内藤湖南以后，"唐宋变革"开始作为一个学术问题被提出。近年来美国学者郝若贝（Robert M. Hartwell）、韩明士（Robert P. Hymes）、包弼德（Peter K. Bol）等纷纷针对唐宋变革问题提出了自己的理论见解。与日本学者的理论架构不同，美国学者更注重从人口问题、区域社会以及士绅精英的角度去讨论和考察唐宋之间的变化，并引入了思想史和社会史的研究方法。他们的基本观点包括：人口增长和政府控制力下降、社会发展导

---

① 《乐氏二女父母墓碑》，《山右石刻丛编》，清光绪二十七年（1901）刻本，卷 9，第 41—44 页。
② 内藤湖南：《概括的唐宋时代观》，载刘俊文主编，黄约瑟译，《日本学者研究中国史论著选译（第一卷·通论）》，中华书局，1992 年，第 10—18 页。

致财富精英进入政府以及精英的地方化，从而构成了"唐—北宋—南宋"这样一个变化模式。① 其中，韩明士提出"士的地方化"（也可说是地方精英）的理论可以为我们理解唐宋之际高平地方社会的变化提供很好的视角。韩明士认为，750 年至 1550 年的中国历史不应视为一段，可以分为两端，前期是从唐到北宋，后期是从南宋到元、明，其间的转折即体现在"士的地方化"这一变化上。他提出：

> 在南宋，"地方性"具备了新的意义：精英们不再关注国家的权力中心，也不再追求高官显爵，而把注意力转向巩固他们在故乡的基础方面。于是，在社会观念领域，出现了一种精英"地方主义"……无论是婚姻圈、居住方式、捐献方式，还是"留在家乡"的策略——这使得南宋的家庭与北宋的移民形成巨大反差——都表现出立足于当地的倾向。②

通过分析金元以前，特别是唐宋之际高平地方社会信仰系统的变化，就可发现自唐到宋这种地方化的倾向。从现存的墓志材料也可以看到，唐代高平地区确实有不少的高门大族，他们多有深厚的家学渊源，祖孙几代均在朝廷任官。举例来说，高平县北庄村的李通，"十代祖寿，长平太守□吾侯。七代祖实，任阳河、沁水二令。五代祖奇，大学秀才，兼任并州武猛从事。父禽，并以望族英雄，州闾称首。"③ 巩村杨素，"祖买，隋任上仪同青州别驾；父汉，唐任盖州州都。"墓志中称杨家"嘉循林薮，历选古今，代产英贤"，杨素隐居不仕，皈依道教，其次子元慎，"称定王府流外三品武骑尉"。④ 还有原任定州无极县主簿的高平人浩胡子，号称"周穆王之远裔，晋承相之高宗"，"祖伏而，唐隐德不仕，情钦澹泊，不事王侯，智水仁山，逍遥物外。父则爱在幼冲，才学优博，明诗达礼，仁义资身，降年不长，早游岱岳"。县北长寿村文林郎李亮，也是出身世家

---

① 罗祎楠，《模式及其变迁——史学史视野中的唐宋变革问题》，《中国文化研究》，2003 年，第 2 期，第 18—31 页。
② Robert P. Hymes, Statesmen and Gentlemen: The Elite of Fu - chou, Chiang - hsi, in Northern and Southern Sung (Cambridge: Cambridge University Press, 1986), 210—211.
③ 《唐故李君墓铭并序》，载王树新主编，《高平金石志》，中华书局，2004 年，第 407 页。
④ 《唐周处士杨素墓志铭》，载王树新主编，《高平金石志》，中华书局，第 408 页。

大族，"祖兴，朝散大夫，赵州平棘县令；父备，皇朝上柱国，并武昭七德，文茂九功"。李家在当时也被称为"诚四海之名流，谅九州之上族"。① 从留存下来关于他们的墓志材料来看，这些家世显赫的士人，不是胸怀忠君报国的志向出仕中央，就是皈依佛门、道家，闭门修身，跟高平地方的联系也并不紧密。然而，到了宋代，我们看到，有像王景纯、昙珂这样的地方名士开始捐资重修本地的佛寺，有当庄的李训、赵有初创建东周村的仙师殿，还有河西村的豪杰张氏出家资新修游仙院。他们这些实力雄厚的地方大姓，未必一定是在朝廷任职的高官大员，但在地方社会的各项事务中却发挥着十分重要的作用。他们立足于乡里，带头修建捐助本地佛寺、道观和各种民间神庙，进一步走向"地方化"。

三、从二仙行宫在高平的创建与分布看宋金之战后里老大姓的崛起

1125 年，金兵开始分两路南下，一路从河北指向大名，一路由大同指向太原，准备两路会师攻克北宋京城开封。1126 年，金兵攻占太原后，11 月渡过黄河占领了开封。第二年，即 1127 年，金人立张邦昌为帝，国号楚。俘徽、钦二帝、后妃、宗室 3000 人北去，北宋亡。事在靖康二年（1127），故称"靖康耻"。由此，金朝取代辽统治了河东，高平也为金兵攻占。"靖康元年二月金师至高平，知泽州高世田往犒之，乃去。"② 虽然此时山西地区已为金占，但在当地仍有许多民众纷纷起来抵抗，反对金人的入侵，太行山区也因为成为这些武装力量主要的活动场所而被金统治者称为"太行群盗"。《宋史》卷 358《李纲传》记载："今河东所失者忻、代、太原、泽、潞、汾、晋，余郡犹存也。河北所失者，不过真定、怀、卫、浚四州而已，其余三十余郡皆为朝廷守。两路士民兵将，所以戴宋者，其心甚坚，皆推豪杰，以为首领，多者数万，少者亦不下万人"，反映了山西地方反金斗争的总形势。

据杨丹《襄垣县修城记》记载："国家收复之初，奸雄继踵，蚁聚蜂屯，啸

---

① 《唐故将仕郎李亮墓志铭》，载王树新主编，《高平金石志》，中华书局，2004 年，第 412 页。
② 乾隆《高平县志》，卷 10，《武事》，第 5 页。

聚林谷，每党不啻数千人，号曰红巾。"① 其中所说的红巾军即是指以平阳人梁兴为首的"忠义社"。他们头裹"红巾"，号称"红巾军"，《中兴小纪》卷2记其事独详：

> 时河东之民，心怀本朝，所在结为红巾，出攻城邑，皆用建炎年号。见有脱身南归者，往往助以衣粮。且言："只俟天兵过河，亦不须多，当藉声势，尽执敌人戮之。"金众之在河东者，稍稍迁以北去。金之兵械，亦不甚精，但心协力齐，奋不顾死，故多取胜。然河东人与习熟，略无所惧。是年于泽、潞之间，劫左副元帅尼雅满寨，几复之。故今捕红巾甚急，然不能得其真，则捉平民以塞责，有举村被害者，故强壮者多奔以逃命，而红巾愈胜矣。②

1127年，红巾军向泽州、潞州一带进兵，金太宗曾派辽降将王伯龙"为莫州安抚，改知泽州。太行群贼往往啸聚，伯龙皆平之"③。可见在金朝统治山西最初的阶段，直到天会年间，泽州地区的局势都十分动荡，至金熙宗皇统时期才日益稳定下来。我们发现，晋东南地区的佛寺庙宇在金皇统以后有一个相继重建的高峰期。像高平地区的开化寺、定林寺，还有举义乡的二仙庙，均在金正隆、大定年间得到了大规模重修。

不只是佛寺，至金代，壶关县、凤台县二仙庙的行宫也先后在晋东南地区的高平县、陵川县扩散开来。高平境内有确切文献记载的，年代最久的岭坡二仙庙即创建于金正隆年间。这座二仙庙位于距离高平县城西南约五公里、牛庄乡岭坡村北边的土山之上。庙内现存的碑刻共5块，其中3块是从（金正隆二年1157）至大定三年（1163）之间的重修碑，两块是清光绪年间的警示碑和禁窑碑。

据正殿石质门框门楣上所刻的金正隆二年（1157）的《二仙庙正殿门楣题记》所记，这座二仙庙庙门是由与高平县接壤的晋城县莒山乡司徒村"众社民

---

① 杨丹：《襄垣县修城记》，收入张金吾编纂，《金文最》（上册），卷25，中华书局，1990年，第343页。

② 熊克：《中兴小纪》（《丛书集成初编》版），卷2，第28页。

③ 脱脱等撰：《金史》，卷81，中华书局，1975年，《列传》，《王伯龙》。

户"捐施的：

> 晋城县莒山乡司徒村众社民户施门一合
>
> 正隆二年岁次丁丑仲秋二十日谨记
>
> 纠首司竫 司停 司谨 成□ 苏立 司完 司宣 司茂
>
> 石匠郑言侄男郑宝
>
> 石匠人 乔进 刘均①

据此推断，岭坡村的二仙庙在最初创建之时，很可能是受到晋城县崇祀二仙的传统影响。

金正隆三年（〔1158〕），高平县举义乡仙□村村众在录事②皇甫谏等人的号召下，共同出力重修献楼土基，所立碑的题名落款全是村长老。从姓氏来看，此时该村应为杂姓村，有焦姓、王姓、李姓、宋姓、丁姓、司姓，但"长老"无疑在重修工程中起到非常重要的组织作用。碑文记载：

> 举义乡……重修献楼……此庙昔大□□□，因□录事皇甫□诚心，□乡众重构前后□殿。□荐献楼高□，月余□□地。瑾等切念献楼土基岁久隳堕，乃忧。勤率村众，命匠增石，创砌正面石阶，益土基址。完葺功垂，方悦众心，故纪其年月矣。
>
> 正隆三年岁次戊寅季秋九月十有九日乙亥刻石
>
> 长老焦瑾、王近、王兴、焦淑、焦渊、焦赟、李和、秦林、焦言、司贵、焦志□、宋政、董德、祁元、李□、王润、李存、苏宝、王乡、李□
>
> 焦彬、□告、秦俊、董□、李赟、焦润、焦□、牛顺、韩□、宋进主、李珏

---

① 《二仙庙正殿门楣题记》（金正隆二年〔1157〕），现存高平县岭坡村二仙庙内。

② 金代，在诸京建置警巡院的同时，于诸府节镇建置录事司，设录事、判官，"掌同警巡使"。此外，录事司均置有用以验实户口的司吏："户万以上设六人，以下为率减之。凡府镇二千户以上则依此置，以下则只设录事一员。不及百户者并省。"（见《金史》，中华书局，1975年，卷57，志38"诸府节镇录事司"条）可见，金代录事司系于诸京之外的诸府节镇城市建置的市政机构，与诸京警巡院职能一致。

焦涛、丁和、苏诚、焦光祖、焦□、赵顺、焦□、李□、秦立、李□、丁□

焦庠、□董、焦□、李完、王德、焦政、王平、焦□、赵春、李达、司□

郭通、宋满、刘真、祁元、元用、韩德、刘方、郭元、成一、司顺、林俊

陇西□询书

石匠乔镇、乔进①

时隔五年，大定三年（1163），岭坡村二仙庙又在录事皇甫谏的倡议下进行重修，"录事皇甫谏等，与众计度，协力同心，不惮工费之劳，经营缉口，缔构二殿，□像容仪，俨然钦肃"。② 不过参与此次重修殿阶的村落是举义乡的丁壁村。与上文同为举义乡的仙□村百姓合力重修献楼比较来看，笔者猜想或许二仙庙内各个殿阁是由举义乡下辖的不同村落分别负责的。从"乡人四时祈祭，揖让升降，陪位序立，有条不紊"③一句也可推断，在当时，二仙庙应为举义乡乡民春夏秋冬进行各类祭祀活动的中心庙宇，并有信众广泛参与仪式活动。碑文后的题名开列的是南坊、东坊、西坊各坊老人的姓名：

南坊老人 韩綦、冯渐、冯佐、冯涛、韩林、冯玘、韩温、邵游、邵乡、张莘、□全、□□、张崇、王□、魏□、张喜、张□……

东坊老人 张□、王□、王中正、张通、郝谨、郝忠、郝甫、王□、王修、王□、王佐、□显、范整、□林、司□、王纪、□□、□□、范准

西坊老人 □□、马贵、□□、范□、马□、靳森、李□、张□、□□、□□、张□、李□④

---

① 《举义乡丁壁村砌基阶记》（金大定三年〔1163〕），现存高平县岭坡村二仙庙内。《举义乡仙□村重□献楼□□记》（金正隆三年〔1158〕），现存高平县岭坡村二仙庙内。

② 《举义乡丁壁村砌基阶记》（金大定三年〔1163〕），现存高平县岭坡村二仙庙内。

③ 《举义乡丁壁村砌基阶记》（金大定三年〔1163〕），现存高平县岭坡村二仙庙内。

④ 《举义乡丁壁村砌基阶记》（金大定三年〔1163〕），现存高平县岭坡村二仙庙内。

这里提及有关东、西、南、北坊的划分，可能与村坊制的施行有关。"村"与"坊"的区分始自唐高祖武德年间：

> 武德七年，始定律令……凡天下人户，量其资产，定为九等。每三年，县司注定，州司覆之。百户为里，五里为乡。四家为邻，五家为保。在邑居者为坊，在田野者为村。村坊邻里，递相督查。士农工商，四人各业。食禄之家，不得与下人争利。工商杂类，不得预于士伍。[①]

此后，坊就多指城邑内居民所聚之处，东、西、南、北坊老人应为高平城邑内的居民。

从正隆二年（1157）至大定三年（1163）岭坡二仙庙历次重修的过程来看，先后有莒山乡司徒村、举义乡仙□村、举义乡丁壁村三村民众协力修建二仙庙，其中的主导力量，是"老人"、"纠司"、"录事"一类在当地享有威望、有号召力，并有组织动员力的人群。

除了珍贵的碑刻资料，这座建于金代的二仙庙还保留了大量珍贵的戏曲文物。二仙庙的露台和露台上雕刻的杂剧图、金人乐舞石刻图，为我们理解当时的地方社会提供了比文字资料更为丰富的信息。

露台最早见于汉唐。至宋金，许多神庙里修建露台，作为戏曲演出的舞台或者祭祀供献的场所。高平岭坡二仙庙露台的东、南、西三面都镶嵌着石兽和花鸟人物图，现在大都剥落不清。其中露台东侧前部有一幅金人乐舞散乐图。图上共刻有人物10人，男、女各5人，前有一男着官服，手持竹竿，经学者研究考证，确认是宋金时期指挥乐舞戏剧表演、引导演出时所用的"参军色"（或称"竹竿子"）的典型样式。[②] 其他五位女性的衣装发式均为汉族风格，只是上衣的左衽有女真人显著的特色。而舞台南侧另外一幅"女真人乐舞图"，有学者对画面人物逐一详细分析后指出，"金人乐舞图中的人物、服饰、风格完全是典型的女真

---

① 刘昫等撰，《旧唐书》，卷48，《志》，《食货上》，中华书局，1975年，第2088—2089页。

② 景李虎、许颖：《"竹竿子""参军色"考论》，《山西师范大学学报（社会科学版）》，1992年，第1期，第69页。

民族的特点"。①

由庙内碑刻的记载可知,露台的图刻和乐舞图应都是在金正隆二年（1157）完成的。它不仅延续了北宋末年杂剧的许多传统,还生动地展现出金代早期乐舞、杂剧发展的样貌,颇具晋东南地区的时代特色。1157 年,山西南部正处于金海陵王完颜亮统治时期,距离金人南下、宋王朝迁都已有三十多年,金人对此地的统治相对来说已经稳固,在社会生活、文化习俗等方方面面的影响和渗透也彰显出来。通过高平岭坡二仙庙的个案,我们看到的金代此地族群关系和文化传统的多样性是与当地独特的政治地理形势相关联的。一方面,高平所在的泽州地区无疑承继了宋代的文化传统,"乐户戏"、"参军色"即为明证;另一方面,泽州又是金人较早进入作为南下基地的区域。1127 年的"靖康南渡"最先在山西境内拉开帷幕。紧随部队南下进攻的步伐,大量女真人南下入居。辽和北宋政权相继灭亡后,女真人迅速涌入山西地区。靖康元年（1127）,宋派遣议和的李若水途经晋地时,女真军队占领区内已经是"番汉杂处",② 所以我们在高平岭坡二仙庙能看到许多金人文化的痕迹。

除了岭坡村二仙庙,位于今天高平市拥万乡中村西北部的南村二仙庙,有文献记载最早的一次重修也是在金大定年间,由"本村维那"出资完成:

> 翠屏一景,山清水秀。中建真人行宫,乃时祈祭之所。原夫真人显圣迹于秦关,施德泽于黎庶。今者宫室既备,藻饰鸠全。奈何基址圮坏,柱础难存,真人无可安坐。今有本村维那谨发虔诚,各舍己财,仍招良匠,遂甃基地,继功于后。岁易年迁,恐不知其首,故记之耳,直书年日而已。
>
> 大定十二年九月
>
> 维那靳琪等③

---

① 景李虎、王福才、延保全:《金代乐舞杂剧石刻的新发现》,《文物》,1991 年,第 12 期,第 37 页。

② 徐梦莘:《三朝北盟会编》（《文渊阁钦定四库全书》版）,卷57,《靖康中帙三十二》,靖康元年（1127）十月引李若水上书。

③ 《重建真人行宫壁记》（金大定十二年〔1172〕）,现存高平县南村二仙庙内。

县志记载，翠屏山在"县东北二十五里"，① 高平与长治交界处的故关，曾长期被当地人称为"秦关"。唐人牛元敬在羊头山《清化寺碑》碑阴就曾记载，"所有当寺方圆八里，东至秦关故道……西至秦关栅村道"。② 按碑文所说，翠屏山的二仙庙乃"真人行宫"，是当地的"祈祭之所"，而倡导大定年间这次重修的是"本村维那"靳姓人氏。

同是在金大定年间，发端于壶关县、凤台县的二仙信仰在陵川也发展起来，经由陵川士人赵安时的改造和宣扬，真泽二仙成为道教系谱下为官方认可的女仙，而关于二女成仙显灵的事迹越来越为人所知，并在晋东南地区广泛流传开来。另一方面，在地方大姓的推动下，二仙庙也成为象征家族力量的符号。

关于乐氏二女悟道成仙的经过始末，除了在壶关县森掌村保留下的唐昭宗乾宁元年的残碑外，后世的文献记载基本都来自金大定五年（1165）陵川岭常村"前南京路兵马都总管判官赵安时"撰写的《重修真泽二仙庙碑》。赵安时，"陵川人，安荣兄，正隆中及第第一，永定军节度使"，③"天德四年（1152）时任太常"，④ 是金代泽州一地颇有名望的士绅。在《重修真泽二仙庙碑》的开篇，赵安时先是铺陈了一番道教中天神所居的"玉清圣境"、"上清真境"、"太清仙境"三处胜境。接着又列举了道教女仙的系谱：从天帝之女到西王金母、九天玄女、上元夫人，其用意在于将乐氏二女也纳入道教女仙的序列中，为下文做铺垫。接着，又对过去文献记载中语焉不详的乐氏二女成仙的过程细致地进行描述，连出生和成仙的具体年份都记载得十分清晰：冲惠生日和佛祖释迦牟尼生日相同，冲淑生日则是当年太子游四门的那个时刻。唐贞元元年（785）六月十五日二女飞升成仙，姐姐冲惠 15 岁，妹妹冲淑年仅 12 岁。在宋代凤台县荀显忠所写的二女以孝心感动上天、飞升为仙的故事基础上，赵安时将成仙的经过做了更为生动的叙述，而且明确指出是"超凌三界，直朝帝所"，强调了其道教成仙的背景，并强调了乐氏二女本是"唐代陵川乐氏二女"，后"移家壶关紫团山"，将乐氏二女与陵川拉上了关系。接着，又讲到乐氏二女移居壶关县飞升成仙后，

① 乾隆《高平县志》，卷5，《山川》，第4页。
② 牛元敬，《清化寺碑》碑阴文（唐天授二年〔691〕），载王树新主编，《高平金石志》，第8页。
③ 光绪《山西通志》，卷15，《贡举谱二》，第4页。
④ 阎凤梧主编：《全辽金文》，中册，山西古籍出版社，2002年，第1415页。

当地百姓为之修庙祭祀，"遂于南山，共建庙宇，迄今洞口留其手痕，村旁老其镰树，琵琶泓之圣字，了了可睹"。二仙也是神通广大，几乎无所不能，"赫灵显圣，兴云致雨，凡有感求，应而不拒。亢旱者祈之，遥见山顶云起，甘霖立沛；疾病者祷之，立睹纸上药云，沉疴必愈。求男者生智慧之男，求女者得端正之女。祈雨者，甘霖立降；病者求之，沉疴必愈；求男者生智慧之男，求女者得端庄之女"。与荀显忠在《鼎建二仙庙记》中的记载一样，赵安时在这篇碑记里又将北宋崇宁年间，二女因为化身农妇、犒劳宋军而得到朝廷敕封的经过做了生动的记述。

碑文接下去的部分则将二仙故事本地化，把"真泽二仙"与"陵川"联系起来。赵安时将陵川西溪二仙庙的创建追溯到一百多年前的宋代，说明二仙庙最初是由陵川秦氏跟其子张志一起创建的：

> 先是百年前，陵川县岭西庄张志母亲秦氏因浣衣于东南涧，见二女人服纯红衣，凤冠俨然，至涧南弗见，夜见梦曰："汝前所睹红衣者，乃我姊妹二仙也。汝家立庙于化现处，令汝子孙蕃富。"秦氏因与子志创建庙于涧南，春秋享祀不怠。

自此之后，张家果然得到了庇佑，"家道日兴，良田至数十顷，积谷至数千斛，聚钱至数百万，子孙眷属至百余口"，可见张家是当地实力很强的一个大家族。

虽然陵川西溪二仙庙的创建全由张家出力，但是二仙的神力却不仅限于护佑其一个家族。至金朝，二仙已俨然成为保佑一隅百姓平安的地方神灵，在祈雨方面的神力也被突出强调。碑中这样写道：

> 逮至本朝皇统二年四月，因县境亢旱，官民躬诣本庙，迎神来邑中祈雨。未及浃旬，甘雨滂霈，百谷复生。及送神登途，大风飘幡，屡进不前，莫有喻其意者。乃托女巫而言曰："我本庙因红巾践毁，人烟萧条，荒芜不堪，今观县岭西灵山之阴，郁秀幽寂，乃福地也。邑众可广我旧庙而居之。"

如碑文所说，金朝大定年间这次二仙庙的重建，起因是"本庙因红巾践毁，人烟萧条，荒芜不堪"，暗示了赵安时撰写碑文、陵川二仙庙整修时重要的历史背景，即经历了地方性叛乱后社会秩序的重建阶段。金大定年间，属于金世宗海陵王统治期间，距离天德五年（1153）迁都已有十余年，"红巾军"一类的叛乱已经得到了平定，可以说属于宋、金关系较为缓和，国势稳定，经济恢复发展的阶段。因此，我们看到大量的庙宇、寺院都在金大定年间重修、重建。

金大定五年（1165），陵川西溪二仙庙的这次重修，起主导作用的还是张氏家族：总负责人是创修二仙庙的张志之子张权和张志之子侄张举、张愿等人，"张志子权与子侄举、愿等，敬奉神意，又不忘祖父之肯堂，乃率渝乡县增修洞之庙，未及成而权化，权之子举与侄愿等，从而肯构之"。重修庙宇所需的经费，一部分是张举及其兄弟张愿"先舍资财"，"举之堂兄阊，独办后殿塑像；堂弟椿等，重翻瓦前殿"；其他的部分则由他们发动周边村落的百姓捐施钱物，"次率化于乡村及邻邑。于时神赫厥灵，处处明语。近者施其材木，远者施其金帛，有愿施功力者，无有远近，咸云奔而雾集，不数年而庙大成"。从文末所开列的二仙庙四至和施地者来看均是张氏家族的成员；从整个重修的工程量来看，张家在大定年间的经济实力十分雄厚，在地方事务中的组织动员力十分强大：

> 神地面东至修填到南北天河；东至张灏，西至填垤外，张众并出入道，北至大河，南至高崖。内栽到诸杂树木，系神所管。施主张通，翻瓦前殿，维那张小琳等。大定五年九月二十有八日鸡鸣乡鲁山村南山庄重修真泽庙，都维那张举同化缘人赵达立石。

金代陵川二仙庙的发展，其实是与张氏在地方社会的崛起密切联系在一起的。一方面，透过整个家族主导二仙庙的创建、重修，他们扩大了在当地的影响力。二仙从护佑一个家族到护佑当地百姓的过程，也可看成是其家族势力在地方不断扩展的表现，其间也得到了地方官的认可和支持。另一方面，在家族力量的经营、推动下，二仙信仰得到了重新被阐释和发展的机会。

在这一过程中，另外一个不能忽略的因素即是陵川当地的士人在其中起的巨大作用。按赵安时自己的说法，这篇碑记乃是应张举的请求而作，关于二仙的来

156

历依据自己亲眼所见的唐乾宁进士张瑜撰《仙墨碑》。可以说，这也是张瑜所撰的《乐氏二女父母墓碑》首次被后人提及。壶关乐氏二仙的故事在晋东南地区得以流传，赵安时所起的作用不可忽视。虽然乐氏二女的信仰最初发端于唐宋壶关、晋城一带，但是，后来二仙行宫的普及和发展则主要始于金代，以陵川为基地。这其实与金元时期晋东南地区特别是陵川、高平的崛起及赵安时一类文人的极力推广大有关系。

四、改庙为观：金元之际汉人世侯树立权威的努力与道教势力的扩张

金朝后期，蒙古人大举向南进攻，山西地区首当其冲成为蒙古人最早进据的地区之一，特别是在中都燕京失守以后，山西地区更成为金朝屏蔽中原、保卫汴京的重要门户。从 1211 年开始到金哀宗正大八年（1231）金朝放弃山西全境，金朝与蒙军对山西地区的争夺长达近二十年。在此期间，后果最为严重的是金贞祐年间蒙古兵对当地的扫荡："金国自大安之变，敌骑之入中原，北风所向，无不摧灭者。贞祐甲戌二月初一日丙申，郡城失守，虐焰燎空，雉堞毁圮，室庐扫地，市井成墟，千里萧条，阒其无人。"[①] 这一年（1214），金宣宗南下迁都，逃亡汴梁。郝经在《郝文忠公陵川文集》中也描述了当时战争的惨烈："时诸方州皆事屠并，争地杀人，不恤其民，且荐饥，更相啖噬。"[②] 这期间，不少山西兴起的地方武装力量纷纷投靠蒙古新朝。贞祐南渡之后，"郡县守宰委印绶去"。[③]山西与河北、山东等许多北方地区一样，出现了大量权力真空，既有的地方社会的权力格局也面临着一系列新的挑战，许多结寨自保的武装割据力量随之兴起，在金、蒙政权之间左右摇摆，成为地方秩序实际的维持者。在投奔了蒙古政权之后，这些人大都被封以官职，成为重建战后地方社会秩序的核心力量。段氏即是兴起于泽州地区、割据一方的武装力量。元人刘因撰《泽州长官段公墓碑铭》云：

---

① 李俊民：《庄靖集》（旧抄本），卷 8，《泽州图记》。

② 郝经：《郝文忠公陵川文集》，明正德二年〔1507〕李瀚刻本，卷 35，《墓志铭》，《左副元帅祁阳贾侯神道碑铭（并序）》，第 16 页。

③ 张起岩：《耿福先世墓碑》，载光绪《畿辅通志》，卷 169，《古迹略》，陵墓五，第 13 页。

> 甲戌之秋，南北分裂，河北、河东、山东，郡县尽废，兵凶相仍，寇贼
> 充斥。公乃奋然兴起，率乡党族属，为约束，相聚以自守。及天子命太师以
> 王爵领诸将兵来略地，豪杰并应，公遂以众归之。事定，论功行赏，分土传
> 世，一如古封建法。公起泽，应得泽，遂佩黄金符，为州长官凡廿余年。①

泽州被攻克后，鉴于其非常重要的战略地位，蒙廷计划另外设置守兵，但
"主将不善制御，恣意侵暴，山民不胜其横，往往自弃为群盗"，反而引发地方
纷扰不断，于是段直"上言愿罢守兵，请身任诸隘"，可见段氏在当地雄厚的实
力和蒙廷深入地方的困难。"为保其无虞"，蒙廷方面只得让步，接受了段直的
请求，以段直佩金符为泽州长官，署为潞州元帅府右监军，长达二十余年。1254
年段直死后，其子段绍隆承袭泽州长官，加武略将军；另外一个儿子段绍先曾宿
卫于王府。段氏在重建地方秩序、巩固自己统治的合法性方面进行了诸多努力，
特别是武功之外的文治方面，更是格外重视，出力甚多：

> 公又大修庙学、堂筵、斋庑、庖厨惟备。仍割负郭良田千亩、购书万卷
> 以给之。州人李俊民在金时以明经为举首，后国朝亦被累征，赐号"庄靖
> 先生"，盖有道之士也。②

因此，我们看到，在金元之交，泽州地区大量的庙宇重建碑文均是由李俊民
这个金元之际的名儒亲自撰写的。具体到各个地方，这种对地方社会秩序的重建
还表现在主导各地庙宇的重修，将过去已有的信仰中心纳入新的被自己认可的系
统之中，赋予其新的合法性。

举例来说，位于张庄、李门之间高平县南的二仙庙即是重建于金元更迭之
际。从地理位置来看，岭坡村二仙庙就位于今天的西李门村，但今已无法确知
"张庄"这一古村落的方位，因为这两块碑刻都只见于后来的方志、文集，碑已

---

① 刘因：《泽州长官段公墓碑铭》，李修生主编《全元文》（十三），卷 466，江苏古籍出版社，1999
年，第 436 页。

② 刘因：《泽州长官段公墓碑铭》，李修生主编《全元文》（十三）卷 466，江苏古籍出版社，1999
年，436 页。

不存，所以我们无法判断这座二仙庙是否为岭坡村的二仙庙。不过，根据文献记载，这座二仙庙在金元之际经历了先被改为悟真观，后恢复为庙，最后又在庙旁新建悟真观，形成庙、观并立的局面。

据 1240 年的《重修悟真观记》记载，高平县南的这座二仙庙乃"居民祈祷之所"。"大金贞祐甲戌岁，国家以征赋不给，道士李处敬德方纳粟于官，敕赐二仙庙作悟真观"①，庙宇也因此得以逃脱战乱兵火的侵扰。

"贞祐甲戌岁"即金贞祐二年（1214），对于泽州地区来说，正是金宣宗迁都汴梁、"贞祐南渡"之后社会动荡不安、②因战乱人口流徙频繁的时期。这篇碑文的撰写者李俊民，是金元之际的名儒，③因不满政治腐败弃官回乡，教授乡里。贞祐南渡后，隐居于河南嵩山。后受段直之邀，回泽州讲学。正是在这一背景下，金政权对基层州县的控制已岌岌可危，赋税难征，故而又采取了在金正隆年间官卖度牒、大师号、寺、观名额的办法来获得钱粮补给。④道士李德方正是利用了这一机会，获得了对二仙庙的主导权，将二仙庙改作了悟真观。又，元人陈绎在《增修集仙宫记》中这样记载："在金之季，中原版荡，南宋孱弱，天下豪杰之士无所适从。时则有若东平严公，以文绥鲁，益都李公，以武训齐。而重阳宗师，长春真人，超然万物之表，独以无为之教，化有为之士，靖安东华，以待真主，而为天下式焉。"⑤由此可判断，碑文中"俾其徒司见真主"的"真主"二字其实揭示了悟真观的全真教背景。

改庙为观后，按碑文所说，是因为考虑到"有慊于心，为其名位之乖也。其意若曰：以庙为观，则是无庙矣；以观为庙，则是无观矣"。所以另外在庙东开辟了一块空地，另外再建一观，"其修斋、行道、拜章、启玄、步虚，华夏仪鸾而引凤者，于此焉观之"。东面的二仙庙继续保留，"其时和岁丰，民无疾疠，

---

① 李俊民，《重修悟真观记》（蒙古庚子年〔1240〕），碑存高平市牛庄乡西李门村与张庄村之间悟真观。

② 金帝宣宗为了躲避蒙古铁骑，于贞祐二年（元太祖九年，1214）下令南迁汴京（今河南开封），"听民南渡"。见脱脱等撰，《金史》，卷 14，《本纪》，《宣宗上》。

③ "李俊民字用章，泽州人，得河南程氏传受之学。金承安中举进士第一，应奉翰林文字。未几，弃官不仕，以所学教授乡里，从之者甚盛，至有不远千里而来者。金源南迁，隐于嵩山。"宋濂等撰，《元史》，卷 158，《列传》，《李俊民》，中华书局，1976 年，第 3733 页。

④ 脱脱等撰：《金史》，卷 50，《志》，《食货五》，《入粟鬻度牒》。

⑤ （元）陈绎：《增修集仙宫记》，载《道家金石略》，文物出版社，1988 年，第 783 页。

吹豳击鼓，婆娑而乐其神者于此焉"。这一权衡之举使得庙、观并存，"各事其事，互不相杂，名与位判然矣"。但是在这一妥协背后，到底是何种力量在起作用，我们不得而知。仅就文字可以看到，二仙庙在当地由来已久，是百姓祈祷风调雨顺、举行各种祭祀活动的重要场所，与悟真观作为全真教道场的性质俨然有别。可以想见，改观为庙在当地可能是阻力重重的。而主导庚子年（1240）真泽庙重修的道士李德方是陵川人，不仅在大朝丁酉（1237）岁"于燕京受戒"后"请以白鹤王志道知神宵宫事"，以道士的身份主导了悟真观的重修。而且，李德方还任金末元初泽州地区负责道教事务的最高官员，"泰和丙寅（1206），奉祠部牒，披戴登坛，为大法师。后七年贞祐改元（1213），赐紫号达妙，充泽州管内威仪"，是当时泽州州郡长官段直的部下，"请以白鹤王志道知神宵宫事，郡长段公从之，俾遂其高怀"，揭示了其与段氏的密切关系。

正是由于庙、观分立，名目不同，所以虽然重修于同一年，李俊民在《重修悟真观记》之外，还特别撰写了《重修真泽庙碑》，简述了真泽庙重修的过程。碑中追溯了真泽庙的历史，"自唐天祐迄今三百余年"，称这座二仙庙创建于唐天祐年间，"水旱疾疫，祷无不应"，乃"庇庥一方"的地方神明。"贞祐甲戌烽火以来，残毁殆尽"，于是当地百姓合力重修：

> 是庙也，自唐天祐迄今三百余年，庇庥一方，实受其福，水旱疾疫，祷无不应。贞祐甲戌烽火以来，残毁殆尽。幸而存者，前后二殿。神且不安，人其安乎？"由是感激奋厉，踊跃就役，斧斤者，陶甓者，版筑者，污墁者，不募而来，不劝而从。缺者完之，仆者起之，绘事之漫漶者色之，不日而新，无愧于初。父老请以其事实之碑。德方笑而诺之。就用其石，慰人心也。其使之敬鬼神，向玄化，振仙风，德方有力焉。①

值得注意的是，碑文刻意强调道士李德方的作用。一面是重修工程完成后，父老乡亲请求李德方撰文记载庙宇的重修事宜；一面是把李德方的文字写成

① 李俊民：《重修悟真观记》（蒙古庚子年〔1240〕），碑存高平市牛庄乡西李门村与张庄村之间悟真观。

"慰人心"的教化之辞，有使百姓"敬鬼神，向玄化，振仙风"的作用。从碑文的叙述可知，张庄、西李门之间的这座二仙庙由来已久，当地百姓到此处祈祷祭祀是有传统可循的。经历了贞祐战火，需要重修的不仅仅是庙宇，其实更是段氏政权的合法统治。于是，我们会看到，受到段氏支持的全真教对二仙庙全面接管，所以才有了改庙为观的故事，有了碑文中道士李德方赋予二仙庙合法性、教化百姓的字句。与之形成对比的是，同在高平县境内的另一座创建于宋代的二仙庙，[①] 同样也未能躲避金元战火的破坏，"残金贞祐复经兵火，东西廊庑等舍焚毁殆尽，幸而存者惟正殿尔"。但战乱平息后迟迟未获重建，"荆榛瓦砾，荒凉四十余年，无一人刮目者"，直到元中统二年（1261）才有几个村落的乡耆老人纠集村众商议重修事宜。个中原因十分复杂，但是，没有像段直这样的地方豪强的介入，在战后很短的时间内仅仅靠民力来聚集足够的人力、物力，想必十分困难。

金元交替之际，社会动荡不安，许多文人儒士往往隐身道流以自保，全真教正是利用了这样一个机会，在北方得到了很大发展。元人虞集记载到：

> 金有中原，豪杰奇伟之士往往不肯婴世故，蹈乱离，辄草衣木食，或佯狂独往，各立名号，以自放于山泽之间。当是时，师友道丧，圣贤之学湮泯渐尽，惟是为道家者多能自异于流俗，而又以去恶复善之说以劝诸人，一时州里田野各以其所近而从之，受其教戒者风靡水流。[②]

同时，因为金元之际北方地区的道教的发展兴盛，特别是全真教得到了元朝廷的认可和支持，使得道士享有很多政治、经济特权，也成为了像段直这样的地方豪强借以利用的一股重要力量。在《重修悟真观记》结尾有一段这样的文字：

> 乃于官西别院，为鹤鸣堂三间，日与方外友弹琴话道，焚香煮茗，诵《周易》、《黄庭》、《老子》书，究诸家穷理尽性之说。与悟真相去五十里，

① 韩德温：《重修真泽庙记》（元至元二十一年〔1284〕）载："其庙始于宋乾德五年丁卯九月辛未，米山暨乡堡等村创建，政和乙未四月重修"，碑在今高平县城东的南赵庄村。
② 虞集：《道园学古录》，《四部丛刊》版，卷50，《真太道教第八代崇玄广化真人岳公之碑》，第1页。

时时往来，适游衍之兴，不以傲为高，不以诞为异，简而和，婉而通，行必合于义，动不悖于礼，其肯诬于神、违于心、慊于心、乱名改作者乎？①

李俊民号鹤鸣老人，这里说的"鹤鸣堂三间"应该是李俊民所建。由"日与方外友弹琴话道，焚香煮茗"，可见李俊民与李德方等人交游之密。鹤鸣堂与悟真观"相去五十里"，李俊民还亲自撰写重修碑文，也足见其与全真教的渊源。陈垣先生曾说："况其创教在靖康之后，河北之士正欲避金，不数十年又遭贞祐之变，燕都亡覆，河北之士又欲避元，全真遂为遗老之逋逃薮。"② 提示后来的研究者注意全真道士与文人儒士之关系。以上这些都说明，金元之交汉人世侯重建地方社会秩序的过程，与高平地方的士人名儒和全真道士的活动是密不可分的。

五、金至明中期地方社会发展的延续性：以南村二仙庙为例

高平县境内规模较大的三座二仙庙，即西李门村岭坡二仙庙、城关镇南赵庄村的二仙庙和今已不存的西李门村与张庄之间的二仙庙，虽然创建年代都追溯到了唐宋，并留下不少金元的资料，但是在元以后，历明朝、清前期，在文献中均没有看到有重修的事宜，只是到了清中后期才有重修。我们在南赵庄村的二仙庙里才能看到清嘉庆年间的重修碑；而岭坡二仙庙里除了金代的三块碑刻，就是清光绪年间的警示碑和禁窑碑了。与之形成对比的是，位于高平市拥万乡中村西北1 公里处翠屏山的南村二仙庙，从金代到清末则不断重修，其发展模式也与金元之交在段氏支持下重建的二仙庙不同，在四百余年的时间里，南村二仙庙几乎一直由地方耆老大姓主导着。

南村二仙庙在金大定年间由"本村维那"组织重修后，到元至元年间，又得到了一次大规模的重建。据郭良撰《大元国泽州高平县举义乡话壁村翠屏山重修真泽行宫之记》记载，这次重修是由"举义乡话壁村""大小人户，齐发心

---

① 李俊民：《重修悟真观记》（蒙古庚子年〔1240〕）。
② 陈垣：《南宋初河北新道教考》，中华书局，1962 年，第 15 页。

愿，自施□财"，"西话"、"南话"、"中话"、"北话"、"东话"分工协力而成：

> 创盖两廊二十二间，壁画塑马二疋；创盖舞楼一座，三门三间；五道殿
> 一座；太尉殿、太保殿前后大小门窗二十余合。里外基阶墁砖，排杖俱全。
> 至今补修三辈，方才完备。①

碑文后题款是"社长秦弘、乡司郭良立石"，碑阴分别开列了东、西、南、
北、中各话出资的人名：

> 西话 郭镇、郭兴、李恩……
> 南话 姬志、姬质、郑通……
> 起盖挟殿中话 任荣、靳安、靳祥、张全……
> 行廊维那北话 □和、张礼、赵匠、杨□、赵思、赵顺、李顺
> 东话 苏□、田故、李秦……

由此可看出，当时的举义乡话壁村应为一个杂姓村，而东、西、南、北、中
话很可能是基于地缘的一种划分，体现了村落内部人群聚落的分布关系。各话百
姓合力修庙，说明翠屏山的真泽行宫已成为话壁村百姓的一个信仰祭祀中心，
"居民岁时致祭，朔而又朔，终而复始"。

与金代岭坡村二仙庙的重修碑相对照，该碑曾提及的丁壁村，与元至元五年
（1339）《大元国泽州高平县举义乡话壁村翠屏山重修真泽行宫之记》所说的
"话壁村"，② 同为举义乡下辖的村；在岭坡村重修工程中发挥主导作用的也多为
维那、纠首、社长一类人。举义乡话壁村则属泽北邑泫水东乡。南村二仙庙最初
即由话壁村的大小人户施财重修。二仙庙所处的翠屏山，"卓立七村之上，上立
佛堂，下有七贤庄，四时花柳青红，溪流东去"。这里，"七村"、"七贤庄"具
体所指为何，碑文语焉不详，只能推测在地缘上可能和话壁村有比较紧密的联

---

① 郭良：《重修真泽行宫记》（元至元五年〔1339〕十二月），现存高平县南村二仙庙内。
② 《举义乡丁壁村砌基阶记》（金大定三年〔1163〕），现存高平县岭坡村二仙庙内。

系。不过，从这些只言片语中，我们可以看到金元时期地方推行的村社制在高平地区得到了推行。按照元代村社制度的规定，"社长"应是从本社的社众中选出的年长有威望的人，因此我们可以看到，在乡村社会具体的地方事务中，"社长"一职发挥作用的范围十分广泛。根据以前学者的研究，在社制推行之后，"社长"的职责不仅是劝课农桑，还扩展到催征赋役，"社"也成为元政府征调差科的基本单位。① 与此同时，社长也常常扮演了处理社众日常生活冲突的重要角色。② 在这几篇重修二仙庙的碑文中，就彰显了"社长"在组织村民重建庙宇的活动中所起的重要作用，绝不仅仅限于催征赋役这类的经济生活范畴。

至元二十一年（1284），南赵庄的二仙庙也得到了大规模重修。经历贞祐战火的破坏，庙宇"荒凉四十余年"，尽管重修动议提出得很早，但因为财力不足，整个工程跨越的时间很长，经过两代人的努力，碑文记载：

> 中统二年辛酉，秦庄秦玉、米山程吉、龙曲村杨德和□张鹏冀等，悯其疏陋，欲议重修，奈力不足故也，乃纠乡人先于庙之东南创修太尉殿、厨舍三间，仍将正殿增换下簷大小椽木，并四周石柱，聊以宁□。厥后诸公相继辞世，庙以阅岁滋久，络未完全，上雨旁风，四壁漫漶，岁时禋祭，罔不伤心。众乃举其忠信者秦庄秦全，移家来守其庙。奉事香火之暇，夷荒翦恶，不惮勤劳。③

时隔二十余年，"逮至元二十年癸未，张鹏冀等邀乡下耆老人等"共同商议重修事宜，得到百姓积极响应，"众皆踊跃，愿一新之"。于是，"验元定老人分数计费鸠工，鹏冀等纠而司之，曾无少息，兼修东庑三间，以为延宾之所"。

可以看出，南赵庄的二仙庙主要由周边几个村落，如秦庄、米山、龙曲的几位"乡下耆老"组织、主导的，特别是秦庄的秦氏，甚至"移家来守其庙"，可

---

① 陈衍德：《元代农村基层组织与赋役制度》，《中国社会经济史研究》，1995 年，第 4 期，第 10—15 页。

② 胡兴东，《元代"社"的职能考辨》，《云南师范大学学报（哲学社会科学版）》，第 33 卷第 4 期，2001 年 7 月，第 41—45 页。

③ 《南赵庄村重修真泽庙记》，碑存高平县赵庄村，元至元二十一年（1284）立石，碑文见王树新主编，《高平金石志》，第 177 页。

以看到二仙庙跟当地家族的密切关系，与金大定五年（1165）陵川二仙庙的重修过程中张氏家族的领导作用类似：

> 大定乙酉志之子权与男举、侄愿等续加增葺焉，始宏大壮伟，为诸寺之冠。①

经过贞祐之乱，陵川张氏家族的后代仍将二仙庙作为祖先基业，致力于庙宇的重修长达十几年。在蒙古定宗丁未年（1247）的《重修真泽庙记》中，李俊民记载了张氏家族苦心经营二仙庙的事迹：

> 值贞祐兵火，节次而毁，半为荒墟。愿之三世孙重信自外归，慨然而叹，锐于起废。自戊戌，经营十年甫就绪。曰殿、曰楼、曰廊庑、曰三门，暨随位尊像，一举而新，复还其旧。张氏子孙，事如家庙，阴受其赐多矣。②

可见，从宋到元，历经几百年，张氏家族始终主导着二仙庙的发展，即使战乱也未能中断这样的传统。金元晋南地区二仙庙修建活动中的人群关系和领导模式，更多地呈现的是一种延续而非变化。

继元至元年间举义乡话壁村重修二仙庙正殿后，到明万历二十年（1592），二仙庙才得以重修，碑曰：

> 大明山西泽州高平县举东乡曰拾陆都南北东西中话□□自古翠屏凤凰凤凰山□龙崗□先朝建立真泽二仙庙宇，先遗留七贤庄民□上者耕读商贾，中者男耕女织，已主从元统三年重修庙殿，又至元二年重□，至□朝万历二十年，殿宇毁朽坏不堪，派继重修彩鲜。二圣宝殿可用砖石包垒墙门神□化咸应，东北诸信士，赵世登□人秦氏、张氏夫妇叩□修理，正蒙□恳乞□胎，圣母和合□□□有孕，□生长命富贵之子。子令遗□代民□有庙，塌毁殿

---

① 李俊民：《重修真泽庙记》（蒙古定宗丁未〔1247〕年），据山西陵川县真泽宫碑文抄件。
② 李俊民：《重修真泽庙记》（蒙古定宗丁未〔1247〕年），据山西陵川县真泽宫碑文抄件。

坏，各庄□□……圣体可存，神□富而长寿□□□□□□□为记耳。

纠首人赵世□、攻□人申如□

施门仙押□（疑为"捻"）靳公勤（中村施主）赵□应孝 赵崇仁 赵崇义

阴阳生 靳思爱书①

由碑文可知，信士赵世登与妻秦氏、张氏夫妇出资修理二圣宝殿，恳祈二仙圣母能保佑自己早得贵子、"富而长寿"，并且发动各庄百姓重修毁坏坍塌的庙宇。至明代，行里甲制，高平地区则主要延续了宋元的乡都建制，即依乡划"都"，一乡辖若干"都"，以县为单位用数字编定"都"序；"都"下辖若干里甲。从上面残碑碑文中"大明山西泽州高平县举东乡曰拾陆都南北东西中话□□自古翠屏凤凰凤凰山□龙崗□先朝建立真泽二仙庙宇"一句就可看出，"话□□"（石碑磨损，推测可能为"话壁里"或"话壁村"）是下辖于高平县举东乡十六都之下的里（或村），即是"县——乡——都——里（村）"的层级关系。

与高平境内的各处炎帝庙类似，明代南村二仙庙的大规模重修也是在万历二十年（1592）左右。在今天的二仙庙内保留着4块刻于明万历二十九年（1601）的重修碑记。从这几块碑文中，我们首先可以获得这样的认识：在明万历二十九年（1601）的重修中，一个很关键的人物是南村袁世冈。《重修西庙记碑刻拓片》写到："县之东乡话壁里古翠屏山前真泽二圣宝殿一区日渐破坏，各社勇猛虔诚□荐维那纠首袁世冈，奉请各庄耆老人等共成圣事。"② 可见各社发起的重修工程，是由南村维那纠首袁世冈与各庄耆老人商议合作完成的；明万历二十九年（1601）《重修药王殿记》上也这样记载到："万历辛丑（万历二十九年，1601）岁众社议修，南村袁世冈纠中村施主靳公勤修药王殿三间，亦塑本殿神像，永为记耳。""众社议修"说明至少在名义上，二仙庙开始由各社共同经营，而袁世冈在其间无疑具有核心地位，因此，在袁世冈离世后，有人感慨地说：

---

① 明万历二十年（1592）碑刻拓片，现存高平县南村二仙庙内。
② 《重修西庙记碑刻拓片》（明万历二十九年〔1601〕），现存高平县南村二仙庙内。

　　至万历二十九年，南村社首袁世冈首倡重修之说，纠领中村、长畛、东庄三村之善士，同修东庑，各认三间。其始也，三村之人心靡不翕然从之，坏者于是乎稍完矣。及世冈谢世，而人心靠矣。俗话云："大家相靠，坏了锅灶"，良不虚也。向之稍完者，急风暴雨，倾否极矣。①

　　可见，这一年大规模重修二仙庙的活动，其意义绝不仅仅是殿阁的整修一新，更重要的是，村落之间的关系也在这样的活动中重新定位。

　　首先是"纠中村施主靳公勤修药王殿三间"。三间药王殿由中村的靳姓家族来主持，《重修药王殿记》后的题名都是靳家的成员："男靳崇典、靳崇善；孙靳思锦、靳思铼；阴阳生靳思爱。"②

　　二仙庙的西庑则由南坑村的韩姓分别携子孙分工重修，袁世冈"请道士张守增，选日阴阳生靳思爱同□进南坑村施主韩尚思、韩仲槐、韩尚枝三人，建立西庑中三楹，带管塑绘大圣，仙姑圣像完矣"③，具体的分工情况如下：

　　　　中一楹韩尚思同男韩世清、韩世□、韩世登
　　　　　　同孙男、韩应凤
　　　　南一楹韩仲槐同男韩尚宽、韩尚扩、韩国喜
　　　　北一楹韩尚枝同男韩国鉴、韩国□④

　　而二仙庙西庙的子孙嗣三楹则是由"北庄施主一族三人"分别建立：

　　　　县之东乡话壁里古翠屏山前真泽二圣宝殿一区日渐破坏，各社勇猛虔诚□荐维那纠首袁世冈奉请各庄耆老人等共成圣事。今有北庄施主一族三人建立西子孙嗣三楹，彩画金妆塑像工完果满，住持道人张守增监工，开列姓名喜拾功德

---

①　赵尚卿：《南村重修二仙宫壁记》（明天启七年〔1627〕），现存高平县南村二仙庙内。
②　赵崇富：《重修药王殿记》（明万历二十九年〔1601〕），现存高平县南村二仙庙内。
③　《重修二仙宫碑记》（明万历二十九年〔1601〕），现存高平县南村二仙庙内。
④　《重修二仙宫碑记》（明万历二十九年〔1601〕），现存高平县南村二仙庙内。

　　　　北正梁一架

　　　　施主先父赵勋，子赵应宽，孙赵崇宗、赵崇光、赵崇住

　　　　南山梁一架

　　　　施主先父赵应登，子赵崇文、赵崇儒，

　　　　　　孙赵世才、赵世邦、赵世长、赵世威

　　　　中正梁一架

　　　　施主先父赵崇政，子赵景柏、赵景梅、赵景杭、赵景桧

　　此外，"灵贶王岩中二圣庙宇"的三间殿宇也分别由两家，即靳姓和申姓负责重修，碑文记载：

　　　　□□住持道士张□□……□塑绘神像为记

　　　　南间 靳东鲁

　　　　男靳思□、靳□昇、靳国昂

　　　　正间 靳守达、靳守光、靳守同、靳守智、靳守宽

　　　　北间 申崇昇、申崇□、申崇孝、申崇□、□靳思………

　　　　时万历二十九年岁次辛丑春孟吉日①

　　万历二十九年（1601）间大规模的重修乃是"各社勇猛虔诚"协力完成，充分体现了中村、南坑村、北庄这几个村在二仙庙的积极活动，不过在其中起主导作用、捐资重修的是"各庄耆老人"，而这些耆老又多以家族的形式组织参与。由碑文中"在野皆知神母之威□，而芳声以下播于海宇，见德泽足以被苍赤，威灵足以震四方"的描述，也可以知道，此地对于二仙的崇拜是民间性的，二仙为民众广泛祭祀。

　　明万历三十一年（1603），又是在袁世冈的倡议下，"纠领中村四家之善士，建大门□于真泽之前，各发虔心，共成圣事"。由此可见，这次重修仍基本是由中村靳姓、张姓等几家人协力完成的。碑中这样记载：

---

　　① 残碑（明万历二十九年〔1601〕），现存高平县南村二仙庙内。

维那纠首人袁世冈、张守增

靳守清，男靳思智

靳守思、靳守英

张□德，男张顶玉、张顶泉、张顶槐

靳守鸾、靳守攒

侄靳分安

靳孟继

靳守乡①

由上述分析可以看到，从金代到明中期，尽管南村二仙庙经历了多次重修，其间也因金元之际和元明之际的战乱受到破坏，但是历次主导庙宇重建的人群始终是其周边村落中的各庄耆老大姓。他们有很强的组织动员力和雄厚的经济实力，在地方权力格局中处于中心地位。

六、从明末清初南村二仙庙的重建看村社间的初步联合

经历了明初的休养生息，到明中后期，高平地方社会才逐步出现稳定发展的局面，多种力量都积极参与到各项地方性事务中。其间，有新兴的士绅和商人，有宋元以来就在村落中拥有雄厚实力的乡耆大姓，更有一直力图加强对基层社会有效控驭的地方政府。而这些投射在信仰系统的层面，表现出的即是其多元化的特征。然而，明清之际的战乱严重破坏了高平地区原有的地方权力格局和各种信仰系统，在重建地方秩序的过程中，我们看到的是村社力量的全面崛起。

明洪武元年（1368），北伐军统帅征虏大将军徐达兵分两路，进取山西。徐达、常遇春所率主力轻取太原。另一路由冯胜、汤和率领的明军，逾太行后，连下泽州、潞州、猗氏（今临猗县）、平阳、绛州。徐达、常遇春夺得太原后，常遇春等率一部攻兴州（今兴县）、大同，徐达率一部连下榆次、平遥、介休。其后，徐、常二将会师平阳，又与冯、汤二将合兵，共取河中府（今永济市），兵

---

① 《补修二仙宫碑记》（明万历三十一年〔1603〕），现存高平县南村二仙庙内。

临潼关，山西悉平。

洪武元年（1368），裁晋城县入泽州，隶平阳府。九年（1376），改为直隶州，属冀南道，隶山西布政使司，领高平、阳城、陵川、沁水四县。

洪武六年（1373）设置十三铁冶所，山西 5 所，吉州 2 所（即富国、丰国冶），太原（大通）、泽（益国）、潞（闰国）各 1 所。顺治《高平县志·舆地志·古迹》载："益国铁冶，在县北十里王降村，元大德间置铁冶都提举司，益国冶管勾一员，副管勾一员，司吏二名，至正间废。明洪武间，徙冶县北二十里。永乐中，奉工部勘合，为炉冶事革罢。"① 成化《山西通志·物产》载："铁，平定、吉、朔、潞、泽州、太原、交城、榆次、繁峙、五台、临汾、洪洞、乡宁、怀仁、孝义、平遥、壶关、高平、阳城俱有冶坑，惟阳城尤广。"②

明初洪武、永乐年间，在山西境内开府的有三位藩王，分别是晋王朱棡，朱元璋第三子，洪武三年（1370）四月封为晋王，十一年（1378）就藩太原府；代王朱桂，朱元璋第十三子，洪武二十四年（1391）封为代王，二十五年（1392）开府大同府；沈王朱模（朱元璋第二十一子），洪武二十四年（1391）封为沈王，永乐六年（1408）就藩潞州（后改潞安府，治今长治市）。有明一代，宗藩的势力成为影响地方社会历史不可忽略的重要因素。

与金元时期的泽州相比，明初这里似乎并没有立刻显现出兴旺发达的景象。高平的城隍庙，"金大定癸卯创建，元皇庆一新之，入国朝，宣德丁未王公惟一一新之；正统辛酉张公玑一新之，然而因陋就简，规制多未备也"。③ 就其文教事业而言，"余高平域大而习淳，则晋诸方冠。入明初百余年，草昧肇夷，奎文郁然未光也。宪孝之际，天下久邕熙，章缝翔洽，而一二贤司牧者，来宣明主德意，招延弟子"。④ 由地方官主持的一系列公共工程，如修城墙、建文庙等等，都是到明中叶以后才稳步开始的。如明正德元年（1506），县令董天粹主持重修米山镇城垣，意在"举四境为郛郭，樊柳险于金汤，鞭蒲凛于刀锯，且将无盗

---

① 顺治《高平县志》，卷1，《舆地志》，《古迹》，第13页。
② 成化《山西通志》，卷6，中华书局，1998年，《物产》。
③ 杨应中：《重修城隍庙记》，载乾隆《高平县志》，卷20，《艺文》，第43页。
④ 刘虞夔：《重修奎光楼记》，载乾隆《高平县志》，卷20，《艺文》，第40页。

之可弥矣";① 明正德九年（1514），"顾民方殿屎之余，性易迁诱，士或波流风靡，不审所趋向，而由值学舍颓敝如高平今然者，施教无所，退息无地"，② 高平知县龚进，教谕史章暨县丞赵宁，主簿刘一中，典史陈洪，训导冯景、陈鉴等人重修文庙，明正德十年（1515）又协力重修县城东的程子祠。③

明初，为防御蒙古各部南下骚扰，明政府先后设置了辽东、宣府、大同、榆林、宁夏、甘肃、蓟州、太原、固原九个军事重镇，史称"九边重镇"，调派百万大军沿长城一线驻守。于是，靠近九边重镇的山西大商小贩和破产少地农民抓住这个机会，蜂拥而至，操起为镇边明军贩运各种生活必需品的生意。同时，因为开中法的实施，晋商抓住有利时机，以地缘优势率先发展起来，借北边屯田，贩运粮食，换取盐引销盐，大获其利。《偏关志》记载："明中叶，益兵增将，络绎于道，营帐星罗棋布，饷用既饶，市易繁盛，商贾因此致富者甚多，起居服物竞尚华靡，习尚为之一变。"④ 明中后期，高平所在的泽州地区，丝织业、冶铁业等手工业的发展也都达到一个新的高峰，尤以潞绸、泽帕名闻天下。

自明万历年间大规模的重修后，到明天启三年（1623），因为暴雨侵袭，庙宇失修，"众村之社首又不忍坐视东庑之倾否，权集六村财□之银共一十四两七钱二分五厘而补修之"。⑤"六村"具体所指是哪六村，在这篇碑文里并没有列出，不过据当地的老人回忆说，大概是南村、化壁、长畛、东岭、南坪、东韩、西韩。我们在二仙庙里看到的1997年才立的石碑上有这样的描述："自古以来，本二仙宫为南村、中坪、化壁、长畛、东岭、南坪六村总社之所。昔时每逢元宵、七月初七，周围数十里群众接踵而来，朝拜进香；平时游客络绎不绝，香火不断，乃一方之名胜。"结合碑文开首"山西泽州高平县举东乡十六都话壁里韩村东二里人民同心，粤稽二仙东庞九间，创自唐昭宗天祐之末年也，其来远矣"一句，可以推断，明末碑文中所说的六村应在韩村东、话壁二里之下的村落范围内。

---

① 刘龙：《米山镇新修垣城记》（明正德元年〔1506〕），载王树新主编，《高平金石志》，第357页。
② 李逊：《重修儒学记》（明正德九年〔1514〕），载王树新主编，《高平金石志》，第514页。
③ 张珙：《重修程子祠记》（明正德十年〔1515〕），载王树新主编，《高平金石志》，第515页。
④ 民国《偏关志》，卷上，《地理志》，《风土》，第29—30页。
⑤ 赵尚卿：《南村重修二仙宫壁记》（明天启七年〔1627〕），现存高平县南村二仙庙内。

碑文之后还详细开列了各项开销，监工秦志收、赵崇盈监督工程的进行：

> 监工秦志收 赵崇盈
> 至四月廿日使尽银一十四两七钱三分
> 六月十六日开工外使布施银
> □□□墙匠人土工吃米二石二斗
> □匠石匠土木吃米工钱共使□
> 邑庠赵尚卿撰
> 邑民赵世宁书
> 石匠赵崇恺赵世华镌
> 时大明天启七年岁次丁卯秋孟月吉旦住持僧人真富①

二仙庙内现存另一块天启七年（1627）的残碑上也记载了秦志收、赵姓、靳姓等人以及长平乡伯坊村王姓一家施银重塑二圣圣像的事情。碑曰：

> 大明国山西泽州高平县西东乡……二里，人民见庙宇损坏，不忍坐视，
> 众施资财……塑金身，感二圣洪恩，赐神水普济……为记。
> 施主秦志收施银□□、赵世□施银二钱、赵世□施□□□、韩世□□□
> 韩世成施□□□、赵自□施银□□□、靳峰刚施银二文、靳□□施银一钱
> 高平县西乡长平伯坊村施主王承训 妻景氏
> □李氏
> 母□□□弟王承德　男　王好仁、妻□氏
> 　　　　　　　　　　王□乐、王二乐
> 时天启七年仲夏吉旦……
> 　　　住持僧真富……②

---

① 赵尚卿：《南村重修二仙宫壁记》（明天启七年〔1627〕），现存高平县南村二仙庙内。
② 残碑（明天启七年〔1627〕），现存高平县南村二仙庙内。

至明崇祯元年（1628），"山西泽州高平县举东乡十六都韩村东话壁二里人民，兴心喜舍资财，共成圣事"，乡耆秦志收等共32人相聚商议重修事宜，"住持僧真富从旁协赞，共成圣事。遂各努力，不惜金资，重新绘塑，金妆点缀而一鲜之"。① 值得注意的是，在崇祯元年（1628）的重修碑中，二仙显化的故事被进一步重新阐释，二仙化身农妇犒劳大军的故事，从北宋对契丹大军的战场，跨越时空挪移到了元末大明军对元军的战场：

> 有二仙圣母行宫，能御灾捍患，雨旸时若。自唐历今，盖亦有年。末甞几废几修。元末，我大明兵驱胡至此，二母显圣，化为餐婢，饭万兵出困，因而国朝纶命肇修，每年春秋血食，岁时笃殿，迄今二百余祀。②

崇祯元年（1628）七月，王嘉胤、杨六、不沾泥等在陕西府谷等地首举义旗，全陕响应。从崇祯元年（1628）至三年（1630），高迎祥、张献忠、李自成等先后起义，陕境共有义军百余部。一部分官兵因缺饷哗变，亦加入义军，并成为骨干。③ 虽然此时战争还未波及高平当地，但是地方士绅无疑已感到时局的动荡，在这个时候强调"我大明兵驱胡"的英勇及二仙圣母显化的神力，其中的用意不言自明。撰碑人赵世宁在文末讲到："翰林院学士姚希孟，因七夕日有圣会，值乡耆聚饮，恳余属文，余不佞焉，敢为难又不容辞，遂据衷抒悃，吐墨数行，勒之于石，以垂不朽耳。"可见，赵世宁与当时的士绅交游很密，他们对于二仙故事的表述体现着其对于明王朝正统性的拥护。

同一年，即崇祯元年（1628），南村秦志收一家又出资新塑三曹老爷金身画殿：

> 高平县话壁里南村新塑三曹老爷金身画殿施主秦志收金仝拾资财祈保平
> 安永为记耳
> 　　秦拴则

① 赵世宁：《南村二庙壁记》（明崇祯元年〔1628〕），现存高平县南村二仙庙内。
② 赵世宁：《南村二庙壁记》（明崇祯元年〔1628〕），现存高平县南村二仙庙内。
③ 顾诚：《明末农民战争史》，中国社会科学出版社，1984年，第50—54页。

施主秦学正男

秦崇□

礼　秦崇印

秦斋则

施主秦志收、男秦国增

秦扎根

□□中里南村寄住施主王门赵氏男王国展

王来住

邑民赵世宁书①

　　从上述几块重修碑可以看出，天启、崇祯年间，与二仙庙联系紧密的"举东乡十六都韩村东、话壁二里"百姓中，以秦志收为代表的一方"乡耆"，无疑在地方有着雄厚的经济实力，不仅多次施资于重修工程，而且有很强的组织动员力。追溯明以来南村二仙庙的发展脉络，能够发现其中有一个变化的过程。明万历年间的重修，主要由三村中"各庄耆老"善士主导，且多以家庭的形式组织，与金元的模式相差无多；到明末，则由众村社首出面组织重修，"六村财头"各出己资，像秦志收这样的"乡耆"无疑在地方权力格局中处于支配地位，村社之间的联合已见雏形。

　　至清代，"六庄"作为共同体更多地出现在二仙庙的各种活动中，康熙二十二年（1683），出资重修庙宇的六庄包括东庄、长畛、南坑、中村、东韩村等各村维首、所出人工和银两都明确地开列在碑文后，可以看到，六庄首次以村为单位，"合村"捐资出工。碑中这样记载：

　　六庄□各出资□□于名刻于后勒石

　　东庄维首……

---

① 残碑（明崇祯元年〔1628〕），现存高平县南村二仙庙内。

宗治

长畛维首人赵　合□　银七两九钱五分

进兴　工七十五工

南坑维首人韩瑾　合村　银壹两□伍分

工叁十四工

靳国盛

中村纠首人申自高 合村 银壹两九钱

靳景隆　工捌十七工

东韩村□玉□氏书

住持道人李太镇　木匠赵宗治

瓦匠姬名旺

石匠秦焕

康熙岁次癸亥律应□捌月念七日①

七、村落间联合机制的形成和跨村落信仰中心的出现：作为“六庄七社公所”的二仙庙

清承明制，顺治五年（1648）继续施行里甲制度，希望通过里甲制度保证赋役征调，实现户籍、居所和田产三者的统一：

令三年编审一次，凡三年编审，责成州县印官，察照旧造册，以百十户口为里，推丁多者十人为长，余百户为十甲，城中曰坊，近城曰乡，在乡曰里，各有长。凡造册人户各登其丁口之数，而授之甲长，甲长授之坊厢里各

---

① 《重修碑》（残碑，碑名不清）（康熙二十二年〔1683〕），现存高平县南村二仙庙内。

长……年六十以上开除，十六以上增注。①

但是在具体实施的过程中，随着社会经济的发展，土地买卖和土地集中加剧，人口流动频繁，编审制度难以推行，里甲组织根本无法严格规划土地与人户。面对日益严重的编审不实和丁银征收中的弊端，清政府于康熙五十一年（1712）二月，实行"滋生人丁永不加赋"的规定：

> 今海宇承平已久，户口日繁，若按见在人丁加征钱粮，实有不可。人丁虽增，地亩并未加广，应令直省督、抚，将见（现）今钱粮册内有名丁数，勿增勿减，永为定额。其自后所生人丁，不必征收钱粮，编审时只将增出实数察明，另造清册题报。②

康熙五十二年（1713），清政府又规定"其征收办粮，但据五十年丁册定为常额，续生人丁永不加赋"③。自此以后，编审制度就失去了实际意义，里甲作为赋役征收的单位也基本走向了瓦解。这项续生人丁永不加赋的政策实施以后，泽州地区的人口编审还在陆陆续续地进行，各县最终停止编审的时间并不完全一致。据方志记载，高平的情况是，"康熙五十二年定为制：续生人丁永不加赋。五年惟一编审，而停岁造。乾隆五年复停编审，以保甲丁额上诸部"④。到乾隆年间，地方政府基本上已经无法再严格控制新增的人口和田土了。

鉴于里甲制度走向废弛，清政府为了加强对基层社会的控制，开始在全国范围内颁布保甲条文，寻找更为有效的乡里组织形式。雍正初年，全国范围内推行保甲顺庄法，以村庄为主的组织结构更适合于实行顺庄和滚单催征法，也很适合于实行注重编查实居人口的保甲制度。高平过去已有的村社组织很适合于保甲制度的推行。同治《高平县志》记载了当时国家地方基层组织的构成情况："高平里旧为一百六十有一，明末更为百里，今循之。里各里老一，地方一，甲各什排

---

① 《清朝文献通考》（《文渊阁钦定四库全书》版），卷19，《户口一》。
② 《清圣祖实录》，卷249，中华书局，1986年影印《清实录》本。
③ 嘉庆《大清会典事例》，卷133，《户部》，《户口》，《编审》。
④ 同治《高平县志》，卷4，第3页。

一，掌其里之赋税。甲各推赀高一人为户头，干没逃亡□其责。乡约则视村聚众寡以为增损，司徭役之征令，人徒之拘集。"① 这基本上是沿袭里甲之名而行保甲之实。

继康熙二十二年（1683）东庄、长畛、南坑、中村、东韩村等共同出资"六庄公修"南村二仙庙的庙门之后，到雍正十一年（1733），"六庄善男信女"又于"七夕之期，公议重修之举"。这次重修工程在资金的筹措和人工的安排上更为制度化："资财出自地亩，人工起于人丁，乃于雍正七年正月十三日开工，至十一年八月十五日内外两院修理完成。"六庄不仅以各自所在的村为单位将所收的粮食折成银两，还各自缴纳地亩银、出人工劳力来支持重修工程的开展。碑文记载：

中村：五次收谷四十三石九斗七升，该作银四十一两八钱九分，四次收地亩银二十五两零三分半，十一次做工一千零九十八工。

南村西社：五次上谷四十七石七斗六升半，该作银四十五两五钱一分，四次收地亩银二十七两四钱七分，十一次做工一千五百一十四工。

南村东社：五次收谷七十一石三斗六升，该作银六十七两九钱九分，四次收地亩银四十两零七钱九分，十一次做工一千七百五十八工。

东庄：五次收谷六十三石八斗九升半，该作银六十两零八钱八分，四次收地亩银三十九两零六分半，十一次做工一千八百零五工。

庄里：五次收谷九十三石四斗，该作银八十八两九钱九分，四次收地亩银五十四两二钱一分半，十一次做工二千五百六十九工。

长畛：五次收谷五十二石三斗一升，该作银四十九两九钱四分，四次收地亩银二十九两八钱，十一次做工一千九百二十五工。

南坑：五次收谷五十九石三斗九升，该作银五十六两五钱八分，四次收地亩银三十四两零四分，十一次做工九百六十五工。②

① 同治《高平县志》，卷1，第20页。
② 赵櫓：《重修二仙宫碑记》（清雍正十一年〔1733〕），现存高平县南村二仙宫内，载王树新主编，《高平金石志》，第249页。

由此我们可以知道，至少在庙宇重修这一类的地方公共事务中，村落之间的联合较少以里甲为单位，而较多以"村社"为单位。"里甲"对于田产和人户的控制看起来相对松弛，而以"村社"为单位来收集钱粮、发派人工的做法看起来在此地更为普遍。之所以如此，可能跟这一时期高平地区里甲制度的实施状况有关。大约到乾隆中期，高平地区人口的编审已经基本停止，而田土的审核可能在更早的时候就已经废止不行。因此在一些跨村境、需要多个村落合作进行的地方公共工程中，以自然村为单位、以村社维首为领导的方式仍是最常见、最有效的一种组织方式。碑文后还特别开列出各村维首的名字和他们各自捐纳的银两数：

> 中村维首 靳景□施银伍钱、靳文炳施银叁钱、申礼王施钱肆钱、申礼□施石柱□□
>
> 靳□□施银伍钱、□学文施银伍钱、□□□施银伍钱、姬进法施棚砖□钱
>
> 秦天富施银叁钱、李建魁施银伍钱、秦瑞施银贰钱、袁魁斗施地补石四拾块
>
> 秦九臣施银伍钱、姬文铉施银贰两、秦复明施银贰两、张九思施银叁钱 张建洪、张锡施银叁钱……①

据此可以推测，"维首"可能是各村落中财力比较雄厚、组织动员力较强的人，在地方各项事务中扮演着比较积极的角色。

从雍正年间重修碑的碑阴列举出的"众乡亲善男信女额外布施"②的名单也可发现，此一时期二仙庙的影响力似乎也有进一步的扩展，前来布施进香的民众超出了"七庄"的地域范围，例如，周边的龙尾村、裴泉村、东平村、苏庄、庄里等村也有信众捐施。

目前，二仙庙里还保留一块乾隆四十年（1775）由中村、南村同立的《南

---

① 赵櫆：《重修二仙宫碑记》（清雍正十一年〔1733〕），现存高平县南村二仙宫内。
② 赵櫆：《重修二仙宫碑记》（清雍正十一年〔1733〕），现存高平县南村二仙宫内。

村永禁匪类碑》。碑文主要列举了一系列针对彼此接壤的两村（南村、中村）的禁约规定，意在整顿风俗、平息事端：

> 议中、南两村永禁赌博；
>
> 禁将无作有，调唆词讼，嚇诈钱财；
>
> 禁盗窃挟私，藉赃诬良；
>
> 禁面生可疑之人，不许容留；
>
> 禁徒流乞丐，不许上门。每逢初十五日大社公给；
>
> 禁酗酒撒泼，沿街叫骂；
>
> 禁自恃权势，凌辱孤寡；
>
> 禁窃人田禾桑麻，损人树木。
>
> 以上数条，各宜凛遵，如有违者，两村议罚，倘若执拗，禀官究处。
>
> 乾隆四十年□月二日
>
> 中、南两村公立①

这块碑刻看似没有任何关于二仙庙的信息，也没有信仰祭祀的内容，但是，将此碑立于二仙庙，并制定了上述整顿地方治安、保护田亩庄稼的禁约规条，可见二仙庙的职能已经不只是祭祀信仰的范畴，对于南村、中村的村民来说，二仙庙无疑还具有其他更为切实的世俗意义——与百姓日常生活息息相关。

至清咸丰年间，不仅有"南村、中村"同立的《南村永禁匪类碑》，还出现了"六庄维首公立"的《六庄七社公议碑》。"六庄七社"这一跨村落的共同体已然形成，"二仙庙"也变成"六庄七社"的"大庙"、"六庄七社公议处"。"六庄七社"的百姓要遵守共同制定的一系列条规：

> 一议：凡有事鸣钟报社，上灯油钱五百文；无故鸣钟，罚钱一仟文。
>
> 一议：各庄社首不许徇私灭公，违者议罚。

---

① 《南村永禁匪类碑》（清乾隆四十年〔1775〕），现存高平县南村二仙庙内，载王树新主编，《高平金石志》，页678。

一议：倘有人鸣钟，鸣够三次，七社维首齐至大庙，如有一社不到，议罚。

一议：境内禁场，不许牧羊，犯者议罚。

一议：本庄各社有事议处不妥，送至二仙庙六庄公议处罚。

一议：凡有窝娼、聚赌、恶棍，犯者议罚。

一议：六庄五谷田苗，不许私窃蹉，违者议罚。

一议：倘有籍棍徒不遵条规，以窃为由，犯者六庄游迎。

一议：境内山场各样树木，不许盗砍，犯者议罚。

一议：倘若六庄七社有事，社首鸣钟不到者议罚灯油。

以上数端条例，各宜遵守。倘有未及载者，临时酌议。①

由上面的规定可知，"六庄七社"的各庄各社要维护共同的"境内禁场"、"六庄五谷田苗"、"境内山场树木"，还要化解彼此间的矛盾和争端，定期在大庙集会议事。而"二仙庙"即是"六庄七社"社首聚集之所和村社权力中心所在地，无论是"议罚"还是"处罚"都要在此执行。"六庄七社"这套村社系统看起来更多的是在屡行保甲的职能，规约的内容几乎涉及地方治安、生产生活事务的各个方面。"二仙庙"至此已经成为这些村落之间实实在在的活动中心，这些活动当然也包括了庙宇的整修和重建。

谈及上述这些整肃风化的规约跟二仙庙的关系，同治年间重修二仙庙的碑文中有一段很有意思的解释：

吾六庄人等，目击心怵，皇皇言不有修葺难缓之意乎？无如庄村居多，人心不齐，善良无所措手邪。俦得以逞志，以致七社不和，几乎将立视其坏而不修也。自咸丰九年，神恩默化，人心协同，咸集庙堂，公议兴工。未及动工以安神，先立约法以宁人，处事以息讼为尚，罚资则工费有资，内捐外募，共期告竣。②

---

① 《六庄七社公议碑》（清咸丰十年〔1860〕），现存高平县南村二仙庙内，载王树新主编，《高平金石志》，页709。

② 《重修二仙庙碑记》（清同治十二年〔1873〕），现存高平县南村二仙庙内。

按照碑文作者的逻辑，咸丰年间七社联合订立规约的动因，乃是六庄百姓想要重修二仙庙。但由于"庄村居多，人心不齐"，担心协调不当导致"七社不和"，所以才于咸丰九年未及动工之前"先立约法以宁人，处事以息讼为尚，罚资则工费有资，内捐外募"，为六庄共同顺利实施重修工程提供良好的秩序。进一步而言，我们可能要提出的是这样的问题：为什么是这六庄七社而不是其他村落的百姓谋求庙宇的重建呢？为什么它们都认为二仙庙如此重要，而不惜花费如此巨大的人力谋求合作？事实上，笔者认为，与其说"六庄七社"这种共同体的结成是二仙庙促成的，不如说"二仙庙"这个中心的建立和经营是"六庄七社"村落关系展演的舞台。重修庙宇的工程很可能只是这些百姓需要共同面对的议题之一。从这个意义上来说，"二仙庙"拜的是什么神并不重要，它流传的是怎样的故事也不重要，重要的是，它日益变成了这"六庄七社"的中心，这个过程中村落关系的整合才是最有意思的课题。

清同治年间这次重修二仙庙的工程历时更长，前后延续了近九年，"六庄七社"之间的分工愈发严密，不仅有负责总领调理工程息讼的人，其他几个村社还会分别选派社首轮流督工。就《重修灵贶宫碑记》的碑文记载来看，"六庄人同心协力，共竭精诚，募化四方，劝善士之辅佐，卜夫七社劳农夫以经营，仅因旧址重新修葺"①。"六庄七社"合力重修二仙庙内的灵贶宫，不仅有耆宾赵铭世、孙小福担任"总领调理工程"，每社还分别选拔一人督工帮办工程。资金的筹集和人工的安排，也遵循"七社均派人丁拨夫做工、地亩捐收钱文"的原则，碑文中将庄里社、南东社、南西社、东庄社、长町社、南坪社、中村社共七社的维首都分别列出。另外一个非常重要的变化是，比起此前重修碑的碑阴中开列的参与捐资重修庙宇的名单，清同治年间两块重修碑的名单长了许多，捐资的金额也增加了不少。从高平县境内大量的"大社"、店铺、当行、票号施钱支持工程的花费，可以推测此时期这一区域商业的繁盛和周边村社正在形成新的格局。《重修二仙庙碑记》的碑阴分别开列的话壁庄、中村、长畛村、南村的信众捐来布施的名单，几乎都是商号、店铺、当行和票号。碑文这样记载：

---

① 《重修灵贶宫碑记》（清同治十二年〔1873〕），现存高平县南村二仙庙内。

话壁庄、陈复金、单邑、皇岗集捐来布施开列于左：

万兴店施钱叁仟文、凤翔店施钱壹仟文、郭垂佩施钱壹仟文

源兴店施钱贰仟文、王泰顺施钱壹仟文、长盛店施钱伍佰文

玉盛店施钱壹仟文、荣泰店施钱壹仟文

以上共捐钱肆拾叁仟叁佰文

恒兴店施钱伍佰文、源盛店施钱壹仟文、东庄村成昱文捐来布施

□德□施钱壹仟文、恒隆店施钱壹仟文、义庆长施钱壹仟文

丰王盐店施钱叁仟文、复成栈施钱叁仟文

元德泰施钱壹仟文……

以上共捐钱拾肆仟伍佰文

中村王春来捐来布施开列于左

松有号施钱伍仟文、恒兴成施钱壹仟文

正兴店施钱贰仟文、长发店施钱壹仟文

长号店施钱壹仟文、东聚永施钱壹仟文

苏裕祥施钱壹仟文、泰兴协施钱壹仟文

张文宽施钱壹仟文

以上共捐钱叁拾仟零五佰文……

长畛村袁增裕许州捐来布施开列于左：

源兴恒施钱伍仟文、协和东施钱壹仟文

天合德施钱伍佰文、恒茂祥施钱壹仟文

林茂恒施钱伍佰文、永发东施钱伍佰文

万顺瑞施钱壹仟文、徐德心施钱伍佰文

隆顺号施钱壹仟文、徐德源施钱伍佰文

五福楼施钱壹仟文、以上共捐来钱贰拾仟零五佰文……

以上共捐钱拾贰仟文

中村靳永发捐来布施：

义兴号施钱叁仟文

三合油坊施钱贰仟文

恒太号施钱贰仟文

人和义施钱壹仟文

景华楼施钱壹仟文……

以上十七条共捐钱贰拾伍仟

南村袁汝梅捐来布施：

袁汝梅施钱肆仟文

德昌店施钱壹仟文……

以上十一条共捐钱拾肆仟

南村徐景龙捐来布施：

诚聚当施钱壹仟五佰文

敬信当施钱壹仟五佰文

长兴当施钱壹仟五佰文

诚意当施钱壹仟五佰文……

以上共捐钱拾捌仟文①

小　结

在论及晋东南地区各地二仙庙的分布时，王锦萍曾提出这样的观点："壶关县树掌镇神郊村的真泽宫，是二仙庙的本庙。……二仙信仰也以建行宫的方式向四周扩散，首先是流传到与树掌镇接壤的陵川地区、紧挨陵川的高平以及壶关本县境内。"② 不过，根据上文我们对唐以来晋东南各地二仙庙创建经过以及传说流变的分析可知，乐氏二女的信仰发端于唐宋的壶关、晋城一带。最初对于二仙来历、祭祀传统的叙述基本上有两条脉络：一条是以壶关县为代表的，一条是以

① 《重修二仙庙碑记》（清同治十二年〔1873〕），现存高平县南村二仙庙内。
② 王锦萍：《虚实之间：11—13世纪晋东南地区的水信仰与地方社会》，第16页。

泽州晋城为代表的。在壶关二仙庙保存的碑文里，二仙得到官方敕封的原因是乐氏二女在当地大旱之时（大观三年，1109）祷雨得应，因而在政和元年（1111）得以敕封；而凤台县二仙庙碑文中所说的则是另外的一个版本：北宋崇宁年间西夏侵扰中原，朝廷派大军出征路过紫团山，二仙化身为农妇为朝廷大军沿途送饭，因此宋徽宗于崇宁二年（1103）敕封乐氏二女为冲惠、冲淑真人，并敕立宫庙，命民间祭祀。

至金元，二仙庙的行宫先后在晋东南地区的高平县、陵川县扩散开来。高平岭坡二仙庙在创建之初，主要受到的是晋城二仙传统的影响。紧随其后，至金大定年间，二仙信仰开始在陵川发展起来，特别是经过陵川士人赵安时的改造和宣传后，真泽二仙的故事开始在晋东南地区广泛传播开来。我们可以看到，在此以后，高平地区创建的其他二仙庙，几乎都延续了赵安时对于二仙传统的描述，在发展模式上也与陵川二仙庙如出一辙。从这个角度来说，二仙行宫在晋东南范围内的普及和发展其实则是始于金代并以陵川为基地的。因此，若要对晋东南地区二仙庙宇的分布状况进行分析，事实上需要我们打破后来行政区划的限制，突破县境的范围，在历史的脉络下重新审视高平县、陵川县、壶关县等地之间的地缘关系、文化关系、人脉联系等等。而从建置沿革来看，陵川跟高平就曾属于同一个"行政单位"，"古今有变易、版章有分合，故沿革不可以不辨。陵川与高平二而一，实一而二，沿其所沿，所以辨其同"。① 陵川作为一个独立的县始自隋朝，隋文帝开皇十六年（596），划高平县东之一部，始置陵川县。唐高祖武德元年（618），在高平置盖州（州治在今高平米山），同时划出陵川县西南部及高平、丹川两县部分区域组建盖城县，县治即今陵川县盖城村，这是陵川县境内第二次置县。盖州领高平、丹川、陵川、盖城四县。盖城县仅存 9 年时间，到武德九年（626）便被撤销。第二年（627）盖州也随之撤废。乾隆《陵川县志》卷2《沿革》末尾有这样一段话，十分精炼地概述了历史上陵川与高平在行政沿革方面的分分合合：

按：州县之名古今多异，独陵川自隋开皇分置以来无别名。其稍有因

① 乾隆《陵川县志》（清乾隆四十四年〔1779〕刻本），卷2，《沿革》，第1页。

革，则元至元二年省陵川入晋城，然亦不久而复置，复置则仍名陵川也。或隶建州，或隶泽州，泽州即建州，非两地也。唐武德元年置盖州，领高平、丹川、陵川三县，并析置盖城县以隶之。盖城故址去今陵川县治五十里，今名盖城，村东曰城东村、西北曰附城村，皆在陵川境。然是时特析置盖城，非改陵川名也。明初虽隶平阳府，后遂改隶泽州，则隶泽州者其常矣。夫以《禹贡》形势论之，尧都平阳，泽为冀州内之近地。沿及虞夏及商代，皆属畿内，非三代来即为赤翟地也。周后王德薄，乃为赤翟所占，晋文纳王以图伯，必先有以制之，而后东道通。厥后宣公十五年，晋师灭赤翟潞氏，十六年灭赤翟甲氏及留吁铎辰，则全境皆为晋有矣。自秦以来陵川皆与高平合，自隋以后陵川皆与高平分。泫氏即陵川，而陵川不能尽泫氏；盖城即陵川，而非以陵川为盖城。此其大略也。[1]

由此可知，在隋以前，高平跟陵川其实同属一个地域行政单位，因此，在很长的历史时期里，二地在文化传统上保持着某种同源性，二仙庙的个案所展现出来的二地在信仰体系方面的共同点即是一个表现。

通过梳理唐以来二仙信仰在晋东南地区的发展状况，我们还会发现另外一个变化趋势，即二仙信仰最初具有十分浓厚的官方祭奠神灵的色彩，庙宇的重修多由地方官主导，到金元时期，越来越多的地方大族将二仙庙作为民间神祠甚至是家族祖先的神庙，在筹措经费、组织信众、兴建庙宇等等活动中起主导推动作用。从唐宋一直到明中后期，尽管经历了几次改朝换代的动荡，然而高平地方的历史脉络却呈现出很强的延续性。金元更迭之际兴起的汉人世侯在泽州地区树立统治权威的一系列努力，及道教势力在此一时期的大兴，尽管在当时都表现出很强的发展势头，但无论是在他们支持下建起的庙宇，还是强行改为道观的民间祠庙，相较于像南村二仙庙这种在里老大姓组织下，由村落百姓建起的神庙，无论是生命力还是延续性方面都大为逊色。从金到明中期，南村二仙庙经历了金元之际、元明之交战乱的多次破坏，但很快都在战后得到了重修，而历次主导庙宇重建的人均是周边六庄的耆老大姓。在唐宋乡里制、金元村社制度下成长起来的

---

[1] 乾隆《陵川县志》（清乾隆四十四年〔1779〕刻本），卷2，《沿革》，第5—6页。

"耆老"成为地方的精英阶层，他们威望很高，有着雄厚的经济实力，不仅与地方官员交游甚密，而且在村落中有很强的组织动员力，对于乡村里兴修水利、重建神庙等方面的地方事务，以及祈祷雨晴等习俗传统都有着广泛的影响。

明清之际可以说是高平地方权力格局重组的一个重要关节，明末频繁的战乱严重破坏了地方原有的权力格局和信仰系统。金元以来在村落中拥有雄厚实力的乡耆大姓，许多也因为明末的战乱而家道中落。另外一部分人则经过明代科举考试获得功名，成为一批新的乡村精英。这些地方精英借由明初的里甲制和明中后期工商业的发展，实力不断壮大，成为推动村社扩张最主要的一股力量。他们往往充任村社的社首、维首，主导着社中各项公共事务的处理。至清中后期，一方面，庙宇的创建、重修不再是个别人、个别群体施善捐资的私人行为，而是变成由村社组织的、村民普遍参与的，依照一定的社规，村社均摊需要的经费和人工的公共工程；另一方面，庙宇的职能因为村社的全面进入而大大扩展了，从过去的祭祀信仰中心到公议社规、调处村落间的矛盾的场所，村社甚至承担起整顿治安、催征粮银、重建灾后社会秩序的责任。

从"官军之庙"到"商人之庙"

——从蔚县玉皇阁之例看华北边镇的社会变迁

蔚县地处河北省西北部,张家口地区的最南边,古称蔚州,也称蔚萝。今日蔚县的北城垣上有一座玉皇阁,气势恢弘,整体建筑保存相当完整,分前后两院,建筑在同一中轴线上。前院由天王殿、东西厢房等组成,后院正北耸立着玉皇阁正殿①。玉皇阁创建于明初,明清两代历经修葺,皆立碑铭志。这些重修碑

蔚县玉皇阁

---

① 蔚县玉皇阁由于历史悠久、保存完好,被列为国家重点文物保护单位,因而受到一些古建筑研究者的关注,纷纷著文评说。如赵鸣:《古城名刹蔚州玉皇阁》,《古建园林技术》,1997 年第 4 期;韩立基:《蔚县城垣与玉皇阁》,《文物春秋》,1994 年第 2 期。

都树立在玉皇阁后院正殿门口两旁的碑亭里①。碑刻展现了历次重修玉皇阁的过程，而各次重修时，都有不同的群体参与进来。这些参与者的身份以及玉皇阁在当地社会中具有的功能都随着蔚州社会的变迁而逐渐发生着改变。本文将通过解读玉皇阁的历次重修碑，透过这座庙宇的演变呈现明清华北边镇要塞之一——蔚州的社会历史变迁轨迹。

一、从"靖边楼"到"玉皇阁"

蔚县地处冀西北山间盆地南部，地形复杂，恒山（古称常山）余脉由晋入蔚，分南北两支环峙四周。境内的主要河流——壶流河，发源于山西广灵县，自西南由暖泉镇流入蔚境，横贯西东，"曲环城北，复折东南，由定安县西界汇入桑干"②。蔚县的山川形势使得该地形成了南部深山、中部河川、北部丘陵三个不同的自然区域。南部山区中自西南向东北密集分布着石门山、玉泉山、翠屏山、黑石岭、莲花山、九宫山、小五台山等许多山峰，崇山峻岭，蜿蜒曲折，阻隔了南北的交通。在这些广袤延绵的群山之间盘亘着松枝口峪、九宫口峪、北口峪等数个峪口。这些峪口历史上是山西与蒙古通往华北平原的必经之地，故蔚州"素为临边用武之地"。古人曾这样评述蔚县地理位置的重要性："蔚，古代郡也，后控大漠，为负险之邦；前邻常山，号宝符之地。"③ 正是由于独特的自然环境及沟通华北平原与蒙古交通的咽喉位置，使得蔚县自古以来就成为塞外游牧

---

① 现存玉皇阁的历次重修碑刻共8通：明嘉靖二十三年《苏志皋题词碑》；明万历四十二年《蔚萝重修北城垣玉皇阁神祠碑志铭》；清康熙五十八年《重修蔚州北城玉皇阁碑记》；清乾隆三十二年《重修城北玉皇阁配室碑志铭》；清乾隆四十六年《重修碑记》；清道光二十五年《重修玉皇阁碑记》；清光绪二十三年《蔚州正堂出示晓谕碑》；清光绪二十三年《重修蔚州北城玉皇阁碑记》。现收录于邓庆平辑录：《蔚县碑铭辑录》，广西师范大学出版社，2009年，第80—81页，第92—97页，第100—111页，第114—117页，第120—129页。

② 顺治《蔚州志》上卷子集，"方舆志·山川"，清顺治十六年刻本，第17a页。

③ 崇祯《蔚州志》卷1，"舆图"，《日本藏中国罕见地方志丛刊续编》第1册，北京图书馆出版社，2003年，第328页。

民族与中原王朝之间干戈不断的战场，其地也在不同政权间频频易手①。

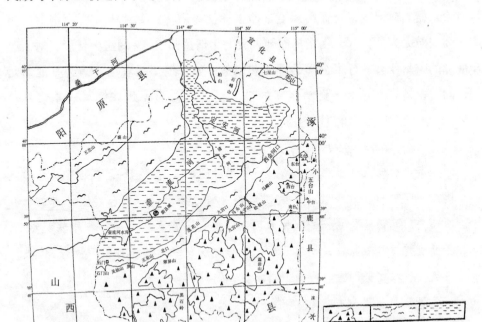

蔚州主要山川和关隘简图
（资料来源：《蔚县自然地理》附图，《蔚县文史资料选辑》第一辑，1986 年）

明初洪武二年（1369），明军攻至蔚州城下，元蔚州知州楚宝善举城归附②。其后，该地辖境被分割为民政与军事两套系统，即隶属于山西大同府的蔚州和隶

---

① 战国时，为抵抗匈奴，赵肃侯修筑长城于蔚境南部。汉武帝时蔚地曾陷于匈奴。东汉建武二年（27），将军王霸曾"弛刑徒六千余人，与杜茂治飞狐道"，以防备匈奴。注云："飞狐道在今蔚州飞狐县，北通妫州怀戎县，即古之飞狐口也。"（参见《后汉书》卷20，"铫期王霸祭遵列传"，中华书局，1965 年，第737—738 页）东汉建安二十三年（218），鄢陵侯曹彰征讨代郡的乌桓部族，将其赶至桑干（桑干河与壶流河汇合处西南）。西晋刘琨征讨石勒，败走飞狐。隋末其地陷于突厥，唐贞观五年（632）破突厥，复故地。此后突厥与唐朝军队还屡屡在此交战。乾符四年（878），沙陀人李克用开始进犯中原，蔚地自此沦为战争割据地。契丹兴起后，屡次南征。后唐庄宗天祐十三年（917），"阿保机攻晋蔚州，执其振武节度使李嗣本"（参见《新五代史》卷72，"四夷"，中华书局，1974 年，第887 页）。后晋高祖天福三年（938），石敬瑭将妫、儒、云、蔚等十六州并图籍献于契丹。宋太宗雍熙三年（986），宋伐契丹，田重进进兵飞狐道，四月"至蔚州，其牙校李存璋、许彦钦杀大将萧啜理，执其监城使、同州节度使耿绍忠，以城降"（参见《宋史》卷5，"太宗本纪二"，中华书局，1985 年，第78 页）。
② 乾隆《蔚县志》卷30，"艺文·重修城楼记"，《新修方志丛刊》边疆方志之二十八，台北：台湾学生书局据乾隆四年刊本影印，1969 年，第631—632 页。

属于万全都司、受宣府镇节制的蔚州卫，所谓"分州之余以为卫也"①，州卫同城而治。据史料记载，首任蔚州卫掌印指挥使为周房，无为州（明南直隶庐州府，今安徽无为县）人，由指挥同知洪武七年任蔚州卫②。周房到任后，对于经历战乱的蔚州社会进行了全面的重建和调整，如修筑"雄壮甲于诸边"的蔚州城，同时也是蔚州卫城。嘉靖年间的御史杨百之曾为蔚州城撰写《重修城楼记》，介绍了周房修筑蔚州城的情况：

> 甲寅始设卫，领五千户所。指挥周房因旧址筑城……城四面中央各建重楼，下则辟门以通耕牧……城四角各有楼，如门制。敌台以座计者二十有四……门外仍建瓮城……北故无门，而楼则与东西南并峙。城外包以砖石，高厚峻整，极为坚致，屹然云朔一巨防也。窥者知其不可犯，号为"铁城"，而边人称城之坚固者，亦必曰蔚州。③

城北垣无门有楼，称"靖边楼"，这也就是后来的玉皇阁。方志中有记载："玉皇阁，即靖边楼也，在北城垣上，明洪武十年卫指挥周房建。"④ 至于靖边楼何时成为玉皇阁，方志中并无记载。所幸的是在现存的玉皇阁重修碑文中保留下记录。据明万历四十二年所立之《蔚萝重修北城垣玉皇阁神祠碑志铭》中云："爰命将军周公房创建城池，正北隅树飞楼于其上。迨成祖□□□□□□□，协总戎孙公成守此，奉玉帝神像于其中。"因碑文字迹不清，无法确定崇祀玉帝像的具体时间。清康熙五十八年立《重修蔚州北城玉皇阁碑记》也说道："有城即有阁，阁因城而建，初未尝祀神也。"而对祀神的时间则有明确说明："蔚州城垣创建于故明洪武乙酉⑤，城楼凡二十有四，独北楼弘整而高峻，意或有所不能起建城之。周将军房于九原而□之矣。正德间，孙公成以协镇守兹土，奉玉帝其中。"

---

① 乾隆《蔚县志》卷2，"建置沿革"，第99页。
② 光绪《蔚州志》卷1，"历代职官表"，《中国方志丛书》塞北地方第二十九号，台北：成文出版社据光绪三年刊本影印，1968年，第28页。
③ 乾隆《蔚县志》卷30，"艺文·重修城楼记"，第632—633页。
④ 乾隆《蔚县志》卷25，"祠庙"，第518页。光绪《蔚州志》卷6，"祠祀志"，第88页下。
⑤ 洪武无乙酉年，明初乙酉年有永乐三年，此处当为误记。

可见，玉皇阁本非神祠，乃是因号称"铁城"的蔚州城的北城楼"靖边楼"中奉祀了玉皇神像才逐渐形成的。"靖边楼"仅从名称就不难看出其中的政治象征意义，御敌守土，安靖边疆，正是明代北方边镇社会的要务。

有明一代，北边防务一直是令明朝廷十分头疼的问题，尤其是宣德以后，蒙古瓦剌部兴起，兼并鞑靼部后，势力日趋强盛。从此，北方边塞，尤其是宣大地区，可谓边尘风起，狼烟在在。究其原因，乃在于"辽东山川险阻，林木茂密，地方窄狭，虏贼间或侵犯，难于久住；陕西、延绥边

蔚县城古城图

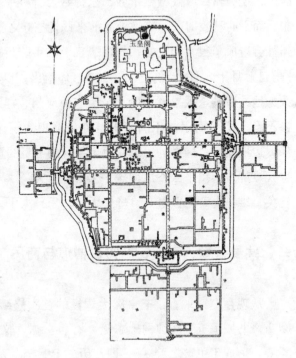

蔚县城古城图

（资料来源：《蔚县城古城图说明》附图，《蔚县文史资料选辑》第一辑）

备颇固，少见贼入；宁夏恃贺兰山之险；甘肃止一线之路，且屯堡数多，贼人不等。惟大同宣府一带，山川旷阔，水草便利，往过来续，未有宁岁"①。位于宣大肩背之地的蔚州与蔚州卫，在明中期，尤其是正德、嘉靖年间，屡受蒙古人侵掠，历经战乱。据史料记载，正德九年（1514）九月，"虏五万余骑，自宣府万全右卫新开口入，逾怀安，趋蔚州等处劫掠"②。嘉靖二十三年（1544）十月，"虏至蔚州洗机利台"③。嘉靖三十二年（1553）八月，"虏分兵东犯蔚州，西闯

---

①　陈子龙：《明经世文编》卷61，"余肃敏集·边防·军务等事"，中华书局，1997年，第489页下。

②　《明武宗实录》卷116，正德九年九月壬戌条，台北：中央研究院历史语言研究所校勘印行，1962年，第2344页。以下所引各朝明实录版本并同。

③　《明世宗实录》卷291，嘉靖二十三年十月戊寅条，第5584页。

平刑关，入掠代州、繁峙县等处"①。嘉靖三十八年（1559）八月，"敌寇顺圣东西川，抵蔚州，攻破城堡十数，杀掠数万计"②。这些史籍所记乃规模较大的侵犯，而平时秋收时节，零散数骑前来侵扰掠夺之事更是数不胜数。这些侵扰给蔚州社会造成了很大的危害，如嘉靖三十二年蔚州被犯后，巡按宣大御史毛鹏言："虏自七月十六日入境，至八月初七日始出，以二十余万之众，经二十余日之久，地方遭其杀戮抢掳，殆无余类……应州、浑源、广昌、蔚州等处被其荼毒，惨不忍言。"③ 而正德年间将玉皇神像奉祀入靖边楼中，大概也是想凭借神佑，保障边地安靖。这样的思想在万历年间的玉皇阁重修碑文中也可以看到："蔚萝世代雄郡也，摄乎云谷之间……号锁钥重地。"又铭曰："是建地巩金汤，楼飞轮奂，维皇上帝仁覆群灵，烽燧无警，乐只太平。"

二、共襄善举：官军、绅衿、僧道与商民

从现存史料来看，玉皇阁大规模的首次修缮是在明万历四十二年，有《蔚萝重修北城垣玉皇阁神祠碑志铭》存世。据碑文中所称，该役"经始于己亥之季春，落成于甲寅之孟夏"，即万历二十七年至万历四十二年。碑文称，在该次重修之前，玉皇阁已经庙貌残破，可是"蔚士民每动覆篑掘井之嗟，谋所为鼎革者，欲请诸上台而不果"。至山西道士贺清善于万历戊戌春，即万历二十六年成为此阁的住持，遂"日夜跪诵真经，历寒暑不辍，由是声动"，于是各方官绅商民均踊跃捐资助善，由是鸠工聚材，重修玉皇阁。经过大约十五年方大功告成。此次重修工程的规模非常大：

> 高阁周建，长廊四起，上则玉帝而仙童女仪侍之，下绘诸圣十五龛。巡而南为山门，而外设壁，与门称。内建龙虎殿，直其北峙为坊，而题金匾曰"清微宫"。无极大帝坊之东西向南为钵堂、斋舍，各三楹。而庖厨、□□厦对立者，各四楹。层而上翼以钟鼓楼，则晨铭月暮敲风者在焉。自内达

---

① 《明世宗实录》卷401，嘉靖三十二年八月乙亥条，第7023页。
② 光绪《蔚州志》卷18，"大事记"，第256页上。
③ 《明世宗实录》卷402，嘉靖三十二年九月己酉条，第7039—7040页。

外，上下周围，金碧辉煌，琉璃灿熳，龙蟠凤翥，鸟革翚飞。①

除了重修玉皇阁内的设施外，贺清善又恐焚修无资，难以持久，"故于太平、吉家庄等处创为诸神祠，而置地若干亩，号曰'香火院'"。虽然我们无法得知此次重修之前，靖边楼在奉祀玉皇神像后，楼阁设施有何变化。但是从此次重修的碑文来看，万历年间的这次规模大、历时久的重修，几乎是完成了一座庙宇所需要的所有内部建筑。可以说，经过此次修缮，"靖边楼"才真正变成"玉皇阁"。

明代重修玉皇阁碑，有龟形碑座，明万历四十二年立

此次重修，有大量不同身份的人员参与捐资，并题名于碑阳之末和碑阴。笔者抄录并粗略整理如下：

表1　万历重修玉皇阁题名情况统计表

类　别	身　份
州官	赐进士第出身奉训大夫知蔚州事推升户部员外郎、蔚州儒学训导、蔚州儒学学正、吏目
卫官	钦差守备蔚州城地方以都指挥体统行事指挥佥事、蔚州卫□□指挥、蔚州卫管屯指挥、蔚州卫巡捕指挥、蔚州卫指挥、本卫掌印管屯千户、致仕千户、本卫掌印百户、桃花堡防守

---

① 明万历四十二年《蔚萝重修北城垣玉皇阁神祠碑志铭》，《蔚县碑铭辑录》，第93页。

类　别	身　份
乡贤	赐进士第南京户部尚书太子少保、赐进士第巡按陕西直隶江西御史、赐进士第中宪大夫河南怀庆知府、赐进士第河南中牟直隶东明知县、钦差镇守蓟镇昌平山西等处总兵、钦差镇守蓟镇山西宁武等处总兵、钦差镇守辽东兼理备倭总兵、钦差镇守陕西等处驻扎固原总兵、钦差协守宣府驻扎□营堡副总兵、钦差分守蓟镇石门寨参将、钦差分守山西北楼口参将、钦差分守蓟镇松棚路参将、钦差统领辽东沈阳游击将军、钦差统领陕西入卫游击将军、山西军政金书城操巡捕都司、乡进士陕西平凉府同知、乡进士陕西巩昌府同知、乡进士直隶河涧府献县知县、乡进士直隶河涧府兴济知县、乡进士四川成都府罗江知县、乡进士陕西凤翔府岐山知县、乡进士江西广信府弋阳知县、乡进士山东兖州府钜野知县、钦依辽东盖州城守备、山西草垛山守备、宣府南路坐营、宣府东路千总、宣府东路把总、宣府西路把总、会武进士、武科乡试、乡进士、闾学生员、乡耆、监生、省祭、义官、本州木铎老人、施财功德主
外地人或在外地做官的本地人	宣府镇城人　钦差山东春班游击、钦差山东秋班游击、察院门下官
	太原府训导、河南河内县典史、光禄寺署丞、陕西洋县典史、鸿胪寺序班、太原府祁县典史、易州州同、易州仪宾、宣县典史、汝州州判、浑源上盘驲驲丞、永平府知事、临桃桃阳驲驲丞、儒官、柴沟堡守备、宣府左卫经历司、金家庄防守、宣府前卫经历司
僧道	署道正司印、本城道人、各乡观道人、本阁下募化重修住持道人、大士庵住持、白衣庵僧
商人	本城铺行（均为商人题名，无商号题名）
普通百姓	本城善众、各乡村善众

通过上面的题名统计表可以发现，此次重修集结了蔚州当地各种人群：

首先是蔚州的地方官、蔚州卫的世袭武官，这是州卫地方官的体系。其中，蔚州地方官只有数人在碑阳末端列名，而碑阴题名中，则列有大量蔚州卫的武官。

其次是大量蔚州及蔚州卫在乡试、会试中考中功名并在外任官的乡贤、本地生员、各种耆老乡官。如碑阴首行题名者均为蔚州及蔚州卫的地方乡贤，有蔚州籍进士郝杰、史东昌、裴栋，蔚州卫籍进士乔廷栋。这也是当地在嘉、万年间最有影响力的几位名宦。[1] 紧随四人之后的是蔚州、蔚州卫籍的文武官员。还有一些外地的文武官员，从方志和武职选簿等资料中都找不到这些人的相关记载，所

---

[1]　郝杰，嘉靖丙辰科（嘉靖三十五年）进士；乔廷栋，万历己丑科（万历十七年）进士；史东昌，万历戊戌科（万历二十六年）进士；裴栋，万历辛丑科（万历二十九年）进士。参见光绪《蔚州志》卷8，"选举志"，第102页上。

以无法判断他们是否为在外任官的蔚州本地人。

再次就是僧道、商人以及城中和各乡村的普通善众。

从这块重修碑中不难看出，此次修缮规模之宏大，参与人数之众多，几乎涵盖了蔚州及蔚州卫所有人群。尽管在碑文中没有显示出各位善人捐资的具体数额，但是从题名者的数量和列名次序等情况来看，此次万历年间的玉皇阁重修，官军、士绅的力量很大。

玉皇阁正殿外两廊的立碑

自万历年间重修之后，历经百余年的时间，玉皇阁始终未经修缮，至康熙末年才再次修缮，有康熙五十八年《重修蔚州北城玉皇阁碑记》记载此次重修活动。此次重修，乃为住持僧本洁首倡，因不忍见楼阁倾圮，于是毅然募化善金修葺之，"除士民捐赀外，又出己生平所积之经费六十余金，积三年而工告竣"。知州冯敬玉题名于碑阳之末。碑阴题名除宣镇蔚州路中军守备王道民、宣镇蔚州路援兵营把总李晋锡等武官以及住持比丘本洁和徒弟、徒孙外，其余都是蔚州各乡村的士绅、铺户商人和普通百姓。以"本城绅衿"题名的多为蔚州及蔚州卫著姓望族的成员，如魏象枢之子魏学诚，暖泉董氏的揆叙、功叙、畴叙、秩序四兄弟，以及蔚州卫李氏的李令望、李树望、李铣望、李德望等人。之下则分别是本城铺行、吉家庄铺行、白乐铺行以及各乡村善众的题名，笔者简单统计如下：

题名	本城绅衿	本城铺行	松枝口	吉家庄铺行	白乐铺行	庄窠堡	百树村	康家庄	褡裢沟
数量	25	65	16	12	8	9	4	8	15

其中，本城铺行的题名中，仍多为商人姓名，而没有商铺的名号，但是有"当行"题名，可见此时当行已经有行业性的联合组织。吉家庄和白乐是蔚州卫的市集，其下所题皆为商铺名号，而极少出现商人姓氏，基本为商铺，也有当铺，可以看出清初蔚州卫属的集镇在商业上也开始兴盛起来。其他各乡村题名的都是普通善众，并无任何功名身份。从各种身份人群参与捐资重修的数量来看，铺行数量约 115 家，其中当行是以整个行业联合的方式参与进来的，所以铺行总数要多于 115 家，而绅衿仅 25 人，还有多人为同宗亲属，各乡村善众总数也仅52 人。因此商户的总数已高于绅衿和普通百姓数量的总和。可以说，此次重修中，商人的力量已经逐渐超越了地方官和士绅、普通百姓。

乾隆二十六年（1761），玉皇阁补修配室，至乾隆三十二年（1767）完工，立有《重修城北玉皇阁配室碑志铭》记录修建始末。直隶宣化镇蔚州路参将陈镇国、蔚州知州刘致中等文武官员以及蔚州儒学的生员等列名于碑阳之末。住持道人王□存及其徒、徒孙等人募化善金。碑阴有大量题名，可惜字迹模糊不清，可以隐约辨认的均为人名和商铺。上半部分的题名皆为本城善士和商铺，可以辨认出大量"□□店"、"□□铺"的题名。下半部分为蔚州各乡村的善众题名，隐约可以辨认出东七里河、逢驾岭、东破寨、中石化、北石化、北阳庄、卢家堡、陈家涧、辛庄儿等乡村名称。善人、商铺总数约在 2000 以上。经领善人为16 位，不是玉皇阁的住持僧道，也不是官宦、生员，可能是下层士绅或者商人。

通过以上描述，大致可以说，万历、康熙、乾隆三次不同时期的重修玉皇阁活动，都由住持僧道首倡并四处募化，有地方官的积极介入，捐资助善者包括了文武官员、地方士绅、商户、普通乡民等，而商户的力量则逐渐突出，这与蔚州地区在明中叶以后商业的发展有很大的关系。

前文已述，蔚州在历史上历经战乱，明初，大量军户移民进入，蔚州卫设立。作为北边的军镇要塞，明正德、嘉靖年间，蔚州屡受侵扰。至隆庆和议之后，更为和平安宁的局面使当地的社会经济获得恢复，所谓"世庙之时，俺答无岁不犯，孽孙就糜，六十年人不知兵"①，"迨至明兴，虏酋叩关，款塞通贡，隆庆以来，世际清平，间阎殷富"②。蔚州地近边防重镇宣府、大同，其地南部有数个峪口通往山西、内蒙等地，是明朝往宣大运输军需、客商贩卖货物的要道。明代发达的水陆官府驿站，成为商品运输的首要选择。

杨正泰经过详细考证而绘制的《长城沿线驿站分布图》显示：

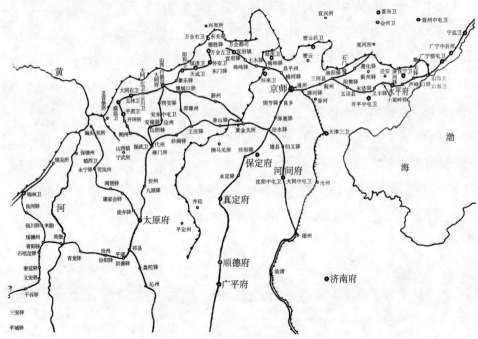

长城沿线驿路分布图（嘉靖、隆庆年间）

（资料来源：杨正泰《明代驿站考》附《长城沿线驿路分布图》。）

从京师出发，南下从良乡、涿鹿，经紫荆关，过蔚州，由此可进入山西，通向大同。另外有从山东德州经河间府、雄县、紫荆关、蔚州至大同的驿路，其间

---

① 崇祯《蔚州志》卷1，"疆域"，第328页。
② 明万历十三年《重修关王祠记》，现存蔚县南留庄镇单堠村关帝庙院内，《蔚县碑铭辑录》，第331页。

还有经蔚州分小路而北达宣府镇的商路①。蔚州南部的几个峪口在明代就已经成为商贩往来频繁之地，如九宫口峪，顺治年间州人张大猷修建九宫口桥，郡人聂源为之撰写碑记，讲到："蔚郡东南四十五里许，村名九宫口，《广舆记》所载九宫山也。其峪南通荆、马二关、北达云、宣二镇，居人土物，往往兴贩者，蹄踵如织，尤孔道云。"② 可以看到当时客商走贩的繁盛景象。来往的商贩经由蔚地，而蔚州的物资供给亦逐渐仰赖行商，"缯纨之来自充、豫，橘柚之产于东南，即絺绤迎暑，木棉御寒，尚须取资于商贩。问婢以织，茫如也"③。运输工具则是高脚骡驮，俗称骡帮。穿行在深峪，昼夜络绎不绝。据当地人的调查，郑家庄、上苏庄、北口等村，都出现过拥有百条以上的骡帮大户④。

进入清代，由于蒙古的内附，加之康熙、雍正、乾隆年间对蒙古各部落的叛乱行动都进行了军事平叛，也抵御了沙俄势力的入侵。在这样的政治环境下，边境线大幅度北移至漠北喀尔喀之外，大同、宣化等明代边防重镇不再处于边防线上，而是成为沟通中原腹里与内蒙地区的重要通道。在康熙三十年（1691）多伦会盟后，应蒙古部众的要求，康熙帝准许内地汉商出长城深入蒙古各地进行交易。随着越来越多的汉商日益深入蒙古各个角落，张家口等昔日的边防重镇逐渐转变为旅蒙贸易的中转站。还有学者考证，至少到乾隆中叶，张家口已经成为中俄恰克图贸易的重要转运枢纽⑤。民国时人在对口北六县进行调查时，曾发出如许感慨：

> 终明之世为边防重地，清由满洲入关，奄有北国，乃设张家口、独石、多伦额尔三理事同知，以听蒙古人民交涉之事。自此烽火不兴，商农聚集，情势与古大异。盖明为屯兵之地，至清以政治统之也。⑥

---

① 杨正泰：《明代驿站考》附《长城沿线驿路分布图》，增订本，上海古籍出版社，2006 年，第131 页。

② 光绪《蔚州志》卷 5，"地理志下·津梁"，第 67 页。

③ 顺治《蔚州志》上卷子集，"方舆志·物产"，第 25 页。

④ 田永翔：《飞狐古道的今昔》，《蔚县文史资料选辑》第 2 辑，1987 年，第 9 页。

⑤ 许檀：《清代前期北方商城张家口的崛起》，《北方论丛》，1998 年第 5 期。

⑥ 杨溥：《察哈尔口北六县调查记》，京城印书局，1933 年，第 3 页。

伴随着这样的浪潮，蔚州作为通向大同、宣化，再转往张家口，通往归化城的重要通道之一，由于大量商贾的往来、商品的流通，其商业迅速发展起来。从蔚州现存石刻资料来看，乾隆年间的碑刻开始出现大量商铺名号，其种类繁多，数量惊人，主要集中在州城、暖泉和西合营等重要的集镇中，而这样的变化也充分体现在州城玉皇阁的历次重修中，尤其以乾隆四十六年及其以后的数次重修表现得最为突出。

三、"四行"与"三行"

乾隆四十六年（1781），玉皇阁再次重修，有《重修碑记》存世。此次重修的缘由，按碑文所述，乾隆四十三年时，玉皇阁曾创建戏楼，"同郡善士劝缘募化，创建戏楼，增饰胜景"。但由于"工程匪细，施资无多"，故"丹铅未即"。至乾隆四十六年三月，时任分守宣化镇蔚州路等处地方副总府梦大人"谒庙拈香，戏楼壮丽，山门易旧……坍塌者有之，残毁者有之"，于是"词于董理，前人赔项甚赖，未敢再烦，因于本年三月内约集四行商贾另开缘溥，图彩戏楼，弥补颓废。善感四行唯□而应，兴工于三月之吉日，报竣于闰五月之望时。外观戏楼皇皇也，仰瞻大阁穆穆也"。梦大人，即梦克，据光绪《蔚州志》记载，乾隆三十七年始任蔚州路参将①。碑阳之末有"特授蔚州正堂加五级纪录十次王"等地方官员的题名，"蔚州正堂王"即为时任蔚州知州王建中②。虽有知州等地方官题名，但是碑阳题名的经领人则均为州城铺户，有"四行"铺户的题名，与碑文相同。所谓"四行"，即钱行、当行、缸行、铺行。经领人四行题名下有钱铺4家、当铺7家、缸房2家、商铺6家。碑阴题名除了大量钱铺、商铺、当铺、缸房的铺户名号外，在碑阴末有四行总共捐资数额，各行均"施钱二万四千一百文"。除四行铺户外，还有大量其他行业的铺户，如油铺、布店、烟铺、衣铺、作房、铁铺、饭铺、纸房、菜房、篓铺、线铺、面房、饼铺、铁铺等，另有染行集体捐资八百五十文。经过笔者对碑阴的统计，除了缸行、染行等行业性

---

① 光绪《蔚州志》卷2，"本朝职官表"，第40页上。
② 光绪《蔚州志》卷2，"本朝职官表"，第33页下："王建中，云南剑川州人，拔贡生，（乾隆）四十四年任。"

199

组织联合题名外，尚有独立铺户 236 家题名，还有一些商人题名。

此次玉皇阁重修，与前几次有一些明显的不同之处：不是由住持僧道首倡募资，也未见他们的题名；由地方长官出面"约集四行商贾"出资修缮；捐资助善者中，官员、士绅几乎完全消失，商人成为资助玉皇阁重修的唯一力量。之前的历次重修，虽也有商户参与，但未见以同行业组织的集体形式出现，此次则已明显见到同行业聚合的趋势。

而钱、当、缸、铺四行的几大商铺作为经领者，成为此次捐资修缮玉皇阁的各行商户的代表。这与乾隆时期四行在蔚州各行中力量的突出有关，这一特点亦可以蔚州城中财神庙为例。

蔚州城内有财神庙一座，位于城西北隅，在蔚城鼓楼后的双松禅寺后面。该寺的建筑现在还保存着，但是庙里的塑像及摆设已经无存，不过还保留了许多碑刻材料，而这些碑刻材料集中反映了清代中后期蔚州城内的商铺数量、种类及行业的发展情况①。

从碑文来看，该财神庙修建时代不祥，方志中也未注明。崇祯《蔚州志》中所记城中各祠庙，未见有该庙的记载②。在乾隆四十三年的《财神祀典碑记》中说，九月十七日在该庙中"恭奉财神祀典，由来旧矣。"由此看来，该庙可能建于清前期。从该碑的内容来看，财神祀典曾一度因"赀财缺乏，几几有废坠之忧"，于是年"七月二十二日增福财神诞辰"之时，众善人等"祭祀之举，诚盛事也。但善念易起，独力难成。只得募化合郡绅衿与诸铺户，共化大钱百千有余。诸铺使用此钱者，每年一分行息，以为屡年两辰补助之资，庶祀典永久不至废坠"。据笔者统计，在总计 90 多家铺户题名中，数量最多的分别是钱铺 32 家、商铺 25 家、当铺 13 家、缸房 8 家，其余的是烟铺、油铺、银铺、线铺等。而数量最大的钱、商、当、缸正是乾隆四十六年玉皇阁重修碑中提及的"四行"。

乾隆四十七年，财神庙因庙产纠纷，曾诉讼至知州处，立有香火地凭据碑一

---

① 这些碑刻包括：清乾隆四十三年《财神祀典碑记》；清乾隆四十七年《财神庙立凭据碑记》；清嘉庆九年《重修财神庙碑记》；清嘉庆十五年《财神庙捐办庆云会碑记》；清道光六年《重修庙碑记》；清道光十八年《创绪庙正殿院碑记》；清道光十八年《财神庙布施碑》；清光绪三十二年《重修财神庙碑记》。以上各碑现存蔚县县城财神庙院内，收入《蔚县碑铭辑录》，第130—157 页。

② 崇祯《蔚州志》卷3，"祀典·寺观附"，第480—483 页。

通，碑文中说："钱行李永盛、当行高恒隆、铺行萧金生、缸行高明，财神庙有住房一所，讨租作为香火之资。"后来，该庙住持将这所住房转卖他人，再辗转出卖多次，"四行备原价贰万文，不能赎回，致控在案。蒙州主王太爷断令，四行出银肆拾两，将此房从李正名下赎回，仍作香火，日后住持不得再行质卖"，并责令"质过此房者献出旧约、旧契，以作故纸。不与财神庙与四行相干，从今后此房永作财神庙七月二十二日、九月十七日两会之资用，不得质卖，外人不得觊觎"①。可见乾隆四十三年《财神祀典碑记》中所讲的财神祀典的经费是由钱、当、铺、缸四行铺户的房租共同支付的。这些都可说明四行在蔚州各行商户中具有的地位。

玉皇阁在乾隆四十六年由四行出资修缮后，直到道光二十五年又再次重修。据当年所立《重修玉皇阁碑记》中说，特授直隶宣化镇蔚州路等处地方都阃府王秀龙目睹玉皇阁"世远年湮，风雨倾圮"，心生感慨，意欲重修，"因百姓之有余闲，天下之无事，乃诏三行各损赀财，以兴此工。其于弊者补之，废者兴之，缺者修之，故者新之，共费大钱二百余千"。碑阳之末有蔚州知州陈嘉谋等地方官施银的题名。碑阴题名除蔚营百总孙继先施钱 2000 文以外，就是城乡缸行、当行、货行三行的捐资题名。其中缸行是整行集体捐钱 61000 文。当行、货行则列出捐钱铺户的名称。督工经理人是三行的几家铺户，货行 3 家，当行 2 家，缸行 4 家。

此次重修与乾隆四十六年的那次重修相比，同样是地方官诏令各行商户捐资助善，但却从经领的"四行"变成了"三行"，钱行退出。在以后的玉皇阁重修中，钱行各铺均未见再有列名与善。钱行为何退出？其间究竟发生了什么？尚不能有材料加以说明。但是同样可以用财神庙的例子与之讨论。

前文已谈到财神庙两通乾隆年间碑文中表现出来的"四行"的活动，道光六年，财神庙重修，所谓"士庶商贾人等公议补修，募化者不殚其劳，督工者不辞其瘁"。而此次重修的经领铺户列名有 10 家，除 1 家为烟铺外，其余均为钱铺。碑阴也有大量钱铺商号题名，此外还有很多行业的商号，如线铺、饼铺、油铺、肉房、染房、帽铺、皮铺、木铺、纸房、锻店、盐摊等等。虽然也有几家缸

---

① 清乾隆四十七年《财神庙立凭据碑记》，《蔚县碑铭辑录》，第 133 页。

行、当行的商铺题名，但是占的比例非常小。① 虽然没有更多的材料说明，但是从这些碑文反映的现象来看，似乎可以说钱铺从修缮玉皇阁的"四行"中退出，再作为主要的经领商户，与一些"四行"以外的不同行业的商家一起，转而在财神庙中进行重修、祈福等活动。这应该是一个行业间权利重新分割的过程，但是具体情况还需要找寻更多的材料进行分析。

四、商人之庙

光绪二十三年（1897），玉皇阁再次重修。首倡此事者为时任蔚州知州张谐之、蔚州路等处地方都阃府王承陛。二人"分派经理，劝谕本城及各集镇行户，踊跃输将，共襄善举。工起于三月十六日，至九月初九日告竣"。此次重修，王承陛认真督役，"都戎王公监督庀材，每晨必诣，以故大工不日告成"。经领人为本城士绅和当行、货行的一些铺户，"经理绅士：贡生刘锡之、举人刘彦魁、段养志；当行：大生当、元亨当、丰顺当；货行：惠贞裕、德本裕、瑞锦裕、谦盛益、泰顺亨、福聚长、全成义、万兴源"。从碑阴题名来看，此次重修的捐助者主要是蔚州城中以及集镇的各个行户。②

表2　光绪二十三年重修玉皇阁捐助名单③

地　点	铺户种类	总数量	其他捐助者
西合营	货行、缸房	37	
代王城	缸、当、货	众行	
桃花堡	缸、当、货	众行	
白乐堡	缸、货	众行	
吉集白乐	麻行	众行	
北水泉	众行户、缸房	众行、缸房2家	武生1人
吉家庄	当铺、货行、缸房、饼铺	16	人名2

---

① 清道光六年《重修庙碑记》，《蔚县碑铭辑录》，第144—147页。
② 清光绪二十三年《重修蔚州北城玉皇阁碑记》，《蔚县碑铭辑录》，第124—127页。
③ 据清光绪二十三年《重修蔚州北城玉皇阁碑记》碑阴题名整理，《蔚县碑铭辑录》，第127页。

地　点	铺户种类	总数量	其他捐助者
牛大人庄	货行	2	武生4人
暖泉	当铺、货行、缸房、油房	78	
蔚城	当铺、货行、缸房、木店、盐店、烟摊、漆店、染行、纸行、粟店	180	武童附生5人、捐贡1人、众善士

在碑阴题名中，代王城、桃花堡、白乐堡都是缸、当、货等行集体捐资，并未单独列出铺户名称。其他有些行业是整行集资，有些行业则为铺户单独捐资。其中吉集白乐和牛大人庄并非清中后期蔚州的八大集镇。吉集白乐在方志中并无记载，牛大人庄是蔚州东路的一个村庄。按照后人的实地考察，该地至少在嘉庆年间就开设了缸房，在清末时一度非常兴盛，并带动了商业贸易的发展①。

就在光绪二十三年重修玉皇阁工程进行之时，经领绅士刘彦魁、刘锡之、段养志等人开始虑及众行户所捐资产恐为阁中僧道占为己有，遂联名向知州张谐之禀称：

> 窃蔚州旧俗，凡有庙宇当修建时，虽系十方费财，而现在住持或僧或道，率将其名刊碑、铸钟，所有本庙出息，如同世产，徒子徒孙永远占据，纵有匪类，亦难更换，以故若辈有恃不恐。本城玉皇阁巍据北城，与寻常祠庙不同，乃因年久倾圮，派人经理。劝令城集铺行捐赀重修，现在规模大定，不日告成，善后事宜，首在住持，若不预拟新章，作何安插？恐若辈仍蹈故辙，大为不便。伏思此次重修，既系行户捐赀，自应行户经管。所用住持如果恪守清规，本庙出息足供养赡；倘有非分不合，许该管铺户公议另换。方期允协，将来工竣立碑，亦不准镌刻住持僧徒名字，以杜日后架辞占据诸弊。请出示谕伤等情。②

---

① 周清溪：《蔚州酒乡——牛大人庄酿酒历史的追溯》，《蔚县文史资料选辑》第5辑，1992年，第67页。

② 清光绪二十三年《蔚州正堂加十级纪录二十次出示晓谕事》，《蔚县碑铭辑录》，第121页。

知州张谐之"据此查此庙与城池攸关，经此次重修之后，自当善为看管，不令废弛。据禀前情，杜渐防微，可期经久之道，应准如所请，以昭慎重"。除禀批示外，又专门出示晓谕，以令各该铺户知悉："嗣后玉皇阁专归尔等铺户经理，住持僧道亦归各铺户公议择用，与僧道无涉。工竣时所立石碑，亦不准镌刻住持僧道名字，以杜弊端。倘该庙住持僧道或有不守清规者，许该铺户等随时驱逐更换，慎勿养痈贻患，置之不管，其各永远遵行毋违。"并立碑为凭。该晓谕碑的碑阴尚列出玉皇阁所有的地产数处，并规定"以上房地久为养赡，不准住持擅行质卖"，"如敢故违，着经理行户呈禀法究"①。

从这块晓谕碑中不难看出，光绪二十三年玉皇阁的重修乃是由"城集铺行捐赀重修"的，因此由知州出面颁示晓谕，将玉皇阁及其庙产的管理权均下令归属各行户所有，不允许住持僧道干涉这些事务，而且住持僧道的选择也由该管各行户负责。

五、余 论

从地方志现存的玉皇阁重修碑等资料，我们基本可以勾勒出玉皇阁从明初洪武十年始建，至清末光绪年间重修的大致过程。从历次重修的碑文中可以发现，伴随着明清时期蔚州社会的变迁，玉皇阁的管理也发生了变化。所谓管理，只是笼而统之的说法，包括了历次重修的提倡者、经费的来源、工程的督管经领人、庙产的控制等等。玉皇阁是由蔚州卫指挥使兴建的，其后始奉玉帝入阁者也是卫官。万历年间的重修是由住持道人贺清善首倡的，但是参与重修的有大量州卫官员。州官数量较少，仅有知州、学官、吏目数人；蔚州卫武官数量非常多，本卫掌印指挥、管屯指挥、巡捕指挥三人列名于碑阳之末，碑阴则有先后任过本卫指挥、千户、百户的武官，还有在外担任武职的蔚州卫官户。本州的乡贤、耆老、僧道、普通百姓、州城中的商人都参与进来。这次重修几乎动用了蔚州所有群体的力量，是一次大规模的地方活动。由于有大量的地方文武官员和上层士绅的加入，使得玉皇阁的此次重修带有浓厚的官方色彩。可以说，从明初产生于卫所武

---

① 清光绪二十三年《蔚州正堂加十级纪录二十次出示晓谕事》，《蔚县碑铭辑录》，第 121 页。

官之手，至万历重修，州卫官员的积极介入，玉皇阁已经从卫所军官创建的庙宇变成一个州卫合作的官军之庙。

至清康熙末年，玉皇阁再次重修，仍是住持僧本洁首倡，四处募化。知州冯敬玉题名，宣镇蔚州路的参将、守备、把总等武官捐资题名。蔚州一些名门望族的乡贤以及州城、集镇的铺行和乡村的善众也捐银。到乾隆年间，捐资重修、负责经领玉皇阁重修的主要是蔚州的四行商户。到道光时的重修，虽然是知州、都阃府等地方官首倡，但从捐资和督工经理人来看，都是蔚州城乡三行的各个铺户。此处三行，为货、当、缸三行，比之乾隆时的四行，少了钱行，碑阴题名中也确实没有钱铺，说明此时钱行已经退出了玉皇阁的捐助和维修活动。

到光绪末年，仍然是知州等地方官首倡，并派人劝谕本城及各集镇行户捐资，经领和捐资的也主要是各家铺户，还有少数士绅。同时，通过经领士绅的禀请，知州判令，将玉皇阁及其庙产的管理权都归属于各行户，住持僧道不得干预。

清光绪二十三年蔚州正堂出示晓谕碑，有碑额，长方形碑座

至此，玉皇阁已经基本成为一个商人的庙宇，由商人捐资生息维持，庙产房地均属该管铺户所有和经营。

从上面的描述来看，玉皇阁从蔚州卫指挥始建到州卫官军商民合作再到完全由商人经营管理，简单描述，可以说经历了一个从"官军之庙"到"商人之庙"的转变。这一过程正是明清蔚州社会变迁轨迹的一个缩影。明初设蔚州卫后，卫官承担了州城内许多公共设施的修筑，如城墙、敌楼、祠庙、衙署等，作为边防要塞，卫所武官的数量和势力都是比较强的。随着边患从频仍到渐息，卫所武官与州官、卫所与州的乡绅开始合作参与地方公务。到清初，卫所武官已经逐渐退出了地方的公共活动，取而代之的是营官与州官合作。到卫所改县后，知县也从未参与过地方活动。原卫所系统下的武官后裔因为身份的改变，也逐渐淡出地方活动的舞台。到清中期，随着蔚州从军事重镇到商业孔道的转变，商人力量兴盛，逐渐取代官、绅，成为地方活动中最活跃的一股力量。玉皇阁的修建集中反映着蔚州在明清北方边塞社会历史大变迁中经历的变化，包括行政区划调整下社会的人员构成、社会历史变迁下的权力关系变化。

不仅在庙宇维修过程中的首倡人、管理者、捐资方在发生变化，从明初兴建到清光绪年间的知州晓谕，还可以看到这座玉皇阁被当地人赋予的象征意义和功能也在发生变化。

在明初蔚州卫指挥使周房修筑蔚州城墙时，在北城垣上修建"靖边楼"，本不祀神于其中，它的象征意义正如其名"靖边"，是蔚州"铁城"的北沿，是抵御敌寇，安靖边镇的军事防御建筑。至正德年间，宣府前卫指挥使孙成奉玉帝像于该阁中，始成玉皇阁。而孙成奉玉帝像于其中，也是因为玉帝"监观有赫，法施于民，御菑捍患，盖百神之主，而万姓实式灵之"，也因此，蔚城才能"□□屹然，金汤天堑，方内外号蔚曰'铁城'"①。

至清代的几次重修，在碑记的文字中，虽然还保留着对明初建城建阁的历史记忆，但是对玉皇阁的看法，已经不再是军事上御民捍患的意义，而是顺应时代的发展，被不同需要的人们赋予了不同的意义。

康熙年间的重修，玉皇阁及阁中的玉帝被碑文撰写者赋予了某种抵御水患的神力：

　　城北有河名壶流，缭绕回环，抱城如带。近乃水势南徙，逼近城下。□者忧之，忧在城也。郡守冯公敬玉、邑侯寇公原然，常登阁审视，慨然出帑金若干，筑堤防御，告神兴工之浚。忽一日，雷雨大作，河水自徙而北，堤遂成，而城永□。人耶？神耶！乃亦在戊戌、己亥之间。因并记之，以见成毁兴废之有数，而神庥之广大弘深不可拟议也如此。②

① 明万历四十二年《蔚萝重修城垣玉皇阁神祠碑志铭》，《蔚县碑铭辑录》，第93页。
② 清康熙《重修蔚州北城玉皇阁碑记》，《蔚县碑铭辑录》，第101页。

　　乾隆以后的重修碑文中，玉皇阁则越来越多地被视为蔚地的游览胜境，被赋予了当地标志性的人文景观的意义。如称："蔚郡城北□武之位，以其樵楼为玉皇之阁，迤逦下城，供地人之游览。"① 又称："玉皇行宫森列于上，且下有清波潆洄，塞竹盘结，山川之秀，日月之光，毕萃于斯，洵边城之大观也。"② 到道光年间，撰写重修碑文的蔚州举人蒋殿英已经忘记了明初周房修建城池和玉皇阁的历史："蔚郡城北垣玉皇阁，不知建于何年，自前朝以至今日，重修已经数次矣。" 对玉皇阁的描述完全是对景观建筑物的介绍："斯阁也，远眺则山列翠□，云霞之所沃荡；俯凭则水环玉带，波涛之所潆洄；西瞻则雉堞旋绕；东望则平皋环迎。迁容骚人多会于此，信蔚郡之胜地也。"③ 方志中也收录有李予望等本地文人所写玉皇阁的相关诗词，也是以风景之类的描述居多④。

　　光绪年间重修玉皇阁的碑文中有一段描述很准确地勾勒出了这一变化：

　　　　蔚系古灵邱地界，在云谷之间，为塞北出入孔道。明初周指挥虑守望之不足恃也，乃改建砖城以资坚壁；又建敌楼二十余座，以资瞭望，故当时有"铁城"之目。我朝承平日久，民视敌楼如无用，久失修理。惟北城玉皇阁康熙丁酉年重修一次，故诸楼尽圮而此阁岿然独存。自咸丰年军兴以来，河南伊公乃重修城垣。同治年奉天李公又重修东西南三关门楼。独此阁未遑议及，今又数十年矣。⑤

　　正是由于蔚州所处历史环境的改变，使得其从一个经常面临北方民族势力入侵的北方边塞，变成一个承平日久、了无战事的内地州县。而玉皇阁作为明蔚州城垣北端的宏伟建筑，因其正对北方，供奉玉帝，设有可以瞭望敌情的敌楼等等原因，使得其在明代具有很浓厚的防御外患的军事上的实际功能和象征意义。伴

---

① 清乾隆三十二年《重修城北玉皇阁配室碑志铭》，《蔚县碑铭辑录》，第105页。
② 清乾隆四十六年《重修碑记》，《蔚县碑铭辑录》，109页。
③ 清道光二十五年《重修玉皇阁碑记》，《蔚县碑铭辑录》，第115页。
④ 如李予望《玉皇阁远眺》云："杰阁巍巍俯万峰，遥岚争吐玉芙蓉。清波一帀周城水，翠鬣双擎偃盖松。西望雄关连倒马，南临古塞隐庐龙。凭栏且放看山眼，身到云霄最上重。"光绪《蔚州志》卷6，"祠祀志"，第88页下。
⑤ 清光绪二十三年《重修蔚州北城玉皇阁碑记》，《蔚县碑铭辑录》，第125页。

随着清代蒙古的内附，边患的偃息，蔚州的城池、敌楼都失去了其原有的军事防御功能，玉皇阁也不例外。但是由于建筑风格峻伟高整，玉皇阁逐渐转变成为蔚州当地的著名景观，供人游览，文人骚客在此赏景吟诗，抒发思古颂今之情怀，所谓：

> 蔚地不乏胜景，孰如此阁居高眺远，四野风景，指顾瞭然。东望摩笄山代王故城，基趾犹在；西望灵邱赵主父之墓，依稀存焉；其南则飞狐、倒马诸关，想山后杨家备兵屯粮处，历历可指；而其北则有奉圣川故迹，盖皆古之用武地也。慨自石晋以燕云十六州畀契丹，蔚列其内。历宋、元、明数百年，无日不在金戈铁马中。惟我朝二百余年，风鹤无警，驿马不惊，吏习其治，民乐其生，盖天下之平久矣。①

可以这样说，一个北方边镇从"用武之地"到"商贸孔道"的历史变迁，以及由此带来的地方社会权力网络的变化，无一不在这玉皇阁数百年间从创建到重修的历史过程中得到展现，后人从城北巍然耸立的玉皇阁中就可以窥见这座古镇的历史。这也提醒我们研究者思考，究竟应该怎样书写诸如蔚县这样曾经在不同的历史时期成为北方军事防御边界线的边地的历史。过去的研究常常将这些区域放置在农业民族和游牧民族、汉民族与非汉民族之间的和平、战争与贸易关系的宏大叙事框架中来加以理解。这些研究成果在笔者看来，从未摆脱传统政治史的观察视角和书写模式。难道这些地区数百年间的变化只能在宏大的历史叙事中给我们呈现这样一个大致的轮廓？当我们用区域社会史的视角对一个个具体的边塞城镇乡村进行细致研究时，就会发现，当历史被放置在区域社会的内在历史文化脉络中看待时，传统的边疆史叙事根本无法容纳这些地区丰富多样的历史内容。

---

① 清光绪二十三年《重修蔚州北城玉皇阁碑记》，《蔚县碑铭辑录》，第125页。

宗族建构

祖先记忆与明清户族

——以山西闻喜为个案的分析

　　明清时期民间纂修的族谱，详尽一些的大多会记载各种形式的祖先来历故事。它们或为附会传说，或属历史真实。对于明清谱牒文献中的这一部分内容，学界以往的研究多着力于移民传说的解读，而较疏于其叙事结构及意义的阐释。① 若是经常翻检明清族谱，我们不难发现，许多族姓有关他们祖先来历的记述在叙事结构方面十分相似。这种相似性表现为：族谱所记载的宗族历史的起点一般是在元末或者明初，而且始祖的事迹往往会与明朝初年的立户入籍紧密联系在一起。② 目前这种现象已经引起学者们的关注，不过相关讨论尚未能够展开，因此，本文将以山西省闻喜县的明清族谱为例，对这一叙事结构作出初步的分析。

　　文章考察的闻喜县坐落于山西省西南部，其地恰当秦晋孔道，且县境迤南未远处即为河东盐池。作为华夏文明的一处重要发祥地，这片土地承载着久远而厚重的历史。汉唐之际，闻喜县为世家大族河东裴氏的郡望；明清时期，此处乡间

---

　　① 有关族谱中移民传说的研究，较具代表性的是：赵世瑜对山西洪洞大槐树移民传说的解读，参见赵世瑜：《祖先记忆、家园象征与族群历史——山西洪洞大槐树传说解析》，《历史研究》，2006 年第 1 期，第 49—64 页；科大卫对广东南雄珠玑巷移民传说的探讨，参见 David Faure, "The Lineage as Cultural Invention: The case of the Pearl River Delta", *Modern China* 15: 1（1989）: 4—36；徐斌对江西瓦屑坝移民传说的分析，参见徐斌：《明清鄂东宗族与地方社会》，武汉大学未刊博士论文，2006 年等。对于族谱的叙事结构，目前仅有刘志伟的文章有所涉及，参见刘志伟：《附会、传说与历史真实——珠江三角洲族谱中宗族历史的叙事结构及其意义》，载王鹤鸣、马远良、王世伟主编《中国谱牒研究》，上海古籍出版社，1999年，第 149—162 页。

　　② 总体说来，明清族谱中有关宗族历史的记事大体可分为两种：一种考述姓氏的来由并攀附同姓先贤，一种强调始祖的来历及连续的世系。本文所讨论的宗族历史指的是后面一种。

又有一番祠堂林立的景象。从某种意义上讲，宗族形态的演变构成了闻喜县地方历史演进的一个重要侧面。因而以其为研究对象，有助于我们在一个较长的时段内观察传统时代宗族形态的变迁。2005 年冬与 2006 年夏，笔者在闻喜县进行了历时三个多月的田野调查，其间有幸从当地收集到大量民间历史文献，本文的讨论即主要基于这些资料来展开。

一、闻喜明清族谱中的祖先来历故事

民国七年（1918），闻喜邑绅杨韨田主持续修《闻喜县志》。受当时风气影响，这本县志新增了"民族"一卷。此卷内容大抵采撷自闻喜县各氏族谱撰写而成，略叙一县族姓的脉络渊源。在该卷的卷末，杨韨田写下了这样一段耐人寻味的跋语：

> 右各族谱，皆中绝于元明之际。必当日之民，不死即逃，平定而归者寥寥，故无一家继续弗绝者。而考之元末，曹濮贼之焚掠未及至邑，察罕帖木儿已平之。扩廓帖木儿退保太原，未逾月，而元已亡。明兵既得京师，无横行之理。扩廓之奔甘肃，亦无暇虐其旧属地。虽其间必有土寇，为日无几，必不至酷毒如斯。或者一邑之变，史不具书与？其实不止一邑，抑又何耶？是诚难索解人矣。①

让杨韨田深感不解的是闻喜县各氏族谱有关他们宗族历史的记述，载列县志"民族"卷的 180 种姓氏，其中绝大多数族姓只能将自己祖先的历史上溯至元末或是明初。在杨韨田看来，若是元明之际闻喜县曾罹兵燹，原有县民死难逃亡，现居族姓皆为后来徙入，有此现象尚不奇怪。然而据他考证，当时的闻喜县似乎并无战事发生，如此一来，这种情形便令人百思难解。而且就杨韨田所知，上述现象并非闻喜县族谱所独有，这则更是让其困惑满腹。

---

① 民国《闻喜县志》，卷 10，"民族"，现代出版社，1999 年，第 109 页。

缘于种种因素，杨氏当年目见的各家族谱如今多已散失。不过，民国《闻喜县志》保留下来的相关内容以及当地现存的族谱文本，还是能够让我们了解闻喜县明清族谱所叙之宗族历史的大概。大致说来，民国《闻喜县志》"民族"卷著录的 180 种族姓，即为明清时期生息于该县的主要人群。① 若是依据各氏族谱自叙之祖先来历情况进行区分，这些姓氏既包括许多元明之际来自他乡的移民，也不乏一些定居此地年代较久的土著。对于这两类族姓，下面我们就分别来看他们都是怎样讲述自己的祖先来历故事。

据笔者粗略统计，在"民族"卷著录的 180 种族姓中，明确言及祖先元明之际移居闻喜的有近 50 家，另外还有一些笼统记作元明时期迁来者。这些言称元明之际移居闻喜的姓氏，其所述祖先来由不一而足，不过因避兵乱而徙入此地者似不在少数，这或可说明当时的闻喜县境应是相对要为安定。关于这部分姓氏所叙其祖先来历的情况，在此我们选取两个较具代表性的例子作一概观。

一例见于《三门道李氏家谱》，该谱"本源"记曰：

> 山西直隶绛州闻喜县李氏，其先洪洞县河西龙马村人。元季始祖讳思中避兵斯邑，遂家焉，明初系北隅坊五甲，匠籍。至万历二十三年后调坊九甲。国朝顺治三年，再调西隅坊九甲，去其籍。至雍正三年，邑侯米公平匀里甲，将长支、四支、老二支调本坊十甲，二支调南隅坊九甲，西隅坊九甲独留三支。②

三门道李氏为明清时期闻喜县内一大望族，该氏族人散居邑城及四乡村庄，明清两朝科第蝉联。上述这则"本源"写于雍正十二年（1734），从中我们可以看出，此时李氏族人是沿循一种里甲户籍的行程来讲述他们族姓的脉络渊源。其所叙宗族历史的起点是在元朝末年，而且始祖李思中与明朝初年的立户入籍有着十分密切的关联。

---

① 民国《闻喜县志》"民族"卷序言部分写到："今先以得姓于邑者为主，徙至之各族附之。然非居邑较早，传丁较繁，以及著望之族，稀见之姓，不具载也。"由此可知，该卷所记族姓并非明清时期生活在闻喜县的全部姓氏，笔者田野调查时就曾访得几部县志缺载的族谱。

② 《三门道李氏家谱》，卷 1，"本源"，乾隆五十七年〔1792〕续修本，闻喜县档案馆藏。

另一例出自《古上庄吕氏家谱》，此谱"吕氏来历志"有云：

予吕姓本前人传，原籍河南新安人。讳灏仕宋徽、钦二宗，为御侍郎官。徽、钦二宗从金人请北游，灏从之。其子康玉不舍，复从父灏至汾州府汾阳郡。灏为不受金人辱，死之。康玉哭泣曰："父之从君也，我之从父也。父死，我何从乎？"于是收父骨，欲春秋奉祀守坟墓焉。时土人亦有吕姓者，爱其宗为忠臣孝子，遂联二为一，同其村萧家庄居焉。传百八十余年至元末，世复乱，四方皆舍危就安。予祖弟兄三人，长元表、次元镇、季元义，率妻子家人，亦尤效之。其始意以为原籍河南，欲复河南而家焉。至斯邑复转一念曰："河南虽旧郡，但自宋而元家室隔绝亦越两代，泽斩尽矣，谁复不视为陌路？而亲我者天下皆家也，此邑奚不可以栖身？虽然无兄或望有弟，无弟或望有兄，失之彼者得之此，策莫良于不同处。"于是，长元表于邑南卓里庄居焉，次元镇于东乡裴家祠居焉，季元义于西乡下丁村居焉，居参而三，以防不虞。洪武兴，天下靖一，弟兄几有还乡志，后因子女婚姻不便，翻然曰："先河南而可以山西，今汾州何不可以平阳乎？"遂各于斯处入籍应差，为斯邑民。兹予庄一族即长祖元表一脉也，历今已一十六传，与下丁、裴家祠叔祖镇、义等二脉永鼎立焉。①

明清时期，在闻喜县南境，古上庄（今已并入邱家庄）吕氏亦属大姓。吕氏族人读书仕进者不多，不过外出经商的人数较众。上述这段讲述吕氏来历的故事大约先是口耳相传，后在乾隆三十八年（1773）被写入吕氏族谱中。与多数只是将宗族历史上溯至元末明初的闻喜族姓不同，古上庄吕氏关于自己祖先的追述贯穿金元延伸到了北宋。然而，仔细品味这则祖先来历故事，我们不难发现，尽管它记录了宋金时期吕氏祖先的一些事迹，但总体说来，其叙事的核心还是元末明初吕氏兄弟三人的迁徙与入籍。古上庄吕氏明清两朝历次修谱，均未记述该氏宋元之间的谱系，明朝初年在闻喜县入籍应差的吕元表，被古上庄的吕氏族人

---

① 《古上庄吕氏家谱》，卷1，"吕氏来历志"，同治十一年〔1872〕续修本，闻喜县桐城镇邱家庄村吕育才藏。

奉作自己的始祖。

其实稍加留意可以看出，虽然上面例举的三门道李氏与古上庄吕氏有关自己祖先来历的记载内容各异，但是二者在叙事结构方面却有着一些相似之处。它们大致都是先记述一段或为传说或属真实的祖先迁居经历，然后即述说明朝初年始祖在闻喜县的立户入籍。据笔者所知，元明之际徙居闻喜的姓氏，普遍是以这样的叙事结构来讲述自己的祖先来历故事。因而，就这类族姓来说，他们的宗族历史一般是从元末明初开始讲起。

除元明之际徙居此地的一类族姓外，明清时期闻喜县境还生息着一些相当古老的姓氏，如在汉唐之间甚或更早年代就已定居于此的董氏、裴氏、毌丘氏（后改作邱氏）、祁氏、郭氏等，此际他们在闻喜依然族姓昌炽。笔者田野调查时曾访得董氏与郭氏清代纂修的族谱各一种，这里便以它们为例，对定居闻喜历史较久的这类族姓所讲述的祖先来历故事管窥一二。

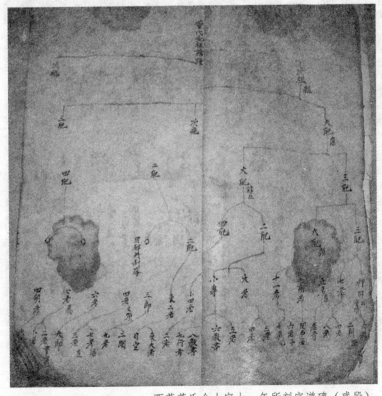

西董董氏金大定十一年所刻宗谱碑（残段）

215

　　董姓据说起源于闻喜，是当地最为古老的一种姓氏，不过其远年事迹传说色彩较重，殊难凭信。清朝光绪年间，闻喜县东境曾出土一尊北周时期的佛教造像，像座两侧题名者多为董姓，这或可作为董氏居此较久的一则例证。[①]　千百年来，董氏族姓在闻喜县境累世绵延，其见诸记载的祖先谱系共有两种，均出自西董（今绛县郝庄）董氏这一支脉：一为金大定十一年（1171）董大时等镌记的《董氏宗谱图》，此一宗谱以唐末董隆为始祖，记录了唐末至金代董氏谱系凡十二世；一为明万历四十年（1612）董朝年等新刻的《董氏世系碑》。这一世系将明初董时中定作一世祖，自其而下叙列世数共十一世。[②]　在闻喜县众多族姓中，如西董董氏这般保留有明代之前祖先谱系的较为罕见。若按常理来讲，其对宗族历史的追溯应是比其他姓氏更为久远，然而事实却并非如此。我们看到，生活于清朝康熙年间的董氏族人这样来讲述他们族姓的脉络渊源：

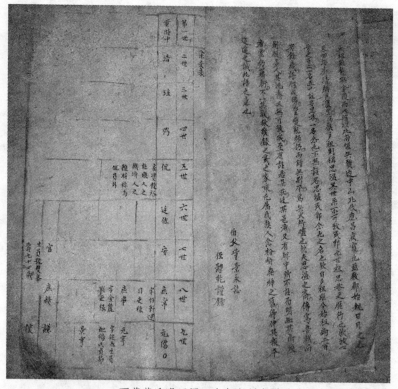

西董董氏明万历四十年所刻宗谱碑载记世系（局部）

　　①　光绪《闻喜县志补》，卷 3，"金石"，《檀泉寺佛像座》，第 5 页。
　　②　《西董董氏家谱》"碑楼"，"重修始末"，乾隆十年（1745）创修本，闻喜县档案馆藏。

　　本族聚居西董，数十百年，世代绵远，莫详厥始。而远祖之传，独见于金之大定。迨元季明初，户祖之名，先祖之谱，始历世可传。自后孙支繁衍，族姓蔚兴。①

　　上述这段文字写成之时，金大定年间镌刻的董氏宗谱碑依然立于西董村中，不过董氏族人对于碑石上面的祖先名讳已是茫然不知。② 此际，明万历年间刻诸于石的那一董氏谱系，才是董氏族人铭记于心的祖先来历。由此可知，即便是西董董氏这样古老的一个姓氏，其对自己宗族历史的讲述也是开始于元末明初。

　　与董氏的情况相仿，郭氏族姓在闻喜县境亦是瓜瓞绵绵千余年。历史上，闻喜郭姓最为著名的人物是晋代名贤郭璞。郭璞早年曾经家居闻喜，西晋末叶匈奴扰乱河东时，其携家避地东南，后因反对王敦谋叛遇害。郭璞之子郭骜官至临贺（今广西贺州）太守，此后苗裔湮灭无考。③ 然而，后世闻喜郭姓却多攀附郭璞为始祖，在这一方面，孙村郭氏也未能免俗。不过，值得注意的是，在一篇作于康熙三十八年（1699）的族谱序文中，孙村郭氏对其祖先来历的叙说，附会之言后尚别记一种说辞，兹录其文如下：

　　　　郭为周之同姓，因一子虢叔封于虢，虢、郭同音，而郭姓盖始于此焉。后传至璞为晋名臣，世居闻邑，县志载之详矣。大约闻之郭氏，皆璞之苗裔也。或曰："璞既为世家，岂无谱以传厥后哉？"然世远年湮，朝代叠更，变故屡遭，故谱不能长存而无失也。而今不及之者，亲尽故也。又闻祖父遗言，故明洪武登基莅治，有"一里长十里甲首"之说，而吾宗遂分为十一户，十户皆绝，而吾族乃于此始焉。亦闻有谱，而今无存者，多因明季遭荒，老者凋谢，幼者无知，不能秘藏而无遗失之矣。④

　　其实不难看出，这另外一种说辞才是孙村郭氏真正的祖先来历。查阅该氏谱

---

① 《西董董氏家谱》，"创建祠堂募缘序"。
② 《西董董氏家谱》，"旧宗派图"。
③ （唐）房玄龄等撰《晋书》，卷72，"列传"，"郭璞传"，中华书局，1974年，第1899—1910页。
④ 《孙村郭氏家谱》，"叙"，嘉庆五年（1800）续修本，闻喜县档案馆藏。

系可以得知，写下上面一段文字的郭崑为孙村郭氏九世族人，由他生活的年代进行推算，其祖父郭永贞大约为明朝中后期人。也就是说，至迟从明中后期开始，闻喜郭姓这一古老姓氏已将自己祖先的来历与明初的里甲编制紧密关联在一起。

通过上述两则举例，我们可以发现，与元明之际徙入闻喜的一类族姓相似，明代之前就已定居此地的这类族姓，他们一般也是从元末明初开始讲述自己宗族的历史。由此可见，明清时期生活于闻喜县境的大多数姓氏，其族谱记述的祖先来历故事在叙事结构方面大体一致：各谱所叙之宗族历史一般开始于元末明初，而且始祖的事迹往往与明初的立户入籍有所联系。对元明之际徙居闻喜的一类族姓来说，依据明清时期的宗法法则，以始迁祖为始祖，他们的族谱如此讲述宗族历史或许还可以理解。但是，我们看到，定居闻喜较久的古老姓氏亦是这样叙说自己的祖先来历，那么，此种现象就颇有一些值得思量之处。

对于明清族谱所述之宗族历史普遍肇始于元末明初的现象，人们以往的认识一般是将之归因于当时的战乱灾荒与人口迁移。本节开篇述及的杨钹田的那番困惑，大致就源于这样一种思考的逻辑。诚然，这种观点反映出元明之际社会变动的某些事实，不过它无法解释安居故土的族姓亦是从元末明初开始讲述自己宗族的历史问题。因而，关于上述这种现象存在的因由，大约还是另有一番说辞。

刘志伟先生在解读珠江三角洲族谱中宗族历史的叙事结构时指出，对于这些祖先的故事，不能只以其所记述事实本身是否可信来评价，而应考虑到有关历代祖先故事的形成和流变过程所包含的历史背景，应该从分析宗族历史的叙事结构入手，把宗族历史的文本放到当地历史发展的脉络中去解释。[①] 既然元明之际闻喜县境的人群不曾全部改换，那么究竟是怎样的地方历史演进脉络使得当地族姓对自己的祖先来历作出如是叙说？杨钹田的疑问沉寂了近百年之后再次摆到了我们的面前。

二、明清闻喜里甲赋役制度的演变

人们在阅读族谱时经常会忽略这样一个事实，即族谱中沿循时间顺序书写下

---

① 刘志伟：《附会、传说与历史真实——珠江三角洲族谱中宗族历史的叙事结构及其意义》，第 149 页。

来的宗族历史，实际上是各个族姓宗族建构过程中对其祖先事迹逆向回溯的一种产物。这些因应当时情境并按一定谱式有意识地记录下来的文字，既承载着某一族姓对其祖先的历史记忆，也包含着他们对于自己现实处境的一种表述。因此，若要理解这些文字，我们或许应当认真考量历史的人类学研究素来关注的那些问题，即人们对过去知道和记得些什么，如何记得，又为什么要记得，以及人们如何解释过去并和现在连接在一起。[1]

沿循这样一种思考的路径，我们发现，在闻喜县明清族谱记述的诸多祖先来历故事中，"户祖"是个经常见到的名词。这里略举两姓谱牒为例。一为《程家庄程氏家谱》。该谱《凡例》有载：

> （余族）占籍闻喜县冯家庄一甲，盐籍，户祖讳闰。后因攒里甲，改名大家里六甲。再攒，改福宾里六甲。又今攒，改南盐里二甲。[2]

一为《东宋翟氏家谱》，此谱绘有翟氏洪武初年析分六户祖的图示：[3]

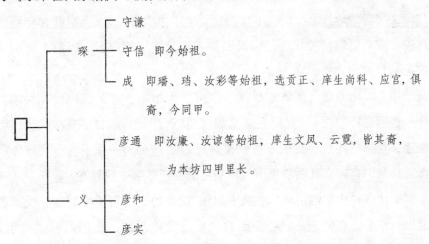

阅读这些关联"户祖"的文字，我们大致会有这样的印象：通常来讲，"户

① （加）西弗曼＆格里福（Marilyn Silverman and P. H. Gulliver）编，贾士蘅译：《走进历史田野——历史人类学的爱尔兰史个案研究》，麦田出版股份有限公司，1999年，第28页。
② 《程家庄程氏家谱》，"凡例"，道光十九年（1839）续修本，闻喜县档案馆藏。
③ 《东宋翟氏家谱》，卷1，"洪武初分六户祖"，乾隆七年（1742）续修本，闻喜县桐城镇东宋村翟金玉藏。

祖"是闻喜县多数族姓尊奉的始祖，其生活的年代一般是在元末明初，而且他的名讳往往会与里甲户籍联系在一起。

显然，"户祖"的这些特征说明他与明清时期的里甲赋役制度有着很深的渊源。那么，究竟二者之间存在怎样一种关联？《下庄张氏族谱》有关其"户祖"的叙述或许可以帮助我们解开谜团。该谱记载：

> 户祖张贤庆，明初县册遗一"庆"字，未详与始祖讳名得者为父子为兄弟，年远无考。世居闻喜县东六十里下庄村，系西隅厢人义里一甲。崇祯九年，县尹贾讳之骥攒造里甲，将多半仍旧，少半并原属甲首"张思义"一户分作人义里一甲，户祖俱"张贤"。清顺治三年，县尹李讳震成以一挨分属两甲，悉攒入东隅坊善稷七甲，并去其人义里，分二名矣。顺治十一年，县尹邝讳亦垣以本挨之分作两甲暨思义一户，去其户名，三户合为一户焉。①

这段文字清楚地告诉我们，下庄张氏的"户祖"即为该氏明朝初年登入黄册的户主。或者更确切地说，是张氏明初入籍时使用的户名。因而，所谓"户祖"实际就是立户之祖。

既然明清时期闻喜县多数族姓尊"户祖"为始祖，那么我们就有兴趣去了解这样一些问题："户祖"背后究竟隐藏着明清时期闻喜宗族怎样的发展轨迹？这一轨迹又与当时此地实行的里甲赋役制度之间存在何种联系？而凡此种种疑问，都需要我们在闻喜县明清里甲赋役制度的变迁脉络中找寻答案。

根据明代多种史籍的记载，洪武十四年（1381），黄册里甲制度在全国范围内普遍推行开来。有关这一户籍、赋役制度的具体规制，我们来看《明实录》中的一段相关记述：

> （洪武十四年正月）是月，命天下郡县编赋役黄册。其法以一百一十户

---

① 《下庄张氏族谱》，"户祖"，清初创修本，具体年代不详，闻喜县档案馆藏。这段记载讹错较多，西隅厢与人义里、东隅坊与善稷（里）分别为里，非隶属关系；崇祯九年（1636）分人义里"一甲"也似为"二甲"之误。

为里。一里之中，推丁粮多者十人为之长，余百户为十甲，甲凡十人。岁役里长一人，甲首十人，管摄一里之事。城中曰坊，近城曰厢，乡都曰里。凡十年一周，先后则各以丁粮多寡为次。每里编为一册，册之首总为一图。其里中鳏寡孤独不任役者，则带管于百一十户之外，而列于图后，名曰畸零。①

从现今存世的闻喜地方史籍来看，洪武年间，该县应是依照上述制度设计进行过较为严格的里甲编制。当时，人口殷繁的闻喜县总共编户 66 里。对于明初闻喜县所编各里，县志中仅载其名，而未详述它们具体的编制情形。在笔者目见的其他闻喜史料中，言及各里编制情况的亦不多。大致说来，关于这一问题，目前可资考察的明代文献仅有三则：一是嘉靖四十年（1561）党家庄黑龙庙所刻《重修龙王殿碑记》，碑上村庄题名为"闻喜县涑川乡黄家里党家庄"；② 一是万历三十六年（1608）户头村东头南巷镌石的《创立石碾记》，记文称该村为"保泉里户头村"；③ 再一是万历四十四年（1616）南王村清凉洞所立《设会记》，碑文言会首任孟春等来自"闻喜县美阳乡安分里南王村"。④ 黄家里、保泉里、安分里均是明初所设之里。从引文来看，它们的下一层级皆为自然村落。由此可以推断，明初闻喜县的里很有可能编成于自然村落之上。而民国《闻喜县志》中的一则史料，则基本证实了我们的这种猜想。民国元年（1912），时任闻喜县知事的杨钹田在废革该县里甲制时曾言："原编坊里，为村庄大小不齐，归并而锡以嘉名，俾使行政耳。"⑤ 这段文字清楚地告诉我们，明初闻喜县里的编制正

---

① 《明太祖实录》，卷135，洪武十四年（1381）正月条，台湾"中央研究院"历史语言研究所，1962—1968 年校印本，第 2143—2144 页。

② 《重修龙王殿碑记》，明嘉靖四十年（1561），见《党家庄黑龙庙诉讼始末》，道光二十七年（1847）辑录本，闻喜县档案馆藏。

③ 《创立石碾记》，明万历三十六年（1608），碑存闻喜县畖底镇户头村观音庙。

④ 《设会记》，明万历四十四年（1616），碑存闻喜县河底镇南王村清凉洞旧址。

⑤ 民国《闻喜县志》，卷7，"赋税丁役"，第 73 页。本节有关闻喜县里甲赋役制度演变脉络的叙述，除特别注明者外，均参考此卷，下文将不一一出注。

是以地缘关系为基础，其一里即是一个行政村落，统辖一个或几个相邻的自然村落。① 至于一里中的十甲，自然就是由这些村落中的人户编排而成。观前述孙村郭氏、东宋翟氏洪武年间的立户情形可知，其每甲均有11户，即1里长户及10甲首户。从各氏族谱所载祖先明初入籍的情况来看，这时的一"户"一般为单个家庭，黄册登入的户名也多为立户之人的真实姓名。不过，当时也存在以其他形式的户名入籍的情形，如西董董氏、裴村宁氏、北村续氏等一些明代之前就已定居闻喜的族姓，其即是以祖名作为自己的户名。

闻喜县66坊里的里甲体系自明初设定后，很长一段时期内未作大幅度变动。随着时间的不断推移，这一体系原本整齐的编排格局逐渐开始残破不齐。在明代，导致闻喜县里甲破败的主要因素是频繁发生的各类灾疫，尤其是明中叶以降，旱魃、瘟疫、地震、兵乱等在当地交替出现，致使闻喜民众大量死亡或逃移。如李家房李氏，即是"正统、成化屡遭年饥，人多逃散"；② 又如下阳卫氏，明代末叶"屡遭兵荒，饿死者甚众，逃亡者亦复不少"。③ 由于里甲体系下的赋役承担采取连带责任制，若一甲之内有人户故绝或逃亡，该户所担负的钱粮差役必然累及本甲其他人户。设若全甲人户悉数不存，这一甲的赋役份额则由同里剩余各甲进行赔补。因而，当灾疫等导致闻喜县人口大幅缩减时，当地劫后余生的人户往往难以承担粮差的重负。兼之闻喜县邑当冲途且毗邻河东盐池，驿传、盐丁等差徭本即繁重，户累差繁更是加剧了该县人户的逃移。

里甲残破给闻喜县的赋役征派带来极大的冲击。县志记文显示，该县嘉靖年间曾经"逋税甚多"。④ 为整顿日趋崩坏的赋役制度，自明中叶开始，闻喜县改革粮差的举措渐次增多。在一条鞭法推行之前，该县就曾有过一些变革赋役的尝试，如均减差粮、公平编审等。万历年间一条鞭法行于此地后，全县税银改由各

---

① 绛州（今新绛）、曲沃、稷山、安邑（今运城）为闻喜四边州县，它们存世的明代方志显示，其一里均是包括一个或几个相邻的自然村落。（参见万历《绛州志》，卷1，"地理"，"坊乡"；嘉靖《曲沃县志》，卷1，"坊乡"，第317—325页；万历《稷山县志》，卷1，"地理"，"坊乡"；万历《安邑县志》，卷2，"建置志"，"坊乡"这些或可作为明代闻喜县里甲编制情况的旁证。

② 《李家房李氏家谱》，"序"，民国23年（1934）续修本，闻喜县档案馆藏。

③ 《下阳卫氏家谱》，"序"，乾隆二十九年（1764）续修本，闻喜县桐城镇下阳村卫英奋藏。

④ 乾隆《闻喜县志》，卷4，"宦绩"，第7页。

户"分限封纳"。当地赋役催科的方式同样发生较大变化。① 原来闻喜县催征钱粮的差役是由现年里甲承应，在里甲凋敝、役法变更之后，该县钱粮催征的情形又是怎样？对此，邑令乔允升的事迹多多少少透露出一些讯息。关于乔允升，顺治《闻喜县志》"官师"卷记载：

> 乔允升，孟津人，进士。长才雅量，有政声。因钱粮合户催征，奸民每多拖累，乃设门簿。至今遵行，甚便。②

再检乾隆《闻喜县志》"职官"卷，可知乔氏担任闻喜知县的时间比较短暂，大约未出万历二十二年（1594）这年。③ 由上述引文内容来看，此时闻喜县的钱粮催征是以"户"为单位进行。由于可资利用的史料有限，目前我们尚不清楚闻喜县"合户催征"的举措始于何时，不过由其弊病已现的情况推测，大概在乔氏创设"门簿"之前，当地赋役征派倚重于"户"的做法已经存在了不短的时日。

为何此时"户"可以取代里甲成为闻喜县赋役征派的倚重对象，在当地户籍史料缺乏的情况下，由乔允升创设并被后世沿用的"门簿"制度就成为解答这一问题的重要线索。目前所知有关"门簿"制度的唯一一条史料见于《上宽峪周氏家谱》。此谱写于康熙三十六年（1697）的创修序文称周氏"门簿户名彦深"。④ 根据这一记文，结合前述乔氏改革的因由，我们大约可以推知，所谓"门簿"应是一种悉载单个家庭的人丁事产以便官府派征钱粮的赋役册籍，它可能与明朝初年颁行的"户帖"有些相似。关于周氏"门簿"，留存后世的尽管只有上述寥寥几字，但它还是给我们提供了相当重要的讯息。在笔者查对周氏世系后发现，"门簿"立名的周彦深就是周氏明初入籍的户祖。这即意味着，上宽峪

---

① 乾隆《闻喜县志》，卷11，"艺文中"，"创建邑侯六公生祠记"，第4页。关于一条鞭法在闻喜县推行的确切时间，笔者目前尚未见有史料述及。根据《明实录》的记载，山西巡抚沈子木请行一条鞭法的时间为万历十六年（1588）（参见《明神宗实录》，卷200，万历十六年（1588）闰六月乙未条，台湾"中央研究院"历史语言研究所，1962—1968年校印本，第3755页）。由此来看，一条鞭法行于闻喜或即在此年前后。
② 顺治《闻喜县志》，卷4，"官师"，第5页。
③ 乾隆《闻喜县志》，卷2，"职官"，第18页。
④ 《上宽峪周氏家谱》，"叙"，康熙三十六年（1697）创修本，闻喜县畖底镇上宽峪村周更民藏。

周氏洪武年间登入黄册的户名，直到康熙年间依然在被周氏后人沿用。从族谱的记述来看，在闻喜县，这类明初户名固定化的现象还是较为普遍。当地许多族姓明初定立的户名曾经沿用至明末或是清初，甚或是有清一代结束。

对于闻喜县的里甲体系来说，明初户名固定化的意义在于它使"户"及里甲的内涵均发生深刻转变。由于明初户名长期承传，当年立户入籍的单个家庭，数代之后一般已经衍生为多个家庭，即所谓"历数传而户族繁衍"，[①] "户"的规模因此得以不断扩展。此外，随着一条鞭法的推行，赋役改以丁、地课征，"户"由以往的计税单位转变为征税环节上的登记缴纳单位，它在赋役体系中的地位与功用发生改变。[②] 所以，时至万历年间，闻喜县里甲组织中的"户"已经基本衍变为一个承担一定税额的血缘群体。因应"户"的这些变化，闻喜县里甲组织的内涵同样出现较大异动。户名不变与民众迁居之间存在的冲突，使闻喜县里甲体系旧有的地缘格局难以维系，里甲催征陷入了"盖簿皆老名，少现在之人，四徙而居，寻访不易"的窘境。[③] 与此同时，里甲破败、户众繁衍以及合籍、附户等因素的交织，使一户独占一甲或者数户朋占一甲的情况成为可能。所以，自明中叶以降，闻喜县里甲体系的调整倚重血缘关系的倾向越来越鲜明。一条鞭法在闻喜县推行后，该县钱粮悉令各户分限自行封纳，里甲组织在赋役征派方面的功用也较以往有所弱化，而"户"的重要性却因此大为提升。闻喜县钱粮"合户催征"的举措大致就诞生于这种"户"与里甲内涵均发生转变的情境。此一举措不仅认可了二者的转变，而且赋予它们制度化的可能。

我们看到，万历以降，闻喜县里甲体系的调整基本是以"户"为中心来进行。在明末清初闻喜县里甲变动较为频繁的这段时期，当地户大丁众的人户大抵都曾有过析分、统合的变革经历。

由县志载列的灾异事件来看，明清之际的闻喜县动荡不安。崇祯四年（1631），二十余万陕西义军活跃于闻喜与邻邑稷山县，"杀掳男妇甚众"；崇祯七年（1634），县民孙启秀聚众于邑南中条山中，"杀掠甚横"；崇祯八年

---

① 《东韩张氏家谱》，"张氏户谱序"，民国10年（1921）续修本，闻喜县档案馆藏。
② 刘志伟：《在国家与社会之间：明清广东里甲赋役制度研究》，中山大学出版社，1997年，第256页。
③ 民国《闻喜县志》，卷7，"赋税丁役"，第73页。

（1635）、九年（1636），此地又逢连岁饥荒，以至食人之事频有发生。① 上述兵乱、灾荒致使闻喜县户口严重损耗，因而在崇祯十年（1637），闻喜知县贾之骥将该县里甲数目进行了大幅缩减，闻喜县旧有的66坊里至此减少为40个。关于这次里甲调整的实施方式，我们由行村赵氏的情形可窥一斑，该氏族谱有记：

> 维大明崇祯十年，县令贾之骥奉旨攒里匀甲，拨孟之后嗣承九甲，颜、参后嗣仍承十甲。虽曰分宗割户，情义葛藤维系，后人不得以两甲作胡越观焉。②

查考赵氏源流可知，洪武年间，行村赵氏户祖赵宗于务农里十甲系籍。赵宗生有二子，名贯道、拳道。贯道又有三子，为子孟、子颜与子参。自此而下，子孟后嗣枝分为大伙、二伙、三伙，子颜后嗣号称西院，子参后嗣是为南院。由此可以看出，上述引文所言崇祯年间析分开来的孟、颜、参三人后嗣，实际为"赵宗"户的不同支系。与行村赵氏的情况相仿，此间西董董氏、下庄张氏等族姓也均经历了一户拆分两甲之事。所以我们相信，析分户籍、调拨分支应当是贾氏此次平均里甲普遍采用的一种方式。

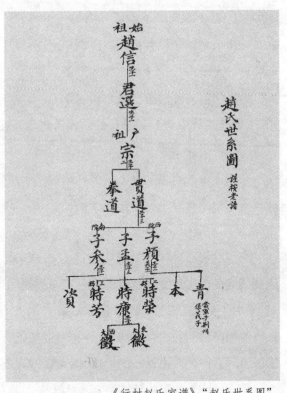

《行村赵氏家谱》"赵氏世系图"

---

① 民国《闻喜县志》，卷24，"旧闻"，第511页。
② 《行村赵氏家谱》，"小叙"，康熙年间续修本，具体年代不详，闻喜县礼元镇行村赵峰藏。

　　距离贾氏的里甲整顿仅过三载，闻喜一地又遇奇荒，民众或死或逃亡。据《郭家庄卫氏族谱》记载，卫氏族人"至崇祯十三年，岁大饥，死亡逃灭者不可胜数。其存者，有仍还居城者，有徙居夏县者，有徙居河南者，有远适江南高邮州、扬州者，有寄籍北直海子里者"①。待这次饥情稍有缓解，兵戈之事旋即接踵。崇祯十七年（1644），李自成兵马途经闻喜，络绎不绝五十余日。该县民众"皆携家远窜"。②入清之后，顺治二年（1645），邑令李震成审编户口，闻喜县开除逃亡人丁多达3655丁。③面对这种情形，李氏只得将40坊里继续减少至24个。清朝初年，闻喜县依然乱事丛生。顺治六年（1649），姜瓖之乱波及该县，四乡"土寇"乘势而起，"民遭残害无有宁日"。④兵戈偃息后，顺治十一年（1654），邑令邝奕垣不得不对当地里甲再作一番整顿。总体来讲，顺治年间闻喜县的里甲调整是以合户为取向，如上述行村赵氏、西董董氏、下庄张氏等崇祯时期拆分开来的各户，此时大多重新复合为一户。

　　历经明清之际此番变迁，闻喜县部分人户长期沿用的明初户名最终发生变更。《西董董氏家谱》记录有此间该氏户名变迁的情形，其文大致如下：

　　　　夫余户祖原系思温。明崇祯初，一族分为两甲，三甲仍称户祖思温，四甲立今户祖时中。后复合为一甲，则去思温而立今户祖焉。⑤

　　由这段记述可知，经过明末清初"户"之析分、统合的变迁历程，西董董氏将其户名由先年登入黄册的祖名"董思温"，改换为明朝初年实际立户者的姓名"董时中"。就笔者了解的情况来看，户名变更的事例较常见于明朝初年以祖名入籍的各户，他们户名变更的轨迹与西董董氏大体相似。在一些族姓的族谱中，我们会看到有两位户祖存在的情形，这大致即为此间该氏户名变更留存下来的影踪。

　　顺治以降，伴随王朝政治制度的改变，闻喜县的里甲设置也曾有过几次大幅

---

①　《郭家庄卫氏家谱》，"叙"，乾隆六年（1741）创修本，闻喜县档案馆藏。
②　顺治《闻喜县志》，卷7，"杂志"，第3页。
③　顺治《闻喜县志》，卷2，"户口"，第3页。
④　顺治《闻喜县志》，卷7，"杂志"，第3页。
⑤　《西董董氏家谱》，"坟墓"。

度的调整。由于地近河东盐池,闻喜县民为盐户者不在少数。明代他们散在各里,未有专门编置。康熙二年(1663),知县李如兰将其统合,增设东、南、西、北四盐里。在明代,闻喜县境有一部分田土为山阴王与灵丘王的食邑,县内四乡也散布着太原左卫及平阳卫的一些屯地。入清之后,随着宗藩制度与卫所制度的废除,康熙三十年(1691),知县王景皋改其地为更名里与东、南、西、北四屯里。① 经过如是几番整顿,康熙年间,闻喜县"四坊二十九里"的赋役征派体系得以形成。自此至清末,该县的坊里数目未曾再度发生变动。

依据县志记载,这一"四坊二十九里"的具体设置为:坊设 10 甲,里设 9 甲,四盐里共 20 甲,四屯里、更名里共 30 甲。显然,在外观结构上,这种参差不齐的编排格局已与里甲组织的规整式样差别较大。而从内部结构来看,虽然闻喜县各甲依旧保持着"里长户—甲首户"的构成模式,但各甲的内涵较之以往同样有着显著变化,其一甲户口由一姓或者数姓垄断的现象已是较为普遍。如三门道李氏与裴村宁氏康熙年间书写的家族文献中分别存在"家甲"② 和"族甲"③ 的表述,这大致即为当时闻喜县一姓独占一甲抑或主导一甲情形的真实记录。至于"四坊二十九里"的钱粮催征,大体是沿循县令催粮差、粮差催甲首、甲首催花户的流程来进行。在这一催征流程中,角色最为关键者应属甲首,其是设于各甲专司催征的一种职役,民间又称之为"甲长"或"甲头"。④ 一般来讲,各甲催粮之甲首大抵由甲内各户轮流充当,在一甲户口渐趋被一姓或者数姓垄断的情况下,甲首的举任也日益成为这些大户内部的一项事务。三门道李氏康

---

① 关于闻喜县设立四屯里的时间,乾隆《闻喜县志》记作雍正四年(1726)(乾隆《闻喜县志》,卷 2,"坊里"),这一记载与一些姓氏族谱中的说法存在出入。例如,党家庄陈氏写于康熙五十八年(1719)的一篇谱序称其调东屯里七甲的时间为康熙三十年(1691)(参见《党家庄陈氏宗谱》,卷 1,"陈氏宗谱原叙一",民国 32 年(1943)续修本,闻喜县档案馆藏);下庄张氏雍正六年(1728)纂修的族谱言其康熙三十二年(1693)编南屯里三甲(参见《下庄张氏世谱》,卷 2,"税粮",雍正六年(1728)续修本,闻喜县档案馆藏。相较之下,族谱中的记载大约更为可信,即闻喜县改置屯里的时间应在康熙三十年(1691)前后。

② 《三门道李氏家谱》,卷 1,"家范十六则","肃清门第",道光十八年(1838)续修本,闻喜县档案馆藏。

③ 《裴村宁氏族谱》,卷 8,"墓表",民国 21 年(1932)续修本,闻喜县档案馆藏,"清故邑庠生遥授冠带贡士希野宁仲公暨元配孺人翟太君合葬墓表",第 33 页。

④ 杨深秀等,《闻喜县新定均减差徭章程》,光绪七年(1881)刊刻本,北京师范大学图书馆藏,第 9 页。在清代的闻喜县,"甲首"一词有两种内涵:一是里甲组织中的甲首户,一是催征钱粮的职役。对于后者,官府文书一般称其为"甲首",而民间文献则大多书作"甲头"。

熙二十四年（1685）所订家范条文对其户内举任甲首的情形有着详细记述，兹援引如下以见其大概：

　　一、举报甲头　本族自催自比，议定每年三人应承催比，不论尊卑止以年齿为序。报名之日，旧甲头在家长处取名举报，不许擅自挨越。旧例业儒四十岁者方许承当，至如残病笃废之人除免。念甲头皆吾家子弟，祖宗一体，昼夜奔驰，鞭扑苦累，给以工食少酬劳苦。每一丁议银六分，粮一石议银三分，甲首倍之。秋夏两次给完，不得短少。甲头亦不得额外需索，间有不能亲身当甲头者，任其顾觅同伴不得扯肘。[①]

　　根据前引三门道李氏"本源"的记载，这一族姓在明代属于匠户，其按例不准分户。顺治三年（1646），李氏去除匠籍，但很长时间内仍作一户。上述家范条文订立时，三门道李氏隶于西隅坊九甲，为该甲的里长户。这一甲的各户甲首均是零丁小户。显然，在西隅坊九甲内发挥主导作用的是户大丁众的李氏一户。我们看到，该氏家范条文明确规定，"至于催粮甲头，止及本族不得扳扯小户。"[②]上述引文也清楚地显示，西隅坊九甲甲首的举任完全成为李氏一户的内部事务。通过西隅坊九甲的事例，我们不难看出，闻喜县"四坊二十九里"赋役体系的有效运作是依靠血缘纽带来维系的。

　　康熙中期以后，闻喜县灾荒连年，当地里甲体系因之又受冲击。至雍正三年（1725），知县米士铭遂有平均里甲之举。从仪张杨氏、交水口吴氏、三门道李氏等族姓此间里甲变更的事例来看，米氏此番里甲整顿采用的方式与以往大体相似，其或是将一户整体调拨，或是把大户各支派分，因而并未改变当地里甲组织的血缘格局。[③]

　　由于存在土田贫瘠、民多商贾等因素，山西一省推行摊丁入亩的时间较它省为迟。直至乾隆十年（1745），闻喜县方才将丁银悉数摊入地粮。摊丁入亩后，

———————————

①　《三门道李氏家谱》，"家范十六则"，"举报甲头"。
②　《三门道李氏家谱》，"家范十六则"，"体恤甲首"。
③　《仪张杨氏家乘》，"杨氏源流序略"，道光元年（1821）续修本，闻喜县档案馆藏；《交水口吴氏宗谱》，卷3，民国25年（1936）续修本，闻喜县档案馆藏；《三门道李氏家谱》，卷1，"本源"。

人丁赋税负担的取消使"户"的性质发生了根本变化，土地与税额成为"户"最具决定意义的内容。① 三门道李氏开立新户的事迹，很好地说明了闻喜县里甲体系中"户"的这种转变。据《三门道李氏家谱》记载，乾隆年间，李氏将其三处祭田"共地三十六亩有奇，共粮三两一分，在西隅坊十甲立'李祠堂'门"。"李祠堂"户由李氏族人共同支配与使用。钱粮开征之日，"首事者即催租银完纳"。② 显然，此时闻喜县里甲体系中的"户"与明朝初年的"户"已是两个迥然不同的概念，"人"已不再是构成"户"的内在要素，而仅仅是拥有和支配这个"户"的主体。从族谱的记述来看，通常情况下，共同支配与使用一个"户"的一般是某一族姓或者一姓的分支。

因为明朝初年闻喜县的里甲编排是在地缘关系的基础上展开，所以这一体系创设之初与当地的村庄体系大体一致。然而，在后世，随着血缘关系在闻喜县里甲编制中的角色日渐显著，里甲与村庄的对应关系渐显杂乱无序。对于钱粮征收来说，这样的一种格局弊病多端。光绪"丁戊大祲"后，邑绅杨深秀曾条陈其弊，议请革除：

> （杨深秀）光绪戊寅，假归里。值大饥后，丁减其半，土尽荒。邑当川陕之冲，差徭繁重。旧分四坊二十里，坊十甲，里九甲，甲置首，司催征。岁久而粮户散迁四境。里甲又非村庄名，但著之籍。众互称某村人，无称里甲者。故充甲首者寻访易漏，恒赔累倾家。又分甲值年，以供徭役。值年之甲，其担负每三四倍于正粮。时朝邑阎文介敬铭奉命筹赈兼善后，深秀乃趋谒条陈，请革其弊。③

在杨深秀等人的努力下，闻喜县的差徭得以清厘，但是里甲征粮的弊病却因改革难度较大而未能去除。民国元年（1912），杨深秀之子杨蚅田任闻喜县知事，遂秉承其父遗志，撤散里甲，革除甲首。至此，当地行约五百余年的里甲赋役制度最终废止。闻喜县新确立的赋税征收体系以村庄为单位，区长催村长，村

---

① 刘志伟：《在国家与社会之间——明清广东里甲赋役制度研究》，第257—258页。
② 《三门道李氏家谱》，卷1，"祭田"。
③ 民国《闻喜县志》，卷16，"名贤传下"，第259页。

长催各户，地缘关系再度成为维系该县赋役体系的重要因素。

三、明清时期闻喜县的户族

在地方历史久远而厚重的闻喜县，历代以来，以血缘关系为纽带结合而成的"族"大约一直存在。不过，以族谱、祠堂与族产为外在标志物的这类宗族形态，大致是从明中叶以后才在当地逐渐发展起来的。在明清时期闻喜宗族衍生、发展的过程中，里甲赋役制度究竟发挥出怎样一种作用？显然，对于这一问题，我们还需要在当地族姓宗族建构的具体事例中找寻答案。

西董董氏是我们前文多次提到的一个姓氏，其于闻喜县境有着较长时段的定居历史，而且该氏历代留存下来的宗族文献也相对丰富。因此，我们就先以这一族姓的宗族建构事迹为例，来管窥闻喜县明清宗族衍生的历史轨迹。

与明清时期生息于闻喜县境的多数族姓不同，西董董氏保留有明代之前的一段祖先谱系。该氏金大定十一年（1171）镌刻的宗谱碑石一直立于西董村中，历经金元两百余年依然保存完整。在入明之后的洪武十年（1377），西董村南董支的国子监监生董溥偕其妻子弟侄等，对存放金代碑石的碑楼进行了重新修葺。参与此事的几人当时应是生活于同一家庭。在稍后的里甲编制过程中，这一家庭于青中里四甲著籍。其立户之人为董溥的父亲董时中，黄册登入的户名为一祖名"董思温"。"董思温"这一户名自明初确立后，即一直为董时中的子孙们世代沿用。待成化十九年（1483）碑楼再度重修时，该户已是人丁颇众。对于"董思温"户而言，重要的变化发生在万历三十九年（1611）。这一年，户中之人董朝年等又将碑楼重葺一番，并在来年新镌世系碑记一通。①《西董董氏家谱》记载此事：

> 暨万历辛亥，耄耋先正，师表一时，腹笥宗系，时恐失传。于是属集户中人士，口占世次支裔，以授能书，立命镌刻，永示勿谖。其所刻之碑，仍

---

① 《西董董氏家谱》，"碑楼"。

竖于前碑之旁，爰及其楼，亦重新焉。①

通过这段文字我们可知，在户中一位耄耋老者的提议下，"董思温"户合户凭借他们对祖先的记忆，沿流溯源建构出一个新的祖先谱系。新的谱系以明初立户之人董时中为始祖，自其而下叙列世数共十一世。我们倾向于把这一谱系的出现作为西董董氏宗族衍生的一种标志。由于这一宗族的边界是由里甲体系中的"户"来限定，因而，从性质上讲，万历年间西董董氏建构的宗族是一种"户族"。

透过西董董氏的事例，对于里甲赋役制度与闻喜宗族衍生之间的关系，我们可以稍有一些清晰的认识：因为闻喜县多数族姓明朝初年确立的户名长期不变，所以，当年立户的单个家庭，数代之后多已扩展为一个血缘群体。这些由明初立户之人繁衍派生的子孙在同一户名下纳粮应役，共同的赋役负担把他们紧密地结合在一起。而明中叶以降闻喜县倚重于"户"的赋役改革，更是增强了这一血缘群体的凝聚。我们可以想见，万历年间西董董氏以"户"为边界的宗族建构，"合户催征"等赋役制度的因素在其中起了较大的推动作用。所以，从某种意义上讲，明中叶以后闻喜县逐渐兴起的"户族"实际为一个基层社会的赋役共同体。

不过，关于闻喜县"户族"的衍生，里甲赋役制度并非唯一发挥作用的因素。明朝中后期，随着宗族意识形态在闻喜地方社会的扩张与渗透，当地士绅整合宗族的实践对"户族"的形成同样有着十分重要的意义。前述引文表明，在西董董氏宗族建构过程中，户内一位耄耋老者发挥出相当关键的作用。这位老者名为董官，是一位邑庠生员，寿年94岁。② 作为一名乡居士绅，董官倡议创修宗谱并非偶然之举。我们注意到，在嘉靖年间，闻喜县地方士绅整合宗族的实践已渐次出现。如三门道李氏、东宋翟氏等缙绅之家皆在嘉靖初年创修家谱；北村续氏"建楼公因大礼公布，施基地一所，创建祠堂三间。阐纪世次，绘为图轴。"③ 到万历时期，裴村宁氏、下阳卫氏堡头杨氏、龙到头张氏等闻喜四乡诸姓，也陆续开始纂修族谱、图绘祖像、创置祭田、建盖祠堂。因而，对于闻喜县的"户族"，我们倾向于把它视作明中期以后该县赋役改革与宗族整合二者之间

① 《西董董氏家谱》，"董氏创建祠堂纂修家谱始末"。
② 《西董董氏家谱》，"人物"。
③ 《北村续氏族谱》，"序"，道光二十年（1831）续修本，闻喜县档案馆藏。

互动的产物。

岭东孙氏创建于万历三十八年的孙氏祠堂

自明中叶以降，随着血缘关系在闻喜县里甲编制中的重要性日益突出，当地各个姓氏基于里甲体系中的"户"建构而成的"户族"，其作为基层社会赋役共同体的特点也愈来愈显著。在笔者目见的闻喜族谱中，于赋役内容记述较为详尽的，大约应推《三门道李氏家谱》与《东门口赵氏家谱》。因此，下面我们就以这两个族姓为例，管窥闻喜县的"户族"所具有的赋役共同体的特质。

三门道李氏也是我们前文屡次提及的一个姓氏。明清时期，这一族姓于闻喜县境繁衍颇众。不过，在雍正三年（1725）户籍析分之前，该氏一直隶属明初立籍的"李思中"一户。洪武年间，"李思中"户开立户籍时还是单个家庭，因其明初户名长期传承，殆至后世，此户已然人丁繁众。随着一条鞭法在闻喜县的推行，这一户的内涵遂衍变成一个承担一定税额的血缘群体。在《三门道李氏家谱》中，我们看到，顺治十年（1653）时，"李思中"户承担的贡赋额数"共粮七百八石二斗四升九合五勺，征条银七百五十二两九分二厘"。[①] 最初居于邑

---

① 《三门道李氏家谱》，卷1，"贡赋"。

城的"李思中"户，在人丁日繁后，户众遂播迁至闻喜四境。[①] 这样一来，该户若要顺利完纳赋役，自然需要面对一个如何统合四乡户众的问题。自明中叶以降，"李思中"户建构宗族的举措，大致即是有着统合户众应对赋役的考虑。对于此种情状，我们在该户康熙二十四年（1685）订立的一篇家范中可以寻到一些影迹。这篇家范共有条文 16 则，其中与赋役相关的凡有 5 则，依次为"完纳银钱"、"供应差役"、"举报甲头"、"循例除免"、"体恤甲首"。这些关联赋役的文字，先于宗族仪规等内容，被书写于家范的开篇位置。如此一种书写顺序自然表明，对于"李思中"户而言，宗族聚合的首要目的即在于应对赋役。关于五则条文的详细内容，"举报甲头"一则前文已有引述，其余四则限于篇幅，这里不再逐一罗列。总体说来，这些条文大致涵盖了官府赋役在"李思中"户内部运作的所有环节。从其记述来看，"李思中"户的粮银系由该户自行催比，而且差役摊派、甲首举任及士人优免等赋役运作则例，亦是在李氏户族内部进行议定。显然，上述诸种情形表明，三门道李氏基于其里甲户籍建构而成的宗族，实际上就是一个应对官府赋役征派的共同体。

邑城东门口赵氏为闻喜县旧姓，这一族姓明代之前就已定居此地。洪武年

《三门道李氏家谱》"家范十六则"（局部）

---

① 《三门道李氏家谱》，卷 1，"宅舍"。

间，赵氏分作九户隶籍，其中一户户名"赵朋"。笔者田野调查时在桐城镇下阳村访得的《东门口赵氏族谱》就是"赵朋"一户的户谱。在这部族谱中，有一段关于赵氏祭田的文字，其对东门口赵氏之赋役共同体的特质有着较为充分的展现。兹录其文如下：

> （赵氏祭田）共地九亩三分零，在祖茔前后左右。每年正赋原额征银六钱二分，系租地人封纳。逢当差年应纳银若干，摊于合户钱粮内。又租地人每年出元系租银七两五钱，除封粮银一两，下余六两五钱。五两逢元旦日甲首备牲醴祀祖先神主，后合族均飨。又一两五钱，逢清明节甲首备牲醴祀户祖及户祖以下至五世祖，祭毕在太守公茔均飨，议甲首。甲首旧规自乾隆五十年合族议定，分为两股，老长支子孙共为一股，老二支子孙共为一股。本年自老二支子孙起，俟后老长支一年，老二支一年。老长支又分为两股，三年一轮，彝祖子孙一年，伦祖子孙二年。前人议定旧规，以后各宜永远遵行，毋得任意推诿，自取其罪戾，致干法网。[①]

"赵朋"一户自明朝初年开立户籍后，这一户名即一直为赵氏后人沿用。道光十五年（1835），上述文字写就之际，支派殷繁的"赵朋"户系籍北隅坊一甲，合户一体纳粮应役。从引文内容来看，"赵朋"户的宗族建构与里甲赋役有着极深的渊源，其"族"的边界即为里甲体系中的"户"，而且他们的宗族活动与应对赋役密切相关。我们看到，祭祀祖先与议定甲首是促成"赵朋"户每岁宗族聚合的主要因素，而在这两者之中，举议催粮甲首显然更是赵氏合户每岁必须应对的一项急务。此外，由催粮甲首主持元旦、清明两节的祖先祭祀仪式，也充分显示出，赵氏户族即旨在以拜祭祖先的名义来统合户众，解决纳粮应役等诸多现实的问题。

民国元年（1912），闻喜县撤散里甲，粮归村收，昔日维系当地"户族"的赋役纽带至此不复存在。在里甲制度废革以后，闻喜县的宗族究竟发生了何种改变？这里我们接续上述东门口赵氏的事迹来作一概观。有关民国时期赵氏一族的

---

① 《东门口赵氏族谱》，"祭田"，民国初年续修本，具体年代不详，闻喜县桐城镇下阳村赵以民藏。

情形，亦见诸一段记述赵氏祭田的文字。其文大致如下：

> 我族原北隅坊一甲，今已各归各村。唯赵氏祭田征银四钱五分四厘，而归城内中社。每年应摊社中杂费，制钱一百左右，系属活数，再无其他。而租地佃户租银，旋改收麦二小石，分本年夏季、来春二次出粜，以应封纳钱粮、祭祀之需。值年经理仍照前议，按支轮充，永远遵行。①

伴随闻喜县里甲制度的废除，"赵朋"一户作为一个赋役征派单位的历史宣告结束。该户散居县城北门道、李家庄、下阳、姚村、西吴等处的户众，分别归至他们居住的街巷或村庄纳粮应役。不过，赵氏户族的宗族活动并未因此嘎然而止。民国年间，该氏每岁仍设一名值年经理主持族务。值年经理依旧是在赵氏族内按支轮充，但他的角色内涵与原来的甲首已有着明显的不同，其显然不再是一种职役，而仅是一位宗族事务的管理者。从族谱的记载来看，民国时期，闻喜县多数族姓的宗族组织依然存在，其族内事务大多设以值年经理（又或称值年总理、值年首事、值年司事等）进行统管。然而，由于"户族"之赋役共同体的内涵已经消失，宗族的凝聚力渐不如昔，柏底卫氏与张家庄马氏民国年间所作谱序均称其族"户务丛挫，无人整理"。②

通过上述西董董氏、三门道李氏、东门口赵氏三个族姓的事例，我们大概可以得知明清时期闻喜县的里甲赋役制度对于当地宗族衍生、发展的意义如何。总体说来，明清时期闻喜县存在的宗族是一种基于里甲赋役制度形成的"户族"，其实质即为一个基层社会的赋役共同体。

显然，闻喜县明清宗族的这种特质，是我们理解该县明清族谱所叙祖先来历故事的重要基点。即如刘志伟先生所言，宗族的历史是由后来把始祖以下历代祖先供祀起来的人们创造的。③ 我们可以想见，明中叶以降，当闻喜县里甲体系中

① 《东门口赵氏族谱》，"赋税丁役"。

② 《张家庄马氏宗谱》，"续家谱序"，民国26年（1937）续修本，闻喜县东镇镇张家庄村马京德藏；《柏底卫氏合户家谱》，"序"，民国35年（1946）续修本，闻喜县后宫乡柏底村卫官西藏。

③ 刘志伟：《附会、传说与历史真实——珠江三角洲族谱中宗族历史的叙事结构及其意义》，第151页。

的某"户"由于赋役的因素开始统合户众、建构宗族时，其必定是沿循里甲户籍的行程来追溯这一户的历史，并将他们明初立户入籍的祖先奉作自己的始祖。

《东宋翟氏家谱》"则例"（局部）

在闻喜县明清族谱的纂修《凡例》中，我们经常会读到这样一行文字："谱以户祖为始，户祖以上不书，失考也。"根据笔者的了解，在地方历史久远的闻喜县，许多明清时期生活在当地的族姓，其"户祖"之前的祖先事迹并非真的无从考辨。他们之所以如此书写族谱，乃是当地明清宗族的形态使然。因而，对于前述杨㧑田的疑问，我们大概已经不难给出答案：因为明清时期闻喜县存在的宗族是一种由"户"衍生而成的"户族"，所以当地各个族姓均是以明初入籍的"户祖"为始祖，这无形之中造成一种祖先世系"皆中绝于元明之际"的叙事格局。

四、结　语

对于地处华夏文明源头区域的闻喜县而言，在过去漫长的历史进程中，这片土地上存在过形态不同的"族"，也产生过式样各异的"谱"。今天我们走到该县乡间，依然能够寻访到一些过往不同形态的宗族留存下来的族谱。例如，在裴氏祖庄裴柏村，我们看到一块金代刻写的碑石上面记录着唐代纂修的《裴氏家谱》；① 而在董姓世居的村庄西董（今郝庄），我们则于几段残碑上面读到了金代镌记的《董氏家谱》。② 当然，如今在闻喜县乡间，最易访得的还是明清时期各个族姓纂修的族谱，笔者目前收集到的这类族谱已有百余种之多。

仔细阅读这些不同类型的谱牒文本，我们大概会发现，在祖先来历的记述方面，各类文本所采用的叙事结构有着十分显著的差异。唐代纂修的《裴氏家谱》大致是沿循一种累世仕宦的行程来讲述自己宗族的历史，其所提及的几位远年祖先，皆是两汉时期在王朝的官僚体系中任职的人物。金代纂修的《董氏家谱》关于其宗族历史的记述，已是包含有后来明清族谱中常见的两种记事。不过，与明清族谱不同的是，这一族谱所叙说的始祖事迹并不关联于户籍，而是与唐末的乡社有着某种联系。总体说来，将祖先来历与户籍登记关联在一起的这种叙事结构，大致仅见于闻喜县明清时期纂修的

裴柏裴氏金大定十一年所刻宗谱碑记

族谱。确切地讲，目前我们只是在该县明中期以后纂修的族谱中，发现有这一叙事结构存在的踪迹。从笔者收集到的闻喜族谱来看，最早将始祖事迹与里甲户籍相关联的一部族谱，是万历二十一年（1593）纂修的《府厅门李氏家谱》。③

设若将这些迥然相异的叙事结构置于闻喜县宗族形态变迁的历史脉络中来审

① 《裴氏相公家谱之碑》（金大定十一年〔1171〕），碑存闻喜县礼元镇裴柏村裴氏碑馆。
② 《董氏家谱之记》，（金大定十一年〔1171〕），碑存绛县郝庄乡西郝庄村。
③ 《府厅门李氏家谱》，卷1，"李氏家谱序"，康熙五十三年（1714）续修本，闻喜县档案馆藏。

视，我们不难看出，上述几种有关祖先来历的叙事结构，皆是承载着它们宗族形态的一些重要讯息。因而，解读这些祖先来历故事的叙事结构，对于我们深入了解某一时期的宗族形态，将是有着较大的助益。本文即是由分析闻喜县明清族谱所叙之祖先来历故事的叙事结构入手，发现该县明清时期存在的宗族大致是一种基于里甲赋役制度形成的"户族"，其实质为一个基层社会的赋役共同体。

西董董氏金大定十一年所刻宗谱碑（局部）

　　至于明清族谱所叙之宗族历史普遍肇始于元末明初的现象是否均关联"户族"，由于目前的研究还十分有限，这里尚且无法给出答案。不过依笔者之见，若要理解明清族谱中这一普遍存在的叙事结构，"户族"的问题还是应当特别重视。就我们已知的情况来看，在华南、华中、西北等地域的明清族谱中，"户族"一词也较为常见。由此或可推知，明清时期，"户族"这种宗族形态可能并非独存于某一特定的地域。

　　由"户族"的问题引申开来，里甲制度之与明清宗族的关系自然令人瞩目。关于这一论题，此前一些学者已经对华南、华中、江南等地域的情况进行过卓有成效的探索。他们的研究显示，在这些地域，明中期之后里甲体系中的"户"

基本为一个宗族或一个支派,① 而里甲赋役是推动人们建构宗族的一种重要因素。② 以往学界对于北方地区这方面的情况讨论不多,不过根据已有的研究及本文的论述来看,在这一问题上,南、北方的情况有着许多相似之处。③ 我们相信,在这种相似性的背后定然隐含着明中期之后社会结构变动的重要信息。因而,若能由"户族"的问题切入,对明中期以后中国社会的转型问题展开更多探寻,则是我们对于未来研究的一种美好期许。

① 相关研究可参见刘志伟:《明清珠江三角洲地区里甲制中"户"的衍变》,《中山大学学报》,1988 年第 3 期,第 64—73 页;(日)片山刚:《清代广东省珠江三角洲的图甲制——税粮、户籍、同族》,载刘俊文主编《日本中青年学者论中国史(宋元明清卷)》,上海古籍出版社,1995 年,第 539—571 页;(香港)科大卫著,卜永坚译,《皇帝和祖宗:华南的国家与宗族》,江苏人民出版社,2009 年,第 79—145 页;郑振满:《明清福建的里甲户籍与宗族组织》,《中国社会经济史研究》,1989 年第 2 期,第 38—44 页;林济:《长江中游宗族社会及其变迁》,中国社会科学出版社,1999 年,第 55—67 页;杨国安:《明清两湖地区基层组织与乡村社会研究》,武汉大学出版社,2004 年,第 84—98 页;(日)田仲一成:《明代徽州宗族の社祭组织と里甲制》,载(日)井上徹、远藤隆俊编,《宋——明宗族の研究》,东京:汲古书院,2005 年,第 351—382 页;(日)铃木博之:《明代徽州府の户と里甲制》,载(日)井上徹、远藤隆俊编,《宋——明宗族の研究》,第 383—407 页等。
② 代表性论著有 Michael Szonyi, *Practicing Kinship: Lineage and Descent in Late Imperial ChnIa* (Stanford: Stanford University Press, 2002), 56—89;(日)片山刚:《明代珠江デルタの宗族・族谱・户籍——宗族をめぐる言説と史实》,载井上徹、远藤隆俊编《宋——明宗族の研究》,第 459—486 页;徐斌:《明清军役负担与卫所家族的成立——以鄂东地区为中心》,《华中师范大学学报(人文社会科学版)》,2009 年第 3 期,第 73—81 页等。
③ 有关里甲制度与北方宗族关系的论述,参见潘喆、唐世儒:《获鹿县编审册初步研究》,载中国人民大学清史研究所编,《清史研究集》(第 3 辑),四川人民出版社,1984 年,第 6 页;秦燕、胡红安:《清代以来的陕北宗族与社会变迁》,西北工业大学出版社,2004 年,第 180 页。

社会资源与家族化进程

——以明清青州回回家族为例①

对家族制度的研究历来是中国社会史研究的重要课题，是理解中国传统社会的一把钥匙。从目前掌握的情况看，自元代以来定居于中原的回回人及其后裔也同样有家族组织存在的痕迹，尤其是在明代后期至清代，各种证据十分丰富。尽管宗法观念和家族制度与伊斯兰教的宗教信仰存在某些相互抵触的内容，但由于域外迁入的回回人早已融入了本土的社会生活，在宗教信仰与本土文化中寻求平衡已成为他们的生存之道。随着宋明以来近世家族制度的发展，回回家族也成为地方家族的成员之一。如果我们力图追寻其自身的发展逻辑的话，那么从家族组织的形态、家谱的修撰以及各项活动入手，剖析回回家族的结构、内容和运行机制，将有助于我们深入理解回回群体的社会生活。

本文选取山东青州的回回家族来初步涉足这个问题。青州回民对自己历史的确切记述开始于明代，在方志、家谱、文集、武职选簿等形式的历史资料中，我们可以看到回回人自明代以来在本地生活的身影。这种社会生活的连贯性为我们考察一个较为固定的群体在明清两朝所经历的历史变迁提供了条件。文中，我们以青州城内外回回人明清以来的生活历程为个案，主要通过对家族文献的条分缕析，考察本地两个势力较为强大的回回家族自明代以来不同的家族化过程，以及这一过程在清代中后期受内外因素的影响所呈现的新变化。

---

① 本文是"211 工程"资助项目"明清北方散杂居回族与北方民族关系"的研究成果。

一、赛典赤的后裔：同祖不同系的杨、赵两氏

益都杨、赵两氏是本地的两个回回望族，尽管二者姓氏不同，但他们之间存在着千丝万缕的联系。最明显的一点，莫过于他们有着一位共同的祖先。

益都杨氏在青州的历史可以追述到元代。据该家族族谱记载，其祖上在元代时曾有"官益都路总管"和"临朐中尉"者，并"遗有田宅于青"。元明鼎革之际，杨氏祖先莫苏曾居住在元大都一个叫羊市角头的地方，因此以杨为其汉姓，"至大明洪武元年，兵取大都，大将军令都人南迁，六世祖遂携苏及二女犇青州"①，杨氏遂在青州定居。

杨氏落居青州之后，于正德六年（1511）有杨应奎（号渑谷）考中进士，历任仁和县知县、兵部主事、礼部员外郎、临洮府知府和南阳府知府，后被免职归乡。回乡后，杨应奎于嘉靖十九年（1540）开始编修家谱，这是杨氏家族第一次修谱。

杨应奎在接受了儒家思想的教育之后，以"学士大夫不忘其先"为己任追述祖先历史，在家谱序言里对自己家族的来源和远祖的身份进行了如下梳理：

自周衰，五宗九两废二族不聚，比庐井田坏而民不生，学士大夫不忘其先者，于是有氏族谱焉。自南北争战，人多转徙，谱牒可考者亦无几矣。汉晋以来，四夷来归者辄居中土，而氏族难以悉数。隋开皇间，西域天方国来贡，而穆速麻②始入中国，所谓回回也，史册载之。至宋宁宗开禧二年丙寅，元太祖即位于兀难河之源，遂征西域，兵至印度。赛典赤赡思丁，别庵伯尔③之裔也。率千骑以文豹白鹘迎降，命入宿卫，从征伐，以赛典赤呼之

---

① 道光《益都杨氏世谱》，杨应奎《序》，明嘉靖十九年（1540）。
② 穆速麻，是波斯语 Musulman 的音译，源出阿拉伯语 Musilim，伊斯兰教徒的意思。《元史》中称木速蛮，《长春真人西游记》中称铺速满，《西游录》中称谋速鲁蛮。刘迎胜指出在明代《回回馆杂字》与《回回馆译语》中"地理门"作"母苏里妈恩"，意为"回回"。
③ 赛典赤·赡思丁（1211—1279），全名赛典赤·赡思丁·乌马儿。赛典赤意为荣耀的圣裔，即穆罕默德的后裔；赡思丁意为宗教的太阳；乌马儿意为长寿。均为阿拉伯语。别庵伯尔，波斯语，意为使者、先知，指先知穆罕默德。

而不名。赛典赤华言贵族也，累官太师、上柱国、咸阳王。子五人，长纳速剌丁，亦至中书左丞相，延安王。子十三人，长伯颜察儿，官至中书平章政事，佩金符，尚主，赠太师、奉元王。终元世，子孙贵显繁衍者皆赛典赤之裔也。①

从杨应奎的记述看，杨氏祖先并非华夏之裔，而是蒙元时期归附成吉思汗并随之东迁的布哈拉人赛典赤·赡思丁的后裔。作为元代色目人的后代，杨应奎将其祖先东迁的经历看做是"汉晋以来，四夷来归者辄居中土"过程的延续。在这期间，伊斯兰教的信仰者以贡使的身份于隋朝即已进入"中国"，杨应奎将他们称之为"回回"，这显然是元明以来对西域穆斯林的普遍称呼。

杨应奎将其家族祖先追溯到赛典赤·赡思丁，杨氏一脉系赛典赤长孙伯颜察儿的后裔。对杨应奎的说法，清道光二十四年（1844）杨氏后裔重修家谱时，编撰者十二世杨岎、杨岫、杨峒利用元明史料进行了一番考证。杨应奎对赛典赤·赡思丁及其长子纳速剌丁的描述与《元史·赛典赤·赡思丁传》②一致，但将纳速剌丁长子认定为伯颜察儿与《元史》记载不符。道光家谱的编撰者对此提出了质疑，《元史·赛典赤·赡思丁传》记载纳速剌丁"子十二人，伯颜，中书平章政事；乌马儿，江浙行省平章政事；劄法儿，荆湖宣慰使；忽先，云南行省平章政事；沙的，云南行省左丞；阿容，太常礼仪院使；伯颜察儿，中书平章政事，佩金虎符，赠太师、开府仪同三司、上柱国、中书左丞相、奉元王，谥忠宪"③。可见纳速剌丁的长子是伯颜。他们据此记载，提出杨应奎"以伯颜察儿为延安王长子，误矣"④。

在杨应奎生活的年代，他对祖先的追忆只能上达自己的七世祖先，而知道确定姓名的从自己的五世祖莫苏开始。在七世祖与伯颜察儿之间，则"世代邈远，

① 道光《益都杨氏世谱》，杨应奎《序》，明嘉靖十九年（1540 年）。
② 《元史·赛典赤·赡思丁传》："赛典赤·赡思丁，一名乌马儿，回回人，别庵伯尔之裔。其国言赛典赤，犹华言贵族也。太祖西征，赡思丁率千骑以文豹白鹘迎降，命入宿卫，从征伐，以赛典赤呼之而不名。……纳速剌丁，累官中奉大夫、云南诸路宣慰使都元帅。赠推诚佐理协德功臣、太师、开府仪同三司、上柱国、中书左丞相，封延安王。"参见《元史》卷 125，《列传第一二·赛典赤·赡思丁传》，中华书局，1976 年。
③ 《元史》卷 125，《列传第一二·赛典赤·赡思丁传》，中华书局，1976 年，第 3067 页。
④ 道光《益都杨氏世谱》，杨应奎《序》批注，清道光二十四年（1844）。

不知其几何"，因而一笔带过，只能笼统地说"终元世，子孙贵显繁衍者，皆赛典赤之裔也"。① 杨应奎已经不知道七世祖和六世祖的名讳，只知道七世祖"官益都路总管"，六世祖为"临朐中尉"，他们"遗有田宅于青"。从这一点看，杨氏在明代落居青州之前，其祖上可能就有在青州居住的经历。

杨氏家族谱系（一世至六世局部）

		一世	二世	三世	四世	五世	六世
七世祖	六世祖	五世祖	高祖	曾祖	祖	父	
益都路总管——	临朐中尉——	莫苏——	钦——	全——	瑄——	鸾——	应奎

事实上，杨应奎生活的年代距元朝末年已经有一百多年了，他对远祖赛典赤的认识到底来源于家族内部的口耳相传还是受到了《元史》等文本资料的影响，这个我们不易分辨。不过从他的记述看，从赛典赤到纳速剌丁再到伯颜察儿三代的传承关系很明确，这种传承关系在当时的很多文本中均有记述。杨应奎对伯颜察儿以后的代系继承所知甚少，而这也正是众多文本对赛典赤后代情况记述的特点。明代大多数常见的文本对赛典赤后代的记录大多截至赛典赤的孙辈或重孙辈。这样看来，杨应奎对祖先世系的记忆在前三代和后七代之间出现断裂，他对前三代的追忆可能确实掺杂了家族的口头传说和文本资料的记述，而对后七代的记载则主要依靠家族内部的口承记忆以及当时可见的家族墓地等各方面信息。如他在家谱序言里提到：

> 闻之先人尝曰，吾姻亲中闫彪母者，成化间八十余，杨氏甥也，亦自北南迁者，云："吾舅家金牌驸马家也，今到此不敢复言矣。考之元史，为驸马者非勋臣世族及封国之君莫得尚主。其回回在元世惟赛典赤封王、佩金符、尚主，为驸马也。②

---

① 道光《益都杨氏世谱》，杨应奎《序》，明嘉靖十九年（1540）。
② 道光《益都杨氏世谱》，杨应奎《序》，明嘉靖十九年（1540）。

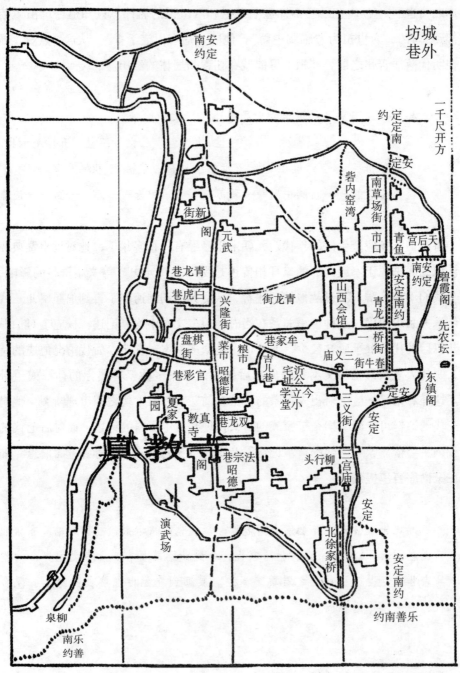

城内坊巷图（光绪《益都县图志》）

透过杨应奎的记述，我们可以看到杨氏家族至迟在明中期即已认定自己是赛典赤的后裔。杨应奎对其祖先历史简单的追述为整个家族的过去奠定了第一个、也是最重要的一个历史文本。

清末法伟堂在《益都县图志》里记载了青州地区的三座清真寺："清真寺在城东门内迤南，明国子监司业马之骥建；一在东关教场街，汉中兵备道刘瓒建，嘉靖十三年（1534）重修；一在金岭镇。"① 其中东关真教寺相传建于元代，据该寺清康熙二十三年（1684）碑文记载："青州府正南隅有古刹，清真回回礼拜寺，自大元大德陆年元相伯颜后裔所立。"② 这块碑是后世确定真教寺创建年代的主要材料，碑中将真教寺创建的时间确定在元成宗大德六年，即1302年，创建者是"元相伯颜"的后裔。

"伯颜"这个名字引起了我们的注意，青州另一大族赵氏也自称是赛典赤的后裔，以赛典赤之孙伯颜为其祖先。

现存《青郡赵氏宗谱》编修于清康熙二十四年（1685），重修于乾隆十六年（1751）。赵庆臻在康熙二十四年撰写的序言里说：

赵氏始姓赛氏者，以先世天房国人。在唐贞观年，鼻祖别庵伯尔之裔，名赛一忒③。别庵伯尔，即今吾教贵圣人谟罕默德也，乃西方大圣人……传一十九世而生云中郡公可嘛喇丁，谥孝敏公。……生一子，赛典赤·赡思丁。其云赛典赤者，犹华言贵族也。……公生五子，长子纳速剌丁……纳速剌丁生十二子，长子伯颜……卒年五十九岁，赠宣忠佐命开济功臣、开府仪同三司，追封淮王，谥忠武……伯颜长子明高，授奉议大夫、卫辉路同知。……乃明太祖混一中夏，时换朝移，本帙散乱，或还西域，或徙北平，或迁河右。明高、明方相继死节，惟明远蒙明太祖深嘉其讳，敕谕同始祖母诰封一品夫人马氏，改迁山东青州府益都县南柳社下户为民。④

---

① 光绪《益都县图志》卷13，《营建志》，载《中国地方志集成》，凤凰出版社，2004年，第123页。
② 《建寺碑》（本无碑名，笔者自起）（康熙二十三年（1684），该碑现存青州东关真教寺。
③ 赛一忒，赛典赤之异译，今译作赛义德。
④ 《青郡赵氏宗谱》，康熙二十四年（1685）赵庆臻重修，乾隆十六年（1751）赵银重修。

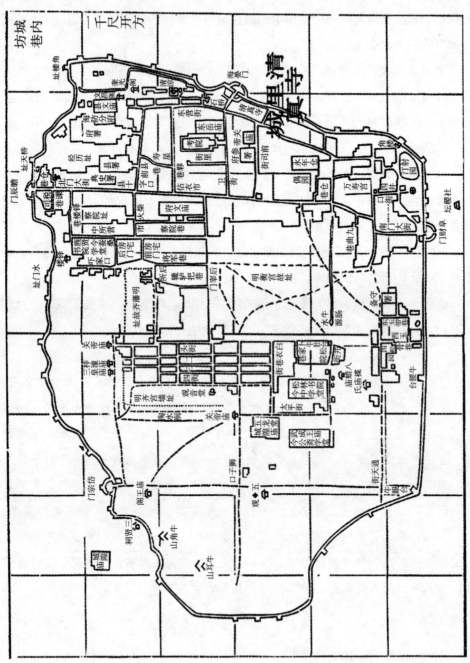

城内坊巷图（光绪《益都县图志》）

从家谱记载看，赵氏亦出自赛典赤赡思丁的长子纳速剌丁，只不过赵氏认为纳速剌丁的长子是伯颜，也就其青州始祖赵明远的父亲。

赛典赤——纳速剌丁——伯颜 < 明高
明方
明远

事实上，赵氏宗伯颜为祖在明代即有记载。据明万历五年（1577）《赵氏先茔》碑称：

> 始祖伯颜□西域人也。仕元，赐姓赵，出将入相五十余年，忠绩班班，可□臣，实录载□。①

万历碑上明确以"伯颜"为始祖，对他在元代的身份也作了概述。虽然只用了二三十个字，但一个来自西域、供职于元朝、地位显赫的"伯颜"跃然纸上。不过，有一点我们应该注意，万历碑上并没有将伯颜与赛典赤的名字联系在一起。作为一个蒙古常见的人名，在没有相关证据的情况下，此伯颜是否就是元史上赛典赤的后裔伯颜，我们无法判断。

有意思的是，将赵氏的伯颜与赛典赤联系在一起的唯一资料出现在道光年间重修的《益都杨氏世谱》中。杨峒兄弟在重修杨氏家谱时在凡例里提到"青州赵氏相传以为与杨氏同出自赛典赤，其族人撰谱者遂以元世祖朝平宋之伯颜为赛典赤孙云，即赵氏始祖"，② 九世杨珻在修谱时也曾取赵氏家谱世系的前一图编入谱中。杨珻生活在明清之际，大约在明万历至清康熙年间。由此推测，赵氏家族至迟在明后期就已将自己的始祖伯颜认定为赛典赤的后裔了。

二、诗书传家与掌教家族：明代杨、赵两氏的生存策略

明代的杨、赵两氏身处相同的社会环境当中，但走着不同的发展道路，这与

---

① 赵潜主编：《青州回族溯源》，赵氏先茔碑拓片照片，重庆出版社，2004 年。
② 道光《益都杨氏世谱》，《凡例》。

两个家族所拥有的社会资源各异有直接的关系。

杨氏祖先以元代遗民身份落居青州，他们在元代的显赫家世对其处于明代初年的后人来说，是份不小的负担。杨应奎称其祖先在迁居青州以后"不敢显言仕宦宗族"，并"戒子姓读书作官"。他还引用了姻亲闫彪母的话："吾舅家金牌驸马家也，今到此不敢复言矣"。① 杨应奎的高祖杨钦、曾祖杨全都"目不知书，率皆朴实守分，纳粮当差"，祖父杨瑄"始稍稍识字，然亦不多"。直到其父杨鸾时，祖母"始令读书"。据《益都县图志》记载：杨鸾"字世亨，府学生，幼颖悟，日诵数千言，试辄冠其曹，督学陈镐奇其文，友视之。性纯孝，居丧哀毁过礼，居乡周急扶困，唯恐不及。累应举不第，益刻厉博览，为古文词，工诗，善飞白书，以诸生终，赠礼部员外郎。"② 杨鸾一生追求举子业，杨应奎回忆说："先是父自试者屡矣，愚与父同试者三，愚谬举进士后，父自试者又一，其志可知"。③ 杨鸾累举不第，但他亲自教导的儿子杨应奎于正德五年（1510）考中举人，正德六年（1511）考中进士，成为杨氏家族第一个学有所成之人。

杨应奎考中进士后，首授浙江仁和县知县，后升兵主事。《明武宗实录》对杨应奎在兵部任职期间的情况有一条记载：正德十年（1515）九月甲午"遣兵部主事杨应奎以银五万两市马于河南陕西各千匹，太仆寺官选保定等府寄养马三千匹送陕西军前听用"。④ 杨应奎从兵部主事转为礼部主事、员外郎。嘉靖《青州府志》中记载杨应奎在礼部任职期间，逢嘉靖帝以藩王身份入继大统。他曾"迎今上于汤阴，进《仪注》，赐御膳"⑤。对于这段历史，《徐襄阳西园杂记》有更为详细的记载："今上自湖藩入承大统，驾至良乡，礼部具仪注，差主事杨应奎进呈云：'驾至，自东华门入，直至文华殿，如藩王礼。文武百官三疏劝进，始登极。'上览之，即变色，曰：'遗诏即日遣官迎即皇帝位，如何又以藩王待我?'四月二十一日，驾至张掖门外，止宿。次日，由大明门入，即位。礼

① 道光《益都杨氏世谱》，《凡例》。
② 光绪《益都县图志》，卷35，《人物志》，载《中国地方志集成》，凤凰出版社，2004，第496页。
③ 道光《益都杨氏世谱》，《凡例》。
④ 《明武宗实录》卷129，第36册，第2568—2569年。
⑤ 嘉靖《青州府志》卷14，《人物》，载《天一阁藏明代方志选刊》，上海古籍书店，1982年，第35页。

官忤意，已基于此矣，岂待称号而始然哉！"① 此后，杨应奎从礼部主事员外郎出任临洮知府。期间，他"刻《祖训》以励俗，甘肃驿站久疲，奎极力调处，民皆复业，引洮水灌田转磴，民利之，有去思碑"②。继而，又从临洮知府转任南阳知府。顺治《南阳府志·官师》记载杨应奎于嘉靖初年任南阳知府。在任期间"值岁荒，设法赈济，活数万人，又正陂堰以灌民田，郡民感德，为立生祠祀之"。③ 杨应奎在南阳知府任满后被罢职，具体原因不见于嘉靖《青州府志》的杨应奎传记。光绪《益都县图志》杨应奎传记说其"以讹误免官"。对于被罢官，杨应奎在自撰的家族序言里也没有交代原因，仅说"以无妄罢官"。不过《益都县图志》曾转引杨延嗣（杨应奎的曾孙）《乾州知州杨桐传》对杨应奎罢官之事记载："桐，滍谷公养子汉所生也，字高冈。滍谷公守南阳，任满，谒选。为贝锦中伤，属三司勘问。以刑不上士大夫，重鞫汉，汉不服，卒得直。"④ 这是目前所知对杨应奎罢官原因的唯一记述。由于此前不见于其他著述，图志的作者也"未知其审"，记录以备考。杨延嗣的记载是否确有其事，也许可以从杨氏家谱的序言里得到一些侧面的信息。对于自己的人生际遇，杨应奎这样写道："历中外二十余年，良由祖宗积德深厚，父母教育之笃，而存心制行、居官为政，动以圣贤君子为法，虽所就如此，然于身心无愧，而天理之未定者，容有待也。"⑤ 杨应奎被罢官的时间也不见于上述诸书中，杨应奎子杨铭在《陶情令·陶情令识》中记其父事时有"辛卯罢郡"之语，可见杨应奎在嘉靖十年（1531）被罢官。杨应奎卒于嘉靖二十一年（1542），从罢官归里到去世之前，他一直居住在青州，他在本地的声望也是在这 11 年中积累起来的。

杨应奎罢职归乡后，寄情山水，同当地缙绅广泛交游，其子杨铭在《陶情令识》里描述了杨应奎回乡之后的生活：

---

① （明）徐咸：《徐襄阳西园杂记》卷23，载《盐邑志林》第14、15册，第18—19页。
② 嘉靖《青州府志》卷14，《人物》，载《天一阁藏明代方志选刊》，上海古籍书店，1982年，第35页。
③ 嘉靖《青州府志》卷14，《人物》，载《天一阁藏明代方志选刊》，上海古籍书店，1982年，第35页。
④ 光绪《益都县图志》卷35，《列传》，载《中国地方志集成》，凤凰出版社，2004年，第496页。
⑤ 道光《益都杨氏世谱》，杨应奎《序》，明嘉靖十九年（1540）。

先大夫别号寒翁，自辛卯罢郡以来，阔略世故，徜徉林泉，每于风晨月夕雅歌投壶，维不能酒，而终日对宾人，不厌其不酒也。尝与三五乡达结洋溪吟社，陶写胸中所有，以畅志怡神，复有一二玄友，讲究内外丹，宦情盖漠如也。①

嘉靖十四年（1535），杨应奎与致仕赋闲的临朐冯裕、益都石存礼、益都黄卿、寿光刘澄甫，丁忧归里的礼部侍郎益都陈经，除名闲居的即墨蓝田、刘澄甫之弟刘渊甫等八人结吟社于北郭禅林寺。诗社订有"社约"，按其规定，诗社每月集会一次，轮流召集。每次集会，社员必须拟赋题一首，古今诗十首。诗社活动持续了近三年。唱和之诗由冯裕四世孙冯琦编为《海岱会集》12 卷。此集后收入《四库全书》。

作为地方有名望的文人，杨应奎参与地方事务也很积极，我们通过现存的方志、碑刻等材料可窥见一二。嘉靖十六年（1537），时任青州兵备佥事的康天爵以"富公祠②故址湮没，移建于阳水北岸晏公庙③内"④，杨应奎撰《富公祠记》⑤ 以彰其事。嘉靖十七年（1538）夏，青州发生旱灾，杨应奎撰《上佥宪康天爵祈雨书》。⑥

明宪宗成化末年，宪宗第七子朱祐楎受封于青州，为第一代衡王。衡藩共传七王，受封郡王 29 位，直至明亡，历 160 年。衡王府的建立，使明代的青州社会又出现了一支不容忽视的政治力量，王府在地方社会生活中扮演着极为重要的角色。曾任青州兵备的王世贞是衡王府的座上客，留有《衡王雪中赐筵》一诗。怪才隐士雪蓑也经常出入王府，至今民间还流传着雪蓑祝寿戏衡王的故事。杨应奎是青州有名的书法家，尤精于草书。安致远在《跋杨渑谷先生草书贴》中记录了一件他从杨应奎的后人那里听来的杨公轶事：

---

① （明）杨应奎：《陶情令》，抄本。

② 富公指北宋富弼，曾任青州知州。

③ 杨应奎文称："晏公庙实南面对之。晏公出处无稽，俗传水神也。"

④ 光绪《益都县图志》卷 13，《营建志》，载《中国地方志集成》，凤凰出版社，2004 年，第 118 页。

⑤ 该文在光绪《益都县图志》里又作《修富公祠碑》。

⑥ 光绪《益都县图志》卷 6，《大事志》，载《中国地方志集成》，凤凰出版社，2004 年，第 64 页。

衡藩王最爱公（指杨应奎——笔者注）书，遣司医赵柳南往求。值公挥颖作书，墨沈淋漓，纵横几案，间笑曰："王席尊处，优诎辨钟、王、虞、褚笔意耶？"不答。而退。柳南乃攫其案上长帧短幅，满袖双笼而去。归，以公语白王，王更喜甚，以公书装璜成帙，而更索公序。公赏其高致，为叙其帖，而与王相得甚欢会。王建某殿成，公乃为书"麒麟门"三字，圆阔丈余，以金泥濡毫，擘窠大书，有龙跳虎卧之势，掀髯狂呼，无异米南宫，殿庭叫奇，绝时也。①

在这个故事里，衡王因喜爱书法而主动结纳杨应奎，不管二人结交的过程是否如传说的那样，杨应奎与藩王府的交际应该是有的。杨应奎与衡王府发生关联的另一件事也与书法有关。嘉靖中衡王府礼官李大纶和道士杨永钦重修驼山道教昊天宫，于嘉靖十八年（1539）完工。嘉靖二十一年（1542）五月，由冯裕撰额、杨应奎书丹、陈经撰文的《重修驼山昊天宫记》石碑立于昊天宫内。②

杨应奎死后入祭青州府乡贤祠。其子孙均习儒业，出仕为官。杨应奎有三子，长子铭，字子新，万历中以岁贡为山西襄垣县训导；次子金，字子声，嘉靖中为岁贡生，任北直隶任丘县县丞，河南睢阳卫经历，两淮都转运盐使司运判；三子汉。杨铭子汝卜，字伯言，岁贡生，巨野县训导，长山县教谕；杨金子振奇，字纯素，县学生员；杨汉子桐，嘉靖三十一年（1552）乡试第二名，官至陕西乾州知州。③

据青州博物馆藏"皇明衡藩平度恭懿王继妃杨氏圹志"记载："妃杨氏，山东青州府益都县两淮运判杨金之女，万历十八年九月册封为平度王继妃。"④ 此处的两淮运判杨金，当为杨应奎之子、官至两淮都转运盐使司运判杨金。《益都县图志·烈女传》上记载了另一位嫁入藩府的杨氏女。该女是杨金之孙杨尔素（字襄霞）的女儿，嫁于邵陵封国将军朱常渐为妻。"崇祯甲申之变，常渐携子

---

① （清）安致远：《纪城文稿》卷4，《跋杨渑谷先生草书帖》第30页。

② 刘序勤主编：《青州石刻文化》，文化艺术出版社，2006年，第75—80页。

③ 光绪《乾州志稿》载：知州"杨桐，山东举人，隆庆二年任"，光绪《乾州志稿》卷三《职官表》，载《中国方志丛书·华北地方·陕西省》第259号，（台北）成文出版社有限公司，1969年，第128页。

④ 王华平主编：《青州博物馆》，文物出版社，2003年，第257—258页。

南奔，遂依母家。常渐卒，氏终日涕泣不食，欲自尽，家人守之。月余，得间，卒缢死。"①

生活于明清之际的杨金之子杨珽也是青州有名的文人。杨珽与明末清初的古文大家张贞颇有交往。张贞应杨珽子杨延嗣之请为杨珽撰写的墓志铭中勾勒了一位儒士的形象。现节选一段如下：

有明庆历间，郡中多逸民宿老，皆知崇尚翰墨，如洋溪吟社，海岱文会诸遗事，摺珽犹得闻其厓略，抵掌谭说先正流风，娓娓可听。至书法名画，沿讨尤详，赏鉴收藏，其源流统绪，如指一二。又尝冬日诣余，著华阳巾，批鹤氅裘，其子撰杖后从，端拱而过青都之市，市人皆愕眙指顾，君乃从颂曳履，游行自如。余揖之入室，时宾客盈坐，余偶有所激，与客放言极论，遂相诙笑，为已甚之辞。摺珽从座上默听，以为诚然也。他日相见，摺珽更究前说，叩其颠末，余愧无以应，自是向人不敢复作谐语，于此乎，吾于摺珽有取也。②

有关杨珽生平事迹的记载同样收录在青州地方志中，清康熙十一年（1672年）知县陈食花"奉上檄修辑志书"，请杨珽等人"为之扬确前闻，参稽时宪"，③编成《益都县志》。光绪《益都县图志》中杨珽别有传记，其主要内容多采自张贞的《益都杨君摺珽墓志并铭》。

杨珽，字摺珽，应奎曾孙。父振奇，生员。珽八岁向学，能自刻苦，补府学生员。世家争延致，以训其子弟。为人厚重，外如其中，不作訾謷之言，不宿睚眦之怨，不尚矫激之行，不为隙，亦不修人之隙。甲申乙酉间，盗贼蜂起，珽独处荒村，坦腹高卧，有贼以剑击其门，其渠叱之曰："何惊

---

① 光绪《益都县图志》，《人物志·烈女传》，载《中国地方志集成》，凤凰出版社，2004 年，第575 页。

② （清）张贞：《益都杨君摺珽墓志并铭》，载《渠亭山人半部稿》初刻《渠亭文稿》，第 77A—78B 页。

③ 康熙《益都县志》卷1，《大略》，第 1 页。

善士?"斑生前明万历中，又家世儒学，习闻郡中遗事。每友朋高会，抵掌说先正流风，娓娓不倦。康熙《旧志》纂修，多出其手，当时推为文献所寄。尝冬日着华阳巾，披鹤氅裘，其子撰杖从，端拱过市。市人愕眙指顾，斑曳履游行自如，不为动也。康熙二十年卒，年八十二。子延嗣，字绥絼，初名演新，字梦受，县学生，性嗜学，不谐于俗，著有《青崛集》。①

诚然，出自张贞这样的知识分子之手的墓志铭自然会使被铭记者也充满了知识分子的气质。不过张贞对杨斑的描述以二人的交往为基础，因而杨斑的各种表现应确如其人。

依据杨氏家谱所提供的资料，我们将杨氏家族成员明代的功名和官职列表之后不难发现，杨应奎的后世子孙秉承了诗书传家的传统，始终保持着一个士大夫家族的形象。

表1　益都杨氏成员明代功名、官职统计表

姓名	世次	功名	任职	恩荣
杨　鸾	五	廪生	—	赠承德郎礼部仪制司主事
杨应奎	六	正德庚午举人、辛未进士	浙江仁和县知县、兵部武选司主事、礼部仪制司员外郎事、祠祭司郎中、陕西临洮府知府、河南南阳府知府	从祀乡贤祠
杨应璧	六	—	七品散官	—
杨应和	六	生员	—	—
杨应时	六	生员	—	—
杨应祥	六	生员	—	—
杨　铭	七	岁贡生	山西襄垣县训导	
杨　金	七	岁贡生	北直隶任丘县县丞、河南睢阳卫经历、两淮都转运盐使司运判	—
杨　鉴	七	例贡	江西浮梁县主簿、郑府兴仪	—

---

① 光绪《益都县图志》，《人物志·儒厚传》，载《中国地方志集成》，凤凰出版社，2004年，第536页。

续表

姓名	世次	功名	任职	恩荣
杨 钧	七	生员	—	—
杨东皋	七	儒官	—	—
杨汝直	八	生员	—	—
杨汝卜	八	岁贡生	巨野县训导、长山县教谕	—
杨汝伸	八	生员	—	—
杨汝贞	八	—	太医院吏目	—
杨振奇	八	县学生员	—	—
杨 桐	八	嘉靖壬子乡试第二名	陕西乾州知州	—
杨耿光	八	生员	—	—
杨州郡	八	生员	—	—
杨容光	八	生员	—	—
杨真光	八	生员	—	—
杨近光	八	生员	—	—
杨 李	八	府学生员	—	—-
杨 寀	八	府学生员	—	—
杨 爱	八	崇祯庚午举人	登州福山县教谕、福建泉州江南宁国府推官	—
杨 舜	八	奉祀生	—	—
杨 爵	八	府学生员	—	—
杨 鹏	九	庠生	—	—
杨 练	九	府学生员		
杨 斑	九	府学生员		
杨 珆	九	县学武生		
杨逢盛	九	府学生员		

（资料来源：《益都杨氏世谱》）

　　与杨氏家族资料宣扬其诗书传家的传统不同，明代赵氏家族的宗教信仰十分清楚，上引的万历五年《赵氏先茔》碑明确申明了该家族的信仰和习俗，"吾教不信邪道，不用棺椁，示后世子孙，永为遵守"。① 这里所说的"教"指的是伊斯兰教，其丧葬习俗以近土为原则，其教徒在中国的墓葬形式始终不用棺椁，遵循近土的丧葬原则。赵氏在祖先坟茔碑上的这段话，向我们声明了该家族在明代依然保有其祖先的宗教信仰和风俗习惯。

赵氏家族与宗教信仰之间的密切联系还出现在其明代一些家族成员的身份上。翻开赵氏家族的族谱，我们发现该家族曾经出现过多位清真寺"掌教"。目前可知的是在乾隆十六年（1751）续修赵氏家谱时，赵氏家族共出了12位掌教，他们分别出自赵氏家族的三个支派。赵氏家谱以赵明远为一世祖，明远生四子，长子剪、次子得林、三子哈木、四子四罕；剪生三子，长子宁、次子通、三子英。系谱以剪、得林、哈木、四罕为上四枝，以宁、英、通为下三枝。赵氏家族在英、通、哈木三个支派上都出现过拥有掌教身份的人。其中赵通系下的掌教有：四世赵信，通第七子，本城掌教；六世赵价，副掌教；七世赵纳言，三掌教；八世赵懋德，掌教；九世赵璜，青州在城掌教。由于九世赵璜的名字出现在

青州城里清真寺正门

① 赵潜主编：《青州回族溯源》，赵氏先茔碑拓片照片，重庆出版社，2004年。

青州真教寺康熙二十三年（1684）的一块碑文中，即"康熙二十三年岁次甲子，掌教赵璜率众捐资重建内外两寺"，因而可以断定赵璜的各位"掌教"祖先主要生活于明代。

如果我们只是孤立地看待赵氏家族在宗教信仰上的虔诚、创建清真寺以及在清真寺内担任掌教这些有点支离破碎的信息的话，我们很难理解赵氏家族发展道路的特殊之处，即该家族的发展历程与宗教信仰以及由信仰而产生的各种社会资源之间的互动关系。因此，要真正了解赵氏家族在发展道路上与同为回回人的杨氏家族的区别，我们需要从明代清真寺与回回家族之间的关系入手，弄清二者的内在联系。

青州城里清真寺礼拜殿

元明以来，伊斯兰教宗教知识始终在父子之间、家族亲属之间传承，直至明清之际经堂教育的出现方有所改观。[①] 这种传承方式在客观上导致以艰深的阿拉伯语、波斯语为载体的伊斯兰教宗教知识和礼仪始终掌握在特定的人群手中，从

_____

① 所谓经堂教育，即以开班授徒的方式传授伊斯兰宗教知识。

而为这群人把持清真寺宗教职务创造了条件。明代各地的清真寺普遍使用三掌教的管理体制，很可能从元代就逐渐形成了。① 到了明代，在教职定型的过程中，教职也开始以父子世袭的方式传承。此外，明代各地清真寺的宗教管理体系日趋一致的现象，固然与清真寺自身管理体系发展的进程相关，但也不能忽视明朝将清真寺视为宗教寺院对其施行一定的管理的作用。政府以官方的身份固定了清真寺的教务管理体系，推动了清真寺教职在更大范围内的"标准化"，进而为那些固有的或新兴的宗教职业者世袭掌握清真寺的宗教权利提供了带有官方色彩的资源保障，一些专门以宗教活动为业的家庭或更大的家族应运而生。② 青州真教寺创建于元代，由于材料的匮乏，我们对元代真教寺内教务管理系统的情况一无所知。不过据前文所引康熙年间碑文追述，青州真教寺于元大德六年由元相伯颜后裔所立。③ 伯颜的后代赵氏在青州多个清真寺都拥有世袭教职，这种家族性的教职可能与元代家族祖先在清真寺内的地位或职务有关。青州的真教寺可能是赵氏祖先创建的，或者至少参与了创建。该家族在明代始终坚守自己的宗教信仰，尤其是他们在丧葬习俗上的坚

青州真教寺正门

---

① 三掌教是指住持（亦称为掌教、伊玛目）、副教（亦称为协教、海推布）、赞教（亦称为鸣教、穆安津）。清真寺教务管理体系在元代的情况请参见王东平：《元代回回人的宗教制度与伊斯兰教法》，《回族研究》，2002 年第 4 期。

② 关于明朝对清真寺的管理以及这套管理方式对清真寺和回回家族发展过程的影响，将另撰专文讨论。

③ 《建寺碑》（本无碑名）康熙二十三年（1684），该碑现存于青州东关真教寺内。

定与同邑杨氏家族的某些成员改变丧葬习俗产生了强烈的对比。① 该家族的成员在明代以世袭的方式传承着本地另一座清真寺——城里清真寺的掌教职务。如果我们将这些信息放置在元明以来清真寺的创建与内部宗教管理体系的发展及其与本地回回家族之间的互动关系中，我们也许可以大胆假设，回回赵氏借助自身与元代清真寺和伊斯兰教的惯有关系在明代以宗教权力为资源逐步形成家族组织，通过这种家族组织形式传承宗教职务、维护宗教权力，并进一步掌控该地的各种宗教资源。我们把以上述形式发展起来的赵氏家族称为掌教家族，以此明确其家族化途径的特殊性。

青州真教寺院落

---

① 咸丰《青州府志》杨峒传记中提到了他的丧葬"用儒礼"，也就是说他没有按照穆斯林的丧葬礼仪从事，而是用汉人的习俗下葬。事实上，杨氏家族用儒礼安葬的人不止杨峒一个，他的哥哥杨岎"置棺木漆之以待，衣服北距，八十二终，比葬遵礼经，不用旧习"。杨岎之子杨绍基也"遗命以棺衾葬"。参见咸丰《青州府志·人物传》卷49，载《新修方志丛刊·山东方志之二》，台北：台湾学生书局，1968年，第3414页。

三、"圣裔"：赵氏家族的发展道路

　　赵氏家族在明代彰显宗教特色的传统被其清代的后裔所继承。在编修于清中期的《青郡赵氏宗谱》中，我们不仅感受到这个家族拥有丰富的宗教资源，而且在新的历史情境下，他们对这些资源又进行了重新的挖掘、整合和发挥，将家族掌握的宗教资源以祖先故事、家族谱系等形式加以强化，从而造就出一个"圣裔"赵氏的全新社会形象。

　　赵氏万历祖先茔碑对始祖伯颜的身份只有寥寥数字的介绍，"仕元，赐姓赵，出将入相五十余年，忠绩班班，可□臣，实录载□"。[①] 当伯颜被认为是赛典赤之后裔伯颜时，关于伯颜的身世就有了较多的记载。

　　赵庆臻在《青郡赵氏世谱》序言中对始祖伯颜在元代为官的政绩作了较为详细的记录：

　　　　（伯颜）录军国重事，深略善断，下江南将二十万众如将一人，诸帅仰之若神明。芟群雄，靖中原，总制两淮，经略七省，灭河北难灭之师，绝南渡蔓延不绝之祚。甲子兴兵，甲午定业，事毕还朝，归装唯有衣衾。史臣赞曰：担头不挑江南物，唯有梅花三两枝。

　　　　世祖崩，伯颜总已听。帝即位于上都，亲王有遗言，伯颜握剑立殿，陈祖训，宣雇命，述所以立帝之意。辞色俱厉，诸王股栗趋拜，位至是。卒年五十九岁，赠宣忠佐命开济功臣，开府仪同三司，追封淮王，谥忠武，至正四年加赠宣忠佐命翊戴功臣。元史称为一代良将，今从祠武庙，列于十哲。[②]

　　这段文字与《元史》列传中对蒙古八邻部伯颜传记的一些内容趋同。[③] 而《元史》对赛典赤之孙伯颜的记载只有寥寥几笔："伯颜，中书平章政事。"[④]

---

①　赵潜主编：《青州回族溯源》，圣裔赵氏碑记拓片照片。
②　《青州赵氏宗谱》，赵庆臻《圣裔赵氏家乘序》，康熙二十四年（1685）。
③　参见《元史》卷127，《列传第一四·伯颜传》，中华书局，1976年，第3115页。
④　《元史》卷125，《列传第一二·伯颜传》，中华书局，1976年，第3067页。

　　除上述记载外，赵庆臻还用单独的篇幅记录了始祖伯颜攻打南宋的种种功绩。其主要情节仍与《元史·伯颜传》相仿。应该说明的是，《元史》上记载了元代多位名叫伯颜的人的事迹，其中攻打南宋的伯颜不是赛典赤的后裔。据《元史·伯颜传》记载："伯颜，蒙古八邻部人。曾祖述律哥图，事太祖，为八邻部左千户。祖阿剌，袭父职，兼断事官，平忽禅有功，得食其地。父晓古台世其官，从宗王旭烈兀开西域，伯颜长于西域。"[①]《青郡赵氏宗谱》里关于祖先伯颜攻伐南宋、拥立成祖、受封淮安王等诸多事迹，大多发生在蒙古八邻部伯颜的身上。赵庆臻在伯颜的传记的结尾写道：

　　　　至元元年甲子伯颜出仕而开基，至元三十一年甲午创业成功而还朝。通鉴史臣断曰：伯颜深略善断，将二十万众若将一人，诸将仰之若神明，事毕还朝，归装唯有衣衾而已，未尝言功，可谓古今之良相也。长子买的耐，后改赵明高。太后因其父有功，以买的耐虽小封为签书枢密院事，后封崇里侯。

　　　　伯颜闲居林下，因古北口乱，命以兵守古北口，加太保知枢密院事。皇太子即位，以伯颜为中书左丞相，弟马札儿台为上都留守，至顺元年庚午进枢密院，录军国重事。

　　上面这些总结性的话里记录的仍然是蒙古八邻部伯颜的事迹，连对赵明高的描述也与蒙古伯颜的儿子极为相似。《元史·伯颜传》载："（伯颜）子买的，佥枢密院事；囊加歹，枢密副使。"[②] 不过最后几句对所谓伯颜弟马札儿台的描述又与元代另一位伯颜的家世有几分相近。据《元史》记载，马札儿台是蔑儿吉氏伯颜的弟弟，于元顺帝至元元年十一月知枢密院事。[③]

　　目前，我们对赛典赤·伯颜的了解来自于 13 世纪伊利汗国宰相波斯人拉施特的《史集》。在这部中世纪重要的古文献中，有两段文字记载了赛典赤·伯颜的家世和事迹，即"记忽必烈合罕的宰相不花剌人赛典赤及其孙伯颜平章"和"记忽必烈合罕的宰相，被授以伯颜平章之号的赛典赤"。拉施特写到：

① 《元史》卷 127，《列传第一四·伯颜传》，中华书局，1976 年，第 3099 页。
② 《元史》卷 127，《列传第一四·伯颜传附相嘉失礼传》，中华书局，1976 年，第 3116 页。
③ 《元史》卷 38，《本纪第三八·顺帝一》，中华书局，1976 年，第 829 页。

不花剌人赛典赤的孙子是在牙剌洼赤以后的至尊忽必烈合罕的宰相，合罕把哈剌章地区赐予了他。

……他去世时，被号称为阿札勒（即极荣耀者）。（其子）纳昔剌丁则照旧为哈剌章的长官，（没有）来向合罕行"帖克失迷失"。他在这（最近的）五六年中去世，被埋葬在汉八里城他自己的花园里。在此之前，纳昔剌丁的一个儿子，名阿不一别克儿，现称为伯颜平章者，已被派去当了剌桐城的长官……

（出自"记忽必烈合罕的宰相不花剌人赛典赤及其孙伯颜平章"）

已故的赛典赤的孙子之中，有一个名叫阿不一别克儿，被合罕赐以伯颜平章之号。

……就在那一天，（铁穆耳）合罕的母亲阔阔真召了他去，说道："因为你获得了这样一些奖赏，而且合罕又把国事委托给了你，请你去问一问：'真金的宝座被封存九年了，你对此有何吩咐?'"而当时，（铁穆耳）合罕正在征讨海都和都哇的军队。伯颜平章把这话禀过了（合罕）。合罕由于过分高兴，从病床上起来，召来异密们说道："你们说这个撒儿塔兀勒是个坏人，然而他却出于怜悯而作了有关臣民的报告，他谈到了宝座和大位，他关心到了我的子女，为的是在我身后他们之间不致发生纷争!"于是，他又一次奖赏了伯颜平章，并以其祖父的崇高的名字赛典赤来称呼他……

（出自"记忽必烈合罕的宰相，被授以伯颜平章之号的赛典赤"）①

《史集》的记载明确了关于赛典赤·伯颜的几件事。其一，伯颜本名阿不一别克儿，是赛典赤之孙，纳速剌丁之子（译本写作纳昔剌丁——笔者注）；其二，赛典赤为不花剌人，这与《咸阳王抚滇功绩》和马注《清真指南》记载相

---

① （波斯）拉施特：《史集》第 2 卷，商务印书馆，1985 年，第 340、354—355 页。

同①；其三，忽必烈称伯颜为"撒儿塔兀勒"，这个词在《蒙古秘史》、《至元译语》等文献中被译为"回回"。这三点足以证明赛典赤·伯颜是个穆斯林，与蒙古伯颜同名而不同人。此外，《史集》也向我们展示了一些汉文史料中缺少的赛典赤·伯颜的事迹，这些事情也与蒙古伯颜的经历有异。清代的赵庆臻当然看不到《史集》里对其祖先伯颜的记载。很明显，清代赵氏家族在编纂家谱的过程中，并没有太多对自己家族历史的记忆可资利用，而是主要参照了诸如《元史》这样既有的历史文献，在明代"始祖伯颜"简单经历的框架下，将元代多位伯颜的经历融入其中，塑造出一个经历丰富、地位尊贵的新形象——"元相伯颜"。

赵氏家族对自身宗教资源的利用并没有止步于明中后期形成的赛典赤后裔的说法。赛典赤这个名字本身就蕴含着丰富的宗教内涵。赵庆臻在《青郡赵氏宗谱》康熙二十四年（1685）撰写的序言里说：

青州古街

---

① 白寿彝：《赛典赤赡·思丁考》，载《中国伊斯兰史存稿》，宁夏人民出版社，1982 年，第 220—222 页。

赵氏始姓赛氏者，以先世天房国人。在唐贞观年，鼻祖别庵伯尔之裔，名赛一忒①。别庵伯尔，即今吾教贵圣人谟罕默德也，乃西方大圣人，生而圣德，睿智难以言传。能辨草木寒温之性，禽兽往来之迹。或问曰：公之圣，月可破乎？曰：可。遂举手挥指而月已分矣。人皆钦服，尊之为圣、为帝，传一十九世而生云中郡公可嘛喇丁，谥孝敏公。为人端谨谆朴，慈祥温至，循循然吉德君子也。生一子，赛典赤·赡思丁。其云赛典赤者，犹华言贵族也。②

赵庆臻的这段话不仅说明自己的祖先是赛典赤·赡思丁，而且进一步明晰了赛典赤的身世，即赛典赤为穆罕默德的后裔，赛典赤的父亲可嘛喇丁是穆罕默德的第十九世孙，也就是说，赛典赤是穆罕默德的第二十世子孙。更有意思的是，赵庆臻声称其赵氏最初姓赛，即取赛典赤的第一个字。

赛姓回回人在青州所见不多，该家族为济南回回大族。据《咸阳族谱》③记载，济南赛氏为赛典赤·赡思丁后裔。济南赛氏的宗支，一直是个有争议的问题。赛典赤·赡思丁十五世孙、云南马注于康熙二十六年（1687）撰写的《咸阳王赛典赤·赡思丁公茔碑总序》中认为："有居于直隶、松江、济南、利州者，是伯颜察儿之后。"④但从《咸阳族谱》的记载看，济南赛氏更倾向于认为自己是纳速剌丁次子乌马儿的四子沙不丁之后。自沙不丁下一代开始改为单姓汉名，家族谱系延续至今。⑤

赛氏家谱序言里对赛典赤的身世这样描述：

守仁佐运安远济美功臣、太师、开府仪同三司、上柱国、忠惠咸阳王赛

---

① 赛一忒，赛典赤之异译，今译作赛义德。转引自冯今源：《三元集》，宗教文化出版社，2002年，第300页。

② 《青郡赵氏宗谱》，赵庆臻《圣裔赵氏家乘序》，康熙二十四年（1685）。

③ 济南赛氏《咸阳族谱》现收藏于山东省博物馆。该谱内有至大三年满东明序、魏淡跋、冯溥赞诗、康熙玉珍赞诗、光绪赛炳谱例等文献资料。

④ 马注：《咸阳王赛典赤·赡思丁公茔碑总序》，载余振贵、雷晓静主编《中国回族金石录》，宁夏人民出版社，2001年，第636页。

⑤ 《济南回族家谱选辑·赛氏家谱》，济南市伊斯兰教协会，2004年，第409—418页。王绣：《济南赛氏〈咸阳族谱〉》，《文物天地》，1996年第1期，第43—44页。

典赤·瞻斯丁公，姓赛名典赤，幼名乌马儿，字瞻思丁。宣命正书曰赛典黑，而遣其字无之，取书或误为赛天赤。公回回人也，初祖别庵伯尔皇帝，字赛一的，名马哈嘛，西域大圣人也。生而有圣德，智慧不可明言。能辨草本寒温之性，灵兽来去之迹。或有问于公曰：公神，月可破乎？曰：可。即举手指挥，而月已分。众皆欢服，遂推立为帝。历一十九世可嘛剌丁，丁端发纯朴，仁慈温至，敬老慈幼，重义轻财，人皆扬服。生一子瞻思丁。①

看得出来，赵庆臻序言的开头与上面所引的赛氏家谱序言在描述赛典赤远祖穆罕默德的神迹方面内容相同，对二者之间的世代关系记载也一致。圣人神迹的故事同样出现在赛氏家谱的波斯文记述中，翻译成中文即为"他（指穆罕默德）是有圣迹的钦差，他可凭借真主的大能而炸开天上的月亮"②。

这两个家族家谱对赛典赤生平的描述还有另一个极为相似的地方，就是赛典赤在云南的政绩。《圣裔赵氏家乘序》记载：

省云南时萝槃甸叛，往征之，忧形于色，从者询其故，瞻思丁曰："吾非忧出征也，忧汝曹冒敌，不幸以无辜而死；又忧汝曹劫掳平民，使民不聊生，及民叛，则又从而征之耳。"师次萝槃城，三日不降，诸将请攻之，瞻思丁曰："不可，当以理谕之。"萝槃主曰："谨奉命。"越三日又不降。俄而士卒有乘城进攻者，瞻思丁大怒，鸣金止之，召士卒叱责之曰："天子命我安抚云南，未尝命以杀戮也。无主命，将而擅攻，于军法当诛。"命左右缚之，诸将叩首，俟城下之日从事。主闻之曰："平章宽仁如此，敢拒命乎？"乃举国出降。将卒亦释不诛。由是西南诸夷翕然叹服。居云南六年，卒年六十九岁，谥忠惠。③

---

① 上面这段文字引自《咸阳家谱·忠惠咸阳王赛氏家传序》，该序结尾为"时至大三年九月初九时，东省儒学提督举满东明序"。《济南回族家谱选辑·赛氏家谱》，济南市伊斯兰教协会，2004年，第375—377页。据《元史·赛典赤·瞻思丁传》记载，赛典赤卒于元世祖至元十六年（1279），而至大三年（1226）比赛典赤去世的时间早53年。
② 《济南回族家谱选辑·赛氏家谱》，济南市伊斯兰教协会，2004年，第388页。
③ 《青郡赵氏宗谱》，康熙二十四年（1685）赵庆臻重修，乾隆十六年（1751）赵银重修。

　　同样的故事出现在《咸阳族谱》中。① 如果我们将两部家谱的记述与《元史·赛典赤·瞻思丁传》的相关内容对比的话，就会发现三个文本不仅故事情节一致，连使用的词句也出入不大，可以说如出一辙。②

　　在这三个文本中，《元史·赛典赤·瞻思丁传》记述的情节最为详尽，赛氏和赵氏家谱的记述很像是元史版本的删减，而后两个版本中又以赛氏的版本更接近元史的记述。《咸阳族谱》中这段记载出自《明永乐序·御制为善阴骘所载思丁宽仁》之中，也就是说这个所谓的明永乐序，实际上是摘自明永乐十三年（1415）官撰颁行的《为善阴骘》。该书中有明成祖自制序文，因而称为"御制"。《咸阳族谱》以其记述赛典赤·瞻思丁的事迹而收入谱中。《元史》的成书时间早于《为善阴骘》，后者可能参照了《元史·赛典赤·瞻思丁传》的内容而稍有删减，然后被《咸阳族谱》收录。赵氏家谱里的记述形成于康熙二十四年（1685），修撰者赵庆臻及其后裔又居住在济南种种迹象表明，赵氏家谱在编纂过程中参照了赛氏家谱的一些表述，从祖先事迹到家族远祖谱系都有一致之处，两者之间关系密切。

　　对于赛典赤归附元朝的过程，赵氏家谱与杨氏家谱的表述没有差别，均与《元史》记载一致。赵氏家谱对赛典赤子孙在元代的身份和发展状况比杨氏家谱记述得更加详细，列举出赵氏祖先们的种种官职，一个元代显宦家族的面貌便清晰可见。③ 元明鼎革改变了这个家族的命运，由于受恩于前朝，于是在元朝末年伯颜后裔相继死节，"合门率死王事"也就顺理成章了，这样才会引出后来赵明远在兄长尽忠前朝之后奉母不仕而旨迁青州的故事，而明析赛典赤与穆罕默德之间的世系关系也为"圣裔"赵氏的产生准备了丰富的宗教资源。

　　相比之下，在追述祖先身份的道路上赵氏家族的努力比杨氏家族更为积极，他们沿着赛典赤的身份一路追寻下去，最终将赵氏家族与伊斯兰教的创始人穆罕默德勾连在了一起。对于这段关系的最早记录产生于清康熙年间。康乾以来的赵氏家族资料均强调其祖先从穆罕默德到赛典赤再到伯颜之间的世系关系，以及伯颜平宋的种种功绩。赵庆臻在康熙二十四年（1685）的《圣裔赵氏家乘序》里

---

　　① 《济南回族家谱选辑·赛氏家谱》，济南市伊斯兰教协会，2004 年，第 378 页。
　　② 《元史》卷 125，《列传第一二·赛典赤·瞻思丁传》，中华书局，1976 年，第 3066 页。
　　③ 《青州赵氏宗谱》，赵庆臻《圣裔赵氏家乘序》，康熙二十四年（1685）。

用了大量的笔墨渲染赛典赤和伯颜的显赫身世，立于康熙四十七年（1708）的《圣裔赵氏碑记》对祖先的身份作了一个简要的概述：

> 我赵氏始祖伯颜，乃赛一弌，西方大圣人之称，谟罕默德贵圣裔也。始居西域，天方国人。方元太祖西征时，以币帛聘伯颜曾祖讳可麻剌丁，封云中郡公。伯颜祖讳赡思丁，中书平章，封咸阳王。伯颜父讳纳速剌丁，中书平章，封延安王。至伯颜，受中书平章，独理国事，封淮王，为大元帅，总制两淮，深谋善断，元世祖称为一代良将，而以赵姓赐之。虽属奖功盛典，而我赵氏始基于此。[①]

赵庆臻的谱序和康熙赵氏碑记都使用了"圣裔"这个词，此后立于乾隆二十六年（1761）的《重修祖茔碑记》中也有"吾族入青郡，四百余年矣，而其始则天方国人，贵圣嫡派也"[②] 的表述，这是此前的文献材料中不曾见到的新情况。赵氏所说的"圣裔"就是家谱上所说的"别庵伯尔之裔"，即穆罕默德的后裔。赛典赤被称为"别庵伯尔之裔"出现在《元史·赛典赤·赡思丁传》中。受《元史》影响颇深的赵氏家谱对于这一点应该并不陌生，将穆罕默德和赛典赤联系在一起不存在技术上的问题，更何况在重视穆罕默德和赛典赤之间关系这一点上，其他宗赛典赤为始祖的回回人家族也存在着将祖先上溯到穆罕默德的情况，如前文屡次提到的济南赛氏家族就是这样。在青州的这个区域里，"圣裔"问题的关键在于杨氏和赵氏同为赛典赤的后裔，而仅有赵氏家族张扬自己"圣裔"的身份，杨氏谱牒从未提及。那么，赵氏又是凭借什么样的资源，出于什么样的目的而这样做呢？

赵氏家族与青州地区三座清真寺都有较深的渊源。前文提到的赵氏家族共出现十二位掌教，他们分别出自赵氏家族英、通、哈木三个支派上。

英系：十一世赵亮，字景明，青州东关三掌教

---

① 《圣裔赵氏碑记》康熙四十七年，载赵潜主编：《青州回族溯源》，重庆出版社，2004 年，碑文拓片照片。

② 《重修祖茔碑记》康熙四十七年，载赵潜主编：《青州回族溯源》，重庆出版社，2004 年，碑文拓片照片。

通系：四世赵信，通第七子，本城掌教

六世赵价，副掌教

七世赵纳言，三掌教

八世赵懋德，掌教

九世赵璜，青州在城掌教

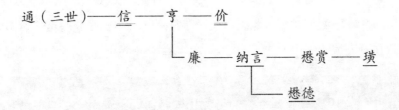

哈木系：九世赵希真，金岭镇掌教

九世赵得真，在城掌教

十世赵养辉，希真子，袭父掌教

十世赵养善，得真子，袭父掌教

十一世赵永泰，字歧颜，养辉子，袭父掌教

十二世赵文彬，永泰子，金岭镇掌教

枢（七世）┬─拱璧──希真──养辉──永泰──文彬

└─和璧──得真──养善

一个穆斯林家族里出现从事宗教职业的人——历史上有阿洪、阿衡等称呼，青州碑刻上多用阿轟，现在已统一为阿訇——是不足为奇的事情，但赵氏家谱所记的这十二位阿訇均不是普通的念经人，他们在当地清真寺的教务组织结构里居于比较重要的地位。

赵氏家族的掌教地位和身份具有明显的世袭性。这种世袭除了包含宗教职务的父子相继式的直接继承外，也包括宗教资源在家族内部的共享和利用。掌教的职务在赵氏哈木系下的赵希真、赵养辉、赵永泰、赵文彬祖孙四人和赵得真、赵养善父子之间有明确的继承过程。赵希真是金岭镇掌教，指的是金岭镇的清真寺；赵得真是在城掌教，指的是青州城里清真寺。通系下的掌教之职在赵信的子孙中传承，虽然不是严格的父子相继，也基本保持了同宗代际之间的传递。无论是"掌教"、"副掌教"还是"三掌教"，赵信的后裔在城里清真寺里拥有一定的宗教地位和权利是毋庸置疑的。家谱里记载了九世赵璜在城里清真寺担任过掌教的经历，而东关真教寺里的康熙二十三年（1684）碑又是以掌教赵璜的名义立的，看来赵璜在这两座清真寺里都担任过教职。有意思的是在城里清真寺里，当赵信一支结束掌教生涯的时候，赵得真父子接续上了，赵氏家族的这一份宗教权利仍被保留在赵氏家族之中。

新建真教寺二门记

赵氏家族通过对家族祖先身份与移民故事的创作和强化，在清前期以"圣裔"的面目示人，这与该家族长期掌握（或曾经掌握着）本地三座清真寺的宗教权利密不可分。赵氏在清真寺里的地位与其彰显"圣裔"身份的活动互为表里，从四世到十二世，赵氏族人一直担任掌教职务，为家族的发展积累了丰富的宗教资源。借助这份资源，赵氏宣扬其"圣裔"的身份正可以进一步提高自己的宗教威望，巩固家族拥有的清真寺职务。透过赵氏后裔对其祖先"圣裔"身份的不断强化和自我彰显，我们看到一个在清代更充分、更张扬，也更具宗教气质的赵氏家族。

四、趋同与分歧：杨氏家族在清中期的变化

杨、赵两个家族的发展历程，代表了青州地区回回家族两种完全不同的发展取向。赵氏家族在青州握有宗教权利，这一传统成为该家族在当地发展的社会资源，尽管这种资源比较局限在宗教信仰者的群体生活之内，它仍然给赵氏提供了比较大的发展空间。杨氏家族在科举取士方面在明代中叶就有所成就，杨应奎考中进士后为官多年，罢官归乡后与同时代的其他地方文人交从甚密，结诗社，相唱和，颇有声望。他着手编撰家谱，记录家族渊源，并在家谱序言中表达了对后世子孙建设家族的期望：

> 愚幼有志，思欲建功立业，以效先达范文正公之志，扁其堂曰"后乐"，而庄曰"后乐园"，厅事曰"师范"，盖为义田说也。今自罢郡以来家无余财，躬耕一年尚不足为儿女糊口用。视昔之赡族人着竟付诸空言，而扁书之意亦空名而已，宁不为浩叹乎！为吾子孙不知果能成吾志否邪？①

杨应奎对自己家族组织建设方面的努力和期望符合一个知识分子的人生理想，他本人在青州地方文人群体中的地位及对后世的影响，为家族在更为广阔的空间中生存留下了丰富的遗产。杨应奎的子孙在科举取士的道路上一直不懈地努力，尽管再没有人取得过杨应奎那样的成绩，但地方士绅的传统被保留下来，成为该家族有别于赵氏家族最显著的特色。

与赵氏家族一以贯之地发展发掘宗教特色不同，杨氏家族在士绅家族与宗教资源这两方面都有发展的条件和机会。在杨应奎初编家谱之后，该家族的家谱又经过多次填补和重修，在这个过程中，后世对家族的祖先故事曾经试图进行修改。

据十二世杨岎、杨岫、杨峒兄弟大约于乾隆年间编撰的杨氏家谱凡例记载，在杨应奎之后，曾有多人对家谱的内容进行过增补，"吾宗谱牒肇于渑谷太守，而浴斋、学博、竹溪、恒菴、茂才复相继撰述，家有文献，盖祖宗实凭之矣。自

---

① 道光《益都杨氏世谱》，《凡例》。

是以来多历年所流传散轶，整顿无人，唯叔父芬佩家藏曾叔祖符见续订钞本，又以其闻见所及粘签补入，比旧加详"。① 到杨峒兄弟整理家谱时，便以"恒菴元谱，参以符见钞本，复请芬佩叔祖与一二尊属搜访各派稿，凡再易，始克成编"。② 九世杨珽（号恒菴）与杨瑃（后改名蕴韬，字符见）为同族兄弟，都生活在明清之际，杨瑃的曾祖杨应宾是杨应奎的弟弟。杨珽所修家谱不存于世，不过从杨峒等人重修家谱中对该谱的引用，我们大概能看出杨珽的《远祖行略》主要是在杨应奎谱的基础上丰富了历代祖先的事迹。杨峒等人以恒菴谱为元谱而仅以符见谱为参考是因为符见谱曾试图以赵氏家谱为本修改杨氏家谱的世系。杨峒等人对符见谱的批评集中在两个问题上，一是杨瑃相信并引用了赵氏族谱关于其为伯颜后裔的记载；二是为与赵氏谱系相和而对杨应奎所记谱系进行的修改。

> 青州赵氏相传以为与杨氏同出自赛典赤，其族人撰谱者遂以元世祖朝平宋之伯颜为赛典赤孙，云即赵氏始祖。符见不察颠末，误取其前一图编入谱内，殊不知元臣名伯颜者九人，彼果何据而宗第一伯颜乎？《元史·赛典赤·赡思丁传》自有伯颜为纳速剌丁子；平宋之伯颜乃晓古台子，本蒙古巴邻部人，非回鹘也，岂可强为牵合？且世次以益都总管与伯颜察儿为兄弟行，又伪传名爵，显与滙谷元序不符，考其年代亦复自相矛盾，此好事者凿空为之耳。③

杨、赵两氏均宗赛典赤为祖先，这为联宗创造了有利的前提条件。赵氏家谱的早先版本早已不存于世，但至少在明万历年间，赵氏就有墓碑明确说明自己的始祖为伯颜，而从对上文的分析看，赵氏家族在明代应修有家谱，其始祖伯颜为赛典赤后裔的祖先故事也已成型。目前，我们很难说清赵氏将自己的始祖伯颜认定为赛典赤之孙是否是受到了杨氏的影响，至少杨应奎的著述早于赵氏的文献资料，而杨峒等人的口吻中也有认为赵氏附会自己祖先故事的含义。不管怎么说，赵氏在明中后期形成的祖先故事还是很有影响力的，九世杨瑃在修杨氏家谱时，便

---

① 道光《益都杨氏世谱》，《凡例》。
② 道光《益都杨氏世谱》，《凡例》。
③ 道光《益都杨氏世谱》，《凡例》。

参照了赵氏家族的谱系,"取其前一图编入谱内"。由于没有同时代的赵氏家谱为参照,我们不能确定所取的这"前一图"的具体内容,如果参考康乾本《青郡赵氏宗谱》的话,"前一图"可能是指从赛典赤到伯颜之间的世系。事实上,要将杨氏和赵氏两家的世系联系在一起是有困难的。据杨应奎的记载,杨氏谱系在莫苏以上多有缺漏,在伯颜察儿到益都总管之间世次不明,而赵氏谱系从赛典赤到其一世祖明远之间的世次是非常明确的,两相比较就会发现两家的世次很难相符。

杨氏:赛典赤——纳速剌丁——伯颜察儿……益都路总管——临朐中尉——莫苏

赵氏:赛典赤——纳速剌丁——伯颜——明远

根据两家家谱的记载,从赛典赤到伯颜察儿和伯颜,这三代世系是相同的,这与《元史》上对伯颜和伯颜察儿为兄弟的记载相合,[①] 而莫苏和明远都是在明初迁居青州,他们分别是两个家族在青州定居的一世祖先。这样一来,从赛典赤到青州一世祖,杨氏家谱的世系明显比赵氏家族的多很多,两份记载很难对读。因此符见谱在联缀两个家谱的早先谱系时,必须对自己家族不甚明确的世次做某些调整,这样才能与赵氏家谱相配合。这些调整应该就是杨峒所说的"世次以益都总管与伯颜察儿为兄弟行,又伪传名爵,显与浥谷元序不符,考其年代亦复自相矛盾"。可以想见,杨珦把从伯颜察儿到莫苏之间的世次简化了。他根据杨应奎"六世祖遂携苏及二女犇青州"的记载把临朐中尉作为迁移青州的第一代,与赵氏明远并列,然后将伯颜察儿和益都总管改为兄弟关系,由此缩短了杨氏从伯颜察儿到莫苏之间的世次,进而与赵氏谱系相契合。符见谱的内容表明杨氏在杨应奎之后的一段时间里确实受同邑赵氏的影响对其祖先世系进行过重新整理。

另有一材料可以窥见杨氏族谱在明末清初的面貌。前文提到明清之际的古文大家张贞与杨珽为友,杨珽编撰《杨氏族谱》时曾请张贞作序。谱未完成,杨

---

① 纳速剌丁"子十二人:伯颜,中书平章政事;乌马儿,江浙行省平章政事;剖法儿,荆湖宣慰使;忽先,云南行省平章政事;沙的,云南行省左丞;阿容,太常礼仪院使;伯颜察儿,中书平章政事,佩金虎符,赠太师、开府仪同三司、上柱国、中书左丞相、奉元王,谥忠宪。"参见《元史》卷125,《列传第一二·赛典赤·赡思丁传》,中华书局,1976年。

珽先逝，杨珽子杨延嗣请张贞为其父撰写墓志铭。该文收录在张贞的《渠亭山人半部稿》中。张贞在墓志铭里追述了杨珽的家世。他写道："揩珽讳珽，始祖赛典赤，至自默德那国，为元佐命。居宛平，累世皆袭王爵。迨伯颜察儿复以淮王尚主，佩金虎符。入明，有莫苏者奔益都家焉。以尝居羊市，易姓为羊，复更为杨，自是始称杨氏"。① 张贞的记述说明在明末清初时，杨珽谱在其祖先赛典赤的身份上仍然没有超出杨应奎谱的表述内容。张贞所说的"默德那国"在明代被认为是回回人的祖宗所居之国，即"回回祖国"（见于天顺五年（1461）写定的《大明一统志》），此后明代各种著述均使用此说法。清初编撰的《明史》也沿用此说。与杨应奎的记载不同的是，伯颜察儿的身份由"奉元王"变成了"淮王"，即杨峒等人所说的"伪传名爵"，而"淮王"正是赵氏对始祖伯颜的身份认定。张贞的记述从一个侧面说明赵氏家族的祖先故事在青州地区确有一定影响。

对比杨氏家族在明代的几份家谱资料的内容，我们发现杨氏家族的祖先世系明显存在向赵氏靠拢的过程。作为一个在科举上颇有收获的士绅家族，杨氏为什么要趋同于赵氏的祖先故事，改变自己原有的历史记忆呢？

杨氏在科举取士上有所斩获这是不争的事实，家族成员也确实存在变俗的情况。不过，从杨应奎参与修建清真寺，到杨氏家族的姻亲绝大多数均是本邑的其他回回家族，如丁氏、沙氏、赵氏等，我们有理由相信杨氏家族的绝大多数成员仍坚守"祖教"，保持伊斯兰教的信仰。

作为有着共同信仰的、生活于同一个区域内的两个家族，杨、赵两氏的家族化过程发端于各自的需求，并使用了截然不同的资源。杨氏的家族化过程主要出自杨应奎对宋明理学的宗族实践，赵氏家族的家族化则出自对自身宗教资源的维护和利用。相比之下，赵氏家族的家族化过程有较为现实的社会根基，动机很明确，家族化的结果使本家族的宗教声望进一步加强；而杨应奎对家族建设的美好理想则存在因经济实力不足或后世子孙无法接续而流于空谈的危险。当然，以明代杨氏家族后裔在读书、作官方面的成就看，其士绅家族的传统一直延续，至少在杨应奎的直系子孙身上这一传统有较大的影响。不过，与此同时我们也看到，

① （清）张贞：《益都杨君揩珽墓志并铭》，载《渠亭山人半部稿》初刻《渠亭文稿》，第78页。

杨氏家族在明中后期出现以赵氏为蓝本修改自己世系的倾向。赵氏家族对宗教知识的把持及其宗教权力的固有惯性在一定程度上促进了其成员家族化的过程。赵氏家族作为本地宗教权力的掌控者，他的祖先故事在信仰者群体内部具有权威性。杨氏家族后裔修改祖先历史记忆的行为说明这个家族始终处于伊斯兰教信仰群体之中。除了杨应奎一系因其士绅传统而较为坚决地维持家族历史的原始文本外，家族内的另一些成员受赵氏家族祖先历史的影响而试图有所结附，表明以宗教为依托的各种社会资源对回回人群体具有很强的吸引力。

如前文所述，赵氏家族如火如荼地宣扬他们"圣裔"身份的过程历经明清两代，到清中期达到高潮。而此时，曾经在明中后期向赵氏家族谱系靠拢的杨氏家族，却在清乾隆年间经历了一场去赵氏影响的内部变革。

从杨氏家谱的记载看，杨氏在儒业和出仕上的成果，从明中后期开始就远逊于前，不过士绅家族的文化传统一直延续了下来。杨珽之子杨延嗣，"字绥绿，初名演新，字梦受，县学生，性嗜学，不谐于俗"①。他汇集杨应奎的书帖、诗文，请安致远题跋、作序，以求传世。安致远称赞杨延嗣："贤而有文，以百余年之遗墨残编宝而勿失，兢兢然惧以泯没先泽为虑，则吾青文献之家，其所以克传其先人者，非绥绿吾谁与归?"②

杨氏在清代出现的最有名望的文人是杨峒。据杨滇《邑先辈纪略》记载，杨峒生于乾隆九年（1744），十四岁入邑庠，二十九岁中第九名举人。杨峒博学强记，"尤专力诸经注疏及《史记》、《汉书》诸书。得顾炎武《日知录》，好之，遂肆力于古学。继又读阎若璩、朱彝尊、万斯同、胡渭、江永、戴震诸儒先书，倾倒甚至。而于顾、戴两家，尤所服膺然。无标榜扶同、贪奇炫博之习。其讲论经史，析理辨物，蕲至于精核而已。故博极群书而不骋其辨，参稽众说而不纷其心，一时推为通儒"③。杨峒在儒业上的成就使他得以结交名流、官宦。杨滇称杨峒"所交俱一时名士，如桂未谷馥、罗台山有高，尤著者也。质疑辨难，

---

① 光绪《益都县图志》卷39，《人物志·儒学传》，载《中国地方志集成》，凤凰出版社，2004年，第536页。

② （清）安致远：《纪城文稿》卷1，第31页。

③ 光绪《益都县图志》卷39，《人物志·儒学传》，载《中国地方志集成》，凤凰出版社，2004年，第539页。

简牍往复者，不绝如缕，地方长吏来青者无不下交"①。

杨峒曾与县令周嘉猷、名士李文藻等人"为文会"，交从甚密；继知县周嘉猷之后与段松苓等人重刊《齐乘》，"诸人分校，峒总其成也"；为县令周嘉猷②、本县文人段松苓③、李廓④等人撰写墓志；为设在学宫内的忠义孝悌祠撰写《碑记》；受命为直隶河间举人曹宅安妻烈妇毕氏撰写碑文；为重修北阳桥撰写碑文。这些事情均收录在青州方志中。

杨氏族人在儒学方面的成就使这个家族在清代依然保持士绅家族的风范。从杨峒这一代开始，杨氏逐渐扭转其祖先世系向赵氏趋同的现象。杨岎、杨岫、杨峒等人对符见谱的诸多修改非常反感，他们对赵氏家谱的批评主要针对该家谱所录远祖伯颜的事迹中混杂了同名人士的事迹，"其族人撰谱者遂以元世祖朝平宋之伯颜为赛典赤孙，云即赵氏始祖。……殊不知元臣名伯颜者九人，彼果何据而宗第一伯颜乎？《元史·赛典赤·赡思丁传》自有伯颜为纳速刺丁子，平宋之伯颜乃晓古台子，本蒙古巴邻部人，非回鹘也"⑤。由此，杨峒等人认为赵氏家谱的记载不可信，有牵强附会之嫌，不能采纳；杨玥的修改也毫无理由，称"符见不察颠末"，是"此好事者凿空为之耳"。

此外，杨峒在为同邑回回刘氏家族撰写谱序时，不仅借叙述刘氏的家族渊源之机申明了自己的家世，同时还颇费笔墨地指出"同邑色目之族"对祖先追忆

① （清）杨滇：《邑先辈纪略》，手抄本。
② （清）杨峒：《周两塍先生行状一卷》《墓志铭》，清劳氏丹铅精舍抄本，清劳权校。光绪《益都县图志》载："周嘉猷，浙江钱塘人，进士。乾隆三十六年，由青城调繁益都县，城久圮，邑人请捐资以修，工巨不克，蒇事。嘉猷言于大府，请帑缮之。性好学，博览群书，常与名士李文藻、杨峒辈为文会。著《南北朝世系》、《齐乘考证》诸书，刊行于世。卒于官。"
③ 光绪《益都县图志》载："段松苓，字劲伯，亦字赤亭。……于举业颇不能屈就绳尺，故久困童试中。会钱唐周嘉猷来知县事，复试时，发策问青州郡县、沿革、疆域、古迹，通场不能置对。松苓条举件系，骊缕数百千言，试牍尽，别以他纸续焉。周大叹，异录为榜首，遂以第一人入府学。……大兴翁方纲督学山东，搜访石刻，青州一府得之松苓者为多。仪征阮文达公元继之，会太仓毕沅来为巡抚，欲同撰山东金石志，延偓师武亿仁和朱文藻及松苓入督学幕中，乃遍访碑于岱沂诸山，西起济宁，东至临朐，探幽剔秘，多欧、赵以来未见之本。嘉庆改元，署按察使，阳湖孙星衍将以孝廉方正举，力辞不就。五年，卒，年五十六。……著有《益都金石记》、《赤亭金石跋》、《山左金志》、《山左碑目》、《益都诗纪补订》、《李文藻尧陵考》，凡若千卷。"
④ 光绪《益都县图志》载："李廓，字容生，又字晓岩。崇祀忠孝祠，汶上县训导，……弱冠补府学生，以优行贡太学。乾隆五十九年，举顺天乡试。……晚从潍县韩梦周学，为刻其《理堂制义》续集。梦周尝其文，谓'在晓楼已山之间'云。嘉庆四年，卒，年四十八。"
⑤ 道光《益都杨氏世谱》，《凡例》。

的史实性错误，批评他们牵强附会始祖身世。他说："予亲见同邑色目之族以元伯颜为始祖，本谓瞻思丁之孙，《元史》有附传者也，而其谱则蔡平宁之忠武王①与脱脱伯父封秦王者合为一人，是不知'断自可见之世'，而自出于不甚矣。"② 而这个以伯颜为始祖的"色目之族"很明显指的就是赵氏家族。

杨峒兄弟新修家谱的活动反映出两个问题，一是杨氏家族在此前曾发生过与赵氏连宗的活动，这个活动发生的时间最迟应在明末清初；二是从杨峒等人极力纠正这些错误的举动看，符见谱所产生的影响应该是他们不得不面对的问题。杨峒等人在凡例的小注里说："此之谬妄（指符见谱对杨氏谱系的增添和修改——笔者注），本不待言，然愚者或误□之故，不可不辨。"杨峒兄弟饱读诗书，对《元史》记载的不同伯颜的事迹很清楚。他们既然能指出赵氏家谱中的错误，在对待自己家族的历史上，自然可称为"智者"，而对应的"愚者"便是那些相信杨、赵两氏祖先密切关系的人。

杨玚和杨峒代表了杨氏家族创作家族祖先故事的两条路径：与赵氏连宗，便有机会在宗教方面获得家族发展的资源；摒弃赵氏的影响，则回归士绅家族的发展道路。

在杨峒等人的引导下，杨氏家族朝着后一条道路发展。为了"正名"，杨峒兄弟用新修家谱的方式维护杨氏家族最初的祖先故事，具体的方法就是"据浥谷旧序并《元史》别作小引冠于世谱之前，略叙履历，明所祖莫苏之故"，对于杨应奎家谱中不甚明确的地方则因"人代绵邈，不妨存疑，若妄加附会则遥遥华胄转增丑矣"。杨峒等人对家族老谱的整理，不仅限于上述的对符见谱的修改，各版本老谱中的其他文献资料也被有目的地予以删减。

> 恒菴所辑家乘五卷及《青嵋集》续入一卷，其中兼收杂支，似与宗牒无所关涉，即澹乐以下志状哀挽诸篇亦一家之秘函，非合族之公物也。今自世谱而外，概未登录，不惟数十年来并无官迹可述，即有之，亦当别为专

---

① "忠武王"即指平宋的蒙古八邻部伯颜，据《元史·伯颜传》记载："大德八年，特赠宣忠佐命开济功臣、太师、开府仪同三司，追封淮安王，谥忠武。至正四年，加赠宣忠佐命开济翊戴功臣，进封淮王，余如故。"淮安王的全称为淮安忠武王。
② 《西赵河刘氏家谱》，杨峒《青州支谱原序》，乾隆四十九年（1784）。

集，何必赘附是篇。

> 六世从伯祖南阳府君（指杨应奎——笔者注）于杨氏今为大宗，官兵曹时丁艰归里，首辑家谱，所著元序言先世事甚详，且谆谆以世守清白垂训子孙，盖公晚年笔也。兹故仍用旧文以作弁首，无烦属序从系支言，唯旁探《元史》本传及恒菴所撰行略诸篇附注于下，俾后之览者或可考焉。[1]

杨峒兄弟此次修谱在多大程度上动用了整个家族的力量是个值得商榷的问题。从凡例的前言看，杨峒等人主要是依据几个版本的老谱为主要材料，在凡例的最后一个条目里，修谱者说道："本宗源远派分颇为繁盛，考之不详，殊难明晰，用是细心参访，留意稽查，如理棼丝，务令有绪，今之衰然成帙者，屡经修改，问心已足，自信矣。但以族中各营生业，知书者罕，故是役也，未具公启遍檄。"[2] 看起来，这次修谱并没有发动族人，主要是由杨峒兄弟操刀完成的。很明显，杨峒兄弟就是家族里的"知书者"，他们以自己对家族历史发展和族谱编撰体例的理解重新整理了家族祖先的移民故事。经过一番考辨与整合，新的杨氏家谱摒弃了赵氏家谱的影响，否定了与赵氏家族的亲缘关系，家谱的内容重新回到杨应奎元谱的轨道上来。杨峒兄弟用新修家谱的方式确定了家族祖先身世与移民故事的标准表述。到道光二十四年（1844），杨岎之孙杨洵在杨峒家谱的基础上再次续修时，杨峒等人框定的祖先移民故事遂被表述为：

> 益都杨氏派沿西方，自蒙古太祖灭回回国，远祖赛典赤从之而东，历官云南平章，再传至伯颜察儿，佩金符、尚主，世居宛平为衣冠旧族。后十三世祖以进士仕益都总管，十二世祖又为临朐中尉，皆有遗宅于青。及明克大都，中尉子莫苏犇青，依两公旧第，因在京师居羊市角头故以羊为姓，后更为杨，盖于是始别为氏云。[3]

在这个标准的祖先故事里，既没有穆罕默德也没有赵氏同宗。杨氏谨守他们

---

① 道光《益都杨氏世谱》，《杨氏世谱凡例》。
② 道光《益都杨氏世谱》，《杨氏世谱凡例》。
③ 道光《益都杨氏世谱》，《杨氏世谱卷上》。

的元代"华胄"身份，不联系不发挥，实践了作为知识分子所追求的"断自可见之世"的修谱精神。而在这种精神背后，我们看到的是这个家族的精英分子透过修谱活动对本家族历史的框定和发展方向的干预。

杨、赵两氏家族的例子让我们看到回回人群体的家族化进程既不是对汉族家族组织的简单模仿，也不一定必然要依托这个人群的某些特殊资源，如伊斯兰教。杨赵两氏皆以赛典赤为始祖，各执其一端。杨氏家族走的是正统的仕进之路，在地方主流社会中有一定的地位，同时也积极参与地方事务；而赵氏家族则依托其宗教背景，通过世袭本地清真寺的宗教权力维持家族利益。杨、赵两氏家族所选择的不同发展道路，反映了元代回回人后裔在明代的生存境遇。走出明初惊恐的回回人在明中期已经完全融入了新的王朝，他们无论是科举取士还是农商营生，均与周围的汉人无异。杨氏家族在明中后期读书科举，交游广泛，其元代回回人后裔的身份以及宗教信仰与习俗的特殊并未成为其发展的禁锢。而赵氏家族宗教资源的获得也与明朝对各地清真寺的管理方式直接相关。官方对清真寺的管理肯定了各地清真寺活动的合法性，同时也固定了清真寺内宗教事务管理者的地位，为这一宗教权力的世袭性传承创造了条件。像赵氏家族这样依托宗教权力而形成、发展的家族在其他地方也有出现。

杨氏在士绅家族的道路上有过摇摆，但从清中期开始又回归士绅家族的发展道路。这一趋一离之间固然与从杨应奎到杨珽再到杨峒一脉接受儒家思想的影响走科举取士的道路有密切的联系，同时我们也应看到自清代以来中央和各级地方官府基本上放弃了对伊斯兰教寺院的直接管理，像赵氏这样传统的掌教家族逐渐失去了官府制度对其宗教权力的认可和保障，而只能依靠家族力量和传统惯性延续其宗教势力，原来被排斥在宗教权力之外的人们（其中包括像杨氏这样的家族）有了更多的机会和方式触及清真寺的教务、事务权力，清真寺的管理权逐渐走向多元，于是像杨氏这样的家族对自身宗教性的创建也就不那么迫不及待了。

清代中后期回民的生存环境远远逊于前代和清前期。信仰群体内部的凝聚力在不断增强的同时，其外部对立性也有所发展。赵氏选择坚守祖先遗留的宗教资源以应对环境的变化，而杨应奎的后裔们也同样力图遵循祖先的道路，在新的社会环境中寻求更好的发展空间。这两条道路无所谓好坏，也不一定泾渭分明，都是面对现实的生活处境而做的选择和调整。如果说明末清初兴起的伊斯兰汉文译经活动是伊斯兰宗教哲学中国化进程的代表的话，那么本文所关注的杨、赵两氏在明清以来的家族化进程，则可看做是这种信仰的承载者在具体时空中对宗教生活、群体组织及其内在运行机制本土化的具体实践。

村社与宗族：明清时期
中原乡村社会组织的演变

　　村社和宗族均为明清时期主要的民间组织形式，同里甲、保甲等官方的基层组织既相互平行，又相互交叉重合，很多时候官方要依赖这些乡村自有的组织资源实现向乡村的渗透，因此，它成为我们认识乡村社会的重要分析工具。有关这两个问题的研究成果均非常丰富，可谓连篇累牍。近年来，很多学者开始深入民间，挖掘丰富的民间文献，包括口述资料，针对一个小的区域的基层组织进行细致的微观的描述和分析。这种研究既关注国家大历史对地方社会的影响，也着眼于地方社会自身的权力关系和发展逻辑。其研究成果多集中于明清及民国时期。刘志伟对明清时期广东的里甲制度变迁有过深刻阐述，从明代的里甲到清代的图甲，从重视"人丁事产"到重视田地和税额，赋役制度、乡村基层组织都发生了很大变化。而且在这个变化过程中，透过"总户"、"子户"等诸多名称，强大的宗族展现了出来，往往一户就是一个宗族。① 笔者在以河南济源县为中心的研究中，同样看到了作为赋役征收和基层社会组织的里甲不断变迁的过程，但其变迁过程同广东的情况存在巨大差异，在这里看不到总户与子户，村社却有着非常突出的位置。关于村社，杜正贞对与济源比邻的山西泽州进行过研究。根据她的观点，作为传统组织资源，村社一直存在于乡村社会，到清代中期，出现了一

---

　　① 刘志伟：《在国家与社会之间：明清广东里甲赋役制度研究》，中山大学出版社，1997年，第1—15页。

个势力扩张的局面。与此同时，村社普遍出现分化。① 济源与泽州相邻，其相关史料充分显示出相似的过程。笔者在这里试图在此研究的基础上勾连起里甲、村社、宗族等多种组织形式，进一步探讨从里甲到村社的变迁过程，探讨宗族在这一过程中所扮演的角色以及宗族同村社之间的关系，以企深化对华北社会变迁的认识。

一、从里甲到村社

元代普遍实行村社制，使社成为乡村社会最重要的基层组织和秩序中心。尤其是在北方地区，这是不争的事实。明初，朝廷在全国普遍推行里甲制，十户一甲，一百一十户一里，把乡民按照数字组织起来，征收赋税，摊派徭役，推行教化，对乡村实行严格的控制。根据地方志的记载，济源县最初共编73里，分别隶属于玉川、乐安、沁阳、清上、清下五个乡。其中玉川乡下辖12里，乐安乡17里，沁阳乡16里，清上乡13里，清下乡15里。② 里甲的编制，北方土著"以社分里甲"，对乡村旧有的村社组织有明显的继承关系。尽管如此，里甲与村社还是有着根本区别：社是以祭祀为基础的乡村组织，生活于同一地理空间中的人们组成一社，迁移到他处即不再为该社社员。里甲却不同，它是国家赋役征收单位，以人户为标准划分的，即使迁到别处，也仍属于原来的里甲。里甲所属人户固定，有利于按人户征收赋役，但这也正是它的弊端所在。明清时期土地买卖自由，流转频繁，因土地买卖而导致人口迁移频繁，往往是里甲编排若干年后，就会出现相当混乱的现象。

关于人口的频繁迁移，家谱碑刻中有大量资料。如济源南姚王氏，远祖早年由山西迁到河南府新安县白石崖，元明之际渡河定居于济源石槽村。"传至四代，凤祖、鸾祖、杰祖由石槽迁南姚，景先祖迁下冶，十六祖迁逢石河，各迁异地。石槽之西北先人之坟墓几无人扫祭乎！"③。其他如：梨林赵氏："我赵氏明

---

① 杜正贞：《村社传统与明清士绅：山西泽州乡土社会的制度变迁》，香港中文大学未刊博士论文，2005年，第135—161，201—265页。

② 正德《怀庆府志》（正德十三年刊本），卷3，《郊野·乡村》。

③ （济源南姚村）《王氏家谱》，成书年代不详，《显祖创修家谱序》（弘治六年）。

初迁济卜宅虎岭,继移梨林。"① 东留村李氏:"明初洪武三年,避南阳之冲,晋子一于济,初至合河村,次至御驾庄,三迁而至留村居焉,建其茔于镇之东北。"② 贺坡贺氏:"我贺氏居此土者百余家,更有散处他乡者,在济若堽头,若屈冢,河邑有解住,有许良及下水磨,不下千户。"③ 明清之际济源籍进士段国璋兄弟五人,各迁异处:"国宾住城西南南潘庄,国琦住城北康村,国璋住城内大什字南街,国呈住城北段庄庙道,国瑜住城内小什字南柴货市。"④

类似的情况多得不胜枚举。里甲既不体现血缘原则,也不体现地缘原则,是国家为了赋役征收而强加在乡村社会的一项制度。每年开征,州县分派给里甲,里甲分派给税户。而明清时期频繁的人口流动和土地买卖,使开始整齐划一的里甲要不了多少年就会变得混乱不堪。同一个里甲的税户可能分布在不同的村落、不同的乡里,甚至不同的州县;而在同一村落居住的人又分属于不同的里甲。人口的迁移往往导致里甲对人户的控制不便,从而造成里甲人户的流失;而田地的流转使某些里甲土地增多而成为富里,另一些里甲因田地减少而不堪赋役之苦。同时,人口的迁移与田地的流转又给所谓"奸民"、"豪民"以可乘之机,士绅、耆老也会乘机渔利,隐占、飞撒、诡寄等各种弊端纷纷出现。于是不堪重负的下层花户沦为流民,国家赋税征收出现困难。面对这样的情况,官府不得不整顿赋役,重编里甲,因此造成里甲的不断调整。济源县明初编里73个,到正德年间已经弊端丛生,于是进行均徭的同时,重编里甲,把73里调整为60里。⑤ 若干

---

① 道光二十四年《赵氏祠堂碑记》,碑存济源市梨林赵氏祠堂。
② (济源东留村)《李氏家谱》,成书年代不详,《支派序》(康熙六年)。
③ 道光十二年《创建祠堂志》,此碑存河南济源贺坡村。
④ 济源《段氏家谱》,具体年代不详,当为"文化大革命"前抄录。
⑤ 正德《怀庆府志》,正德十三年刊本,卷1,《封略·疆域》。其中记载:济源"编户六十里"。还是这部正德《怀庆府志》,有关里甲的记载前后不同。如前所引,该书卷3记载济源分73里,而卷1又说济源"编户六十里"。何前后如此矛盾?观前者所载73里,不但有所属各乡名字,而且有各里之名。顺治《怀庆府志》也记载道:济源"旧编户七十四里"。尽管同此相比有一里之差,但足以佐证73里之说是可信的。那么是"六十里"之说错误吗?正德《怀庆府志》卷6《户役·里甲》中记载:济源县"里长六百名,甲首六千名"。一里之内分十甲,有里长十户,轮流应役,这是明代里甲制度的基本规定。一里有里长十名,六百名里长又足以证明当时济源县是分为60里无疑。两种说法都没有错误,那么究竟应该如何理解其自相矛盾之处?依笔者理解,该志编者在编纂此书时,把不同时期的里甲数字混入一书之中。因为是众手修志,前后数据的差异没有引起编撰者的注意,因此出现前后矛盾。这两个不同的数据实际上应该是对不同时期的统计。

年后，老问题再次重现。嘉靖年间里甲再次调整，由 60 里调整为 64 里。① 万历年间，里甲制度再次千疮百孔，知县史记言再次对其进行了整顿："计里上兑，厚薄殊则，偏累不支，乃括一邑之赋额而四分役之。"② 史记言所编里甲面貌如何，因史料缺乏而无从得知。不过，从顺治初年济源县共分 21 里这一事实来推测，史记言在万历年间所进行的里甲编排很可能是大刀阔斧式推翻重来，对旧有里甲进行了较大规模的改动。③

这一问题一直到清乾隆年间随着顺庄法的实施才得以解决。关于顺庄法的实施，清人有较为详细的表述："顺庄编里，开造的名，如一人有数甲数都之田，分立数名者，并为一户；或原一户而实系数人之产，即分立的户花名；若田亩未卖，而移住他所者，于收粮时举报改正。"④ 可见，顺庄法有两个重要原则，第一是单户原则，把里甲制度下包含多个家庭的户分化为单个家庭，使户与独立的经济单位真正一致起来。第二是地缘原则，无论一个家庭的田产分布多么分散，都不得立多个户名于不同的村落，而只能在这个家庭居住的村子立户。如果一个家庭在原住村落有田地，而他们迁移到了别处，那么，根据顺庄法的原则，他们应该在所居住村落缴纳赋役。简单地说，村落成为直接的征税对象与单位。

雍正年间，河南的部分州县已经实行顺庄法。时任河南巡抚的田文镜曾有所提及："村庄既顺，则可就近滚催，无隔越难行之事。"⑤ 济源县于乾隆六年（1741）实施顺庄法，县志记载："里甲，原旧二十一里，每里分为十甲，至乾隆六年顺庄，改为二十一图，每图分为十社，或九社。"以下是列举的具体图社情况：

乐安乡：中公图十社，轵城图十社，张金图十社，壂头图九社，水东图
十社。沁阳乡：二程图十社，大河图十社，王寨图十社，堰头图十社，水运

---

① 嘉靖《怀庆府志》，嘉靖四十五年刊本，卷2，《山川·乡村》。同正德《怀庆府志》记载相同的是，济源仍然分为玉川、乐安、沁阳、清上、清下五乡，但不同的是各乡所辖里甲多有出入，其中玉川乡辖 10 里，乐安乡辖 10 里，沁阳乡辖 16 里，清上乡辖 13 里，清下乡辖 15 里，合计 64 里。

② 乾隆《济源县志》，乾隆二十六年刊本，卷15，《艺文》，《邑侯史公生祠碑记》。

③ 顺治《怀庆府志》，顺治十七年刊本，卷2，《乡镇》。此时济源分五乡，玉川乡辖 4 里，乐安乡辖 5 里，沁阳乡辖 4 里，清上乡辖 4 里，清下乡辖 4 里，共计 21 里。

④ 《清朝文献通考》，卷3，台北，商务印书馆影印文渊阁四库全书本，1983 年，《田赋三》。

⑤ 参见何平，《清代赋税政策研究：1644—1840》，中国社会科学出版社，1998 年，第 252 页。

图十社。玉川乡：龙潭图十社，南姚图十社，勋仁图十社，杜村图十社，清上图十社。清下乡：清下图十社，崇庆图十社，在城图十社，金留图十社，邵原图十社，西阳图十社。[①]

表面上看顺庄同先前的里甲并没有太大的区别，只是改"里"为图，改"甲"为社。但事实上，这是一个重大的变革。社是民间自发的村庙祭祀组织，按地域原则组成。"图"也蕴涵着地域的因素。可见以图社为组织形式的顺庄法是对花户杂处四方的里甲制的否定，是按照地缘原则对赋役征收的重新安排。顺庄法在推行的过程中，打破了原来的里甲，重新划分赋役区域。比照顺庄编排的图社名称和旧有里甲名称，就可以发现其中有很大变化。如乐安乡下属有中公、轵城、张金、堽头和水东五图；而里甲制下，该乡下辖赵村、李庄、蒋村、苗店四里。其他各乡也都是如此。所以，尽管表面上看只是名称的改变，实际上里甲制被废止，乡村社会被按照地缘原则重新编排，村社不仅是民间的自发组织，也成为官方征收赋税、控制地方的重要工具。

建于明万历五年的济源许村的社庙——二仙庙

---

① 乾隆《济源县志》，卷3，《建置·里甲》。

二、社的分化

济源县在乾隆六年实行版图顺庄法，赋役征收重任叠加在村社之上后，村社基于应对的需要，发生了进一步的变化。这个变化首先就是原有的社不断分裂，一个社裂变为若干个小社。

乾隆六年，济源顺庄编图后，全县共分 21 图，下辖 219 社。遗憾的是，由于资料的缺乏，我们不能知道 219 社的具体分布情况。不过通过间接材料对这一问题的推测或许可以弥补材料的不足。济源现有 5 个街道办事处，11 个镇，下辖 50 个居委会，484 个行政村。[①] 一般认为华北村落格局明初就已经定型，现在的绝大部分村落那时就有。从济源水利、村庙碑刻看，现在几乎所有的村落清代都已经存在。由此我们推测，当时，219 个社中，一般的社可能包含有数个自然村落。而一些大的村落可能一村构成一个社，个别超大的村子甚至一村分为两个社，南姚就是一个例子。

南姚村是位于济源县城西南十五里的一个集镇，人口众多。这个村子原为两社。这从该村汤帝庙一通宣统三年（1911）的碑刻可以知道。碑文讲到：宣统元年大旱，南姚村民祈雨获应，"许戏七台……由来写戏，不许两社相争，定期于九月二十五日献戏七台，至期，本府镇台拨韩大人带队前来镇会，本县范大老爷、前营杨副爷各带兵差前来掸压。……本社拈台南头，写戏安徽班。社人恐其久而湮也，因勒石以垂久远"[②]。"由来写戏，不许两社相争"，可知该村原来是由两社构成。不过其中有一个疑问，为什么是七台戏？两个社，七台戏，哪个社"写"三台，哪个社"写"四台？当向当地村民问及这个问题时，他们说，南姚不是两个社，而是七个社，七台戏是七个社分别请的，一个社一台。这令我们百思不得其解，明明碑刻上写的是两个社，为什么乡民又说是七个社呢？碑文说"本社拈台南头，写戏安徽班"，立碑之社"写"安徽班一台，戏台在最南头，

---

① 《济源之窗》，《行政区划》，2008 年 10 月 15 日。行政村有的为一大自然村，有的由数个自然村所组成。克井镇有 51 个行政村，110 个自然村，平均一个行政村辖两个自然村。如果按照这一比例计算的话，济源可能拥有近千个自然村。

② 宣统三年《祈雨还功条规志》，碑刻存济源南姚汤帝庙。

南姚关帝庙拜殿

是七台大戏中的一台，这说明南姚在当时确实是有七个社。但这同碑文中的矛盾之处如何解释？只能有一种解释：南姚乾隆六年顺庄法实施时，是分为两个社，后来因为赋役的分配，又进一步按照宗族的分布地域分为七个社。这样"由来写戏，不许两社相争"是沿用了以前的说法，七个社同时演戏则是现在的事实。也就是说，顺庄法实行后，村庄为应对国家赋役征收的重负，又按照一定的原则进行了再分配。这样，乾隆六年所分之社又出现了进一步的裂变，分裂出若干个承担国家赋役的小社。

南姚村是这样，其他村子呢？我们在济源南官庄做田野工作时，据村民讲，该村以前分为六社，分别为东北社、东社、西社、中社、后社和南社。这一说法被族谱资料所证实。该村修于民国初年的《商氏家谱》中各门支配都标示出所在的社，如九世商承汤派下子孙，页上部标出"西社西头"，其他各派都是如此。① 在新修的商氏祠堂的门楼过道里有一通立于 2002 年的碑刻，记录了为祠

---

① 《商氏家谱》（济源南官庄），编辑年代不详，从纸质看，应为文化大革命前编辑成书。

堂修建捐资的族人名单，其中官庄商氏族人分为官庄东社、官庄西社、官庄中社、官庄后社。官庄虽然在清代是一个集镇，但现在看来规模比南姚要小。南姚村乾隆六年下分两社，官庄最多也不会超过两个社，但后来是六个社，这充分说明官庄在乾隆六年编图分社之后也同样经历了一个裂变分化的过程。又例如，济源许村，据村中老人讲，整个村子分五个社，按照数目字排列，分别为头社、二社、三社、四社和五社，跟南姚、官庄存在相同的情况。

官庄商氏宗谱

从以上的叙述可以发现一个问题：清代实际的社同乾隆《济源县志》中记载的官府划分的社数量上存在巨大的悬殊，实际的社远远多于官府划分的社。济源有 500 来个行政村，乾隆六年（1741）划分为 219 个社，平均一个社包含两个行政村。而上述的每个村子有 5 个到 7 个社不等。因此，虽然缺乏足够的相关资料，但可以肯定实际的社的数量要数倍于乾隆年间确定的数量，社的分化是一个不容置疑的历史过程。

结合学界的相关研究，清代中期以后的分社在全国应该是一个普遍的现象。杜正贞的研究表明，清代中期晋东南村社也存在分化的现象，其主要方式有两种，一是一些新形成的村落因为空间的距离而脱离旧有村社，自立门户；二是旧有的村社分化为"东"、"西"、"前"、"后"等若干个小社。① 郑振满基于福建莆田的研究也显示出同样的结果，只是形式不尽相同而已。②

社的分化不是单纯某一个因素所致，而是复杂的多因素作用的结果。人口的增多，村社内部的矛盾纠纷等应该都是其中的因素，但我认为最主要的因素还是赋役的征收。杜正贞提出与此相似的猜想："社的分化大多发生在清康熙以后，则社的分化也应该与里甲制度的变化有某种关系。"③ 从济源的情况来看，社的分化是乾隆六年之后的事情，正是在按照版图顺庄法建立图社制之后，这不是偶然，正好说明社的分化同赋役征收有着密切关系。当官府把赋役征收落实到村社之后，

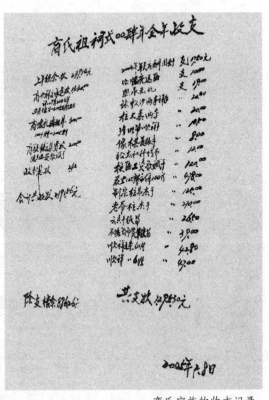

商氏宗族的收支记录

其内部就因赋役而发生矛盾、冲突，从而导致社的分化。而在社的分化中，宗族又起了非常关键的作用。

三、宗族在社中

中原地区从清雍乾两朝开始出现了宗族文化建设的高潮，从祖坟祭扫到祠堂

① 杜正贞：《村社传统与明清士绅：山西泽州乡土社会的制度变迁》，香港中文大学未刊博士论文，2005 年，第 228—230 页。
② 郑振满：《神庙祭奠与社区发展模式》，《史林》，1995 年，第 1 期。
③ 杜正贞：《村社传统与明清士绅：山西泽州乡土社会的制度变迁》，香港中文大学未刊博士论文，2005 年，第 232 页。

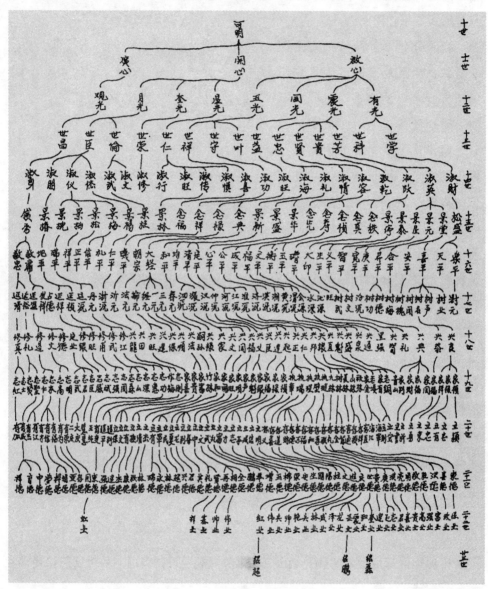

宗族世系图

建立，再到族谱的创修，宗族普遍建立起来。宗族意识、宗族文化深入乡村，出现了宗族的大众化。[①] 宗族作为一种重要的组织资源，在社的分化中无时无处不在发挥着作用。可以说，社的分化基本上是以宗族为核心进行的。

济源南官庄原来的社按照方位分为东社、西社、中社、后社、南社和东北社。其中东社、西社、中社、后社主要是由商氏宗族构成的，分别是商氏的四个支派。他们人口最多，占据着村子的大部分区域。南社主要由赵姓和李姓两个宗族构成，占据村南一隅。东北社主要是牛姓，居住在村子的东北部。

许村分五社，同样是以宗族为基础划分的。该村人口主要有段、董、李三大姓，段姓两大支派分为两社，分别是许村头社、二社。董姓一个社，为第三社，李姓两个社，为四社、五社。

怀庆府下属其他各县情况与此相似，一个村子往往分为若干社，而社多以某一个宗族为核心。孟县上口村有一个阎氏宗族，其《阎氏家谱》创修于康熙二十七年。依据家谱记载：上口村分三个社，阎氏联合其他小姓组成西社。村里各社均有社火，上个世纪60年代才停止活动。1988年，他们购置乐器，重建社火。从族谱所收购置乐器捐款的名单看，生产队捐款250元，[②] 个人捐款中，阎姓62人，牛姓10人，邓姓6人，高姓4人，谢、顾、王姓各2人，于、书、季、姜姓各1

官庄牛氏族谱

---

① 李留文：《宗族大众化与洪洞移民的传说》，《北方论丛》，2005年，第6期。
② 这显示出社与生产队二而一的关系。据当地老年人讲，社就是生产队，新中国成立后，人民公社、大队、生产队这一套体系建立后，社就变成了生产队。

人。阎姓仍然占到绝大多数。可见由原有的大社分化出的小社是以某一大姓宗族为核心，联合周围众多小姓而形成的地缘组织。

在从大社分化出来之后，一些小社即着手建立起自己的信仰中心。济源南官庄街道旁，至今还立着一通嘉庆十六年（1811）题名为《重修拜殿金妆殿宇碑记》的碑刻，其中写道：

> （上缺若干字）观音堂（缺若干字）今本社圣堂创自有明，至本朝乾隆二十六年斯镇悉被水患，堂宇墙垣颓然倾圮，而拜殿尚存，尔时仅修堂宇，妥佑神灵，于今五十年（缺若干字）父老子弟咸目睹而伤之，因合众商议，尽卖官树，获资若干两，起修于前年三月，落成于今年十月。
>
> 社人牛大奇撰并书
>
> 卖树四十七株，收钱一百□十□千四百文，收地铺钱□钱一百□十□文以上共收钱一百四十四千五百□□□文。
>
> 买官地一亩三分，使钱四十仟文；修官杨园墙使钱十五千八百文；修拜殿垣墙施钱七十六千三百一十八文；金妆殿宇使钱二十六千零六十八文；开光献戏使钱十千零二百八十七文；立碑使钱一千七百零三文。以上共花销钱一百七十千零一百七十六文，下短钱二十五千八百一十二文，三门内认，每一门认八千□百零□文。
>
> 总理　牛焕文
>
> 会首　牛在文　牛祥霖　牛□□　牛□□　牛□□
>
> 嘉庆十六年岁次辛未十一月谷旦。①

所修者为观音堂，当地人把小的庙宇称为"堂"。从碑文中可以断定观音堂为牛氏宗族的社庙，理由如下：碑文中的"今本社圣堂创自有明"，说明创建于明代的观音堂现在已经演变为一个社庙。重修总理是牛焕文，会首五人都是牛姓。官庄较大的姓还有商氏、李氏、赵氏，但碑文中没有他们参加。最重要的，庙堂修复、买地、演戏等共花钱一百七十千零一百七十六文，卖树、收地铺钱等

---

① 嘉庆十六年《重修拜殿金桩殿宇碑记》，碑存济源官庄村新修牛氏祠堂附近路边。

收入与花销相抵还短少二十五千八百一十二文。缺口怎么办？"三门内认，每一门认八千六百零四文。"关于牛氏派系，定于同治四年（1865）的《族规》中称"合族分为四门，三门已绝，只有大门、二门、四门"[①]。以上三条表明，牛氏三门共同构成一个社，创建于明代的观音堂后来被改造成了这个社的社庙。

但事实上，像南官庄这样拥有神庙的新兴小社并不多见。最常见的情况是，新兴的小社并不去寻求创建本社的神圣空间，而是将本社中大姓的祠堂作为本社的公共场所。济源许村春节期间有抬年习俗。前文提及，该村段、董、李三大姓共分五个社，后来段姓两门的两个社合并为一个社。各个社都有祭祀的神灵，段姓社祭祀关公，董姓社祭祀张飞；李姓的两个社中，一个祭祀马超，一个祭祀高爷（他们已经说不清楚高爷为哪路神仙了）。各社都塑有神像，平时放在祠堂里，抬年时就请出来，安放在辇座上，被社众抬着巡游。由此可见，各社也都有

社庙前的戏台

①（济源南官庄）《牛氏家谱》，编辑年代不详，从纸质及内容看，应为1950年代编辑，同治四年《族规》。

各自凝聚合社人心的神灵信仰，但社民并没有去建立关公庙、张飞庙，而是平时将所塑神像供奉在祠堂中，祠堂代替了神庙的作用。在这种情况下，构成小社的核心宗族在社中的地位就更加突出。

社依宗族而分化，宗族在社中渗透，在这个过程中，新兴小社的职能在不断扩张，它不单是赋役征收的组织，还拥有了自己的社火表演。在孟县城东约十里处，一个叫水运的村子里，韩氏是一个大姓。他们以韩愈为始祖，建有祠堂，修有家谱。就在他们韩氏祠堂外面白色的墙壁上，写有像乐谱一样的符号，村民说那是社里正月社火的鼓谱。鼓谱写在祠堂，据此推测，练习鼓乐是在祠堂举行，社火是以韩氏宗族为核心举行的。这一推测为韩氏族人所证实。[①] 孟县上口村新修《阎氏家谱》有关于社火的详细记载：上口村各社春节期间都有社火，其中西社"阎氏家族历代即有乐器社火，铜器锣鼓。每岁春节期间，即拿出娱乐……此举历来是以阎族为主，团结他姓（西社）同乐，共度新春佳节。而近些年来，因时代转移，所有乐器已失无一。现处祖国振兴，盛世时代，众人精神振奋，依然赞同重振西社鼓乐，故于1988年，大家集资1438.8元，新制大鼓3面，铜镲12对，手锣12个，叫锣12个，鞭鼓10个，计49件。组织起新的同乐队伍，每年春节（初一）同东、中两社合队同行，在前后大街游乐一周，展示全村民众一年来的丰收欢乐"[②] 以宗族为基础的社成为社火的承担者。济源许村由新兴小社举行的抬年活动更为热闹。从正月初一开始，人们吃过饺子，拜过年节，就开始抬年了。这一天的抬年只是一个序曲，并不出村。初二到初五人们忙着走亲戚，从初六开始，正式的抬年就开始了，一直持续到填仓节。抬年并非许村一村的风俗，附近各村各社都有。抬神出游最重要的地点是五龙口水利设施所在地的孔山。这里是当地的一个信仰中心，现在山上仍然有很多神庙。在那里，十里八乡的抬年队伍齐集山下广场，抬着神像进行表演。他们能走出各种花样，什么一字长蛇啦，乌龙摆尾啦，甚是热闹。其余的时间是各村之间相互邀请，举行竞赛性的活动。[③]

---

① 水运韩氏同该县西武章村韩氏一直就谁是韩愈正宗后裔而争执，但水运村韩氏的正统地位一直得不到承认。朝廷敕封的翰林院五经博士均出自西武章韩氏。

② （孟县上口村）《（新修）阎氏家谱》（1990年），《族事简录》。

③ 许村72岁董聚山老人口述。

在中原，宗族的兴起与以顺庄法为核心的赋役制度改革同时进行，宗族与社相互作用，相互渗透，使社的分化以及新兴小社的运作都呈现出明显的宗族色彩。

四、分社后乡村权力的运转

旧有村社分为若干小社后，部分小社把村中旧有小庙改造成为本社社庙，如以牛氏为中心的官庄后社，更多的是把宗族祠堂作为本社的神圣空间。尽管各个小社重新建立了属于自己的权力中心，但同大社相对应的旧有村庙仍然为各个小社所共有，神灵的势力范围一般不会发生变化。南姚村分为七个社，原有的村庙——汤帝庙在乾隆年间仍然归全村所有。因为乾隆五年（1740），汤帝庙"殿宇破碎，神像无依，余因敦请合村告重修焉"[1]。碑刻为生员王希昌撰写，从他敦请合村重修这一事情可以看出，汤帝庙的修复仍然是全村共同的责任，该庙为全村所有的性质也是非常明显的。杜正贞对山西泽州的研究说明，清中期以后村社也普遍出现了分化的趋势，分化后的各个小社尽管各自都建立了属于本社的社庙，但同时又共同拥有原有社庙。偶尔有个别小社想退出原有村社，往往会遭到其他小社的抵制。[2]

虽然这样，原有村社在分化之后，其内部结构仍旧发生了重大变化，所以各个小社对于旧有社庙的经营与管理也发生了相应的变化。首先是组织、管理方式的变迁。随着社的分化，村庙与社一一对应的关系不复存在，于是村庙更多地以会的形式来管理。关于会与社的关系，论者多有涉及。陈宝良认为社、会都是含义非常宽泛的概念，既指称古代乡村基层地理单位、民间的迎神赛会，又可以指代因信仰、志趣相投而结成的团体，同时也可以是行业性团体。"社与会相比，其含义虽较会更为广泛，但从某种意义上说，社与会自可并称。"[3] 他是从更广泛的层面论说两者关系的，其实从村社神庙祭祀的角度分析，社与会还是有着非

---

① 乾隆五年《（汤帝庙）重修碑记》，碑存济源南姚村汤帝庙内。

② 杜正贞：《村社传统与明清士绅：山西泽州乡土社会的制度变迁》，香港中文大学未刊博士论文，2005 年，第 226—233 页。

③ 陈宝良：《中国的社与会》，浙江人民出版社，1996 年，第 1—6 页。

常明显的区别的。相比来说，社有明确的边界，一般包含一个和数个自然村落（大的村庄也有一村分为若干社的现象），社众观念中有一个对社的明确的认同；同时它具有强制性，明清时期与作为国家基层组织有着若即若离的关系。① 而会则是具有共同信仰的人们为了相同的目的而结成的祭祀组织，成员不固定在同一个社中，自由组合，而非强制；是纯粹的民间自发组织。

南姚村汤帝庙有着悠久的历史，是该村的中心庙宇。明代的碑刻中不见有"会"、"会首"的字样。乾隆五年（1740），该庙重修的组织者是"会首生员王希昌"，这说明此时汤帝庙的修葺是以会的形式进行的。前引乾隆五十六年（1791）汤帝庙山场的诉讼案中，参与的除了南姚"两造乡地"和"村庙住持"外，还有就是"五十二年会首"。嘉庆十四年（1809），村民王晏如把自己的一处房产施入汤帝庙。对于这一善举，村民有碑记其事，碑文后的题名中同样可以看到"会首"，尽管会首名字已不可辨认。② 道光二十四年（1844），汤帝庙进行了大的整修，山门、广生殿、龙王殿被重修一新。碑刻剥蚀较为严重，但题名中仍可以看出"老会首"字样。③ 以上三则史料均说明汤帝庙作为原有的社庙，"会"已经成为其普遍而经常的管理经营形式。

次生一级小社的兴起瓜分了大社赋役管理的功能，这意味着村庙功能的相对减弱。但这并不是说村庙在村庄权力网络中已经没有意义，也不是说广泛存在的会不重要。事实上，社的分化使乡村社会出现了很多以前没有的新问题。比如，随着人们宗族意识的增强，宗族之间为差役分派、公共祭祀，甚至一些日常琐事往往会发生纠纷和冲突，浑然一体的村庄发生了裂痕，离心力有所增强。村庙中的"会"对于弥合宗族裂痕、缓解内部矛盾、增强村民团结发挥着不可缺少的作用。

会由乡民自愿组成，往往跨越不同的宗族，有时甚至跨越若干个村落，成为区域性的信仰组织。前文讲到的南姚火神会就看不到宗族的影子，许村二仙庙光绪年间的"新立紫虚元君会"中，会首中包含了村中董、段、李三大姓和其他

---

① 笔者在济源做田野时，发现当地老人都把社和会严格地区分开来。在他们看来，社就是后来的生产队，解放前管缴纳赋役，社火也是按照社来组织的；而会是指单纯的香会，入不入随个人心愿。

② 嘉庆十四年《王晏如捐房碑文》，碑村南姚村汤帝庙内。

③ 道光二十四年《汤帝庙重修碑记》，碑村南姚村汤帝庙内。

二仙庙拜殿

一些小姓。在济源西石露头村，嘉庆二十二年（1817）玉皇庙进行了大规模修缮。在记录这次修葺的碑刻中，题名的捐钱善人人数众多，共有110多人，其中牛姓有90多人，牛姓之外，薛姓有7户，其他的还有张、曾、李、韩、苗等姓。① 虽然牛姓占着绝对的优势地位，但在玉皇庙修缮中，小姓还是占有一席之地。薛世乾被推举为总理，显示出包括牛姓村民在内的全体村民对于小姓的认可，小姓的捐钱则表明他们对于村庙的积极参与。大姓、小姓在村庙修缮、神灵祭祀中增加了沟通与认同。

不同的宗族在共同的祭祀活动中不断强化着对于共同生活的村落的认同，也增进着各族之间的友好关系。这种认同和友谊消弭着彼此的冲突，维持着村落共同体的存在。许村的一次宗族间的冲突就是在村庙内得以和解的。大约在20世

---

① 嘉庆二十二年《重修玉皇庙碑记》，碑存济源西石露头村玉皇庙内。

纪 30 年代，有一年春节，在社火开始之前，以段姓为主的东社把社神关公的塑像重新绘制一番，新做的绸缎行头和龙辇甚是威风。正月初一，东社段氏族人抬着全新的关公圣像，前呼后应，自豪之情写在面部。其他三社的圣像相形见绌，心理很是不平衡。于是走在其后的西社李氏族人就有意破坏，往前突然拥过去。段氏族人躲闪不及，龙辇被挤翻，关公神像被打破。这下惹恼了段氏族人，当时就发生了群殴。之后，双方约定第二天在二仙庙一比高下，大的械斗一触即发。第二天，当两族的年轻人来到二仙庙时，发现众多会首和 12 村的绅士都已经聚集在庙里了，段、李两族的在会会首和绅士也都在其中。首先，他们把本族年轻人呵斥一番，外村绅士又良言相劝。经众绅士、会首调解，最后李氏所在的西社赔偿东社若干损失，两族矛盾得以缓和，避免了一场大的冲突。① 由此可以看到村庙及作为其组织方式的"会"在消弭宗族矛盾、增加村落认同中所发挥的重要作用。

正因为有作为全村祭祀中心的村庙的存在，有着各种村民自发组成的"会"的有效运行，所以，村庄并没有因为村社的分化和宗族的兴起而分裂，相反，一次次的公共祭祀在不断强化着人们对于村庄的认同。王屋山的碑刻资料显示出清代中后期村庄凝聚的强化，也反映出村民们村庄共同体意识的增强。咸丰六年（1856），轵城监生卫良偕同村众祈雨来到王屋山，见到庙宇破败，神像暴露，就嘱咐随行"善妇卫李氏等四处募化"，重修宫殿。不多年，"顶上东西两配殿、南天门，顶下龙王庙、刘陈二仙庙、韩文公祠以及□仙阁依次焕然一新"。之后立碑纪念，在碑刻题名中，引人瞩目的是众多村庄成为捐钱主体，如"中王村共钱十三仟文"、"孔庄共钱五仟文"、"西轵城共钱六千二百文"、"训掌南社共钱三十仟文"、"北社共钱三千二百文"、"西留村合社捐钱六仟文"等等。② 相同的情况还见于嘉庆五年（1800）的一通重修三清殿的碑刻。该碑在施财善人题名中"黄家庄"捐钱一千六百文，"水磨村"捐钱六百文，"元头村"捐钱一仟文……③村庄作为一个整体捐钱修庙，这在元代、明代和清代前期都是没有的

---

① 该故事由许村 81 岁老人段庆端讲述。
② 咸丰六年《重修顶上东西两配殿正阳门顶下龙王庙王（母公）殿刘陈二仙庙韩文公祠八仙阁碑记》，碑存济源王屋山紫微宫遗址。
③ 嘉庆三年《重修紫微宫三清殿施财善人碑》，碑存济源王屋山紫微宫遗址。

现象。尽管单凭碑刻题名还不能明了其中的细节，但可以肯定的是，在村社分化的同时，村社的凝聚确实又在加强，这看似一个悖论，却也是事实。

由上所述，我们从中原乡村社会的角度看到了国家与基层社会的互动过程。乡村社会很久之前就存在着自发的以神灵崇拜和祭祀为基础的村社组织。这种村社组织得到民众的普遍认同和积极参与，历久而不衰，有着强大的生命力，成为乡村社会重要的组织形式。另一方面，我们也看到的国家力量控制乡村社会的努力。比如明代的里甲。朱元璋抛开乡村旧有的为元朝所倚重的村社组织，另建里甲组织，试图以此来强化对乡村社会的控制。

学术界在论及国家与乡村社会的关系时，一种主流的观点认为：明清时期国家力量仅止于县级，乡村处于高度自治的状态。当然，也有一些学者对此持反对意见，他们认为国家力量通过各种途径向乡村渗透。其实，明代所建立的里甲制度就充分显示出国家在乡村的存在。不过笔者无意以大量的篇幅来给乡村社会中国家的存在增加一个注解，我在这里想强调的是：国家对乡村社会的力量渗透是一个复杂的过程，细致了解和描述这一过程有助于我们对传统的乡村社会有更深入的理解。朱元璋建立里甲，以数目字的方式控制乡村社会的努力遇到了很大的问题。如上所述，终明一代，里甲组织在运行中困难重重，一直处于崩溃、重建、再崩溃、再重建的过程之中。到雍正时期，国家不得不回到元代的老路，借助乡村原有的村社组织对地方实施控制，这就是顺庄法的实行以及村社在乡村社会中组织核心地位的再次确立。在国家将赋役征收等重担赋予村社之后，村社迅速发生了变化，而且这个变化是在宗族组织开始普遍化的清代中叶。于是村社以宗族为核心开始了不断的分化，从原有的村社不断分化出次生的新社。在这里，我们看到的不仅仅是国家权力在乡村的渗透，更重要的是国家与乡村在互动中的丰富内涵。

"忠闾"：元明时期
代州鹿蹄涧杨氏的宗族建构①

认为中国宗族南盛北衰的看法似乎已经成为史学界的共识，而且既有的研究成果也集中在南方。② 即便如此，中国北方仍然存在宗族的事实却是需要解释的。换言之，这里为什么会有宗族？这里的宗族与中国其他地方比如珠江三角洲的宗族相比，有什么自己的特色？本文即以元明时期山西代州鹿蹄涧杨氏的宗族建设为个案，探讨杨氏是如何一步步建设宗族的，以及这个过程中体现了什么样的"地域文化"。本文集中探讨元明时期，是因为这是宗族的礼仪发生变化的重要时期，宗族礼仪进入中国各个地方的时间与方式不同，因此在地域对比上也有意义。

本文所依据的主要材料是碑刻和族谱。鹿蹄涧村的祠堂，现在保存的碑刻有元代泰定元年（1324）《弘农宗族图碑》、天历二年（1329）《题世将杨族祠堂碑记》、嘉靖三十年（1551）《赠雁门杨无敌宗嗣门匾叙》和嘉靖三十五年（1556）《表忠闾碑记》，后面二通碑分别是记载山西巡抚、山西提学副使和雁平道表彰杨氏一族的。

另外一些元明时期的文献则收录于《杨氏族谱》。族谱在明嘉靖、万历年间

---

① 本文曾在 2008 年 6 月北师大历史学院的一次报告会以及 2008 年 12 月中央研究院近代史研究所"历史视野中的中国地方社会比较研究"学术讨论会上宣读过，论文写作和发表过程中得到赵世瑜、科大卫、郑振满诸教授的批评指导，谨此致谢。
② 关于宗族研究史的回顾，可参看常建华《二十世纪的中国宗族研究》，《历史研究》，1999 年第 5 期，第 140—162 页；井上彻《日本学界关于明清时代宗族问题的研究》，《地域社会与传统中国》，西北大学出版社，1995 年，第 86—94 页。

陆续修成，目前能见到的《杨氏族谱》分别是道光二十七年（1847）和光绪三十三年（1907）的重修版。道光族谱开头的一部分是"旧谱纪略"，即属于明代的文献。结合碑刻和其他材料，我们可以把这些文献定位在一个大致的年代。本文在一定意义上，亦可以说是在分析这些文献的产生及其意义。

一、崛起于坚、代之间的世侯

杨氏活动的地点主要在代州（今代县）和坚州（今繁峙县）交界的马峪、雁头、东留属和鹿蹄涧等村。他们早期主要生活在坚州一边，后来最迟在蒙古国时期迁移到代州的鹿蹄涧村。这些村落的地理形势是北靠雁门山脉，南临滹沱河，村落附近的马峪河等都是滹沱河的支流。

北宋时期，由于这一带是宋、辽对峙的前沿，朝廷在雁门山一线的若干谷口驻军，形成了军寨。鹿蹄涧附近的胡峪以及马峪河上游的马峪寨，当时都是军寨，[①] 这些军寨在金代则升级为镇。[②] 从蒙元时代开始，杨氏即以宋代的大将杨业为始祖，因为据说杨业曾驻兵于马峪，"自宋朝初兴，繁峙创立，曾任为官长焉"。[③] 从现存资料来看，杨氏最迟在金代就生活在那里了。

实际上，鹿蹄涧杨氏的起家，开始于金蒙战争中崛起的世侯杨友和杨山兄弟。金末，蒙古军与金军在山西进行过多次战斗。在代州，明确记载的战斗有贞祐四年（1216）九月、兴定元年（1217）二月和兴定二年（1218）八月。[④] 其中，1217 年，蒙古兵进攻雁门关。当时金朝的统治已经土崩瓦解，附近一些地方为求自保，便推举了一些有威望的人士，向蒙古军请降。当时，坚州的王兆、刘会等便是这样的一批人。刘会被封为坚州都元帅，王兆被封为左监军会军事判

---

① 《宋史》卷 86，中华书局，1977 年，第 2133 页。

② 《金史》卷 26，中华书局，1975 年，第 632 页。对山西的镇的介绍，见田萌《金代山西的镇》，《忻州师范学院学报》，第 24 卷第 3 期。

③ 《龙虎卫上将军镇河东北路雁门留属兼坚代永定军节度使左领军行元帅杨公讳友碑记》（下简称《杨友碑记》），约为元代撰，收录在道光《杨氏族谱》卷 12，"艺文"。由于笔者的该版本族谱不全，此转引自新编族谱，第 155—158 页。以下除非特别注明，所引皆为道光族谱。

④ 《金史》卷 14，第 320 页；卷 15，第 328、339 页。

官，战争中掳到的人口也被放回。① 杨友极可能也是此时归顺蒙古的。族谱记载：

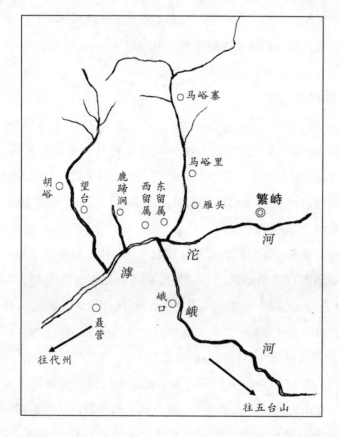

马峪及鹿蹄涧位置图②

  （杨友）性好弓箭，事多权计，体仁行义，怜悯鳏寡，赡助贫穷，朋友交游，多结四方之豪杰，抱义怀忠，有岁寒之梗概，众皆仰视其风规，无不赞扬而悦服。后时战斗相持，干戈并起，凶歉相仍，黎民流亡，不可胜记。会遇大元天赐勃兴，奄有区夏，公率方境之民顺天归命。③

---

① 至元（具体年代不详）《刘元帅墓碑》、皇庆元年（1312）《王氏世德之碑》，分别见《繁峙碑文集》，内蒙古人民出版社，2003 年，第 138—143，144—160 页。
② 绘制此图综合了《繁峙碑文集》（内蒙古人民出版社，2003 年，第 128 页所收地图）和《山西省地图集》（山西省测绘局，1995 年，第 124 页代县地图）。
③ 《杨友碑记》，前揭。

归顺蒙古，被看成是顺天归命，杨友亦由此获得对"方境之民"的管辖权。跟同时请降的王兆、刘会相比，杨友一开始并没那么显赫，他很可能是后来立功才升为坚代永定军节度使的。《金史》、《元史》都没有他们的传记，光绪《代州志》则评论说："世祖以前，草昧初开，其豪长鸠集荒残，能自成一旅即置为帅，如崞县之崞山军，五台之清凉军，皆有节度，仍金官制，与坚代之永定军皆一时权宜，至建设路府而军号并革矣。"①事实上，金元时期，北方很多地方都是所谓的世侯在把持，大者如真定史天泽、东平严实、益都李全等，都是蒙元史上扮演过重要角色的人物。山西地区同时也崛起很多中小世侯。他们父子相承，得以长期保持地方有力者的地位。②

杨友归顺蒙古，其实是在动荡的环境下的一种崛起策略。第二年（1218），金蒙军队在这一带又有战争发生，蒙古军队并于当年攻占代州。杨友不仅随蒙古军南征西讨，而且也在本地的争夺战中获取许多利益：

> 时南山贼未灭，侵夺河东太原，坚、代复破。公率百骑设伏以断归路，贼兵果至，公不避矢石，提兵入阵，奋击贼军，其贼大溃，步岭而南走，公斩首级，夺到金鼓、旗、羊、马、牛各千数，由此潼阳弗敢视，威震一时。③

"南山"即五台山，在坚州南境。所谓的"南山贼"，其实是原金将武仙的军队。这支军队是当时五台山区直到河北的一支强大力量。在正大二年到四年间（1225—1227），武仙叛，与河北世侯史天泽互相攻杀。武仙部下姬节、董佑往西入山西，攻打忻州、孟州等地，而山西较早投降蒙古的世侯则进行反击。④从杨友碑记来看，武仙的势力盘踞在五台山脉中进攻代州、坚州一带，也应该是此时。杨友从进攻"南山贼"中获得许多战利品，夺到"羊、马、牛各千数"，并

---

① 光绪《代州志》卷1，"职官表"，第25页，《中国地方志集成》，凤凰出版社，2005年。

② 瞿大风《金元之际山西的汉人世侯》，《蒙古学信息》，1999年第2期。

③ 《杨友碑记》，前揭。

④ 见至元二十六年（1289）《故左副元帅权四州都元帅宣授征行千户周侯神道碑》，《定襄金石考》（《石刻史料新编》第2辑第13册），新文丰出版公司，1977年，卷2，第40—49页。

且确立了在滹沱河北岸的优势地位。

他们在金末投降蒙古，然后又清理盘踞在南部五台山区的残金军队，创筑城池，使得当地免却了战争的进一步蹂躏。局势稳定后，又招集流民，开发地方，营造公府、庭馆、台榭，不仅如此，他们还赞助寺院和学校等。

杨友因为剿灭五台山残金军队，开发留属地方，"蒙皇二大王韩开府恩命，迁龙虎卫上将军，镇河东北路雁门留属兼坚代永定军节度使，左领军行元帅"。但并没有证据显示，杨友曾经有效地统辖坚、代二州全部地方。实际上，由于地方同时也存在其他的世侯势力，杨友统辖的核心区域只是滹沱河沿岸的留属地方。"奈公以谦逊为心，乃保留属之地"，① 也就是在"滹阳"，即滹沱河北岸地区确立其优势地位。而对杨友一直提携的"韩开府"，很可能就是北面金城（今应县）的另外一个大世侯韩诰。韩诰起家，同杨友一样，也曾经向五台山进攻。最终他在五台山下的聂营占有别业千顷，正与杨友的留属隔河相望。② 因此可以说，杨友与其他世侯的崛起，其实是一个共同分享地方利益的过程。

杨友杨山创下的事业延续到他的后代。杨友七子一女，儿子几乎个个都有官职，比如次子思忠任振武军节度使，三子思难任征行千户。杨山的儿子思温任代州管民长官、思恭任代州达鲁花赤。第三代仍然继续着这种地位，比如杨山的一个孙子杨璋任代州达鲁花赤，而杨友的一个孙子任代州提领。③

因为这种地位，他们也往往与其他大族联姻。比如杨友七子一女，杨山六子二女，"男女婚姻悉皆宦族"。杨友的从弟杨希有一女，嫁给"累占科甲"的赵泰，赵泰是金朝代州唯一的进士，其外孙就是后来位至大都路总都管的姚天福。④ 同时代的另外一个世侯王兆家族也是"联姻引戚，莫非卿士大夫"。他们已经告别了平民的身份，以能够攀附或者跻身士大夫的地位而自豪。⑤ 这种局面的开创，是改朝换代之际的政治投机和政治联盟带来的结果。

---

① 《杨友碑记》，前揭。

② 《报恩寺碑》，见姚燧《牧庵集》，四库本，上海古籍出版社，1987年，第513—514页。

③ 《杨族世系碑》为《题世将杨族碑记》的碑阴，碑存鹿蹄涧杨氏祠堂。

④ 《大都路总都管姚公神道碑》，见《元文类》卷68，商务印书馆，1958年，第985—990页。

⑤ 关于金元之际的世侯与地方权势的变化，见萧启庆《元代几个汉军世家的仕宦和婚姻》，《蒙元史新研》，台北：允晨文化，1994年，第265—348页；赵文坦《金元之际汉人世侯的兴起与政治动向》，《南开学报》（哲学社会科学版），2000年第6期。

二、从同居共财到宗族创立

战乱使得宋金时期的"衣冠旧族"受到重创,"近代因兵,缘边郡邑首被其害,当时势家贵族握据权位,其力足以扞患难,庇宗族,一旦猝遇扰攘,骨肉流离,至有无遗类□。"① 金元易代直接导致了地方权势的更替。杨友一族既能世代做地方的保护者,其家族的发展必定较其他家族顺利。"自兵兴以来,乱离失所,辛苦愁叹之气溢于间里。惟彦诚(杨友)睦亲保爱,骨肉完全,若不积功累仁,何得至此?"② 杨友的崛起,取代了以前的"势家贵族",其文化上也必有一定之建树,以符合其新获取之身份。在杨氏后代的叙述里,杨友、杨山的事迹不但是杨族兴起的故事,而且直接与后来定居鹿蹄涧村以及建设祠堂的事情联系了起来。下面是天历二年(1329)的一个故事:③

> 至元朝元帅公讳友、提控公讳山,于马峪田猎,忽见白鹿,趣逐之。其鹿不见,石板留其蹄迹,因以为庄,名曰"鹿蹄涧"。廉庄既定,木本水源之报又兴,创建祠堂,塑令开国公、武略、武功等神像五尊,春秋祭祀,乃仁孝诚敬之心,所以继祖宗之志者,绳绳不绝也。

这通碑的作者题为元贡生赵鹤鸣,该碑也是关于鹿蹄涧起源的最早记述。现在的杨家祠堂内,尚保留有刻有鹿的形象的鹿蹄石。鹿蹄石之下,是莲花座,再下是菱形柱础,上刻"元泰定元年宣圣十德"。由此来看,至迟在泰定元年(1324),杨氏的后人就围绕这个故事进行一系列的文化创建了,包括树立鹿蹄石,创建祠堂等。

---

① 《王氏世德之碑》,见《繁峙碑文集》,第144—159页。

② 《杨友碑记》,前揭。

③ 道光《杨氏族谱》,卷9,"坟祠图",《世忠名将杨氏祠堂碑记》,第4页。此碑题目与《题世将杨族祠堂碑记》内容类似,作者也题为同一人,但是内容有抵牾之处,比如前者把建祠堂、树神像归为杨友的事迹,而后者归为杨怀玉的事迹;再如前者认为设立公田是杨友所为;而后者归与杨怀玉。李宏如估计此碑文为收入族谱时据原碑修改而成(《繁峙碑文集》,第57页)。碑文用"元朝"而非"大元"或"国朝",似乎为元代以后被修改并编入族谱的。

鹿蹄石故事的讲述方式，容易使人误解为鹿蹄涧祠堂亦为杨友、杨山兄弟创建。实际上创立祠堂，是杨山之曾孙杨怀玉所为，而且这通碑文亦是杨怀玉邀请赵鹤鸣所撰。所以这个故事的结构有两层含义：鹿蹄涧祠堂是杨怀玉创建；杨怀玉把立村的事迹追溯到杨友、杨山兄弟。我们下面将分析杨友、杨山时代和杨怀玉时代的家族发展是何特点，以及为何杨怀玉要这样讲故事。

实际上，杨友时代，并没有有意识地建设家族。他的主要贡献，似乎全部与坟地有关。杨氏的基地杨兴铺（东留属），据说是先祖杨兴安葬的地方，俗呼七郎坟。其实如果我们留意杨友的事迹，就会发现，其实这里就是他所控制的最主要的地方之一，也就是杨氏所称呼的远祖的"祖坟"。实际上雁头村才是杨氏真正的家族坟地：

> 公一日政暇，念母年高，意在先茔葬埋。坚州之西，乃公先祖延兴之故茔也。询协阴阳，改卜于此，真佳地也。于己丑年四月二十八日，公以祖考安厝于斯，并祖妣王氏。欲将大夫人程氏、叔父茂、婶母王氏等附焉。

尽管杨友的叔父、婶母也祔葬在此处，但是他们的后人，即杨友的堂兄弟并没有列其名字于泰定元年《弘农宗族图碑》碑阴的世系图中。这个世系图排列了从始祖杨业开始，一直到立碑的杨怀玉的十六代世系传承。正如碑文所言，立碑的目的是因为"切虑其后子孙年远不肖，宗派忘称，名与上祖相同，尤为不孝焉"。这同时说明，在刻写世系图之前，杨氏族人其实对于远祖的名讳也是不甚了了，所以杨怀玉才会这样强调宗派图的意义。但是如上所言，这个世系图的主要目的，并非是囊括所有以杨业为始祖的杨氏，它甚至没有包括杨友、杨山的叔父杨茂的子孙。它详细列的仅仅是杨友和杨山的子孙。此一安排的用意，是因为从杨友、杨山兄弟开始，才有同居共财的举动。根据《弘农宗族图碑》，杨氏实行同居共财的倡导者是杨友、杨山的母亲程太夫人。该碑记载了程氏去世前，曾经对她的两个儿子说过的一段话：

> 我之在堂，汝勤孝道。我之化后，义让同居。今视诸孙，未分优劣。尔等可立义书，以明我诚。如后不义，分别家门，另生异见，则可独出，其事

产资财分文勿与。若经官呈告，验此为证。于家之令，不在□□之理，岂不闻回贞之泣，荆树再花。尔等无违，宜其慎矣！①

　　其意思是不让儿子们分家，以免公共的财产被分散，造成家庭凝聚力的削弱。如果有要分家的后代，则"分文勿与"。程太夫人的训诫里一个关键的词是"义"字。在当时人看来，同居共财是义举。程太夫人的这个故事，因为是元末讲述的，所以当时在"诸孙"即杨友、杨山的后代之间，应该存在一种兄弟不分家的协议，即"义书"。碑阴即列举了这几十个子孙的名字：

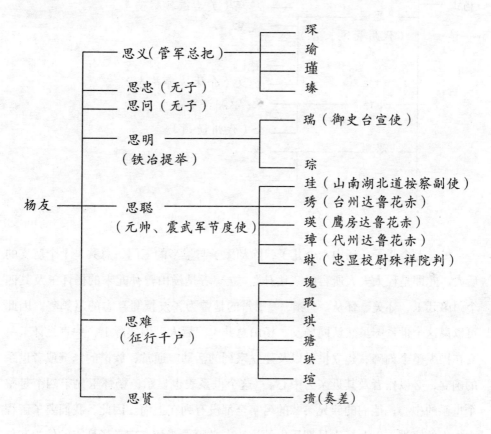

---

　　① 泰定元年（1324）《弘农宗族图碑》，现存鹿蹄涧杨氏族祠堂，文字参考《繁峙碑文集》，第48—53页所收录之碑文。

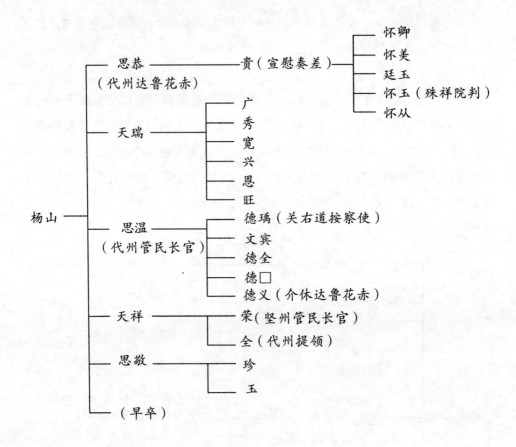

　　杨友七个儿子、杨山六个儿子，除却无子与早卒的三门，总共是十个房支的后人。此即是程太夫人所言的"诸孙"。立碑者是杨山曾孙元末的杨怀玉及其四个弟弟廷玉、怀美、怀从、怀卿。[1] 书丹的是曾为杨友撰写墓志的赵鹤鸣。因此可以说这个世系图虽然认同杨友、杨山总共十门后人，但实际上，一直是怀玉一支在操纵整个刻碑、建立世系以及建立宗祠的活动。通常，族谱的修撰或者世系的确立，必以作者及其近亲为中心。[2] 这个世系表也显示，杨怀玉兄弟四个是整个世系的中心，他们的族兄弟辈的名字全都没有列在上面。因此，我们要了解程太夫人的家训，以及杨氏早期历史的构建，必须弄清楚立碑者杨怀玉的作为和他

---

　　① 《弘农宗族图碑》及其碑阴，碑现存杨氏祠堂，碑文及世系图主要依据《繁峙碑文集》，第48—53 页。

　　② David Faure, The Written and the Unwritten: The Political Agenda of the Written Genealogy, 见《近世家族与政治比较历史论文集》，台北：中央研究院近代史研究所，1992 年，第259—296 页。

所处的环境的关系。

其实，碑文也讲到，他们之所以可以同居，是因为共财。根据碑文，程太夫人所说的家族的财产主要指坟地和围场。根据天历二年（1329）赵鹤鸣所撰的《题世将杨族祠堂碑记》，土地在元末修族谱的杨怀玉时代达到最大规模：

> （杨怀玉）于马峪偃头村护坟地壹顷二十亩……更外推本修霍山始祖坟一十顷。孤山太君夫人茔地二十二顷。坚州杨兴茔地壹顷二十亩。五里村茔地壹顷二十亩。杲村茔地六十亩。代堡茔地六十亩。仍置远祖围三处：远杨围、郭家庄、高崖沟围，栅子山地三十余顷，以供春秋祭品。

这些坟地、护坟地共计约36.8顷。我们先考查一下这些土地的分布：孤山、代堡，在坚州东部；偃头村、杨兴堡、杨家围，在坚州城以西。这两组田地皆位于坚州，但相隔很远。五里村在代州境内，高崖沟在崞县大阳乡南头村，杲村亦在崞县，霍山则远在南方的霍州。其余远杨围、郭家庄位置不详。这么多的坟地分别分布在代州、坚州、崞县、霍州等地方，相隔数百里，似非杨怀玉个人所能置办。或许是他的先辈利用职务之便所占，或许是联合了其他的杨氏所占，目前我们缺乏直接的材料来说明这些土地的获得途径。

但是这些土地的用途却是清楚的，他们反复强调土地是"以供春秋祭品"，即是作为蒸尝田来建设宗族的。在这样的背景下，杨怀玉特意强调了高祖母程太夫人的家训，描绘了程太夫人去世时的盛大场面，强调家族同居共财或别居共财的一面，以此作为历史依据。

杨怀玉为何在这时才大规模地建设宗族，材料没有明说，不过我们可以做出初步推测。杨怀玉建设宗族之前，杨氏已经是同居共财的大家庭了，这其实是一个汉代肇端、兴盛于宋代的"义门"的传统。杨氏内部组织的强化，似乎与当时的地方管理体制的变化有很大关系。蒙古国统治稳定下来之后，曾经于1235年、1252年和1270年在北方进行大规模户籍统计。[①] 杨氏祖居地马峪里的魏氏，

---

① 关于元代"义门"的情况，参看刘晓《试论累世同居共财在元代的发展及其特点》，《中国经济史研究》，2001年第1期。

即是属于"上户"级别。① 朝廷的户籍统计无疑配合着流官对地方的直接管理。

在定户籍的同时，朝廷的官制改革对世侯的地位也有影响。一开始蒙古授予汉地世侯的官职，多是仿照金朝的官制，如元帅、都元帅、节度使等等。后来才渐渐实行蒙古官制，比如万户、千户、达鲁花赤等等。② 这种变化从杨友、杨山及其子孙的官职名称上很明显地反映了出来。当蒙古在北方的统治稳固下来时，他们会慢慢收回权力。1251年，即蒙哥登上汗位的当年，"朝议厘定官制，州郡武职多见易置"，坚州的其他小世侯也受到影响。③ 到了忽必烈时代，以蒙古人、回回、汉人、南人区别对待为标志的四等民的政策，直接影响了元朝地方行政人事安排。至元二年（1265）二月，朝廷下诏："以蒙古人充各路达鲁花赤，汉人充总管，回回人充同知，永为定制。"④ 此后仍不断地申明该项政策，至元五年（1268）三月，"罢诸路女直、契丹、汉人为达鲁花赤者"。至元十六年（1279），"议罢汉人之为达鲁花赤者"。因此，可以说至元年间汉人就不能充任地方的最高监临官了。⑤ 杨怀玉的祖父杨思恭任代州达鲁花赤，族祖杨思温任代州管民长官，杨思聪任元帅震武军节度使，都是代州地方的长官。其族叔杨荣任坚州管民长官，杨全任代州提领，杨璋任代州达鲁花赤。根据官制的变化，他们在本地任职似乎应该最多延续到至元年间。

杨怀玉的父亲杨贵是宣慰奏差，即宣慰司负责上传下达的吏员。杨怀玉继承乃父，仍以笔墨任殊祥院的奏差（有时亦称殊祥院判）。天历元年（1328），殊祥院被废除，并入掌握神御殿祭祀典礼的太禧宗禋院，因此可以说殊祥院原本亦是负责礼仪的衙门。殊祥院的奏差也是负责传达的吏员。⑥ 杨怀玉父子两代都为低级吏员，而且都没有出职任官，⑦ 可见已非昔日光景。根据清代的碑记，杨怀

① 延祐七年（1320）《魏氏墓碑》，见《繁峙碑文集》，第161—166页，落款是"马峪里上户祭主雁门站提领魏广等众房族"。

② 张金铣：《元代地方行政制度研究》，安徽大学出版社，2001年，第105页。

③ 《王氏世德之碑》，见《繁峙碑文集》，第144—159页。

④ 《元史》，卷6，中华书局，1976年，第106页。

⑤ 以上参考蒙思明：《元代社会阶级制度》，上海人民出版社，2006年，第48—49页。

⑥ 参考丘树森编《元史辞典》，山东教育出版社，2002年，第900页。关于蒙元官制，感谢王东平教授答疑解惑。

⑦ 元代的吏制，参看赵世瑜：《吏与中国传统社会》，浙江人民出版社，1994年，第102—127页；许凡：《元代吏制研究》，劳动人事出版社，1987年，第14、30页。

玉的一个兄弟廷玉曾授兵部左侍郎，调任凤阳，也已不在本地任职了。① 此外再无族人任官的记录。因此，杨氏此时建设宗族，可能有维护社会地位的用意。我们进一步看看杨怀玉当年的宗族建设：

> （杨）贵生殊祥院判怀玉。尊祖敬宗，建祠堂于鹿蹄涧村。上溯远祖之所自，以及祖父，皆塑像，各立冢碑于马峪雁头村，护坟地一顷二十亩，凡翁仲、石兽充列俱备。②

杨怀玉"上溯远祖之所自"，由此可知这是一个大宗祠。但是祠堂里供奉的不是神主牌位，而是塑像。自赵复北上，理学开始在北方传播，元末重开科举，影响进一步扩大。③ 从这个意义上说，杨氏的宗族建设，或许反映了理学正统和文化正统化的逐渐树立。

杨怀玉当时非常清楚杨氏在全国的分布情况。元天历《题世将杨族祠堂碑记》首先讲述杨氏的世系，次讲杨怀玉的宗族建设，末尾又讲杨氏的分布："故始无敌知代州，暨而散镇川广，流布英种于川广淮扬间，终则友、山复节度于代、坚，世系延绵之如此。"通过对先辈通谱的记述，杨怀玉把代州杨氏跟播州杨氏、淮扬杨氏联系了起来。他希望能把这个世系确定下来。"将三代之图，刻碣之阴，以贻后嗣，享祭之余，可为鉴矣。"④ 刻世系于石碑，是金元时期山西常见的做法，而明清以来基本上被族谱和祖先图取代了。所以这个时候的宗族建设，体现了从宋金元到明代宗族礼仪的一个过渡阶段。

鹿蹄石其实起到一种"族徽"的作用，它所联系的历史，一端是作为世侯的历史，另一端则是兴建祠堂的历史。蒙哥汗到忽必烈时期，户籍制度的推行，以及朝廷对官制的厘定，使得世侯地位开始衰落。在这个过程中，家族内部的组

---

① 同治十年（1871）《宋元杨氏封秩》碑，现存鹿蹄涧杨氏祠堂。
② 天历己巳（1329）《题世将杨族祠堂碑记》，贡生赵鹤鸣作。赵在元末相当的活跃，成化《山西通志》记载他曾在后至元六年作碑文《石州嘉禾记》（见通志卷7"祥异"和卷17"碑目"）。杨怀玉曾邀请他为杨家写了不少碑记，包括上述的《弘农宗族图碑》。
③ 姚大力《金末元初理学在北方的传播》，《元史论丛》，中华书局，1983年，第二辑，第217—224页；安部健夫：《元代的知识分子和科举》，《日本学者研究中国史论著选译》卷5，中华书局，1993年，第636—679页。
④ 《题世将杨族祠堂碑记》，前揭。

织方式发生了变化，他们的后人由同居共财开始逐渐创立宗族。积极建设祠堂的杨怀玉是个礼仪方面的专家，祖先的追溯、世系的拟定、祠堂的创建都是由他完成的。杨怀玉的后人由此掌握了对祠堂及宗族土地的控制。

三、明代鹿蹄涧杨氏的八门及其宗族设计

元末的战乱使得代州遭到很大破坏，席公举的《重修庙学记》说："值至正戊戌，河东经兵燹，代当南北之冲要，车骑蹂躏甚他郡。民居公廨、诸圣庙宇鞠为丘墟。"戊戌为至正十八年（1358）。当年，原镇守黄河义兵万户田丰叛山东，"曹、濮贼方分道逾太行，焚上党，掠晋、冀，陷云中、雁门、代郡，烽火数千里，复大掠南且还"[①]。同时，代州又遭遇旱灾。天灾人祸造成的破坏一直没有完全恢复，至正二十七年（1367），汝宁李元凤出任知州后才开始修复庙学。当时仍是"鲜民居，岁不加丰，军赋繁且急"，第二年（1368），局势稍微缓和，才正式动工修建。工程完成已经是改朝换代的洪武二年（1369）。此时代州被明军占据已经半年多了，而席公举在这篇记中，开头便是"圣元之崇文庙也"，而且碑文中根本没提及明朝。可见明朝的统治开始并得不到认同。[②] 实际上，洪武三年（1370），明廷还命令唐胜宗"捕代县反者"，也曾命令陆仲亨"责捕盗于代县"。[③] 这些所谓的盗贼，现在已经很难指实到底是哪些人了。

鹿蹄涧杨氏亦遭受重创，"元季窜分四野"，[④] 族人流散，杨怀玉的儿子杨绅有五个儿子：怀甫、庆甫、成甫、通甫、震甫。其中怀甫迁居到保定府定兴县留村，成甫迁居真定府定州行唐县，通甫迁居顺天府大兴县，庆甫无后，留在鹿蹄涧的全部是杨震甫的后人。他曾任元朝"浙江温州水师统领挂印总兵"。[⑤] 震甫生子五人，其中肃、彬、聚迁移到外地，留在代州的是明与旭。明代的杨氏分别

① 《元史》卷141，"察罕帖木儿传"，中华书局，1976年，第3386页。
② 光绪《代州志》卷6，"金石志·重修庙学记"，第21—23页，《中国地方志集成》，凤凰出版社，2005年。
③ 《明史》卷131，"唐胜宗传"、"陆仲亨传"，卷308"胡惟庸传"，中华书局，1974年，第3850、3851、7907页。
④ 《明处士杨翁孺人杨母高氏合葬墓志铭》，墓主杨恕，嘉靖四十一年（1562）去世，铭石存鹿蹄涧村"根祖文化园"。
⑤ 杨绅、杨震甫的官职俱见同治十年（1871）《宋元杨氏封秩》碑，现存鹿蹄涧杨氏祠堂。

是他的两个儿子杨旭、杨明的后人。以下为鹿蹄涧杨氏八门世系图。

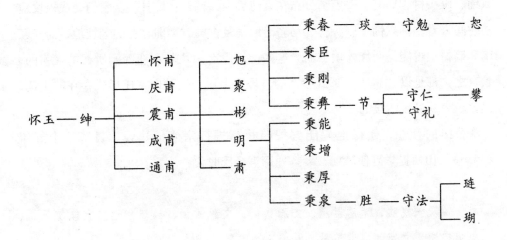

明初设立里甲，鹿蹄涧杨氏成了大明王朝的编户齐民。"遗风至旭，遂属民于山西太原府代州望台里。"① 无疑，杨明、杨旭分别是明初的入籍祖。族谱里没有出现"入籍"这样的字眼，可能是为了证明他们原来即是本地的居民，比明初入籍的历史要更加悠久。

由上世系表亦可见，二人各有四个儿子，合起来共八门。八门就是后来鹿蹄涧村杨氏的基本构成。八门的权利和义务的关系很可能是明初政治和经济环境变动下形成的。八门之外的其他宗支，基本上是联宗通谱产生的结果，对鹿蹄涧土地、祠堂和祭祀等没有支配权力。鹿蹄涧的大量族田即护坟地，是八门轮流耕种，作为年节祭祀费用。族谱记载八门的权利和义务：②

> 祭祀财物出自护坟之地。杨兴铺七郎坟地一顷二十亩，雁头村元帅坟地一顷二十亩，镐村坟地六十亩，马峪坟地一顷二十亩，远杨等围共护坟地三十顷，安家嘴供祭地五十亩。八门轮种，收粟以办祭祀，勿得搀越错乱，违者宗子责治。

---

① 《明处士杨翁孺人杨母高氏合葬墓志铭》，前揭。
② 《杨氏族谱》卷1，《旧谱纪略·族谱旧例》，第18页下。

这几块护坟地，总数高达3470亩，而且都是蒙元时期已经存在的。其中杨兴铺、雁头村、马峪、安家嘴分布在繁峙界内，镐村在崞县。从它们变成祖坟地的时间来看，杨兴铺、雁头村、马峪等地是蒙古国时期即存在的老坟地，而安家嘴和镐村很可能是明代才增加的。这些土地没有一块是在鹿蹄涧所在的代州的，换言之，都是以"寄庄"形式存在的。理论上讲，这种以寄庄形式存在的土地，是比较容易逃脱赋役的。

公田的存在，使得他们能够按照礼制进行宗族的建设。嘉靖三十五年（1556），山西提学副使陈榑在褒扬鹿蹄涧杨氏时说：

> 及入我明，尤沾世泽，支脉繁衍，文武侯伯，云仍相继。且能重祠祀、明宗谱、立家约、遵圣教、置公田、立射圃。[1]

可见，在陈榑对杨氏表彰之前，他们已经有一系列构建宗族的努力了。其中，所谓修宗谱、立家约、置公田、立射圃等活动，不见于元代的文献，因此应该是明代的创制。根据族谱记载，宗族之建设，大规模的有三次：第一次是明初永乐时期的杨明、杨旭，他们成了后来"八门"的祖先；第二次是宣德年间曾做过绥德州的知州杨节；第三次是嘉靖万历年间的杨攀、杨瑚，他们是后来和播州联宗，使杨氏受到表彰以及编写家谱的主要人物。最迟在嘉靖三十五年（1556），他们已经是相当规整的宗族了。从上面的世系图可见，后两次宗族建设的主角杨节及其孙杨攀，族孙杨瑚、杨琏，分别是八门之中的秉泉和秉彝两门。

但是，杨氏八门所能追溯的共同祖先，只是明初的杨震甫。从杨震甫到杨瑚、杨琏、杨攀诸辈，杨氏也只有六代人而已，刚刚过了"四世则迁"的阶段。无论怎样说，八门都只是元代传下来的一个小分支的后人。但是这个小宗支，在明中后期却努力地去建设一个标准化的宗族，甚至行大宗之法。

杨氏有宗子，我们仅仅从"旧例"中知道宗子"未立之先，须择德行服众者立之。既立之后，必有大故不能应事，方可选替"。看来，宗子的选择并不是

---

[1]　嘉靖三十五年（1556）《表忠闾碑记》，现存鹿蹄涧杨家祠堂。

按照"嫡长子"的原则来进行，而是通过推举的方式确定的。根据族谱规定，宗子主合族之事，如果八门轮种公田错乱的话，宗子有权责治；族人如果遇丧不吊，或者"丧家鄙吝"、"户人怠忽"，宗子即以不孝加以惩罚；族人的婚姻，宗子亦有权干涉。[①]

杨氏的祭祖活动同样很有组织。杨氏每年又选祀长三人，分别主出纳分胙、办理祭料、洁净祭器和迎请随祭之人。在正旦、清明、冬至等节，祭祠堂众祖神主（而非塑像）。在清明、七月十五日、十月初一日拜扫坟茔[②]。族谱中收录有一篇《公田记》，可能即是嘉靖年间的杨攀、杨瑚的一个朋友所作。据说杨氏每年的祭祖费用便是取诸这几十顷的公田："每祭三百余人，需金之数，不行会敛，皆取诸护坟之公田。"[③]

祠祭的对象则是从杨令公开始的很多个世代的祖先，在祠祭的时候杨氏表现得非常合乎礼制。《公田记》的作者亲眼目睹杨氏祠堂祭祖的盛况，对此大加赞赏，称之为"无不有礼"，"非徒事虚文"，"斯举也，尽仁孝之思，辨尊卑之分，洽神人之欢，诚不刊之巨典"。因此，至少明中期的时候，杨氏试图在祠祭上做一个标准的"礼"的家族。作者希望"记之以为观礼者采"，即是把杨氏作为当时实践礼制的榜样，希望能引起官府的注意和推广。

杨氏的标准的礼的表现还包括反对佛、道、巫术等，族谱规定"不可从道士烧炼，不可信浮屠看经，不可容师巫出入"，所以在宗族礼仪上，杨氏实际上表现出严格遵循儒家伦理的特点。可是，当我们反观蒙元时期的时候，发现杨友其实是非常热心佛教和道教活动的，"重修寺观，尝请延缁侣，结春夏讲。设席建坛，屡修黄箓之筵；敷演梵音，尝起万僧之会"。[④] 其母亲去世的时候，杨友

---

① 《杨氏族谱》卷1，《旧谱纪略·族谱旧例》，第17—19页。

② 《杨氏族谱》卷1，《旧谱纪略·族谱旧例》，第18页上。

③ 《杨氏族谱》卷1，《旧谱纪略·公田记》，第23页下—24页上。据该纪略第16页，在大约万历三十五年（1607），河南清吏司郎中任彦荣提到："至于世次封秩之详，则存其世家本纪，录其诰敕券文以备参考焉。至其《原宗录序》、《题词》、《人物表》、《宗说》、《公田》、《习射》等篇，不知何代所作，皆未着其姓名，内间有差讹及文势难通者，盖传写之谬耳，今亦无所考证，不敢妄为删改，俱存旧文以俟后君子裁焉。"因此这篇《公田记》应该是万历三十五年（1607）之前已经存在之文献。因此很可能是嘉靖年间的杨攀、杨瑚等人所作。

④ 《杨友碑记》，前揭。

极力铺张，请了"缁侣千余"来做法事。① 可是，在明中叶的时候，他们却要把反佛、道的规定作为家约写入族谱，亦成为官府对其加以褒奖的依据之一。

杨氏亦强调科举入仕。第二十二代杨节，少年时代受过宋代大儒杨时的影响，"殚心诗书，锐志道德"。据说宣德十年（1435）曾做过绥德州的知州。② 他们在明代颇重视科举教育，如处士杨恕"翁冀彼先伯祖皆以科名终身，遂严教子孙，是以长子廷瑷以承差授西乐驿丞秩；次廷珠，现候吏部，冠带省祭。长子配李氏，生孙曰檀、曰楠，充布政司一承一吏；次子亦配李氏，生孙曰楫、曰棣，皆业儒，为代州庠生，年方弱冠"。这种状况部分归功于他良好的经济状况，"遵守农桑，遂致家隆兴，族之官居者同富庶"。③ 族人获取功名，也是家族建设的必要条件。可是除了杨节曾担任知州外，其后人杨攀等人并没有科举功名。前述处士杨恕的子孙也只是任职驿丞和庠生而已，并无特别高的功名。其宗族之建设与发展，除了大量公产之外，还有他们联宗的策略。

四、大宗祠与杨氏正宗的塑造

明代鹿蹄涧杨氏的宗族建设，虽然在礼仪上尽量做到正统化，但是在很多方面其实已经有了一些变通，比如选择宗子采用的是推选，而非嫡长子继承的原则。早在元代杨怀玉建设宗族的时候，杨氏祠堂所立的就是令公以下的诸位祖先的塑像。到了明代，祠堂似乎仍延续了塑像为主的样式，"立庙从祀，以中书令祖为中立不迁之像，下则取有功国家者，余皆从祀两廊，有爵书爵，无爵排其名，以序昭穆"④。所以杨氏的家庙塑像不是严格按照长幼资格的，而是以官爵取向。同时塑像的延续，也可以看出他们其实在利用一个更早的文化传统。

因为元、明时期杨氏所谓的"宗"，是一个从宋代的杨业开始的世系，祠堂祭祀也以杨业为始祖，所以杨氏宗祠是个大宗祠。实际上，明代鹿蹄涧的宗族建

---

① 《弘农宗族图碑》，前揭。
② 查顺治《绥德州志》卷6，《宦迹》，明代的绥德知州确有杨节其人，但是籍贯和任职年代都没有任何文字说明，州志把其归入景泰年间，与族谱所谓正德十年有很大差距。而乾隆《绥德州志》甚至没有杨节的名字。
③ 《明处士杨翁孺人杨母高氏合葬墓志铭》，铭存鹿蹄涧"根祖文化园"。
④ 《杨氏族谱》卷1，《旧谱纪略·族谱旧例》，第18页上。

设者明显意识到这一点，所以他们在不断地"原宗"，即通过对先代世系的重新梳理和确认，力图树立杨氏正宗的地位。根据《杨氏族谱题词》，当时"满天下率皆伯侨之后"，作者"杨君"曾极力考证，证明自己才是周成王之孙伯乔的后人，"原宗脉之传，以别诸杨"①。嘉靖三十五年之前，在族谱之外，"杨君"已经编写了《原宗录》这样的作品，族谱所收是该书序言：②

> 郡传鹿蹄涧巨族杨氏，乃宋将中书令杨业之后也，人言虽若，将信将疑，及诣见故家遗物、祠堂、碑训，因而询及家谱，简帙重大，杨君出所自叙《世家》、《原宗录》以示，愚启而观之，开□传家，其来尚矣。公卿名将无世无之……（杨君）原其始祖，又推其始祖之所自出，以明其宗脉，以序其昭穆，以序其爵，以序其贤，以录其功，合大小之宗，联支庶之众，摘简绌繁，典而明也；制理陈事，严而辨也。

可见，确实有些人很怀疑鹿蹄涧杨氏是否是杨业的后人，杨氏为了取信于人，不仅展示了"故家遗物"以及祠堂等这些实物，还有大部头的家谱，并且自己撰写了作品以证明之。现在族谱中收藏的除了这篇《原宗录序》之外，还有《原宗录引》、《叙原宗说》、《宗说》等三篇文献。证明自己是正宗，与杨氏的联宗策略有关。根据嘉靖之前的《叙原宗说》，其联络的范围为崞县镐村、大阳乡、繁峙代堡、大同、束鹿、翼城、曲沃、蒲州、泽州、播州、六合、汉中、开平、安化、雅州等地的杨氏。"俱以册页墓志碑记统入宗谱，俾诸杨在外者知我宗脉以会其极，以归其宗。"在当时礼制之下，即使是品官之家，其祭祖亦不能超过四代，对于立大宗是有忌讳的，但是他们觉得"从小宗之法则散，从大宗之法则僭，不从宗法则乱。与其乱而散也，莫若从僭，以联吾宗，谱族之萃于一矣"。③

① 《杨氏族谱》卷1，《旧谱纪略·族谱旧例》，第17页上。
② 《杨氏族谱》卷1，《旧谱纪略·原宗录序》，第20页上—21页上。根据约万历三十五年（1607）任彦莱的《杨氏传略》（《杨氏族谱》卷1，页16下）："至其《原宗录序》、《题词》、《人物表》、《宗说》、《公田》、《习射》等篇，不知何代所作，皆未着其姓名"，故《原宗录》必在万历三十五年（1607）很早以前写成，揆诸此前杨攀修祠堂、编族谱之事迹，"杨君"很可能指的是耆老杨瑚。
③ 《杨氏族谱》卷1，第21—22页。

可是，这里需要解释的是，为什么鹿蹄涧杨氏宁愿僭越礼制，也要行大宗之法？是否仅仅是为了"会极归宗"？为了解此点，我们以族谱中记载较多的与开平杨氏联宗的事例来加以说明。

开平杨氏据说是来自播州杨氏，其先是杨令公之曾孙杨贵迁。杨贵迁的父亲广州刺史杨充广因"持节广西，悯播州之孙昭无子，遂以贵迁嗣之。自是，守播者皆业之后也"。明初，其后人杨政从军，任汉中卫百户。杨政之孙杨洪迁开平，因功封昌平侯。①

据其传记，杨洪是正统、景泰年间的大将，与其子杨俊、杨杰，其侄杨信多年镇守长城沿线，尤其是宣府、大同二军镇，声威煊赫②：

> （景泰二年）五月，上虑虏情反复，宜有大将在边，乃命公挂镇朔大将军印，领禁卫兵千六百往镇宣府。虏闻公至，皆自引去。……蒙赐敕奖谕甚切，至自公再至，宣府军声为之大震。关北之人固皆以为虏不足为其患，关南之人亦莫不为奠枕而安曰："有杨公镇宣府矣。"……至于壅塞道路，求识其面不得，辄怏怏终日者，其声价之得于人也如此！

传记所载可能有点夸大其词，但杨洪在雁门关南北确实有很大影响，《明史》称："洪父子兄弟皆佩将印，一门三侯伯。其时称名将者，推杨氏"。声威如此显赫，以至杨洪后来以"盛满难居，乞休致"③。鹿蹄涧祠堂所存的元代的碑刻上已经有与播州杨氏通谱的记载，④ 明代的联宗通谱，大约就是在杨洪任镇朔大将军的时候，鹿蹄涧的杨氏跟杨洪为代表的播州杨氏有过一些交流，根据族

---

① 《昌平伯进侯追封颖国公谥武襄杨公洪神道碑铭》，《焦太史编辑国朝献征录》（续修四库全书）卷 10，上海古籍出版社，1995 年，第 11 页。

② 《昌平伯进侯追封颖国公谥武襄杨公洪神道碑铭》，前揭。

③ 《明史》卷 173，第 4607—4613 页。

④ 播州杨氏是杨令公的后代，这种说法应该自南宋就开始了，谭其骧先生的《播州杨保考》（《史地杂志》第一卷第四期）已有论述。至于族谱载从播州迁徙到扬州六合，却有一点疑问：明初宋濂为播州杨氏作的《杨氏家传》里仅说第五世杨选生十三个儿子，只有轸、轼最贤明。那么杨辀当跟他们属于同一辈分（第六代），时间当在南宋初年，这样抗金名将杨存中才有可能跟他通谱。但按鹿蹄涧族谱所收碑记，杨辀是第八世，做六合令在庆元（宋宁宗年号，1195—1200）间，与杨存中生活年代相差较远，姑存疑。

谱所收《开平杨氏续录序》，明确记载的有下面几次：[1]

参与者	年代	地点	备注
杨景（杨洪父）与杨明、杨旭	永乐	代州	从汉中调开平，路经代州
杨洪与杨节	约宣德至景泰间	北京	欢如平生，咸以宗人亲之
宣府参将	嘉靖万历	代州	瞻拜祠堂
杨攀	嘉靖万历	播州	会谱

嘉靖时，杨瑚新续族谱，特意给开平杨氏留有一个位置。他在《开平杨氏续录序》里，认为鹿蹄涧与开平杨氏二家的分流其实从宋代就已开始了，现在只是重新合流而已。并申明联宗不是结党，不是"系于宗党比昵之私"，是求同存异而已。他所说的"求同"，即双方认同的基础，乃在于都是将领之家："吾家以介胄名，敢以当代分流介胄之士而有不同乎。"[2] 可以说，杨氏的大宗祠除了营造杨氏正宗的作用之外，便是服务于联宗的需要。早在嘉靖三十年（1551），驿丞杨攀和耆老杨瑚还曾不远万里去播州联宗。

杨氏从永乐开始，即刻意与显赫的家族，尤其是边关守将联宗，把他们置入家庙之内。开平杨氏其实是个军人的家族，军人需要的是一个忠义的认同，前述与鹿蹄涧杨氏联宗的杨洪，就曾经建有"忠义堂"。[3]

同样，鹿蹄涧的祠堂里悬挂有地方将领赠送的匾额，比如附近的北楼口守将蔡元熙赠送的"三晋良将"的匾额。[4] 他们对于军人的重视，其实很大程度上在刻意塑造一个忠义之后延绵不绝的印象。而为了了解这个印象的更直接的意义，还需明白在这个制造形象的过程中官府所扮演的角色。

① 《杨氏族谱》卷 1，《旧谱纪略·开平杨氏续录序》，第 24 页下—25 页下。
② 《开平杨氏续录序》，前揭。
③ 杨荣：《杨文敏公集》卷 11，《忠义堂序》，台北：文海出版社，1970 年，第 4—5 页。
④ 《杨氏族谱》卷 9，"坟祠"，第 3 页。

五、官府对"忠闾"的表彰

鹿蹄涧杨氏在嘉靖万历年间建构宗族的活动，其实有官府在有意无意地不断推动着。早在嘉靖三十年（1551），驿丞杨攀和耆老杨瑚便请求山西布政司右参政赵锦①为其写了一篇《赠雁门杨无敌宗嗣门匾叙》。在叙述了杨令公、杨延平、杨再兴等人抗辽或抗金的事迹后，赵锦说道：

> 延历我明，尚守家庙祖像，延绵七百余年，能遵王道以立训，明宗法以类族，耕公田以奉祀，习将略以游艺，各缘分而耕读，无即陷淫，无从匪彝，犹有虎将之高风。况支脉繁衍，布满四方，为武英之世胄如□□□□昌平侯、彰武伯；为文杰墨翰有兴济伯杨善、御史杨滋、绥德州太守杨节之众。观此不唯传之悠久，抑且蔓生广大，可见祖德宗功，父忠子义，缙绅名物，孚于今古；仁义英贤，相半朝野，殆非土断白籍之人家也。②

巡抚赵锦自然知道杨善、杨滋不是代州籍，但他既然认定二者是鹿蹄涧杨氏的本家，也即是承认了鹿蹄涧杨氏此前联宗通谱的结果。不仅如此，他还赠送了"虎将高风"匾一块，并为此写了匾叙。③ 此处需注意建设宗族非常积极的驿丞杨攀。驿丞一职，在晋省北方门户的代州十分重要。驿站平日只需传递公文，而在秋防时候，兵马钱粮交通至为繁忙，因此担当驿丞的往往是富家大族。

所谓"仁义英贤，相半朝野"，其实大部分是联宗的结果。在鹿蹄涧杨氏的推动之下，这种宗族建构的活动得到了官府的承认。就在赵锦为杨氏写了上面的门匾叙之后的第五年，山西提学副使陈棨奉命整饬山西等处学校，从太原出发，经忻州，到代州，他写道：

---

① 查光绪《山西通志》卷12，《职官谱三》，嘉靖年间任职山西的赵锦，实是良乡人。查《良乡县志》卷8，《艺文志·守朴赵公墓志铭》，赵锦职务实为山西布政司右参政，与族谱所记山西巡抚不同，兹从县志。

② 《赠雁门杨无敌宗嗣门匾叙》碑，现存鹿蹄涧杨家祠堂。

③ 《杨氏族谱》卷9，《坟祠图》，第3页上。

　　学务之暇，阅名山，题胜概，而后观风采俗，果地杰人灵。由是道经杨延兴坟川，曲隐间约有五百人余，乃自宋元而共族同茔，似有江州陈公累世敦睦之风，且存宗谱祠堂，实宋中书令代州刺史赠太尉追封开国谥忠武杨公业之宗裔……及入我明尤沾世泽，支脉繁衍，文武侯伯云仍相继。且能重祠祀、明宗谱、立家约、遵圣教、置公田、立射圃，有裨治化，宜表扬世教，以劝忠勇。先会同布政司行移文代州官吏，监刻"表忠间碑"并"奕世将略"牌匾外，余复记于碑阴……莫废勋干之陵寝，勿混功臣之田土，庶祀典孔昭，酬忠勿替，为此表而记之。①

　　这次对杨氏的表彰，是由提学陈棐提出，由省布政司和代州两级官府所施行。称杨氏为"忠间"，表彰杨氏的目的，乃在于"表演世教，以劝忠勇"。而且，这个表忠间碑同时也确认了杨氏的一些经济利益，"莫废勋干之陵寝，勿混功臣之田土"。这一规定对杨氏而言意义非常重大，因为他们自元代以来就拥有大量的土地了。

　　官府给予了杨氏特殊注意并非没有原因。代州毗邻长城一线，嘉靖年间蒙古军队频繁入侵，代州修建了大批的堡寨，鹿蹄涧即为代州东部一大堡。嘉靖三十二年（1553）八月初，蒙古军队从东边而来，和官军在鹿蹄涧附近的枣林大战。官府"先给告示给乡民，各截杀逃贼"。鹿蹄涧杨氏亦参与了战斗，"据代州东烙铁县堡居民杨诵等报验：本月初一日，达贼攻堡，诵等率众打砍，斩首级一颗，获达马一匹，夷器等件"，因此被奖励一百两白银。② 嘉靖四十四年，敕谕各路筑堡修寨造钟，同时"蒙山西巡抚兵部左侍郎万大人奏准，敕赐本堡公正堡官一员杨哲，筑堡修寨造钟"。③ 杨哲就是与播州通谱的杨攀的嫡孙，同时被公举为经理的还有杨彩、杨朗、杨干臣等。其中杨干臣就是当年刻《表忠间碑记》的人。嘉靖中后期官府对杨氏的表彰，其实是在地方军事化的过程中进行的。官府力图通过树立典型来"以劝忠勇"，而鹿蹄涧杨氏亦可借机增强自己的

---

　　① 嘉靖三十五年《表忠间碑记》，碑存鹿蹄涧杨家祠堂。
　　② 《督战报捷疏》，见赵时春《浚谷先生集》卷5（《四库全书存目丛书》），齐鲁书社，1997年，第22页。"烙铁县堡"是"鹿蹄涧堡"之音讹。
　　③ 新修《杨氏族谱》卷7，《鹿蹄涧堡择要敬录》，第177页。

地方影响力和保护财产。

上面提到，永乐以来鹿蹄涧杨氏跟播州杨氏的多次通谱，不过万历时，播州杨氏却发生了一件大事，即杨应龙的叛乱。杨攀挺身入播当在杨应龙叛乱以前。当时播州杨氏跟中央的关系尚好，如嘉靖元年（1522）朝廷还曾赐《四书集注》给播州儒学。杨应龙叛乱从万历十七年（1589）到二十八年（1600）。三十一年（1603），播州"余逆"复叛，但很快就被镇压下去了，明"分播地为二，属蜀者曰遵义府，属黔者为平越府"。① 这次平叛结束了杨氏盘踞播州八百年的历史，影响巨大。而作为播州一支的开平杨氏，此后亦不见与鹿蹄涧杨氏有联系。杨应龙叛乱的负面影响是如此之大，以致后来有人把他们这一支从鹿蹄涧《弘农宗族图碑》上抹掉了，② 根本不承认他们曾经跟播州杨氏有关系。作为世代忠勇的杨家将的后代是不允许出现叛乱者的。

但是杨家的象征意义并不因杨应龙的叛乱而有所损伤，叛乱平息仅仅三年，即万历三十四年（1606）的时候，雁平兵备道康丕扬在代州大阅兵马，整顿吏治，修缮城堡，整饬武备。之后又采取了一些文化措施，包括课学校、表贞烈等等，并修缮了代州境内的一些富有象征意义的文化遗址，如李晋王墓、武安君庙等等，③ 接着他注意到了鹿蹄涧的杨氏：

> 案牍稍暇，披阅地志，见宋代杨氏世居代州。访其后有郡庠诸生者四人，为编民者三百余家，皆居代之东北名鹿蹄涧，不知几历世矣。又扣其家藏，厘然族谱在焉；寻其茔墓，屹然碑碣存焉。于是取其谱牒，重为修缮，刊刻锓梓，以彰旧勋。意若曰：杨氏忠义之后，子孙必有兴者。睹遗编而兴思所为，笃忠贞以绍先烈，必由此矣。颛蒙之俗，岂无豪杰，或有崛起岩穴，闻杨氏遗泽，而有兴也，作起忠义必由此矣。今日钦市，我不虏虞，异日戎狄或生异心，闻雁代之有世族，必且慑焉，退却而潜消不道之谋，亦未

---

① 《明史》卷312，第8044—8049页。

② 新编《代县志》中作者的观察。笔者也注意到，碑上播州杨氏一支自杨贵迁（文贵）以下都被剥凿掉了。

③ 李晋王即五代沙陀人李克用，他被认为是忠于唐王朝的典型；武安君庙祭祀战国和匈奴作战的李牧。代州至少有三个李牧祠，其中之一在雁门关，为万历中雁平道和振武卫官员所创建。

可知已。是举也，所增重于社稷，陶范于民风者，岂小补哉！

康丕扬很善于发掘杨氏的意义他希望这个颛蒙之地，即野蛮未开化的地方，能够"作起忠义"，震慑蒙古。所以其褒奖杨氏的目的即在于把杨氏塑造成"增重社稷"、"陶范民风"之典型。他以修谱的事委托山西粮储兵马兼管屯粮户部河南清吏司郎中任彦棻，任"勉承公之至意，乃取杨氏旧谱，稍为检阅，讹者正之，缺者补之"。① 这次修谱完全是官府的越俎代庖，以官方而修私家之谱，似乎颇有些匪夷所思。但考虑到杨氏的意义以及杨氏入明以来与官方交往的历史，也并不难理解。

据忻州杨振宗的《族谱序》，任彦棻的修谱在万历三十五年（1607）。尽管此前族谱已经收录了《公田记》、《射圃记》等文，但是这次是《杨氏族谱》在明代的唯一一次正式修撰。新谱分为四卷，"证诸史传而总其大略，加《杨氏世谱序》及《杨氏传略》"。任彦棻这次所写的《杨氏传略》，则是很长的考证杨氏历史的文章，它从杨氏之起源一直讲述到他执笔的当代，这样系统的论述，在杨氏历史上没有先例，同时它也代表了官府塑造忠义典型的努力。

杨氏家族的命运和光荣一直是在"忠义"的话语下进行的，这无疑决定了他们政治选择上的某种倾向，比如族谱凡例中规定："族众小童入学，先读我太祖高皇帝圣训，曰：'孝顺父母，尊敬长上，和睦乡里，教训子孙，各安生理，毋作非为。'皇训洋洋，昭如天地，我宪章之，是不可悖。"朗读明太祖的《圣训六谕》，以乡约的内容教育后代，是要在思想上向国家认同。不仅如此，他们积极跟高级官僚来往，族谱凡例中也明确规定，"（族谱）每三世一续之，求名人为序，违失者以违犯教令治罪"②。这一规定体现了杨氏对正统地位的诉求和塑造。而这种诉求和塑造，实际上也得到了官府的配合与支持。

六、结语：从"忠间"的形成看地方文化

鹿蹄涧作为"忠间"的地位的形成，其实反映了元明三百年间宗族礼仪在

---

① 新修《杨氏族谱》，《重订杨氏世谱旧序》，正文第1—2页。
② 《杨氏族谱》卷1，《旧谱纪略·族谱旧例》，第18页。

代州演变的完整的时间序列。蒙元时期杨友、杨山影堂的建设，没有超出墓祭的范围，而且当时祭葬还延请大量僧人。到了元中后期杨怀玉的时代，除延续墓祭之外，开始在鹿蹄涧村兴建祠堂，供奉始祖杨业等人的塑像。到了明嘉靖年间，杨氏一方面努力塑造杨氏正宗的形象，同时也进行了一系列宗族礼仪的建设，也即是当时官府所看到的"重祠祀、明宗谱、立家约、遵圣教、置公田、立射圃"等等，并在族规中反对佛道师巫。这些活动反映了杨氏努力按照当时的标准礼仪来建设宗族，并进一步获得官府的承认和表彰。当时的制度背景，一方面是"大礼议"之后宗族礼制的变化，[1] 另外一方面则是北方边境的军事化和国家积极在北边推行"忠义"的结果。杨氏的"忠闻"称号，不仅是对杨氏作为忠义传人的表彰，同时也是对杨氏宗族建设的肯定。

鹿蹄涧祠堂的一些特征，比如塑像而非神主牌位，而且祭祀的只是具有功名的先祖，并不是所有的祖先。另外，历史悠久的祖像"影"，在明代仍然是某些家庭祭祖的主要方式。后来，随着宗族的推广，至迟在清前期演变为祠堂的图纸表现形式"容"，并被作为主要的祭祖仪式。[2] 这一点与珠江三角洲以祠堂和神主为特征的标准的宗族礼仪并不一致。由这点我们看到，一个更加悠久和强固的礼仪传统，是如何影响地方接受新宗族礼仪（朱熹家礼）的。

自始至终，无论礼仪怎样变化，拥有共同的财产一直是杨氏能够不断进行宗族建设的基本条件。从蒙元同居共财的大家庭，到元中后期杨怀玉一支居于主导地位，到明代的杨氏八门，尽管人群分分合合，但是对坟地的管理一直都是杨氏宗族活动的内容之一。嘉靖年间，官府对他们奖励的同时，便希望"勿混功臣之田土"。甚至到了清道光年间，在杨氏和五台山喇嘛争夺令公塔的护塔地的案件中，杨氏仍以族谱和朝廷的功臣祭祀作为宣示所有权的依据。[3] 文化的正统性其实是与作为控产机构的实际功能紧密结合在一起的，这是杨氏宗族发展的一个基本动力。

---

① 大礼议带来的礼制变化，参看科大卫《祠堂与家庙——从宋末到明中叶宗族礼仪的演变》，《历史人类学学刊》，第 1 卷第 2 期，第 1—20 页。
② 关于"影"与"容"，以及"容"与"祠堂"的关系，可参看笔者的硕士论文《边塞与宗族——宋金以降代州的权势变动与文化认同》（北京师范大学，2007），第 70—78 页。
③ 《杨氏族谱》卷 9，《坟祠图·控五台番僧侵占墓塔地基状》第 7 页下—10 页下。

村落与乡村关系认同

近代以来北京城乡的
市场体系与村落的劳作模式

——以房山为案例

　　近代以来，北京周边的村落社会在物资生产能力与交换渠道方面有许多变化，这些变化应该与整个华北地区农业商品化及城乡市场结构紧密化的情况一致。[①] 不过，由于受政治区划、交通网络、自身资源、人口流动等诸多因素的影响，北京农村地区经济生活的变化，具有诸多个性的表现。对这些表现加以观察，将有助于全面了解北京城乡社会的整体变迁。[②] 本文是在 2004 年至 2007 年，带领学生在北京几个郊区开展民俗文化调查的基础上，重点取出房山区的一些案例，用以发现在近代市场体系变动过程中，郊区农民的生产和交换行为发生了怎样微妙的变化，进而发现村落共同体的经济行为特征。为突出村民的主观作为和感受，特别是他们集体性的劳作行为及感受，本文提出并运用"村落劳作模式"的概念[③]。

　　[①] 对于华北农村经济与社会的调查和研究，当然应该包括北京周边农村，因为无论从农业生产、交换的地理环境还是村落社会生活的风俗文化方面，北京农村都不可能离开华北区域。关于华北农村经济生活近代化过程的系统考察，可阅读乔志强主编、行龙副主编《近代华北农村社会变迁》（人民出版社，1998 年）一书中关于农村经济、市场交换、城乡发展、消费习惯等方面结构性变化现象的章节。

　　[②] 在北京史研究领域，尹均科从 1980 年开始致力于开辟和建树关于北京郊区农村的历史地理研究。所著《北京郊区村落发展史》侧重于从政治、军事、移民等角度，详细考察了郊区村落形成的历史地理类型。《北京郊区村落发展史》，北京大学出版社，2001 年。

　　[③] 蔡磊在她的博士论文中已使用了这一概念，并指出与"生计模式"不同，"劳作模式"指向人的身体行为和行为的过程。见蔡磊《手艺劳作模式与村落社会的建构——房山沿村编筐手艺的考察》，北京师范大学博士学位论文，2009 年。

一、北京城乡经济结构的近代变化

近代以前，北京城内与周围乡村之间的经济结构基本上是单向流动的需求与供给关系，即郊区和近畿地区的农业、手工业、矿业、运输业等，皆为京城的庞大消费而组织生产和服务。当然这种单向的供需关系并非绝对，所以有学者认为，明清之际已形成一个比较固定的"北京经济圈"，即北京作为超级消费城市，固然需要外地的大量输入，但是它与周围地区已经有了互补关系的产出，城内有了商业、手工业的长足发展，而直隶各州县也有了相当数量的粮食生产，特别是北京粮食市场价格的低昂还直接受京郊农村生产丰歉的影响。①

近代国门被打开，特别在第二次鸦片战争之后，北京城市与周围郊区、近畿之间原先形态的经济依存关系，受到了市场突然开放的挑战。天津作为洋务运动基地和被迫开埠，迅速成为华北最大的工商业城市，影响整个区域出现了商业竞争新格局。例如华北农村成为天津进口洋纱、洋布的主要销售市场，这就造成本地家庭手工业的纺纱、织布走向衰落。② 北京郊区村落社会的生产和交换，自然也要受到外部工业商品的冲击。不过，与此同时，在卷进更大市场的过程中，北京郊区本地特有产品的生产和推销，也得到了自主选择的一些机遇。

首先，在郊区地域上的产业格局发生了一定变化，工矿业的比重增加，特别是京西的矿业发展很快，这便为农村人口进入第二产业的生产提供了空间。由于接受国外的投资和技术，煤矿产量大幅度提高，加上有了铁路的建设，使北京与港口天津和其他城市之间的货物流通更加便捷，煤炭的外运成为必然。③ 但是由于受运输成本和与开滦煤矿等同行业竞争的限制，所以仍把北京作为主要推销市场。在工矿和交通运输业的近代化过程中，郊区的农业生产本身并没有近代化，甚至产出的价值还相对下降。农民就在农事空余之时越来越多地出外做工，如进

---

① 陈桦：《清代区域社会经济研究》，中国人民大学出版社，1996 年，第 70—78 页。

② 乔志强主编、行龙副主编：《近代华北农村社会变迁》，人民出版社，1998 年，第 25 页。

③ 英国商人资本进入门头沟煤矿，最初目的就是为通商口岸的外国轮船和军舰用煤；日本侵华时期，所掠夺煤炭有 60% 运至日本。见北京市门头沟区政协文史资料委员会：《京西煤业》，香港银河出版社，2005 年，第 230—231、62 页。

矿挖煤；或者从事商贸运输活动，如牵骆驼贩运煤炭；或编制装煤的荆筐①等。这样就促成了村落社会劳作模式的改变和分化，即从单一的种植模式向多种生产行为组合模式转变。下文将就此给予具体叙述。

在北京西部山区，许多村落原来基本是依靠种山坡地和采集野生作物而生活。在煤窑增多的情况下，村里的青壮年在农闲时间，即农历五月至十月，多选择去煤矿做工，叫做"走窑"。②房山县城西的饶乐府村，每年有"九月庙"庙会，窑主借机招人下井，可预支部分工钱，穷苦农民找保人，签下生死契约，下井时间是九月初一至翌年五月初一。③可见，村落在北京城乡一体的经济体系中，既是被迫又是主动地改变着自己的生计方式。

其次，还应该看到，市场商品经营的变化又是与社会消费习惯的改变相互发生作用的。由于农民在各级集市上越来越多地接受来自城市的新商品，因此就会在一定程度上改变自己的消费习惯，进而就发生了这样一种情况：原先主要是向城市人提供农副产品的农民，现在已进入了城市近代制造业所提供产品的消费者行列。城乡之间结成了互为产地和互为市场的新经济结构。在这中间，推销或代销城市过来的商品，或进行一些维修服务，也成为小部分农民在各种集市交易中的一种行为选择。这种情况，意味着他们原来只作为农民的身份已发生微妙变化。

再次，近代化的工商业不可能完全取代传统的产业和服务业，郊区的农副业和手工业就利用地缘条件，在京城市场中极力提高自己的竞争地位并扩大生产。北京周围有许多专项农副产品的生产和供应地，多具有历史传统。如丰台的"花乡十八村"，是著名的鲜花产地。它的历史可以追溯到金代。④明时《帝京景物略》中说这一带"土以泉，故宜花，居人遂花为业。都人卖花担，每辰千百，散入都门"。还详细叙述了各季所养的花卉品种、养殖方法及其辛苦程度。⑤这

---

① 当地山上自然生长的荆棵，在采煤业中有多种用途，将荆条打成捆可用于矿井支护，还可以编成"背煤篓"、"拉煤筐"等。《京西煤业》，第596—597页。

② 刘铁梁主编、岳永逸副主编：《中国民俗文化志北京门头沟区卷》，中央编译出版社，2006年。

③ 王邵清、侯之扬：《民国时期的房山商业》，《房山文史资料全编》（甲集·上），2003年，第95页。

④ 朱彝尊认为"丰台为京师养花之所，元人园厅多在此地"。见《日下旧闻考》卷90，《郊坰》引《析津日记》，北京古籍出版社，1985年，第1537页。

⑤ 刘侗、于弈正：《帝京景物略》，北京古籍出版社，1983年，第120页。

种生产传统历经各代一直延续至今。"花乡十八村"这一作为联村自治的名称，在 1987 年被政府采用，将原黄土岗乡改名为花乡。① 再如，现朝阳区的高碑店村，是通惠河"平津上闸"边上的村落，在清中叶以前，各户主要以"扛大个儿"即搬运漕粮为生存依靠。通惠河淤塞，漕粮改为陆路运输以后，村民被迫改变生计方式，纷纷挖坑养鱼，同时也经营起在北京城里贩卖鲜鱼和小金鱼的生意，直至 20 世纪 50 年代。高碑店村人在城里各处设鲜鱼商摊，而且相互照应，甚至形成自我保护的组织，领头人称"八大锤"。②

远郊区也有很多粮食、果品和其他特产等传统生产基地。如现在的通县、顺义、大兴、良乡和房山、延庆的平原地区，从清代以来就普遍种植黍、粱、麦，并增加有玉米、水稻等作物的种植面积。现怀柔等地山区生产的板栗，既成为北京城里人特别喜爱的食品，也大量运往外地。由于良乡是板栗的集散地，故成为"良乡栗子"。山区供应的果品种类繁多。以房山为例，鲜果中，柿有磨盘柿、火柿、灯笼柿、杵桃柿。梨有京白梨、红肖梨、酸梨、沙梨、对梨。桃有"麦香"、"五月鲜"、"久保"、"燕红"。杏有"大扁"、"龙王帽"、"一窝蜂"。干果中有土生品种"薄壳香"的核桃，板栗的种植在辽金时就被记载。③ 此外，在建筑原材料的生产上，远郊一些村落占有重要地位，房山大石窝村的汉白玉自不必说，西山一带许多地方的石料开采及石灰烧制，都保证了北京的建筑和修缮之用。

由于京郊农村在各种生产上普遍与京城百姓的生活质量攸关，因此近代以来，山西等地和本地商人阶层积极在郊区设店、辟业。如东郊的东坝村，据当地老人回忆，民国时期已有商铺108 家，横贯东西一条老街。④ 大部分粮商来自晋中的太谷、榆次，他们通过当地的"斗局子"进行交易，转卖到京城。他们以东坝西门的"财神会"作为会馆联谊的地点。⑤ 此外还出现商人对某些传统官办产业的投资，如，在房山大石窝，同治年间已有本地商人创办"泰衡石局"，接

① 郭丽云：《村落联合体的文化传统及其再造——北京丰台区"花乡十八村"个案研究》，北京师范大学硕士学位论文，2005 年。
② 北京民俗博物馆：《高碑店村民俗文化志》，民族出版社，2007 年，第100—125 页。
③ 北京市房山区志编辑委员会：《北京市房山区志》，北京出版社，1999 年，第142—143 页。
④ 北京民俗博物馆：《东坝民俗文化志》第二章《昔日的繁华：东坝的商贸活动》，未刊。
⑤ 北京民俗博物馆：《东坝民俗文化志》第一章《概说》，未刊。

替原来的山西商人代办。[1]

总之，近代以来，华北地区农业的商品化趋势，在北京周围有突出表现。农村与城市中心的产销结构发生了变化，农村供应城市的单向性模式得到了某种改变。这种情况下，郊区村落生产劳作的模式便在原有传统的基础上，出现了更多分化的现象。

二、集市体系与村落

村落进入市场体系进行交易活动最寻常的形式，是村民的赶集。赶集活动也是使乡村社会得以再生产的重要交往形式。因此，农村集市现象才受到学界特别的关注。中国农村集市地点的分布与循环性日期的分配，以及各集市地域的面积、人口等，都被施坚雅作为统计数据，按照他建立的农村与城市衔接的等级市场结构模型，来分析不同经济区域发展的现象。尽管施坚雅的模型和一些判断与来自各地市场调查资料的实证研究结果出入甚多，但是这一理论在社会结构空间的历史研究方向上具有不能忽视的影响。近年，还有学者根据港口城市起到经济区域枢纽作用的事实，建议引用西方有关港口与腹地空间结构演化模式的理论，即以"枢纽—网络"理论来补充施坚雅"中心—腹地"理论之不足。[2] 不管怎样，重视经济的地域空间关系及其变化的观点，是我们研究村落社会变迁的时候所必须采纳的。上文从北京城乡经济结构的角度来看近代发生的社会变化，也与此认识有关。

乔志强、行龙主编的《近代华北农村社会变迁》中提出华北乡村集市的特点是日期固定化程度比较高，而在江南，明清时市镇就取代"墟"、"集"，出现大小集市星罗棋布的局面。据估计，农家离最近的市镇，平原最多2至7公里，山区最多5至9公里，农民不必限于固定日期去某个固定集镇。[3] 北京郊区的集市，与华北各地农村一样，作为农民走出村落进行农、副、手工等产品买卖的地

① 王学文：《村落生活方式与村民地方感——一个京郊石业村落的考察》，北京师范大学硕士学位论文，2005年，第20页。
② 见姚永超：《空间结构理论与区域史研究述论》，《史林》，2008年第4期。
③ 乔志强主编、行龙副主编：《近代华北农村社会变迁》，人民出版社，1998年，第314页。

方，一般设在交通方便的村落，沿街道设货摊，同类货摊相靠近。集日的设定取决于上集市的人数，在农历的每一旬中规定有多少不等的固定日子。庙会是一年周期当中特殊的集市，往往连续举行几天。人们习惯根据上市商品有哪些种类而将集市分为大集、小集等，或者以专项买卖的物品来命名集市，如牲口集等。但是我们在房山区的调查中也发现，不是什么地方都有集市，也不是所有的农民都有赶集的机会。这需要从房山区的地理说起。

房山是在北京西南方向的远郊区，1958 年，原来拥有山区的房山和原来只有平原的良乡两县合并为现在的一体。全区地势是西北高，东南低，山地和平原的面积比为 2∶1。主要山峰有百花山、大房山、大安山。河流有北部的大石河（下游称琉璃河），西南部的拒马河、东面的永定河、小清河等。永定河是本区与大兴区之间的界河。房山的平原是北京市范围内最为温暖的地方，土壤也比较适于耕作。山区蕴藏丰富的煤矿和建筑用石材。村落在山区多沿河流两侧和谷地狭长分布，除了山口一带，村落间的距离都相当远。在平原的村落，周围多有大片土地环绕，而彼此的道路也纵横交织。

这种地貌和自然环境的构成，使得山区与平原的村落景观在聚落规模、房屋建筑等方面都形成鲜明对比。而在经济活动和村民对外交往的形式方面，对比也很明显。这就是山中无集市，而平原的集市众多且分布均匀。但山区村落经常以演"山帮子"戏的形式邀请外村亲友来做客。山里的庙会是以举行敬神的"花会"表演为唯一目的，称为"献会"，并没有物资交流活动；而平原的庙会却是"花会"演出和集市贸易两项活动并重。

房山主要集市的情况如下：

房山城　康熙三年《房山县志》载，房山城每旬四集，四街轮市，逢二北街，逢四东街，逢七西街，逢九南街。附近数十村多来赴市。

良乡城　康熙四十年《良乡县志》载，县城逢一、三、六、八为集日。《房山区志》指出：清及民国年间，良乡城商品大部分来自平津，因房山、坨里、琉璃河等地购销直抵北平，故该城与乡村物资交流以粮为主。农民赶集一般运粮六七斗，多的达 20 斗，少至四五斗，至集上出售。而从集市上购粮的不多。

琉璃河　为永定河以西平原上重要的水路和陆路交会点，特别是煤炭和山货向城市和平原腹地的转运站，逢二、四、七、九为集日。

张坊　为拒马河出山口，南通涿县，北达三坡，明清时即为大集，输出以干鲜果品、木炭、香料、荆条、山木、药材为主，输入以粮食、布匹、食盐为先。民国时逢一、四、六、九为集日。

长沟　为房涿之交，清及民国，交易以粮为大宗，杂货次之。集分二、四、七、九。附近菜园居多，凡有婚丧，购鲜菜者皆奔此。日本侵华期间，商市颓废，数年不振。

周口店　当长沟峪及车厂运煤出山口，铁路未修前仅有些小本经营。铁路修成后，车站两侧商号林立，仅煤行即有九兴公、复亨等48家。其兴隆直至卢沟桥事变前。

石窝　本处偏僻，因元明及清采运汉白玉，久渐成集，后亦因石业衰微而衰。

坨里　位于大石河出山口，坨清高线修竣后，仅煤商即有泰昌栈、大成公等24家。[①]

以上情况说明，房山地区较大的集市或在原来的县城，或在码头（琉璃河镇），或在出山口（张坊、坨里），或在省界边上交通要道的节点（长沟），或在煤炭运输站（周口店等）。而偌大的山区，基本不存在定期集市。据访谈所得，他们与山外的物资交流需要靠马帮长途运送，而且是由有权势的人来把持，代理各村各户的交易。

所以，集市体系跟村民生活的关系，不仅是日常消费品的购买和卖出是否便利的问题。起码在房山一带，各个地方能否以自身优势产品在边界口岸进行较大批量的交换，是集市是否兴衰的根本动因。所以集市对村民的最大作用，在于给予村民的生产以市场状况的导向。

三、市场体系的变动与村落劳作模式的变化

探讨中国村落社会基础性的构造是什么，离不开观察所谓这一构造是如何被文化所表达、如何在生活实践中被巩固的情况。以往这方面的学术关注，已开辟

---

① 《北京市房山区志》，北京出版社，1999年，第227—228页。

了以宗族、庙会、祭祀圈、婚姻圈、水利结合、市场体系等组织形式为核心对象的研究范式。也有学者通过对村民农耕劳作合作形式和意义的讨论，以理解什么是村落共同体。[①] 其实所有这些范式都有密切的相互关联，本文考察的重点问题是，在产品交换的市场体系规定下，村民生产和生活常态的劳作行为，可能会形成怎样的模式性表现及其会发生怎样的变化。也就是要运用民俗作为模式性文化现象和作为身体性现象的观点，来体会一个村落的劳作行为模式背后的社会经济规定性。

可以举出房山区的长沟集与附近沿村的例子。

前面提到的长沟集，即设在长沟镇长沟村的著名集市，处在北京市和河北省交接要道之节点。其中的东长沟村有一座三义庙，据传建于明代，是为生于涿州的刘备、张飞及其结义兄弟关羽而建。附近的南正村建有清帝王拜谒西陵途中的第二座行宫。乾隆皇帝多次驻跸长沟留下吟咏。长钩集是个大集，老人们回忆说，清末民国时比现在还繁盛。集日，在号称东西十里的街面上，人山人海，粮食市、牲口市、鲜菜市、农具市等一应俱全。街上近 30 家商号也繁忙起来，其中最多的是粮行、布行、肉行等。商贾既有本地人，也有来自山西、河北近畿各县、京城和天津的人。

值得一提的是，改革开放以后，集市又向北延伸出一个子市场为"沿村条子集"。因房山素有"七贤篮子沿村筐"这一美喻。

现在来叙述沿村及其编筐的历史。沿村成村历史没有确切资料可征，老人也说不清是在明代，还是清代。与华北大多居住密集型的村落不同，沿村居住相对分散，共有街里、东攒、西攒、王家坟、汪家坟五个居住自然片。街里位于村北，分为前街和后街，居住较为密集；村东南和村西南分别为东攒和西攒；村南为汪家坟、王家坟。村西南角另有李家坟、吴家坟两个小居住点。关于居住分散的情况，沿村有一句民谚："一去二三里，沿村四五家，亭台六七座，八九十支

---

① 张思：《近代华北村落共同体的变迁——农耕结合习惯的历史人类学考察》，商务印书馆，2005年。该书集中考察了华北农村村落中村民之间以使用畜力的合作（"搭套"）为基本特点的各种"农耕结合"形式，理解村落共同体与农耕协作的"全人格的交流"实践价值之间的联系，这种交流在近代的衰微。

花。"① 老人们解释，说沿村成村时只有四五户人家。我们猜测，可能当初各姓家户是以不同的社会身份迁来本村，所以才分开居住。街里住的是邵、白、张等姓。而王家坟、汪家坟分别住王姓、汪姓，他们都是看坟人的家族。

1949 年前，沿村共有耕地 2347 亩，其中旱地 1817 亩，稻田 530 亩，人均耕地 1 亩多。旱地主要分布在村落四周，以村北为多；稻田集中在泉水河两岸。1949 年后经平整土地，一些低洼易涝地得到改造，又增加稻田 70 多亩。沿村地力不算肥沃，但因兼有旱地和水田两类作物，所以无论旱涝都有收成。泉水河一年四季长流不息，即使在旱年沿村也可以引泉水河的水灌溉稻地获得收成。七八月雨季来临时河水暴涨，但沿村因地势之利暴涨的洪水很快便会退去，不会形成大的洪涝灾害，沿村的农业生产基本能够旱涝保收。

编筐是沿村传统特色的副业。据老人们回忆，他们的太爷爷这一辈便开始编筐。照此推测，沿村至少在清末就开始编筐。大秋以后，农事活动基本结束，沿村人开始去山里采割荆条，经过浸泡、加工、磕杈等工序后，将其编织成筐、篓、篮、筛等生产生活用具。妇女手劲小，一般不从事编织，只帮忙修剪枝杈，编织是由男人完成的。

沿村周边的乡村也有零散的编筐艺人，但无论是从编织技艺、编织种类，还是从编织规模来说都比不上沿村。至新中国成立前夕，沿村有 2/3 以上的家户从事编筐业，编织的种类达二三十种之多。沿村荆编以其精湛的技艺、齐全的种类在房、涿一带享有盛名。其荆编制品主要销售到房山东南部平原和涿州北部一带，有少量贩运到北京和天津。

沿村编筐业的兴起，与其依山傍水的自然环境密切相关。沿村人既可以去山里采集编筐原材料——荆条，又可以借助道路之便出外销售荆筐。拒马河支流北泉水河流经村西，村人称"西河沿"、"西大河"，故有沿村村名。此河水不仅为沿村稻地提供了灌溉之利，也为编筐的重要工序——浸泡荆条提供了必备条件。明清以来，房山矿业尤其是煤业和烧灰业的兴盛，带动了沿村荆编业的发展。荆编的"拉煤筐"是一种长方形的扁筐，需求很大。此外，1950 年以前沿村还有

① 也有人认为这里提到的沿村并非村名，而是沿着村落的意思。另一种看法是村中人以讹传讹，将教授儿童识字的五言诗中的"烟村"误解为"沿村"。

不少的家户专门生产"端筐"，专供周口店一带的灰窑使用。至 20 世纪 90 年代初，沿村的编筐开始走下坡路，主要是受塑料制品的冲击。现在年轻人中已没有人愿意学编筐，现在村中岁数最小的编筐人也都在 50 岁以上，沿村编筐的老手艺正面临失传的命运。[①]

可以看出，沿村几乎是全村集体从事编筐这一副业，其原因固然是他们拥有就地取材的资源条件，但更重要的却是来自外部市场。特别是自清末以来，房山煤矿业、烧石灰业和运输业兴盛起来，为他们提供了荆编销售的巨大市场。根据村民所说的"太爷爷就开始编筐"，可能不虚。沿村形成的副业劳作模式，是市场导向的结果；今天的萎缩，亦是市场商品需求变化所至。

我们说市场体系的变动，既要看到其地理区位结构上的变化，也要看到商品种类结构上的变化。城市郊区农村在传统产业的基础上也可能遇到生产和推销某些适销商品的机会。

四、村落劳作模式——历史与现实的身体认同

近代以来，主要是受城区消费多元化需求增长的影响，北京郊区农村无论在耕种作物的品种上，还是在养殖、园艺、手工制作等各种生产类型上，都具有比其他华北地区农村更为分化的表现。但是我们发现，这种分化却并没有削弱村落的整合。个体村民在加入外部市场竞争的实践中，多倚重村落集体的支持，同时也会积极带动村落其他人的发展。这说明了人们的家乡情感。作为在与外部世界交往中形成的归属感，成为制约与支持人们开创和发展各种新经济活动的精神依托。这种建立于村落即农耕生活基础的地方感，本来是由群体长期累积和不断沉淀的结果，在近代市场体系变动的冲击下被实际地显现出来。与主要依靠居住和契约关系结成的城市社区相比，村落是人们依靠一定领地、共占环境与亲属纽带而结合的社区，这种属性决定了它也可以成为市场竞争中的一个独立的实体。因此，近代农业商品化的过程，就表现为以村落为单位进行生计方式的重新选择，

---

① 蔡磊：《手艺劳作模式与村落社会的建构——房山沿村编筐手艺的考察》，北京师范大学博士学位论文，2009 年。

而且也表现为村落社会再组织的过程。

对于中国的复杂、变动的村落人的地方感，人类学方面已予以较多关注。王斯福在上世纪90年代主持开展的一项调查研究，是针对"乡村社会支持体系与地方传统的转型"问题。他暂时将村落的地方感理解为由三种制度所产生，每一种制度都会产生有不同边界的地方感。这些制度包括：一是"自然村"的制度；二是国家与政府的政治制度；三是通过亲属制度和朋友关系，而把家户与政府及经济活动连接在一起的民间组织的制度。根据对不同区域（省）和内陆、沿海10个地方个案的调查，尝试性统计出上述各种地方感变化强弱的指标。[①]我们不妨借用这一村落地方感的视角，提出"村落劳作模式"这一既具有外部形态表现特征，又具有内部感受特征的分析概念，以理解近代中国农村进入新的市场体系过程中所出现的生产与交换关系愈加紧密的真实变化。所谓劳作模式，意味着劳动者在投入经济与社会交往过程中的群体行为特征，就主体感受而言，它也是指身体被塑造的结果，是蕴涵在身体中的全部感觉、记忆、知识与技能的社会化的一种综合，因此也成为群体记忆历史的一种载体形式。[②]

当你在沿村，问编筐的老人为什么学起这一行手艺，他会告诉你，这是"祖辈传"。但这不等于说，学编筐就是一个自然而然的经历，而是包含了村落人刻骨铭心的记忆：

> 我们家啊，几代人都编筐。从我爷爷到我父亲都编筐。我们兄弟四个，我大哥种地，二哥编筐，我和我老兄弟那阵还小，没有学编筐。我有个亲爹在北务开棉房，叫我过去帮忙，我就去了，那时刚16岁。初去时是轧棉花，到18岁时开始弹棉花。后来日本人进村把棉房给烧了，我也就回家了。回家时刚好是冬闲，干什么呢？总不能闲呆着吧，我就和我二哥一块去门头沟背煤。没干几天，发生了一件事：那天我在矿井里背煤，不小心把一根备用的窑桩给碰倒了，刚好砸在一个小伙子身上。还好他没有受伤。那小伙子挺

---

① 王斯福：《什么是村落》，《中国农业大学学报》，2007年第1期。

② 顺便指出，对于所谓"非物质文化遗产"，应从社会化身体的属性上来认识，即必须看到文化的身体性表现，或者身体上表现出来的文化。由于缺乏这一认识，过度以局外的眼光来评价和提出所谓"保护"措施，自然会造成混乱。

老实，我问他话他也不言语。等收工后，我心里越想越不踏实，和我二哥商量，觉得这事没完，没准那小伙儿还会找我们，再说这走窑的活儿也不安全，矿上常出事，老话不是说吗："吃阳间饭，干阴间活。"第二天一早，我和我二哥把工资一结就回家了。回家后我就跟我父亲学编筐，这一编就是一辈子。①

从这一段话中可以看出，当时沿村人如果在农闲时"走窑"，会比编筐挣得多，而且煤窑也可以每天结账，钱来得快。从辛苦程度来讲，编筐也不轻松，从上山割荆条到泡条子、磕杈，到最后的编织，要花费不少时间。编筐又是脏活儿，刚从水里捞出的条子味道很臭，称为"臭条子"。但是多数的沿村人还是选择了编筐，觉得干这一行当，日子比较安稳和踏实，不会像"走窑"那样有性命危险。

很多家户最初选择编筐的原因是为"填饥荒"，即为还债的意思。如为儿子娶媳妇是农户家庭的大事，也常常让一般家户为此而背上"饥荒"。所以一些年轻人就在刚成家时正式进入这一行当。什么时候开始为售出而编筐，已经作为很多沿村人"成家立业"的标志。

我结婚那会儿，我父亲72岁，母亲60岁，我是家里的独子，别提生活负担有多重了。你大娘是坐轿子过来的，打她以后就不兴坐轿子了。这结婚的钱全是从亲戚那儿借来的，等到结完婚后，我母亲一算账，发现欠了20多元的债，偷偷大哭了一场。怎么办呢？这父母年纪大了，又是刚刚结婚，不能出去，只能找一份守家待业的活儿。干什么呢？那就编筐吧。我父亲不会编筐，我找我叔叔学的编筐。这编筐又不需要什么本钱，钱也来得快，说是"早上没饭吃，晌午就有马骑"。过去筐也好卖，编几个背筐，拿出去卖了，马上就有活钱了。一点一点地把卖筐的钱攒起来填饥荒。这一编就是一辈子！②

---

① 讲述人：高荣，82 岁。引自蔡磊《手艺劳作模式与村落社会的建构——房山沿村编筐手艺的考察》，北京师范大学博士学位论文，2009 年。
② 讲述人：邵璞，71 岁。出处同上。

可见，沿村人是把编筐作为人生的选择来看的。这样，他们就增强了自己跟全村人休戚与共的感受。编筐也影响了他们与村落认同有关的信仰。他们跟周围平原村落的人不同，因为经常去北边山上割荆条的缘故，所以他们相信有"山神爷"，可以保佑自己不让狼吃掉。传说山神的坐骑是狼，你上山的时候，有时会看见远处有一群人，走近再看，原来是一群狼，不过，转眼间又不见了。

沿村特别有"山神会"，这是在山村里都没有的，尽管山里人也相信有山神。1949 年以前，村里的山神会已经发展成七八个。一个山神会是由十几户人家组织起，选一户人家作"香头"，秋天时由他家负责喂养一头半大的猪，等到年底杀掉。正月初一早上，各道山神会一起到村北的一个小山岗，献上整猪，举行祭拜山神的活动。祭拜之后，每一个山神都会到养猪的那一家聚餐，把献祭的猪吃掉。饭后商量明年谁当香头。①

村落劳作模式的改变，伴随着特定仪式表演的创造，这种仪式表演可以解释为是以身体来感受共同利益的文化现象。在房山有时是联村进行这种隆重仪式，如北部山里的河套沟，每年就举行"二月二"黑龙关庙会，由"上六山"和"下六山"两大"合会"，分别组成进香表演的队伍，称做各个"会筒"，遵循狮子会——吵子会——大鼓会——音乐会的排列顺序，前往龙王庙，举行酬神仪式。这个庙会之所以在清末、民国期间异常兴盛，与各村都靠近煤矿，大部分家户中都有走窑的人的情况有密切关系。

一个村落里每户人家的谋生方式固然有一定差异，但是在整体上却往往形成共同的选择，原因在于大家所拥有的资源、技艺和在市场网络中的地位都是相同或相似的。全村共同选择生计方式的情况，在房山地区表现得非常明显，特别在副业劳作方面的模式化形成了若干地理板块，主要有：

1. 山区村落的保养果木和贩运山货；2. 山区和附近平原村落的走窑、烧灰；3. 平原交通要道附近村落的养骆驼和拉骆驼运输（骆驼在夏天，要送到口外去养）；4. 拒马河河谷地带村落一年一度的"搭桥拆桥"和"拍鱼"（一种捕鱼方式）；5. 永定河一带村落的"当河兵"和"烧盐烧碱"（盐碱地的利用）；6. 琉

---

① 蔡磊：《手艺劳作模式与村落社会的建构——房山沿村编筐手艺的考察》，北京师范大学博士学位论文，2009 年，第 63—64 页。

璃河流域村落的"扛大个"（搬运）；7. 县城附近村落的集市贩卖和各种手工制作。8. 大石窝村的采石和石雕，高庄的"贡米"水稻种植；以及其他传统名优商品的销售行为等。这些在粮食种植之外，兼从其他生业的劳作模式得以建立和改变，除受一定自然环境、人口流动等因素影响之外，几乎都与市场的活跃程度及商品结构变化的制约相关。而就村民的感受而言，他们的劳作经验是与自己村落的名称联系在一起的。也就是说，他们很大程度上是以村落集体的角色来加入市场体系中的协作与竞争的，从而推动了以村落为界限的劳作模式进一步重组与分化。

总之，根据对房山区村落劳作模式变化的案例性考察，可以初步形成如下认识：首先，北京郊区的村落共同体，在近代外部市场体系发生重大变化的前 80 年时间里，虽然受到冲击，但是没有松散，而是在更加依赖市场的情况下，通过村落劳作模式的调整，在传统的基础上又分别得以巩固且形成更为多样的个性。其次，村落共同体又是存在于村民对于日常生活的感受之中的，欲解释村民多层次、多纬度、多时段的地方感，如果离开了村民们常年的辛劳与奔波，则是无法理解和不可言说的。

土地拥有、流动与家庭的土著化
——对鲁南红山峪村 37 张地契的介绍与初步解读

我们曾经在 2004 年收集到鲁南红山峪村周氏家族的 16 张地契,[①] 访谈了参与过立契的老人及其后代,了解到当地从民国初年至 20 世纪 60 年代的土地流动和交换情形,展示了地契本身所记录的相当丰富的土地交易习俗,其中也可见出人们视土为金的观念、家族制度的影响,以及国家制度对民间习俗的规范及其与民间观念的冲突。[②] 后来我们又陆续收集到 21 张周氏以及其他家族的地契,能够更完整地显示在乡村社会的秩序下,土地拥有、流动和家庭、家族土著化之间的关系。而且,在区域社会文化的脉络下,地契颇能揭示村落与国家、大传统的联系。本文仅仅对这 37 张地契的基本情况进行概括性介绍。更多的问题还需要结合地方历史的相关史料以及经济史等专业知识才能解决。

一、红山峪村以及地契基本情况介绍

红山峪位于山东省枣庄市山亭区北庄镇。枣庄在山东南部,紧邻江苏的徐州。山亭区位于枣庄市东北部,东邻临沂地区的苍山县、费县、平邑县,西邻枣

---

① 本文资料全部来自山东南部乡村红山峪。田传江著有《红山峪村民俗志》,辽宁音像文化出版社,1999 年。这是新中国第一部村落民俗志专著,包括有关农业、林业、畜禽、野生动物、副业、度量衡、贸易、纺织、饮食、居住、交通、婚嫁、丧葬、游戏等方面 1000 余个民俗事象,作者也记录了它们的产生、发展、演变……

② 刁统菊:《对红山峪村十六张地契的民俗学解读》,《民俗研究》,2005 年第 3 期。

庄地区的滕州市，北与济宁地区的邹城市接壤，南与枣庄市市中、薛城两区毗邻。山亭区多山，地形复杂多样，丘陵多，平原少。其东部为海拔 500 米以上的群山区，重峦叠嶂，连绵起伏；西部为海拔 100 米以下的低山丘陵和山前倾斜平地，属于低山丘陵地貌类型。

红山峪三面环山，沿山而建。村内的交通运输皆靠人力，或担或推，全凭两条胳膊两条腿。在村内，由于道路十分狭窄，拖拉机的用武之地远远不及人力。对外，往北要翻山越岭，方可到达横岭村、滕州市；往南、东、西三个方向，自 20 世纪 70 年代以后依靠一条叫半马路的公路出行。半马路为自行车、摩托车、汽车提供了用武之地，人们的对外交通也逐渐方便起来。

村中公认居住最久的为高姓人家，他们是在清雍正、乾隆年间来到红山峪的，其他九个姓氏都在高姓之后迁到红山峪。根据对高姓家族的调查，得知在高姓定居之前，尚有郎姓和赵姓居住在村内。而村中一位外柜先生①又曾亲见赵家坟墓的后土碑刻有"万历十三年"字样。据此，乡镇地名志的编辑人员认为红山峪始建于万历十三年。笔者目前尚未有更多的资料，暂时只能对这一结论表示认同。山东人往往自称是在明代从山西洪洞迁来的，"问我家乡哪里去，山西洪洞大槐树"。在红山峪村虽然也存在大槐树的传说，但是由于人们非常明确本族的迁移路线，尤其成年人差不多都清楚了解自己是从哪个村子因为什么原因搬迁过来的，所以人们谈论的常常是因何迁移、如何迁移以及迁移到此地以后如何落脚、生根的故事，对于大槐树的传说反倒是相对淡漠许多。

37 宗交易中，既有生产性用地的交易，也有房屋或宅基地的交易，还有一宗是土地交换，即坟地和生产性用地的交换。以下将就地契进行分析。

二、土地交易习俗的传承是土地契约与交易的内生机制

本人曾经在 2005 年以《对红山峪村十六张地契的民俗学解读》一文对地契中所透出的土地交易习俗惯制进行解读，内容包括地约里的家族制度、"正用不足"：以土地为财富的观念、卖约人：缘何卖地、买地的原因：实现土著化、

---

① 村中专门负责在丧葬仪式上记账的人，因识文断字，被称为"外柜先生"。

"有事的中人，无事的代字"：中人的意义、土地名称与丈量习惯、京钱与大洋：土地价格的制定与支付、"割税"与"大粮"：国家的在场、另类地约：国家制度与民间观念的冲突、卖地日期的选择：民间"和顺"观念。因此在这里本人将对当时因为材料有限没有解决的问题进行补充，着重探讨土地拥有、流动与人们实现土著化之间的关系。

首先要说明的是，从 37 张地契来看，无论是周氏家族的地契还是其他姓氏的地契，书体不是特别规整，有村落内流行的异体字，也有相当文言的色彩。地契不但文笔畅达，单就其格式、表述而言，又相当类同，显而易见是当时社会约定俗成的典型产物。本文所说的 37 张地契均为白契，载明了买主和卖主姓名、出卖原因、土地数量（亩、分）、坐落位置、四至八到（土地界限）、卖价、交讫日期、过割时间、税额、管业归属、防止和注意事项等、中人和代字姓名等等。另外有一张红契，应为经政府登记入册认可的原始文书，故亦称官契。

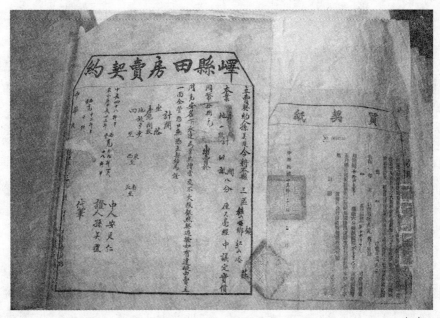

红契

从白契来看，红山峪村的土地买卖，没有皖、闽地区土地制度较多存在的"一田二主"、"一田三主"现象①，不存在田面权和田底（田骨）权的分别。只

---

① 陈学文：《土地契约文书与明清社会、经济、文化的研究》，《史学月刊》，2005 年第 12 期。

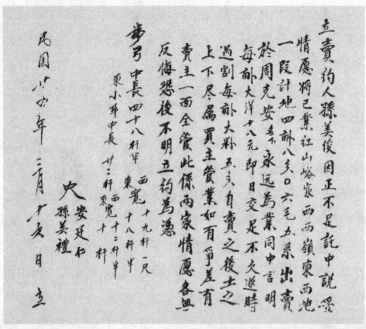

与红契对应的白契

要买卖，必定是彻底的地权让渡。卖主一次性将地权卖断，价格也一次性支付，同时地契上一般都要标明土之上下尽属买主所有，与卖主无干，并表明税粮从此由买主负担。这是永久性的契约，当属死契。

这份红契文字内容如同白契，近乎重抄白契内容写在统一印制的官契纸上，收取契税之后加盖政府印钤。红契应该可以帮助我们了解民国年间的政府如何对民间的土地买卖进行监管控制。事实上，官方规定的土地买卖程序虽然被切实履行，不过民间仍然流行保存白契。它虽然没有官方的认可，但同样有着法权效力。因此尽管人们照常纳税，但更多保留的是白契。

从人们所保留契约的情况来看，确实绝大多数人家保留着白契，因此白契所明确表明的买方对其购买土地的所有权有多大的法律效力和合法性亦显而易见。对于白契，人们从不怀疑它的效力。时至今日，土地改革已经 50 多年了，村民仍然认为，购买土地后，只要持有地约，就可以走遍天下。地契照片 4、8 中民国 10 年和 21 年签订的地契均有"除林地三分三"等字样，意思是所卖土地，其中有三分三厘的面积是作为"林地"，即墓地，仍然归卖主所有。村民对自己祖先所购买土地仍然具有相当的权利，这就是人们对土地所有权的奇特观念。土地划归集体所有，但人们在安葬死者时，仍然选择入社之前属于自家的那块土地来作为墓地。此俗至今如此，且非红山峪村独有。

人们对白契效力的认可，和土地交易习俗的传承惯制有关。传承是土地契约与交易的内生机制。白契之所以具有效力，是因为中人的存在。37 份地契（除一份不清晰以外）所反映出来的中人共有 47 人，合计担任过 78 人次的中人，平均至少两人担任一地契的中人。47 人中，32 人担任过一次中人，15 人担任过两次以上的中人。

表 1：中人的家族分布

中人姓名	周德承	王广山	段德基	田中吉	宫连棠	孙美礼	田厚寅
担任中人次数	8	5	4	4	3	3	3

表 2：担任过 3 次以上中人的名单

姓氏	周	田	王	段	孙	郑	杨	宫	于	丛	刘	陈	安
担任中人次数	21	17	9	8	8	3	3	3	2	1	1	1	1

村内土地和宅基地的买卖，大都由周德承、王广山、段德基、田中吉这几人担当。因为他们对土地交易中的习惯都非常了解，操作起来驾轻就熟。况且，如果多数村民都请他们当中人，而有个别人不请，这就显出了对他们的轻视，无视他们的重要作用，如此可能会造成乡邻间的矛盾。因此进行土地买卖交易时请不请中人、请哪些人担当中人，都不可能脱离村里的权威格局。但是，由于中人的主要功能在于证明作用（比如地契照片 25 反映出的赵孙氏卖地，就找了 4 个人担当中人，特别强调中人的见证功能），因此还是造成了中人的分散。

中人分散而不集中，反映出当地土地交易并没有实现土地市场化。他们的功能不同于牙行，有很大的随意性和不确定性。中人既不集中，也不确定，因为中人在当地土地交易中的作用在于测量土地和证明作用，仅有一份地契（照片 29）特别注明"自卖之后土之上下尽属买主管业于卖主无干如有争差有中人一面承揽"。有 16 份地契一般注明"如有争差由卖主一面全管"。另有 18 份地契没有注明此类争执如何解决，但习惯上人们认为地约签订以后的纠纷由卖主负责。而且，所有地契均注明了"口说无凭，立约为证"之类的话语。由此我们也能看出地契的功能，地契本身就可作为解决争执的凭证，表明了白契同样具有相当的法律或者习惯法效用。白契的这种效用离不开中人的性质——因其"公道"而可作为"证家"。

真正以经营土地买卖作为固定职业的现象还没有正式出现，因此土地买卖虽然频繁（周克安 1909—1935 年 26 年间有 9 宗土地交易，周德俊在 1921—1960 年 39 年间有 12 次土地交易），但土地并没有成为一种完全意义上的商品。其主要功能仍然是生产资料，以及生产资料背后所附带的功能和意义，而买卖双方进行土地交易的目的大部分也不是为了进行投机获取利润，距离现代意义上的地产市场还远得很。

结合各种分析表明，土地交易习俗的传承是土地契约与交易的内生机制。从 1909 年到 1990 年，土地买卖文书长期使用并不断完善，土地契约的格式也逐渐固定并规范化，且富有较强的延续性。从各历史时期地契的样式、内容来看，存在一个显著的继承、发展过程。这是习惯力量的作用，同时也反映出契约关系、契约意识的深入人心。

三、陌生人凭借姻亲与家族进入村落

根据能够找到的家谱以及多数家族族长的回忆，笔者大致可以整理出村中 10 个姓氏的基本情况。村中 10 个姓氏分为 11 个家族，[①] 分别附属于其他村庄的大家族，在家谱上他们是很小的一支，因为各种原因来到红山峪投奔姻亲或同姓。迄今为止，红山峪任何一个家族都没有自己独立的家谱。从我能找到的家谱看，无一例外都是附属于其他村落的。巩姓的家谱甚至都保留在他们的迁出村落中。这样一个村落，没有特别大的家族，但是如果有一个家族在发展过程中壮大起来，它很可能就成为其他家族所依附的对象。

---

① 同一个姓氏居住于同一村庄的反而并不一定彼此认同为同一家族。而且，村民心目中从未有"族"的认同，言谈之中唯有"姓"的意识。红山峪村的姓氏结构不是简单的姓氏与家族一一对应的结构，一方面存在着同一个家族的人群分散居住的情形，另一方面又存在着"同姓不同宗"的情况。因此，可以肯定地说，红山峪的聚落性质是多姓聚居，而不是多族聚居。参见刁统菊、杨洲：《多姓聚居与联姻关系——华北村落的另一种形态》，《河北师范大学学报》，2006 年第 2 期。

红山峪村的田氏家族曾经就是这样一个大家族，在当地人的社会记忆中甚至取代了高姓成为村落中现存姓氏历史最久的一个。如果一个村子里有自己的同姓或者亲戚，人们就可以投奔而来。田姓算是较早投奔姻亲（高姓）来到红山峪村的，以后的姓氏也多是投奔来此。但田氏家族都认为高姓算起来实际上是红山峪的"老户人烟"①，只是后代香火不旺而已。但是现在即使是高姓，也在公开场合承认田姓"占业"②，田姓才是"老户人烟"，自己是依靠田姓而来。高姓已然如此，就更不用说其他姓氏的态度了。

田姓在村民的记忆里取代了高姓成为红山峪的老户人烟，最初的原因不外乎田姓家族的实力。根据村民的记忆，20世纪初期，田姓在红山峪和邻村天喜庄都拥有大量土地，即使是田姓迁移到红山峪村，仍然占有500亩良田，其余200亩才是村里其他家族的。上世纪二三十年代，田姓势力逐渐衰落。但是尽管如此，俗话说"瘦死的骆驼比马大"，他们仍然在村子里占有绝对的优势，因此我们在1960年以前见不到田氏家族的成员卖地。这是由于田姓早已依靠自己的实力与声望，通过与外界富家大族联姻，从而把自己的势力扩展到外界，甚至在政治上也建立了新的地位，并掌握了一定的优势，同时也因为联姻形成的优势进一步加强、巩固了自己在村子里的地位。正如华若璧（Rubie S. Watson）所说的那样，富人阶层通过联姻加强了自己的地位，与姻亲的往来密切，与穷人极为不同。但是这种区别也是创造和保持那些区别的制度结构的一部分③。

种种关系网络奠定了田家的政治基础，使之基本能够左右本村的形势。全村十个姓氏，其中不少属于单门独户，谁受到异姓的威胁，或者与其他家族之间关系不称心，都来与田氏家族表示亲近，或者说与田家有亲戚，或者说父辈与田家关系如何如何好，或者说自己是依靠田家才能在村里落户。

田氏家族依靠姻亲进入村落，从而为扎根本村打下了基础，这一点也是其他姓氏所采取的普遍方法。本文以周氏家族为例进行分析。因为从地契中透露出来

---

① 老户人烟的意思大体上是某一个家族在某村居住相对最久。人烟与家族的男性后代联系在一起，人烟旺就是家族人口繁多，人烟不旺则是人口少，往往一代仅有一个男性后代。

② 占业的意思是田姓最早来到红山峪村，村子里的一切应该属于田姓，田姓才是村里的主人。

③ Rubie S. Watson. *Class Differences and Affinal Relations in South China* [J]. *Man*, New Series, Vol. 16, No. 4 (Dec., 1981), P593—615.

的信息看，周氏家族在家族内部以及与其他家族之间的土地交易特别活跃。当然这和我们收集到的地契多是周氏家族的有关。但根据后续访谈，其他家族确实没有周氏家族如此频繁的土地交易。

根据调查，红山峪的"周"虽已成"一周"，但其实最初是不同的两支。一支以周克安为始，从徐庄镇岩底村搬迁到徐庄镇罗子湾村，后又辗转来到红山峪村，娶田氏家族的姑娘为妻，从此正式安家落户。另一支据说原姓欧或邹，从徐庄乡柳泉迁来此地。为了能够长期在此村立足，转而改姓为周，现在有 5 代，也曾与田姓联姻。

从村里姓氏的迁移史①可以看出，人们进入一个村子的途径②一般有两种。第一是如果村子里有家族近亲和亲戚，可以"偎"本家或"偎"亲戚，先使用他们的土地，再随着实力的提高而购置土地。第二是通过与该村村民联姻，继而获得土地，才逐渐得以安家落户的。总之，初步在村里定居下来大多是依靠家族或姻亲，再加上获得土地以后，家庭经济条件逐步提高，并在村子里有了良好的关系网络，这是"外来户"成为"新发户"继而在若干年后被人们视为"坐地户"③ 的必经历程。

费孝通先生在江村和禄村调查时就曾经注意过如何成为村子里的人这个问题，大体上说有几个条件：第一是要生根在土里，在村子里有土地。第二是要从

---

① 刁统菊、杨洲：《多姓聚居与联姻关系——华北村落的另一种形态》，《河北师范大学学报》，2006 年第 2 期。

② 在近代华北农村，某人是否是某个村社的成员，要看他是否具备被该村社认可的村民资格，仅仅居住在这个村子还不够。在河北顺义县沙井村，申请取得村民资格的人应没有劣迹，并须有自己的房屋可以独立生火做饭。那种虽在村内居住但不愿常住该村的人（如村中学校教师）被认为是"外人"，不能参加全村性活动。山东省历城县冷水沟，要求新来者在村中拥有土地和房屋。那些没有土地、租房居住的寄庄户，往往须经地主担保他们遵纪守法，如果有不轨行为，其担保者受罚。这样的寄庄户如在村中居住十年以上，并且没有过错，才可以成为村中一员。在有些村庄还要求新入村者在该村拥有坟地。在河北栾城县寺北柴村，只有当一个人其祖先三代都居住在该村，才会被认为具有完全的村民资格。在山西省太谷县的贯家堡村，那些到本村投靠亲戚赁屋居住的人家，仍然被村里人目为寄居者。参见乔志强《近代华北农村社会变迁》，人民出版社，1998 年，第 704—705 页。显然，这里强调的是定居的自然形态，而未考虑"入籍"，即被政府纳入户籍管理的确定意义。

③ "外来户"、"新发户"、"坐地户"是红山峪村的特有方言词汇。"坐地户"意指土著。"坐地户"与"外来户"相对应，后者被认为前者的过程，即是土著化的过程。而"新发户"是"外来户"经过一段时间的发展，在村子里拥有土地，进入村子里的关系网络，并有良好的口碑，由此被称为"新发户"。"新发户"到"坐地户"的过程，是"外来户"成为"新发户"若干年以后，家族确已根深叶茂，渐渐被等同于"坐地户"。

婚姻中进入当地的亲属圈子①。对一个外来人来说，从婚姻中进入当地的亲属圈子是站稳脚跟的一个主要方式。移民既要借助联姻定居村庄，进而通过占有土地实现土著化；接着还要借助联姻稳固地位，扩展社会网络。婚姻与家族的关系之重要，不仅在于单纯的两个联姻家族之间，其意义更大至一个地域社会，借以融洽关系，进而融入当地社会，进而实现土著化，这是根本目的。此外，认干亲，拜仁兄弟，交朋友，春节拜年，经济上的互助拉拢，红白喜事请外姓帮忙，日常生活中的专程拜访，也是人们借以扩展社交的机会。

四、土著化的实现以家庭而非家族为单位

从地契来看，所有出卖土地的人，无不避免称"卖地"，而是自称"卖约人"。出卖土地，不管是出于何种原因，均称"正用不足"。这些都是和人们对土地的珍视有关。但购买土地的原因，不外乎生计，更重要的是要确保买地人在村子里的地位，实现土著化。或者说，红山峪村的土地交换，并不是像江南那样因商品经济的发展引起地权转移，② 而更多的是由生计、土著化引起的。

红山峪村处于三面环山的山区，以大山地形为主，适合成片耕种之地较少，土地以散碎为主。每一块地都有名字，每一个相对集中的区域也都有名字。有几块土地的范围和方位比较清晰，故而连小孩子都知道。笔者到一户人家里拜访一位老人，他的孙子告诉我，"俺老爷上北台子地了"。北台子地在村子的北面，南面即上村和底边之间有一部分地，西山顶的地很少，东山顶山上山下的土地叫东岗地。土地数量多，面积小，地块零碎③，位置明确，这在一定程度上不仅方

---

① 费孝通：《乡土中国生育制度》，北京大学出版社，2000年，第72页。

② 马学强：《"民间执业全以契券为凭"——从契约层面考察清代江南土地产权状况》，《史林》，2001年第1期。

③ 红山峪村流传着"家有百块地"的故事：20世纪50年代前后，给闺女说婆家首先要问男家有多少地。既使土地归集体后好长时期，媒人介绍男家，仍然追溯到集体化前有多少多少地，以此夸耀男家"是过日子人家"。一家找媒人给说儿媳妇，女方先问家有多少地。男方父母说："不用问，给女家说。我们家有一百块地。"媒人就把话如实转告了女家。女家父母听了，心想："一块地一亩，起码也有一百亩。"女家离高山区很远，是平原地区，不知道山里地块零碎，就答应了这门亲事。过门后，小两口去耪地，一气完成了九十九块，就是找不到第100块，最后才发现"席夹头"（一种草帽）底下还盖着一块地。故事讲述人：李桂枝，讲述时间：2001年4月20日，访谈人：刁统菊。

便了土地买卖，同时也决定了村民没有较多的利益连带关系。这和江南水乡特定的生态条件所形成的村庄水面公产，使村民有了更多的利益连带关系不同。[①] 再加上红山峪村人口密度低，因此村民对土地资源的控制和维护就不那么明显，村庄关系结构偏于开放而非封闭，这种种因素有利于吸引外来人口。

然而进入村子容易，可是要把村子变成自己的村子，实现土著化，成为"坐地户"，却是非常之难。移民来到此地，一般都是以寻求可耕之地为主要目的。由于大多数是家庭迁居，人数不多，对于家族聚居造成障碍，即使有家族聚居，也难以形成较大规模。因此，对于势单力薄的家族来说，要想形成自己的势力，壮大发展，必须要依靠外界力量。因此，村落内部的各个家族，一般来说都是合作多，对抗少，家族之间的联姻也比较普遍。

尽管难以形成规模化的家族聚居，但人们非常尊重家族制度。家族内部的土地交易也经常出现，仅在周氏家族内部就出现了 9 例。当一人要卖土地时，必先告知同胞以至叔伯兄弟，告之出卖的原因和价格。当兄弟决定购买时，价格会适当降低。若他们无意购买，再在其他家族人员中寻找买主。除非未能在本家族中寻得买主，否则不可召其他姓氏购买。最先购买权从同胞兄弟开始，以血缘关系的远近层层外推，反映了土地和家族组织的密切关系。对于不遵守这一"规矩"的人，家族成员自有相应的行为规范对之进行制约。如上世纪 50 年代初，村民田某欲出卖老宅子[②]西面的一片山坡。他未曾与家族近亲商量，而是自主决定直接卖给家族远亲，计价 60 万元（相当于现在的 60 元）。田某的亲婶子田王氏知道他要出卖土地后表示自己要买，不料田某抬价至 80 万元。田王氏考虑到这是家族近亲的土地，认为价格再高也得买下来，而不能任其流落到远亲手中，即以80 万元买了下来。不过从此以后，田某失去了家族近亲的庇护，而且也给其子孙留下了备受近亲冷落的后遗症。

家族内部的土地交易，一方面反映了土地的珍贵，即使同胞兄弟、叔侄之间，买卖照旧不含糊；另一方面也反映了家族内部同样需要依靠契约来确认法律关系，从法权上确立对土地的所有权。为了避免家族内部的矛盾或冲突，理顺人

---

① 张佩国：《近代江南的村籍与地权》，《文史哲》，2002 年第 3 期。
② 父母居住的房子。当兄弟分家以后，就会把父母的宅子叫做"老宅子"。

际关系，同样依靠地契整合交易。因此，土地契约文书也是法权的体现，表明社会已逐渐步入法权的阶段。

虽然地契表明周氏家族活跃在土地交易市场上，但并没有出现土地集中于家族的趋势，红山峪村的土著化社会诞生也比较晚。家族的确是人们进入村落的一个路径，但土著化的实现却是以家庭为单位。这样做的结果是减缓了家族的土著化进程。

下图表示地契中所涉周氏家族成员的关系图。其中四位克字辈是家族内部近亲兄弟。

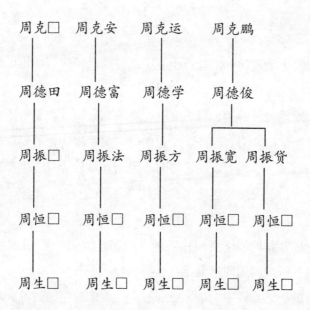

据说，宣统元年和宣统二年周德田两次卖地给周克安很可能是为了筹办红白喜事而"花地"。周克安在村民记忆中特别能"弄钱"。他一点一点积攒钱，有钱就买地，而不管所购土地来源于同姓还是他姓。而周德俊在一年之中先后三次从亲侄子周振方手中买地。这表明在很大程度上购买土地是出于一种家庭意识，而非家族意识。当然，周振方没有把土地卖给族外之人首先也是出于对家族制度

的尊重。虽然人们尊重家族制度，但红山峪村的家族关系并未得到充分发育①。通过姻亲关系可以进入村落，但通婚并不能真正实现土著化；家族关系也可以进入村落，但实现土著化并不是依靠家族。购买土地有助于实现迅速的土著化进程。对土地的渴望使得人们超越了对家族发展的关注，更加重视家庭的土著化。因为土著化以后，家庭同样可以在红山峪村这种家族关系没有得到充分发育的地方落脚、繁荣。只有在人地关系紧张的前提下，家族关系高度发育，才会产生严重的排外现象，即使是借助姻亲和同族关系也难以在较短的时期为村民所认可。

五、未了问题

土地私有引发土地流转，由此产生了土地契约这种鲜活的历史见证。本人尚存几个问题没有解决。

第一，本人对地契的解读，因为欠缺专业基础知识，未见得准确。而且土地契约文书与当时当地的社会、经济、文化的研究关系密切，需要从多个方面进行研究。土地契约也从一个侧面反映了当时土地的开垦、价格、生产以及生态的变化，同是它本身所记载的地价也足可反映社会经济的变动。地价与本身的肥瘠、环境、位置有关，同时又与时空关系密切。红山峪村这些地契的价格和处于经济发达的江南地区以及其他不同类型社会的土地相比如何？37 份地契本身的纵向地价相比又如何？税粮问题同样也存在这些比较。

第二，资料的缺乏导致不能进入更深层次或更广时空的讨论。地契中有卖主是红山峪村邻村人，也有个别土地是辗转经由第三村交换而来。以红山峪村为中

---

① 直至今天，村落仍然离不开十个姓氏之间的联姻和互相依赖。当然其中绝对存在相互竞争的情形。为了争夺空间和资源引起的斗争，或者因其他原因引发的矛盾，都曾经存在甚至从未消歇过。从表面看，十个姓氏之间的关系很好，其中原因是大姓已经没有了绝对的优势，而小姓则在千方百计地通过联姻寻求广泛的合作和依赖的对象，结果使得村民的利益更趋于一致，矛盾也大为减少。在附近其他村落看来，"红山峪的人很平和，姓杂，都是亲戚，好办事"。姓氏之间彼此互有姻亲关系，在这个姻亲关系网中，异姓村民之间的互助不再纯粹是乡邻互助的性质，联姻关系的介入使得这种互助更多地具有了亲戚情感的意味。多姓聚居在某种程度上还增加了村落的向心力。单姓村的村落意识往往是和家族意识重叠在一起的，而在一个多姓村内部，姓氏之间虽然有着明显的分界，但是血缘的聚合功能未必就能超越地缘的聚合功能。许多例子表明，地缘关系有时候比血缘关系还要具有凝固力。同一家族的人不住在一个村子里，家族意识减弱；而不同家族的人，住在一个村子了，由于出入相扶、守望相助，反而比外村的同族人更能维护彼此的利益。

心，若能获得更多的社会文化、历史资料，就可以探讨小区域内民众社会生活的互动，进而探讨村落与较大范围内地域社会之间的关系。

第三，从立契时间来看，1909 年到 1990 年，中国社会性质发生了几次改变，而中国历史上也发生了许多重大历史事件。这些事件尤其是 1949 年中华人民共和国的成立对土地交易产生了重大影响。但是我们要追问的是，村落内部的土著化进程受到什么因素的影响而中断了？时代交替、制度演变在其中发挥了怎样的作用？可以确认，人们对土地的珍视观念一直没有改变。中华人民共和国成立后，广大农村先后经历了互助组、合作社，土地私有逐渐转变为集体所有，到 1960 年买卖土地已经非法。但人们私下仍然进行土地的买卖，虽然契约没有了实际效用，但这至少反映了长期以来的土地私有观念和地权意识在人们心目中的地位。

山东青州市井塘村民间文献述略

2003 年暑期，山东大学民俗学专业的师生们对井塘村进行了第一次全面调研，并且撰写有 10 万余字的调查报告①。此后五年多的时间里，山东大学民俗学专业的师生们集体或个人进入村庄，对井塘村进行了数十次专题调研。在所发表的成果中，已经有 4 篇硕士论文是以井塘村民俗事象为研究对象，涉及井塘村的家族、婚姻、信仰和民俗旅游等内容。还有一些学者也撰写过与井塘村相关的论文或调查报告。②

在几年来的调研中，虽然发现村里也有碑刻和家谱资料，但当时所发现的碑刻数量有限，家谱亦多为近些年新修，在研究井塘村村落历史时，可依据的史料极其有限。最近，在 2008 年秋天和 2009 年春节的两次调研中，发现了有关村落历史与信仰方面的数十块碑刻。2009 年 3 月底，我们已将与井塘村有关的 44 块碑刻进行了全部拓制，并采用数字化处理，全部碑刻的文字正在整理过程中。

---

① 参加这次调研的有山东大学民俗学研究所师生叶涛、李凡、马婕、荣新、曲洪祎、辛灵美、秦荣艳，山东大学社会学系本科生邹广华，当时任教于山东艺术学院的张士闪，山东建工大学的姜波，山东建筑工程学院建筑系本科生褚朋、张海伦、赵群、闻志伟、张峻、孙炳刚。

② 山东大学民俗学研究所：《青州市五里镇井塘村民俗资源调查报告》（山东大学村落民俗调查报告），2003 年 10 月内部印刷。马婕：《青州井塘村现存宗谱调查》，山东大学硕士学位论文，2004 年。辛灵美：《民间信仰与村落生活研究》，山东大学硕士学位论文，2005 年。秦荣艳：《社会转型对农村婚姻习俗的影响研究》，山东大学硕士学位论文，2005 年。冯欣：《村民与村落旅游开发》，山东大学硕士学位论文，2007 年。曲洪祎：《青州井塘村居住民俗调查报告》，《民俗研究》，2004 年第 1 期。马婕：《青州井塘村现存宗谱调查》，《民俗研究》，2004 年第 1 期。张士闪：《当代乡村社会中民间信仰活动的艺术化趋势——以山东潍坊地区青州市井塘村为个案》，《民间文化论坛》，2005 年第 2 期。张士闪：《乡民艺术的文化解读——鲁中四村考察》，山东人民出版社，2005 年。辛灵美、叶涛：《青州井塘村四季社活动述略》，《民俗研究》，2006 年第 2 期。叶涛：《信仰、仪式与乡民的日常生活——井塘村的香社组织与民间信仰活动述论》，《民间文化论坛》，2006 年第 6 期。

本文只是对青州井塘村民间文献资料基本情况进行概括性介绍，由于对于地方历史相关史料的搜集尚在进行中，加之本人学识所限，对于井塘村村落历史与区域社会发展变迁的探讨，大量的考证论述工作还有待时日。

一、井塘村概况

青州市位于山东省的中部，是一座历史悠久的文化古城。井塘村在青州市区西南 15 公里处，整个村庄依山而建，南面、东面和西面三面环山，村子又被一个当地人称作"鞍子口"的山脊分为东西两部分。当地老百姓用"山高石头多，出门就爬坡"来概括村庄的基本特点。井塘村是一个行政村，包括井塘和郭沟山两个自然村。井塘村是典型的山区村落，它可以作为鲁中地区山地村落的代表。

截至 2007 年底，井塘村有人口 596 户，1585 人。全村耕地面积 1405 亩，山地多达 4000 余亩。全村现有吴姓、孙姓、张姓三大姓，吴姓占人口的 60%—70%，孙姓占人口的 20%—30%，张姓总共才 100 多人。过去曾有陈、李、蒋、贾、夏、白、赵等姓氏在村中居住，现在这些姓氏已无后人。三大家族及其住宅的分布影响着村民日常生活的很多方面，以村中现有的两个民间香社——四季社为例，村民一般都是到离自己家近的地方去参加活动。吴姓居住在村子的东部，基本在鞍子口以东，孙姓住在鞍子口以西，张姓住在孙姓的西边。鞍子东的四季社一般都是吴姓村民参加，鞍子西四季社则主要是孙姓和张姓村民参与。

1992 年出版的《青州市地名志》关于井塘村和郭沟山村的介绍摘录如下："井塘：在五里堡西南 9 公里，玲珑山北麓，聚落呈三块状。446 户，1561 人。耕地 1026 亩，产桃、杏、山楂等。设小学。《吴氏家谱》载，明景泰七年（1456），吴姓自吴家井迁此立村，因村东有泉，四季长流，整建为井，遂取村名为井塘。与郭沟山同设井塘村民委员会。""郭沟山：在五里堡西南 9 公里。18 户，72 人。耕地 69 亩。有石料加工业。《张氏家谱》载，清咸丰年间，井塘村张氏为看管果园迁此定居，因处山沟且多果树，取名果沟山，后沿为郭沟山。"①

井塘村1959年属五里人民公社，1984年属五里镇。2007年，青州市的行政区划再一次进行调整，五里镇与王府街道办事处合并，保留王府街道办事处的名称，井塘村成为王府街道办事处下辖的一个行政村。

吴氏于明景泰七年（1456）迁来之后，孙氏自临朐县移民至此，住在村庄南边的山岭之下。再后，张氏亦由临朐县迁此。据此推算，村庄已有将近600年的历史。

二、村落碑刻述略

井塘村的碑刻资料主要包括两方面的内容：谱碑和庙宇碑刻。庙宇碑刻又可以分为村内庙宇碑刻与村落周边庙宇碑刻两类。（碑刻编号见文后所附目录）

（一）谱碑

井塘村吴姓、孙姓和张姓都有谱碑留存，现存共有4通，分别为孙氏2通，吴氏1通，张氏1通。孙氏和张氏的谱碑依旧树立在各自祖坟的位置，只有吴氏谱碑树立的位置是原来吴氏一支的坟茔，现在已经变成村民承包的果园。

1. 孙氏谱碑（SSPB）

按照年代顺序，两块孙氏谱碑最早。两块谱碑并立于村南孙氏祖坟，上有碑帽覆遮。

其一立于清代道光十一年（1831）。碑中讲道，井塘村孙氏自始祖孙彪从□□庄迁居此处，已经繁衍十一世，立谱碑是为了"立石记名，以垂后世"。碑文还说道，祖坟周围有"松柏之植四十二株，即日火年湮亦不许评价而沽"。谱

① 青州市地名委员会办公室编撰：《青州市地名志》，天津人民出版社，1992年出版，第159页。在青州市地名委员会与井塘村民委员会共同于1988年树立的村名碑中，这样描述村庄的历史沿革："井塘距益都镇15公里，南依玲珑山，明景泰七年吴姓由西吴家井迁此立村。村东山下有一清泉，常年不涸，后凿为井塘，故村名依之。民国时期属益都县第二区。1946年属珑山区。1959年属五里公社。1984年属五里镇。"此碑今立于井塘村村口。

系记述了自孙彪以下十一世的情况。

其二立于光绪十一年（1885）。碑文讲道，始祖孙彪是自"胸邑天井庄徙居益都井塘，迄今十三世"。上碑（道光十一年碑）对九世之后叙述不详，此碑记述九世至十三世的谱系，并对自井塘村迁居外村的孙氏子孙予以详细记录。

从道光十一年谱碑中推测，孙姓自临朐天井庄迁居井塘村的时代应该在明末清初。

2. 吴氏谱碑（WSPB）

吴氏谱碑今埋于村西果园中，根据碑文判断，地面露出的部分约为全碑的一半。本欲将碑挖出，因该碑掩埋的时间已经较为久远，碑的前侧有一棵树龄几十年的果树，挖碑恐伤及果树，现今只将露出地面的部分拓制。

该碑树立的时间是中华民国 5 年（1916）。从不全的碑文中可知，这是吴氏支系的坟茔，坟茔所在的位置被称作"西台"。从这通不全的碑文中可知，井塘村吴氏九世祖吴宗韶，宗韶生二子三阙、三英三阙生一子名家，此后碑文缺失，后出现"一子讳廷禄，始葬于西台"的字样。廷禄就是这块谱碑上出现的最早的十二世祖。此碑记述了吴氏廷禄一支自十二世一直到十八世的世系。

吴氏谱碑由于掩埋而造成碑文不全，所提供的信息有限。不过，村里现存有几部吴氏家谱，弥补了谱碑的不足。

孙氏谱碑

3. 张氏谱碑（ZSPB）

张氏谱碑立于民国20年（1931），碑文所述"益邑张公者，自明嘉靖季年迁于井塘庄"。张氏先祖源于杭州府钱塘县，后迁至临朐县张家庄，再迁青州井塘庄。现存谱碑所记，是十六世祖张弘支系的情况。谱系始于十六世，延续至二十七世。碑中还记有辈分排字和茔地的四至。

孙氏谱碑之一　　　　　　　　　　孙氏谱碑之三

（二）村内庙宇碑刻

井塘村过去的庙宇主要集中在两个地方，一处在老村的东面、老井的西邻，有关帝庙、无生祠和龙王庙；另一处在过去老村的东北角，现今村子的入口处，有三官庙和土地庙。

老村东面的庙宇过去有围墙，现在南面的围墙还在。在这片院落中，曾建有两排庙宇。前面一排是无生祠，供的是无生老母。后面一排有两个庙，东面是龙王庙，西面是关圣祠。三个庙中，关圣祠最大，其次是无生祠，龙王庙最小。过

356

去，院内有白杨古树，四人合抱而围。大钟一架，重约 500 余斤，上铸修庙捐款人姓名及年代，1958 年大炼钢铁时被砸碎。据村民记忆，院内过去有三通石碑，其一"重修碑记"记载关圣祠之事；其二兴龙桥碑；其三仪凤桥碑，都记载修桥出工、管饭等事项。现在这些石碑已经被砌到老井的井口上。

关圣祠用条石、石灰修砌拱顶而成。祠内塑关帝圣像头戴天平冠冕，身着朝服，手拿《春秋》。左有关平带剑托印，右有周仓佩剑扛刀。粉刷的墙壁上画着桃园结义、单刀赴会、过五关斩六将、古城会等三国故事。关圣祠历经沧桑，虽圣像被毁，但庙宇犹存。村中善男信女于 1999 年自愿捐资出工，换上红瓦。2000 年又请人粉刷墙壁，塑像，开光，立碑。

无生祠原来是一大间，面积约有 12 至 13 平方米，高度约有 3 米，坐北面南。祠内有塑像五尊，中间是无生老母，两边是四季老母。大概在 1949 年前后神像被毁，1958 年无生祠也被毁。

龙王庙最小，约有 2 米高，有半米左右的一个门，小孩可以钻进去。有一座神像，高一米左右，是用一块石头刻成的。前面有个供上香用的石台子。过去祈雨时要到龙王庙。20 世纪 80 年代后期举行过最后一次求雨。那一年天气特别干旱，有的村玉米绝产。张家峪的村民抬着纸扎的轿，里面放着龙王牌位，来龙王庙求雨。求雨结束后，又抬着轿回去了。张家峪在井塘村东面，离井塘六里路。

至 2005 年底，只有关圣祠修复。2003 年调查时无生祠尚存屋框子，2007 年因有碍观瞻，无生祠的屋框子也被拆除。龙王庙只剩下两块石板。据村民介绍，当时关圣祠还没有全毁，比较好修，其他几个庙都毁了，原想一起都修起来，资金不够，就先修了关圣祠。

关圣祠东侧现存碑刻 3 块。

GSCC01：立于关圣祠东侧，立碑时间为清代乾隆十八年（1753），记述龙王庙修建过程。因井塘村的老井泽慧四邻，常年水流不断，因而建龙王庙供奉。三位领袖善人均为吴姓，众善信题名残损不清晰，从可辨析的人名中也多为吴姓，有一处为曹姓。题名后还记有捐款数目。

GSCC02、GSCC03：立于关圣祠东侧，这两块碑应为一组。GSCC03 是从 GSCC02 断裂而来。02 中有对联的上联"四境咸慰云霓望"，03 为下联"八方齐昌太平歌"（"歌"字残缺，为补字）。02 立碑时间为乾隆二十四年（1759），有碑记，亦为龙王庙碑。三位领袖为吴姓，题名中均为吴姓和张姓。

关圣祠前存有两块碑。

GSCQ01：这是一块由天然石板打制而成的碑刻，它高 199.5 厘米，宽 156 厘米，厚 11 厘米。老百姓称之为"天地牌位"。被称作牌位的部位在石碑的中部，面积为 8050 厘米，四周雕刻有花纹，中间刻成牌位模样，上面写有"天地三界十方万灵真宰"。字迹曾遭到凿刻，有残损。

GSCQ02：这是 2000 年重修关圣祠时立的新碑，主要是 2000 年重修庙宇、塑造神像时捐款人名单。只有人名，没有捐款数目。

过去，村东南也有一组庙宇，为三官庙和土地庙，院落北屋三间供奉三官，西屋是土地庙。如今，院落和庙宇已全部塌毁，只有过去的土地庙，因还发挥着功能，才没有被人们忘记。土地庙原址还存有土台，村民逢丧事时还要到这里来"送大纸"、"送盘缠"。

土地庙今存碑刻一块。

TDM01：该碑横卧于村口原土地庙的位置，现被村民当做丧葬仪式中摆放祭品的供桌使用。因右上角残缺，碑序部分无法完整解读，已不知是为何神、何事而立。立碑时间为清代康熙十年（1671），题名中吴姓居多，间有孙姓、张姓、王姓。

村内南面老屋密集处，还有一处仙家庙，一米见方，红砖垒砌，有一小庙门，上写"金山"二字。据说供的是狐仙，狐仙是给家里运财的。

（三）井塘村周边庙宇碑刻

井塘村被山梁环绕，村西北与石皋、张家洼等村共有凤凰山。山上有三元殿、观音堂、老母殿等。2003 年我们调查时，曾经登上凤凰山，当时庙宇均已坍塌，尚存 10 余通石碑，多为清代民国时期的碑刻，颇有价值。2009 年 2 月，重访凤凰山，庙宇已经修复，碑刻也已树立起来。

村西南玲珑山为青州境内著名的三山之一（云门山、驼山、玲珑山），因保存有北魏著名书法家郑道昭的石刻大字儿闻名。玲珑山山地为井塘村独有，山南为青州的另一个乡镇王坟镇。玲珑山上有玉皇庙和瑶池，玉皇庙今已不存，瑶池建筑还在。2008 年，有一个外地老板投资修复瑶池，塑造神像，如今已初具规模。

凤凰山今存碑刻 18 块，包括 7 块无法完整识读的残碑和 1 块 2006 年新碑，其余 10 通碑，清代 7 块，民国 3 块。

FHSX02：立于雍正三年（1725），碑额为"万古流名"，碑文全部为题名，题名前有一行题记："时大清雍正三年孟春兴工八年宴月念三日合会吉旦仝立。"这应该是一块修庙碑记。

FHSD01：立于乾隆三年（1738），碑额书"修醮题名"。有碑序。题名中有井塘村吴氏村民参与。除序文、题名外，还有一行记下一位卜姓村民载槐树两棵。

FHSX01：立于乾隆三十年（1765），为重修三元大帝庙而立。碑额有"流传奕世"四字，以下全部是题名，领袖部分分为会首和女会首。

FHSD03：立碑时间为"大清嘉庆岁次壬戌孟秋"（嘉庆七年，1802），碑额为"重修碑记"，为集资重修三元庙而立。

FHSB01：这块碑立于咸丰元年（1851），记述道光三十年（1850）新建观音堂一座，并对山门、影壁、周围垣墙进行维修之事。

FHSX03：立于光绪七年（1881），碑额书"修醮题名"，修醮碑。

FHSX04：立于光绪二十四年（1898），碑额书"万世流芳"，碑序为"重修凤凰山碑记"，记述重修神祠事宜。

FHSD05：立于民国 5 年（1916），碑额书"勒碑刻铭"，碑序为"重修三官庙序"。序文讲道，凤凰山上过去有三官、观音、灵官、太尉诸庙，此次全部重修。碑序的撰文者为"圣庙执事先贤七十一代孙卜宪周"。此人在后面的碑刻中还有出现。

FHSX05：立于民国 8 年（1919），碑额书"四季社碑"，碑序全文如下："民国 8 年，岁在己未，孟秋之初会于凤凰山之三官殿前，当四季社也。群友毕至，少长咸集。游览古人之会社，皆有碑碣以志之。吾人立社业已有年，能不立石以昭来世乎？故亦列叙时人勒诸（左王右贞）珉。后之视今，亦犹今之视昔，后之览者亦将有感于斯碑。李汉顿首拜撰，主持卜嗣清。卜宪周顿首拜书。石工张锦春、清春。"这是记述井塘村及其周边村落四季社活动的最早最重要的史料。

FHSB02：立于民国 25 年（1936），碑额书"先后济美"，碑序为"四季社碑"，碑文讲道："神号老母，志慈也；社名四季，言时也。而山以凤鸣，神以母传，示人莫忘山之秀神之慈也。"还讲到："山之巅新建四季老母庙一座"，"首事诸人成立四季社业已有年"。碑文系"卜宪周拜撰"。

玲珑山现存碑刻 16 块，但多有残缺。碑中所述人名，均以井塘村吴氏为主。

LLSD01：立于清代康熙十一年（1672），碑镶嵌于青州玲珑山顶王母观音殿东墙上，碑体完整，文字漫漶。碑文前书"游北峰山记"。

LLSLLD03：立于清代康熙五十年（1711），碑额书"山门碑记"。碑体完整，保存状况良好，文字清晰。

LLSLLD04：立于康熙五十五年（1716），碑额书"乐安碑记"，残碑。

LLSD0：立于雍正三年（1725），全部为会首、会众题名。

LLSLLD02：立于乾隆三年（1738），碑额书"笔架修醮"。碑下部残缺，剩余部分文字清晰。

LLSYLD01：立于乾隆三十五年（1770），碑额书"修醮碑记"，碑文提及"王母大殿"。

LLSB01：立于清代乾隆五十三年，碑序为"兹因玲珑山王母观音殿重修记"。现存玲珑山王母观音殿后，正文楷书，碑额为"重修碑记"，碑残损严重，剩余部分文字清晰。

LLSD03：立于嘉庆二十四年（1819）。碑存青州玲珑山王母观音殿东侧，碑额书"万古流芳"。碑断裂为多块，右上解残缺，文字漫漶严重。上书捐款人名和捐款数额。

三、井塘村谱牒资料

现今井塘村吴姓、孙姓、张姓三个家族，吴氏、孙氏均有家谱流传，张氏相传也有家谱，今已不传。

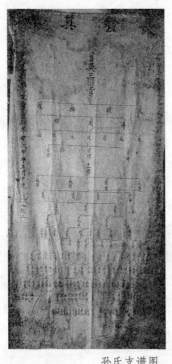

孙氏支谱图　　　　　　　　　新修《吴氏宗谱之井塘支谱》

马婕曾撰有《青州井塘村现存宗谱调查》①，对 2003 年调查所得井塘村吴氏、孙氏和张氏三个家族的谱牒状况予以较为详细介绍，附录余后，此不赘述。

在 2009 年 2 月的调查中，我们又拿到吴氏新修谱书一部，封面书《吴氏宗谱之井塘支谱》。谱序写于 2003 年，序文中追溯青州吴氏至明代洪武年间，时间具体到了 1376 年（洪武九年）。

四、口述资料：吴宜宾的传说

在井塘村的历史传说中，有一个经常被人提起的名字：吴宜宾。这个人物和村里被称作"宜宾府"的清末民国的四合院建筑，以及散落在村中的一些显然是经过细心雕琢的建筑构件石材联系在一起。

关于吴宜宾，我们 2003 年 8 月在井塘村调查时，采录到下面这个故事，是

① 马婕：《青州井塘村现存宗谱调查》，《民俗研究》，2004 年第 1 期。资料来源为 2003 年 8 月山东大学民俗学研究所调研报告。

迄今为止情节最为完整的故事：

吴宜宾的故事①

　　故事大约发生在明朝嘉靖年间，衡王是嘉靖的兄长，封地青州。衡王有三个女儿。一天晚上，他做了个奇怪的梦，梦见一只非常疲劳的凤凰落在他家门前的上马石上。第二天，衡王就找薛子牛解梦。薛子牛是何许人呢？他能掐会算，衡王过六十大寿时，云门山上的"寿"字就是他写的。他在云门山上写了个大大的"寿"字，刷上金粉。是夜，月光普照，将金色的"寿"反射过来，恰巧照到了衡王府，让衡王既惊又喜，这就是"寿比南山"的来历。话说回来，薛子牛听完衡王的梦后，就连连恭喜衡王，说这个梦是为三小姐选女婿的预兆，而那只落在衡王府门口的凤凰就是衡王未来的女婿。并且第二天就是给三小姐选女婿的好日子，应嘱咐门官这天在门口看着，如果哪个人累得气喘吁吁，靠在门前的上马石上休息，他就是新女婿了。

　　吴宜宾（已经不知道他的名字是什么了，宜宾是官名）是井塘村人，和老母亲相依为命，日子过得很苦。但他也不是勤快之人，家里连过需之粮也没有，就靠打柴、卖柴为生。就在衡王为三女儿选女婿的这天早晨，他睡过了头，起床很晚，而这天他还必须到城里去卖柴以换取所需之米面。如果他去晚了，就没人买他的柴了。所以他起床后，就拼命地跑到城里，从西门进城，待到了衡王府前，累得再也跑不动了，就坐在王府前的上马石上休息。门官一看，还真有人累得气喘吁吁地在上马石上休息，就对他说，今天是衡王选女婿的好日子，卖完柴后赶快回来。吴宜宾一听就来了精神。其实，他并没想过要当衡王府的女婿，想的是可以借机会吃饱肚子。于是，他在城里

①　讲述人：吴凤兴，男，1936 年阴历 9 月 28 日生于井塘村，在村子里念过一年私塾。1956 年参军，在烟台的 26 军服役四年。1960 年毛主席下令调兵到大庆搞会战，他于 1960 年 3 月 14 日到了大庆油田。起初在钻机队，后来又到了消防队。1973 年再次参军，一直到 1993 年，父亲去世，因为家中还有老母亲，就提前退休，回村照顾母亲。母亲于 1996 年去世。现定居大庆，2003 年 2 欧美调查时他正好回来照顾老岳母。他虽然常年不在村里，但知道很多村里的老故事。所引故事载于山东大学民俗学研究所：《青州市五里镇井塘村民俗资源调查报告》（山东大学村落民俗调查报告），第 100—102 页，2003 年 10 月内部印刷。

匆匆忙忙把柴火卖了，然后又回到了衡王府。把挑柴用的扁担放在大门口，人就进了王府。由于他卖柴耽误了时辰，来选女婿的人都把位置坐满了，只留一个正座儿空着，他也不懂什么规矩，想也没想就坐了上座儿。这张桌子正面对小姐的彩楼，他并不是为选女婿而来，所以就没有注意彩楼在哪儿。

等他坐好后，人就坐满了，开始上菜。那时，坐的是八仙桌。八仙桌一边应该坐两个人，因为他坐的是主座儿，所以就他一个人坐。吃饭时，他不管三七二十一，把面前凡是能够到的菜都吃完了，而且又吃了一箸饼（箸，即筷子，一箸饼就是把筷子竖起来那么高，筷子放平那么长的一打饼）。而其他王孙公子只象征性地吃几口，别人没吃他就开始吃，而别人都吃完了他还没吃完。吃完饭后，他就要离开。王府的人不让他走，说还有别的事情。

原来衡王的大女婿和二女婿都是得细食病（即现在的厌食症）死的，所以三女儿一定要找个身体好，能吃的人为婿。吃饭时，三小姐在绣楼上俯瞰众人，发现吴宜宾年龄不大，也就是 30 岁左右，而且特别能吃，所以就选中他了。饭后王府的人就问吴宜宾姓甚名谁，家住哪里，并且告诉他，三皇姑挑上他了，问他打算怎么办。他一一据实禀告，姓吴，家住玲珑山下的井塘村，你们说怎么办就怎么办。王府本打算先给一些碎银子，让他先回。银子是用谷秸子烤过的，有些发黑。他打开一看，说我们家茅房里都是这玩艺儿。就有人开始奉承他说，家里肯定是大富大贵，茅房里到处是银，所以后来他没有走，住在了王府，和三皇姑当即成亲，当上了王府的乘龙快婿。婚后，三皇姑随他回家，方知他家一贫如洗，家徒四壁。那时村里仅仅有十几户人家，属他家最穷，房子还是用树皮盖的。皇姑回家如实向衡王讲了，衡王就派人在井塘村为他们修盖房屋，盖了几十间瓦屋，还盖了楼，非常气派，以至于附近的人以为这些瓦屋都是庙，还有人来烧香磕头。现在的下院就是以前吴宜宾家的菜园子，下院人是给井塘人种菜的。

嘉靖皇帝膝下无子，没人继承自己的江山，心里很苦恼。严嵩那时是一个能够见得到皇帝的官儿，官儿虽不大，但是他人很聪明，非常得皇帝赏识。他就对嘉靖说："万岁爷，您不是无子，您有儿，年月您到地游玩儿，看中一位店家的姑娘，您走后，那姑娘就怀孕了。"于是，嘉靖就听从了严嵩的进言，要把店家女儿所生之子找回来。但正如俗语所说："家有长子，国有大臣。"嘉靖皇帝要和众大臣商议后，看众大臣的意见如何，才能做决定。当嘉靖和众人商量这件事情时，满朝大臣都同意，只有衡王坚决反对，理由是店家之女所生之子太低贱，会混乱王室血统，因此不同意店家之女进宫。

店家之女知道自己怀的是皇室的血脉，待孩子生下后，不敢留在自己身边，把他送到了江南。那个孩子在江南的日子过得很艰苦，一直到十七八岁还穿得破破烂烂，靠给别人打零工为生。严嵩是个有心之人，虽然衡王不同意村姑入宫，但自从他知道村姑有了皇帝的龙种后，就一直派人暗中盯着这个孩子，直到孩子十七八岁。

这时，严嵩又和皇帝提到这个孩子，嘉靖说只怕是找不到孩子了。而严嵩说，只要万岁爷下旨，他就能找到孩子。万岁爷说即使下旨，也进不了宫来。严嵩说只要万岁爷下旨，他自有办法。于是，嘉靖就下密旨让严嵩去找这个皇子。这个皇子被母亲送到江南后，一直在扬州。严嵩虽派人盯着皇子，但他自己并不认识。他到了扬州后，知府说就是那个帮人拉车的孩子。于是，二话不说，严嵩就派人把这个孩子绑了起来，关进囚车，日夜兼程，连夜进京。到了午门前，严嵩就向皇子跪拜，讲了事情的始末。然后让皇子沐浴更衣，去见皇帝。他见到皇帝后，口称父皇。嘉靖很高兴，就安排他学习各种礼仪、文化，为君之道，并且指派严嵩为他的老师。而严嵩因为功劳卓著，自然也升官了。

嘉靖驾崩后，这个皇子就继承王位，贵为皇帝。这时，严嵩又上奏，说皇帝的亲生母亲还在民间受苦。皇帝就下旨接母亲进宫，并问当时他母亲不能进宫的原因。严嵩就把当时的情况一五一十地说了一遍，是因为青州的衡王不同意他母亲进宫。小皇帝得知后，非常愤怒，下旨将青州的衡王府满门抄斩，并放火烧了衡王府。井塘村的三女儿接到消息后，家里就乱了套，能逃跑的人都逃跑了。后来这些逃跑的人，根据逃命所去的方向，分别姓了东、南、西。现在姓东、南、西的其实原来都姓吴。据说当时没有抓到吴宜宾，但他去向不明。①

吴宜宾的传说把偏僻的井塘村与青州城里帝王之家的衡王府联系在了一起，这是把村落家族的小历史与国家社会大历史相结合的十分有意思的一个传说故事。

五、分家文书

2003 年调查中，我们还得到一份光绪十六年（1890）的分家文书。此文书记述了村中孙刘氏所生的两个儿子分家时的情形。文书格式不似我们常见的那种，没有严格的中人、保人，只是写明了亲友、族人，以示见证。

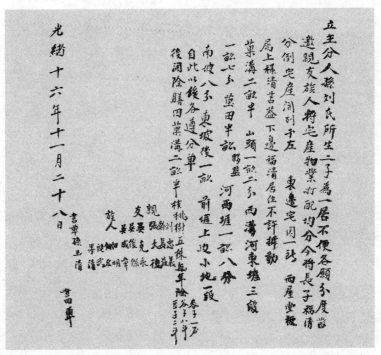

清代分家文书

① 1989 年山东文艺出版社出版的《青州民间文学集成》（李建华主编）一书，收有李凤琪整理的《衡王嫁女》传说一则，采录时间为 1987 年 10 月 8 日，讲述人为南阎家峪村的文盲刘氏女（时年 60 岁）。南阎家峪为井塘村的邻村。《衡王嫁女》中井塘村吴姓青年娶衡王女儿的情节，与上引"吴宜宾的故事"基本一致。

六、其他民间文献

在调查过程中，我们还搜集到其他一些反映村落历史的民间文献资料。

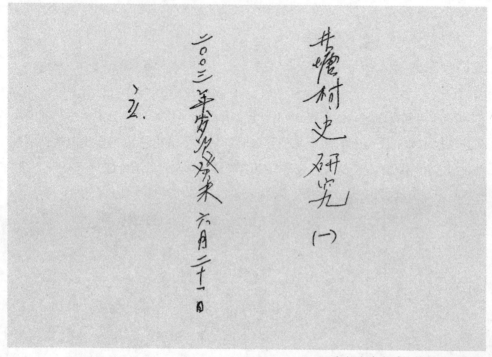

孙全道手稿《井塘村史研究》

井塘村小学退休教师孙全道利用闲暇时间，在过去备课本的背面撰写了两本"井塘村史研究"（注明时间为"2003 年 6 月 21 日"），所述内容涉及村落方位、姓氏溯源、老宜宾府建筑布局、吴宜宾的传说、村落庙宇及其历史、村落民团历史、村庄历史人物传说故事、结婚礼俗、祝寿礼俗、迁居礼俗、传统节日等。这些文字约有 3 万字左右。2003 年夏天调查时，我们把两册手写薄进行拍照，2005 年再次调查时，两册手稿已经被毁。

在调查村落香社活动时，我们搜集到民间流传的宝卷一类的资料，既有印刷的，也有手写稿，主要有手抄《佛手出门经》、手抄《五经进堂》、印刷《香谱》、手抄《护身真经》、手抄《四季真经》、手抄《五棵苦菜》等。

四季真经 春季
观音老母提玉篮 千变万化度人缘
一切邪魔归水去 观音面上落茄山
观音菩萨南海眼中垂泪 东土狸众士女怎度光阴
说三灾并八难临头难躲 落中央三心里苦度迷人
一尸个家贤良无投无舞 风又刮火又烧水又来侵
有福的就遇着恼园老母 子上东母上西子母离分
想当初发下了九十六亿 无福的落苦海永堕沉沦
庆齐了九十二好过玄关

手抄本《四季真经》之一

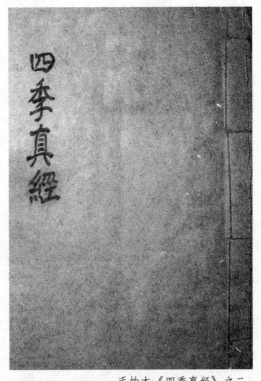

手抄本《四季真经》之二

七、几点设想

本人多年在山东调查，知道山东的村落史料十分零散。有的有谱书，但记载简略；有的有少量村落碑刻，但缺少谱书等资料相互印证。像青州井塘村这样，碑刻、谱书、口传资料等较为全面的村落资料，在山东尚不多见。

现有资料可以为以下几个方面的研究提供线索：

第一，村落家族的历史。谱碑资料和族谱资料，以及与信仰有关的庙宇碑刻，为我们研究一个村落中家族的发展历史，以及历史上家族之间关系提供了有价值的线索。

第二，村落信仰的研究。十分难得的是，在凤凰山上现存有两块十分完整的四季社碑，而至今以无生老母和四季老母为供奉对象的四季社在井塘村和青州、临朐一带仍然十分活跃。凤凰山上的碑刻为我们研究民间信仰组织提供了十分珍贵的史料。

第三，村落历史与区域社会史的关系。我们可以以井塘村为中心，通过这些史料，同时再结合周边村落的资料，考察井塘村与周边村落之间的关系，探讨小区域内通过信仰生活所反映出来的民众社会生活的互动；进而，结合青州地域历史，探讨村落与较大范围内地域社会之间的关系，为研究历史上山东地区民众的社会生活状况提供一个鲜活的个案。

八、附录

（一）山东省青州市井塘村碑刻目录（李久安整理）

关圣祠附近（GSC）前（Q）侧（C）

序号	名称	形制：高—宽—厚	备注
GSCQ01	天地三界十方神灵真宰	199.5—156—11 内文：80—50 圆头	牌位刻在整块碑的中间
GSCQ02	重修碑记，关圣祠几经沧桑，公元二〇〇〇年岁次庚辰六月十九日	146—66.5—12 有碑座、碑帽	新碑，无拓片 有对联：倡文明保古迹永留后世，得其名不思利万古流芳
GSCC01	青郡城西南二十里许，乾隆十八年岁次癸酉丁巳壬子建立	86—43.5—13 平头	
GSCC02	乾隆二十四年，四境咸慰云霓望	92—54—24 平头	
GSCC03	八方齐昌太平□	92—54—24 平头	仅侧面有字，正面无字，与 GSCC2 上"四方"一句成对联

土地庙（TDM）

序号	名称	形制：高—宽—厚	备注
TDM01	经大变其神灵显赫，康熙十年五月十三日仝立	89—60—27.5 平头	右上角缺

凤凰山（FHS）东（D）西（X）北（B）

序号	名称	形制：高—宽—厚	备注
FHSD01	修醮题名，余尝览山川之□错，乾隆三年三月初三日吉旦立	171—71.5—17 平头	
FHSD02	南峙巨□北跨，道人卜从亮	54—72.5—11.5	残碑
FHSD03	重修碑记，青郡城西南三十里许，大清嘉庆岁次壬戌孟秋下浣日刊石建立	176.5—101.5	有联曰：修庙壕神善事甚重于百世，捐金助力芳名可传于万年
FHSD04	功德无量，重修凤凰山三官庙碑记，农历二〇〇六年三月三日立	173.5—72	新碑，无拓片 有联曰：万众感恩颂神明，三官显灵降福禄
FHSD05	勒石刻铭，重修三官庙序，民国五年岁次丙辰桃日上浣榖旦	172—87.5—16.5	
FHSX01	流传奕世，皇清乾隆三十年五月十七日重修，□门王氏吴门□氏	178.5—73—22	右下部为巨石所挡，拓片缺此部分
FHSX02	万古流名，旨大清雍正三年孟春兴工八年下月念三日合会吉旦全立	168—82—15.5	
FHSX03	修醮题名，祭法有之能御大□，大清光绪七年十月初八日	169.5—87—18	
FHSX04	万世流芳，重修凤凰山碑记，皇清光绪二十四年几次戊戌□月上浣榖旦	164—76.5—18	
FHSX05	四季社碑，民国八年岁在己未，陈□氏陈卜氏缺形制		
FHSX06	郗永□□□特，李维灿	90—37—17.5	残碑
FHSX07	曰凤凰庙，薛乔薛岳	100—81—17.5	残碑，无拓片照片

序号	名称	形制：高—宽—厚	备注
FHSX08	修建碑记，盖谓山不在高秀□则明，王有存	80—54—17.5	残碑 以上三块疑本为一块，后裂为三
FHSX09	王景富，张清□	30—52—17	残碑
FHSB01	万善同归，道光三十年随喜庚戌，咸丰元年岁次辛亥菊月下浣穀旦立	205—132.5	
FHSB02	先后济美，四季社碑，大中华民国二十五年岁次丙子荷月下浣元吉	160—79.5—17.5	
FHSB03	众善题名，夫天曰大生地曰广生，大中华民国	86—82—18	残碑
FHSB04	不息者四时五行也，穀旦	92.5—82—18	残碑，无原碑照片 以上两块疑本为一块，后裂为二

玲珑山顶（LLS）东（D）西（X）北（B）

序号	名称	形制	备注
LLSD01	□□峰记，时康□十一年青州府学教授	166—75	嵌于东墙上
LLSD02	史不记其建立何代，高士弘高□仲	106—62—15	裂为上下两段
LLSD03	万世流芳，前功之永垂于不朽，嘉庆□十四年岁次己卯荷月穀旦建立	113—140	平仆地上，裂为四块
LLSD04	女会首刘门吴氏，雍正三年七月	61—92.5	缺左下角，平仆地上，无原碑照片
LLSD05	玲珑山上有瑶池，吴振基闫士□	69—94—15.5	残碑，左半部分无字
LLSD06	□门郑氏张门姜氏，□门王氏史门赵氏	97—72—20.5	残碑
LLSD07	盖问青郡益□西南有山号，冯记高王成□	41—94—16	残碑
LLSD08	吴良银吴川，石匠王□	73—53—7	残碑

续表

序号	名称	形制	备注
LLSX01	其扶祐四方锡兹福祉者，张万年刘振东	86—71	残碑
LLSB01	重修碑记，兹因玲珑山王母观音殿重修碑记，大清乾隆五十三季拾□月吉旦	92—64	残碑

玲珑山云龙洞口（LLSYLD）

序号	名称	形制	备注
LLSYLD01	修醮碑记，自□□古以来，皇清乾隆三十五年六月十九	110—68—16.5	残碑

玲珑山玲珑洞口（LLSLLD）

序号	名称	形制	备注
LLSLLD01	南枕骈邑之郊，王福生石匠李发生	66—75—20.5	残碑
LLSLLD02	笔架修醮，青州古郡也东北海国，乾隆三年七月初五日吉旦立	125—75—20.5	残碑 以上两块疑本为一块，后裂为二
LLSLLD03	山门碑记，余问川岳皆天地之钟秀，大清康熙五十年四月初九日建立	162—77.5—18.5	
LLSLLD04	乐安碑记，康熙五十五年	74—65.5—16	残碑
LLSLLD05	贾龙昌贾永昌	46—65.5—14	残碑，字迹模糊

张氏墓碑（ZSPB）

序号	名称	形制	备注
ZSPB01	张氏先茔，盖问奉先思孝，中华民国二十年岁次辛未四月上澣 穀旦	153—68.5	有碑座、碑帽

孙氏墓碑（SSPB）

序号	名称	形制	备注
SSPB01	孙氏祖茔，盖闻木本水源世所固有，道光十一年季春月穀旦立	147.5—70.5—22	
SSPB02	本支百世，始祖讳彪自朐邑天井庄，大清光绪十一年岁次乙酉孟冬穀旦	147.5—76—22	以上两块并立

吴氏墓碑（WSPB）

序号	名称	形制	备注
WSPB01	本支百世，盖闻根深者叶茂本固者枝荣，中华民国五年	99—86—26	下部埋于土中，右侧前有树挡，原碑及拓片照片均不完整

（二）2003 年井塘村家谱调查资料①

1. 吴氏家谱

（1）宗谱

吴家有谱由来已久。据村民们介绍，吴家最早的也即唯一的宗谱，是由十六世祖名曰吴经帮的秀才修撰的。这份宗谱一改传统谱书修定成册的撰写形式，而将全文书写在一块约有三平方米大小的白布上。至此吴家便延续了在布上修谱的传统。虽然这张宗谱早已下落不明，但几位年事较高的村民尚能依稀记得其上所记述的内容：谱从第四世祖记述起（前三世已无法考证），第四世祖共有三位，明初之际，从河北枣强县迁出。老大叫吴脚，是时迁居至高柳吴家庄；老二名唤吴违，定居于安丘红河；老三，名不详，后世尊称为"吴三"，携全家先迁入吴井，后卜居于井塘，瓜瓞绵延至今已有 25 代，发展出 9 个支系。

前面说到此谱散佚多年，若问其故还得追述至"文化大革命"期间。由于特殊的历史背景，家谱作为"封建余毒"所遭到的破坏是毁灭性的，吴氏宗谱也未能从中幸免。整张布谱被无情地撕成两段，一半被焚为灰烬，另一半则被一

---

① 选自《青州市五里镇井塘村民俗资源调查报告》，马婕整理。

位村民当作了裹粉皮的包袱，遗失他乡。值得庆幸的是，半张成了包裹的谱终于能够重见天日。得到这一消息，笔者找到唯一的见证人，吴稳兴。据他介绍，当时，村里有人去邻近的王坟镇赵家庄卖粉皮，用的正是这块族谱。因为突降大雨，他避之不急，匆忙之中将包裹丢弃，一个人独自离开。从此，这半张谱如同石沉大海，再无音讯。直到 1989 年，一次偶然的机会，吴稳兴在王坟的赵家庄再次目睹了这半张谱。它被一个村中略有文化的人拾到并保存起来。此人深知它必将有其无可估量的价值，所以当吴稳兴欲以一条青烟作为交换时，被断然拒绝。老吴回家后，将此事告知族人。但由于意见上的分歧，要谱之事无果而终。在笔者调查的几天中，得知村民吴道昌对此事极为重视，并决意要将这半张宗谱找回来。

（2）支谱

吴家除了宗谱以外还有几份支谱，即始祖分支下的子孙谱牒。人口不断繁衍，支派逐渐繁多，为使世代不混，昭穆有序，及时修出支谱势在必行。

历经数载，吴家早已分出 9 个支系，其中的 7 支拥有自己的支谱。它们分别被存放在各支中稍有威望或是在修谱时出过力的人家，这些人分别是：吴稳兴、吴永顺、吴银昌、吴兆信、吴华兴、吴延校、吴道昌。位列前三者的支谱是于 20 世纪 80 年代重新续修的，其余四支所持的基本是 20 世纪 50 年代所修。由于时间所限，此番调查，笔者见到的仅有两份支谱。

其一，吴稳兴一支的支谱

吴稳兴饶有兴致地描述了当年修谱的全过程：20 世纪 80 年代，"文化大革命"刚刚结束，吴稳兴的父亲吴光增与吴永顺以及孙好忠几位老人时常聚在一起。有一回闲聊中突然萌发了修谱的念头。父亲回来与之商量，当即遭到反对。他说当时是因为经历过"文化大革命"的苦难，所以仍旧心有余悸。吴永顺得知这一情况也来劝说："家谱记录的是家族历史的东西，写历史是用不着担心犯任何错误的。"一致同意后，几人当即决定由吴延学担任此次修谱的撰写人。吴延学文笔和书法都被族人公认为上成，且辈分也高，确实是最佳人选。于是，修谱工作正式展开。因为吴稳兴比较年轻，加上代销店的工作不忙，他就和吴顺平、吴云兴一起担负起跑资料的任务。为了获取翔实的资料，他们不得不一户户的跑，一家家的问，报人口，记名册。那段日子，三个人几乎天天都要骑着三轮车到青州城北关吴延学处汇报新的资料。

准备工作的繁杂不言而喻，然而最头疼的还是各种不期而遇的困难。首先修谱需要一定的资金，按照当时的物价，只要上谱每人就要缴 3 毛钱，90% 以上的族人对这项工作给予了积极的配合，可仍不乏反对意见。一种是因为受到计划生育的限定，有些家中只有女儿（依据传统女儿是不能上谱的），总觉得自己孤零零的上了谱，后继无人，是件极丢脸的事。还有一种情况，就是那些被招赘的女婿，让这部分人掏腰包是很不情愿的。权宜之计，为了能使谱的的确确有存在的价值，修谱时，无论是否拿了钱，全部都被记录在案，上谱的人数达 400 人之多。最终所能收集到的款额大概有 110 元左右，全部用于纸、墨、笔、砚及布的购买。钱不够用，吴稳兴自掏腰包垫了 20 多元。

修谱是于 1988 年 7 月到 8 月左右开始进行的，历时 2 个多月。

这份家谱依照旧有的形式，仍然成就在一块白布上。谱例由两部分组成，第一部分为序跋，用于记载村史与族史。第二部分是世系表，因为并不成册，因而采用树形图。上为父，下为子，子又生子，子又生孙，繁衍不息，一派生齿浩繁，枝繁叶茂的景象。为使其血缘亲疏、辈分大小、行齿次序一目了然，同辈处于同一行，并以醒目的红色线条彼此相连，让看谱的人可以清楚地顺着线条所指引的方向找出他们的根源。对于同胞兄弟，在记录上采用左昭右穆的方法，使长幼不至于紊乱。

由于人丁渐繁，自八世祖起，各世代开始有了字辈，这样就不容易混淆尊卑。字辈的制定分多种情况，一种是同辈起同一个字，所置于的位置是有严格要求的，或在名字的第二位，或是第三位，必须一致。如宗字辈的，吴宗光、吴宗诸等；基字辈的，吴丕基、吴建基等。另一种情况有用同一个偏旁的，如第八世祖的名字全部都带有走之旁，如道、远、通、达、进等。一般说来，家谱在修订时还会提前制定出尚未出世的子孙的字辈。如此谱的左侧，有一行小字，便是族内续定的字辈：平、庆、安、国、章、家、仲、树、东、升、敬、贤、良。

一份完善的家谱除了记载子孙名号以外，还可以从中了解到其他一些情况，比如出继、招赘、出赘、嗣子、迁徙等等。吴家的这份支谱就是这样。仅出继一件事，就大致可以分为几种：一是因无子而从旁支过继，其子称继子；另外如果从外族过继一子，则称螟蛉子；第二类是兼祧，又叫一嗣两祧，意思是一门所生

374

的儿子，既是本门的后代，同时又属于另一没有子嗣一门的后代；第三类较为特殊，即过继一子后，又自生一子。

正当修谱工作进行得如火如荼时，另一项"工程"也在紧锣密鼓地进行着。吴光增等人意识到只有谱还不够，于是专门到上石皋找了一位叫卜庆学的老人画了幅家堂轴子，并将其精心装裱。只是任何事情都无法做到尽善尽美，所有的事情没有完成时就赶上秋收，再加上资金有限，致使少做了一份放在轴子下面的"疏"。这个"疏"一般用桑皮纸折叠而成，其上写上亡故族人的名号。原本想要请戏班子唱几天大戏，也因价格昂贵作罢了。

对于当年续谱，吴稳兴说了一句意味深长的话："无论当时如何辛苦，现在想来，修谱是对前人、本人和后人的记载，所以我从未后悔过。"朴实的话语道出老百姓对家谱的普遍认识：敬宗收族。

其二，吴道昌一支的支谱

吴道昌一支曾经有一份老支谱，续修于1954年。当时是由族中几位老人，如吴延富、吴延华、吴延贵、吴延和共同负责的。他把老谱拿出来展示给我们——一张早已泛黄的布谱由毛笔书写，谱上缺少序跋部分，只是清晰地将本支各世族人的名号绘制在世系表上。但就这么一张看似简单的谱也是极有用的，正如吴道昌所说：这是下次修谱的依据。

20世纪80年代的修谱热潮，他们这一支没有参加不免有些遗憾。今年春节前夕，他终于准备将多年未了的心愿完成。他从自己的积蓄中拿出1000多元钱来作为经费（他认为现在要是提出修谱而向大伙敛钱，恐怕困难重重），准备起续谱的工作。

"新时代，新风尚"，就连修谱这样的传统文化在新时代中也展现出新的风貌。吴道昌就是这么一个跟得上时代脚步的人。他对家谱意义的认识很传统："如果家谱失传，就失去了对祖宗的记载，所以现在修谱可以看作是对将来再次修谱的依据。如此就不会有家族成员失传的现象。"但他对家谱内容的认识却很"时尚"。这次的谱书，加进许多新的元素：首先是改变传统女子不上谱的旧习，让吴家的女儿们也都入谱。女儿如果出嫁，还要将其出嫁的情况列入谱中。其次，就是嫁进吴家的媳妇们毫无疑问地作为配偶进入家谱，当然不会写其闺名，只将姓氏注上。对于招的女婿注明身份后也会被载入谱系之中。虽然过去的谱也会将这类人收录进去，但总要将其姓氏改为女家姓，而此番修谱，就打破这一习俗，让入赘的女婿依然持有本来的姓氏，但后代随吴家姓即可。按照这些原则，所有入谱的族人共计 300 多人。

新谱在排版和印刷上采取了与过去不同的方法，不再用毛笔书写，也不写在布上，而是使用现代化工具——电脑，排版工作完成后将其刊印成册，但只想印四五份，意在"物以稀为贵"。因为是谱书的形式，所以世系表采纳了最常见的苏欧式图表。修谱前前后后共耗费了 1 个多月的时间，除了吴道昌做主持以外，还有族内的几个颇有文化的人参与。一个在济南广播电台的五服内的兄弟给予了大力支持，谱书就是由此人刊印的，预计农历的八月十五就可大功告成。

对于这样一个多年的夙愿得以实现，着实应该庆贺一番，可老吴却说："不庆贺了，我们只讲实惠，不讲形式。"

2. 孙氏家谱

孙家的老谱早在 1931 年土匪打井塘时就彻底焚毁了，如今的新谱是孙家唯一的一份族谱。这次续修是与吴家的那三支新谱几乎同时进行的。当时孙家比较有声望的老人孙好忠与吴家的几位老人商量起修谱的事情，大家一拍即合，立即张罗此事。然而作为后辈的孙全道等人很是犹豫，不知道现在的政策是否应允。直到有一天，孙全道在一张报纸上无意中看到了有关孙中山家族修谱的消息，这才坚定了他修谱的决心，便和其他几个修谱人孙好忠、孙全吉、孙全智、孙世福一道为这件事情忙碌起来。

孙好忠写得一手好字，文章也做得极好，所以当仁不让地担任起族谱撰写人。那些年纪较轻又热衷于此事的人就负责去各家各户收集资料，收取费用。与吴家所碰到的问题如出一辙。孙家的困难也是源于计划生育，有些人因为害怕无男孩而断了后的尴尬处境而反对修谱，所以还不得不逐一开导。幸好绝大多数人是支持这项工作，整个工程才得以顺利完成。当时是按人均 1 元（也有说是 1 毛5 至 2 毛的）收费的，收上来的钱用于笔、墨、纸、砚及布的购买。一旦准备工作完成，修谱的工作就可以顺利展开了。

孙氏族谱的体例分为序跋和世系图两个部分。其中的序跋部分是从孙氏祖坟里拓下来的，之后由孙好忠稍作改动而成。

整个谱的第二部分除内容上的差异以外，在体例上与吴氏支谱基本相似。唯独有一处在讲述过继问题时，出现了一个比较特殊的例子，即如果某一族人外出后再也没有音信，可以由其他族人做主为其过继一个子嗣。比如第十九世祖孙好生与孙好禄兄弟二人双双去了关东，不知所终，于是其胞兄孙好福所生的第二子孙全聚、三子孙全玉分别从名分上过继给了孙好生与孙好禄二人。

孙家在续谱时也为后世订立了新的字辈，它们依次为：世、杰、英、魁、永、治、国、安、邦、强。

孙家的家堂轴子早在"文化大革命"前就被毁，在这次修谱时也没有进行修缮，所以至今没有家堂轴子。

3. 张氏家谱

有关张家的情况，我们在第二次调查时方了解到一些。因为张家在全村人口的比重偏小，而且绝大多数卜居在郭沟山，调查起来就相对困难许多。此次调查的成果除了要感谢张世庆老人的口述外，多数资料来源于谱碑或者"道听途说"。

张家的祖坟位于玲珑山北峰西的一片林地里，那里有一块刻有张氏谱系的碑石，其文细致地讲述了张家的整个迁徙过程。现抄录全文如下：

> 盖闻奉先思孝，人生之所为贵，招本反始，立世更宜为先益邑。张公者，自明嘉靖季年迁于井塘庄，即迁祖弘公也，今越四百余年矣，按古籍考，竟知始祖肇于元代，即荣公字华斋也。原籍杭州府钱塘县人，后入临朐，籍驻张家庄，历年虽无显宦乡贤伟行者，在世可考弘公住此生三子，后茔于北峰山下，瓜瓞绵延支派分别于斯。谓盛至十六世祖讳志功，移于北峰西山也，即张廷魁后迁郭沟山而居焉。其间或播迁或仍旧张公族，可谓翻矣。即廷魁孙华东年尽八旬建茔记，子无是以为憾，所谓奉先思孝，报本反始者，今安在哉。第恐世远年湮，考稽无人，大族歔议勒诸珉俾昭于前，垂于后，以示不朽云尔。

谱碑中的序是从右至左竖行刻印的，序跋的左侧就是该族的世系表，依表上所记名号可以推算出迁入此地的始祖弘乃是张家的十一世祖。绵延至今已经是第二十四代。族谱中显示的新的字辈是：世、传、成、训、汝、景、宗、德、正、心、修、身、恒、兴、万、春。

除了这份硬谱以外，张家也有一份族谱，是"文化大革命"以前的老族谱。但与吴、孙两家不同的是，张家的这份老谱是用谱书的形式撰写的。在"文化大革命"期间，因为惧怕谱书被破坏，这份老谱竟被藏匿于吴云兴父亲吴光宝家，问其原因，只说是此人为人细致，声望较高，辈分也长，因此觉得如此保险一些。到了 20 世纪 80 年代，吴、孙两家大张旗鼓修谱之际，张家却一直没有人出头组织续谱。张家的家堂轴子在"文化大革命"期间也被毁坏，此后张家族人再没有一同请家堂的仪式，不过这对吴、孙、张三家互相拜谱的传统却丝毫没有影响。

（三）拜谱仪式与请家堂①

拜谱总是伴随着请家堂，这是吴、孙、张三个家族祖辈上留下来的传统。尤其难能可贵的是这三族在举行这一仪式时，除了参拜自己族里的祖先外，还互相拜祭其他各族的祖先。这种传统从未因为时间的迁移而有所改变，只要有请家堂的仪式就必然会有拜谱与互相拜谱的活动。

20 世纪 80 年代重新续修完家谱之后，共举行了三次拜谱活动。这一次修家谱对于井塘各族而言是件大事，所以在修好谱的第二年，吴、孙两家都郑重其事地举行了拜谱和请家堂的活动。只要有谱就可以举行请家堂的仪式了，所以吴家常常是各支请各支的祖先，孙家请的则是宗族的祖先。如果某家举行请家堂这一活动，就必须一请三年，也即家堂轴子和谱要同时在这家存放三年以上。井塘村对于存放族谱的人要求只要是口碑好，有一定声望的人即可。以三年为一期，下一期时，家堂轴子和谱就可以一并转放在另外一家。

拜谱与请家堂的具体程序是这样的：

年三十晚，各族各支的男人们聚集到村外较为开阔的场地里，带上香，拿着纸和常盘在年长者的带领之下，面向西方（因为村民们认为自己的祖先最早是居住在山西的，位于井塘以西，故此）边烧纸钱，边在嘴里不停地喊："老爷，老妈，少爷，少妈，来家过年吧！"当晚请回家堂后，大伙会在一起守夜，抽

---

① 选自《青州市五里镇井塘村民俗资源调查报告》，马婕整理。

烟、打牌娱乐一晚。次日早晨，即年初一拜谱活动正式开始。

放谱房间的布置是有一定讲究的，轴子应该挂在堂屋的正墙上，左侧的墙上同时挂着家谱。轴子下方一张八仙桌或条几上摆上香炉、灯烛，还需要八盘八碗十六样供品。拜谱严格地按照长幼有序的宗旨进行，年辈长的人排在前排，以此类推，如果无法一次排开，就需要合理安排好，分批次进行祭拜。俗话说"神三鬼四"，磕头时一定要磕四个头，因为他们认为祖先应该归于鬼。

存放家堂轴子的这一家，如果在过去的一年中没有新女婿，则以初一当晚就要将家堂送走。还是那些人，带上同样的东西，按照"哪请哪送"的原则将祖先们送走，嘴里不忘交代一声："吃好喝好，保佑一年平安。"但如果这家中有新女婿，则要求新女婿年初二来拜谱，送谱的仪式就要一直拖延至年初五方能进行。

互相拜谱是本村的一大特色，它是指在年初一拜谱之际，吴、孙、张三家各支除了祭拜自家祖先以外，还会以自愿的方式或派一些德高望重之人，到其他各家各支去拜谱。是否自带香烛，可以不做要求。到了对方家之后，要向对待自己家的祖先一样，虔诚地磕四个头，礼毕，主人要以烟、茶水招待，寒暄一番，表示感谢。据说这种互拜的行为是祖上传下来的，不容更改。与此同时，这一习俗进一步加深了不同宗族、不同支派之间的感情，令整座村庄沉浸在和乐融融的氛围之中。

我们都是亲戚：说出来的华北乡土社会

一、写的与说的：问题的提出

20 世纪以来，对于中国乡土社会的认知，渐渐地出现了宗族、宗教、经济生产、市场交易、政治博弈、水利组织以及劳作模式①这些或专项或融合的不同范式，并成为架构、描述、阐释华北乡土社会的基本词汇。

尽管颇有争议，20 世纪前半叶日本人在寺北柴、冷水沟、后夏寨等华北六村的调查②仍然成为学界研究华北乡村社会的基本资料。至 20 世纪晚期，在以这些调查为基本材料的研究中，黄宗智③和杜赞奇④的研究无疑影响巨大。黄宗智的研究侧重于经济方面，杜赞奇的研究侧重于在向民族国家转型过程中，乡土社会各种交错力量之间的政治博弈，可以简称为华北乡土社会的政治学研究。无论是杜赞奇的政治学研究还是黄宗智的经济学研究，二者都关注华北乡土社会的

---

① 水利组织和劳作模式是国内学界目前研讨华北乡土社会新的热点，已有不少著述，如董晓萍、蓝克利编，《不灌而治》，中华书局，2003 年；沈艾娣，《道德、权力与晋水水利系统》，《历史人类学学刊》第 1 卷第 1 期，2003 年 4 月；行龙，《晋水流域 36 村水利祭祀系统个案研究》，《史林》2005 年第 4 期；赵世瑜，《分水之争：公共资源与乡土社会的权力和象征》，《中国社会科学》2005 年第 2 期；张亚辉，《水德配天：一个晋中水利社会的历史与道德》，民族出版社，2008 年；蔡磊，《手艺劳作模式与村落社会的建构》，北京师范大学博士学位论文，2009 年。

② 中国农村惯行调查刊行会，《中国农村惯行调查报告》，东京岩波书店，1985 年。

③ Huang, Philip C. C.，《华北的小农经济与社会变迁》（The Peasent Economy and Social Change in North China），中华书局，2000 年。

④ Duara, Prasenjit 著、王福明译：《文化、权力与国家：1900—1942 的华北农村》（Culture, Power, and the State: Rural North China, 1900—1942），江苏人民出版社，2003 年。

结构与组织，并试图与华南比较。在权力、话语分析的学术洪流中，杜赞奇编织出了绵密的"权力的文化网络"。在这张无所不包而又绵密的巨网中，华北村落有了"宗族型"和"宗教型"之别，村落组织也有了村落内、跨村落与自愿、非自愿的交错之分。在"道义小农"与"理性小农"，市场经济与小农经济，和内卷化式经济发展的裂缝中，黄宗智游刃有余地描画出了大致同期的华北村庄因半无产化和官僚化的交接而导致的或内聚或崩溃的图景。

20世纪中叶，在林耀华①等早期中国本土学者撰写的民族志的基础之上，想象力丰富的弗里德曼②将华南乡土社会与"宗族"及其制度、符号、活动等紧密地串联起来。此后，作为基本标志，也犹如万能的"符"，宗族也就成为华南研究乃至中国乡土社会研究不可逾越的事象。尽管杜赞奇、黄宗智等人的研究使华北乡村在整体上呈现出与华南宗族范式不同的形态学，但宗族也始终是二人比照、分析华北乡土社会的核心概念。在华北乡村研究已经呈现多元样态的当下，辩论华北宗族的有无、真假，或是完整还是残缺依然有着无穷的魅力，甚或是不少研究预设的前提（如兰林友③）。

不容置疑，学者们发挥自己的想象和写作才能开创的这些学术传统有着其认知意义，但在相当意义上，它似乎也仅仅是学者们自说自话、自得其乐的一种高雅"娱乐"和生计策略。由此，我将这些研究者在一定事实基础之上辨析出的华北乡土社会称之为"写出来的华北乡土社会"。其实，对于同样的事象，作为研究对象在学术写作中或有形或无形现身的民众一直都有着自我表达的方式和传统，尤其是在与明初洪洞移民传说相关又总是战乱不断、天灾人祸频繁因而少祠堂、族谱、族产的河北、山东、陕西以及河南等范围广大的华北地区④。长时段观之，如今的中国社会实则是个移民或者移民后裔的社会⑤。历朝历代盛行的户籍制度和群体、个体浓厚的寻根意识，分别从不同的层面促使生活在现居地的人

---

① 林耀华：《义序宗族的研究》，燕京大学硕士学位论文，1935年。Lin YuehHwa, The Golden Wing, A Sociological Study of Chinese Familism, London：K. Paul, Trench, Trubner. , 1947.

② Freedman, M, Lineage Organization in Southeastern China, London：Athlone. , 1958；Chinese Lineage and Society：Fukien and Kwangtung, London：Athlone, 1966.

③ 兰林友：《庙无寻处：华北满铁调查村落的人类学再研究》，黑龙江人民出版社，2007年。

④ 赵世瑜：《小历史与大历史：区域社会史的理念、方法与实践》，生活·读书·新知三联书店，2006年，第96—124页。

⑤ 葛剑雄主编：《中国移民史》，福建人民出版社，1997年。

们除了通过日常行为来建构着身份认同，还通过作为交际语言的传说等言语来结构着地方社会。因为普遍盛行的洪洞移民传说，也即在广泛意义上对族源的共同追溯和象征性记忆与历史心性，本文研究所涉及的华北广大地域亦可以视为一个存在叠合认同的"想像的共同体"。①

与讲究理论传统的史学、人类学、社会学的从业者不同，作为一个民俗学的研习者，笔者在此关注的是民众自己言说的华北乡土社会，并试图从"自家屋"、"我们村东"、"对子村"、"我们都是亲戚"等日常表达——言语的以及行为的——来一窥华北乡土社会的结构。换言之，本文要叙写的是"说出来的华北乡土社会"。除参考了近些年来其他学者在华北乡村的调查研究外，本文的主要材料来自于笔者近十年来在河北、北京和山西的田野调查。

二、自家屋：空间化的自我与实践的意识形态

费孝通曾深入浅出地指出，乡土中国迥异于西方社会团体格局的差序格局，即中国人认知、组织社会，评判与他人关系的亲疏远近以及由此采取的行动策略都是以自我为中心并推己及人的。② 也因此，他将乡土中国视为一个"熟人社会"、"亲密的社会"③。事实上，在人们日常生活作息的家居空间布局中，差序格局和"熟悉"群体中的自我认知都有着鲜明的体现。

民间表述形象生动，似乎是在修辞学中才反复强调的隐喻、转喻、通感、类比等在民间叙事中随处可见。"太阳还有一竹竿高"通常并非指空间距离，而是指距离天黑的时间。同样，"大约半个小时"在中国人日常交际中也常常说的不是时间的长短，而是路程的远近。与此相类，在陕西渭南地区澄城县的赵家河村，亲戚指姻亲，"自家屋"这个看似意指房屋的方言词强调的是血亲关系。

赵家河是个单姓村，村民都姓赵。按照现存的 1948 年"赵氏家谱"，其远祖是从洛川迁来的，至 20 世纪末已经在赵家河繁衍了 20 多代。在赵家河，

---

① Anderson, Benedict, *Imagined Communities*, Revised edition, New York：Veerso, 1991.
② 费孝通：《乡土中国生育制度》，北京大学出版社，1998 年，第 24—30 页。
③ 费孝通：《乡土中国 生育制度》，北京大学出版社，1998 年，第 6—11、72 页。

"屋"通常有两种含义，一般指院子，有时则专指窑。院子意味着兄弟间的财产关系，在当地谈论一个人经济状况时，都倾向于说他的院子值多少钱，分家也主要是分院子。包括窑、储藏间等的院子成环状。每户人家院子的空间布局及其社会功能几乎没有差别。无论过去还是现在，作为物质关系的象征，院子因被强化的财产关系而一直得以强化。集体化时期，虽然乡绅被根除，人民公社左右了屋外的社会生活，但作为一个消费单位的屋却得以保留。于是，血缘关系的实践层面反而被强化，自我意识也因屋的存在得以延续。进一步，屋成为自我的具象[1]。

在赵家河，"屋"指房子的同时，也指在这所房子中一起生活的家庭群体。[2]兄弟的感觉和观念意识源自于共享同一座房子，而非一座房子和一群兄弟之间的任何相似性。这样的认同形式明确地构成了生活物质序列中的自我含义，直接宣告了自我所拥有的物质形式。因此，赵家河的赵氏族谱追溯的并非个体间的血亲联系，而是记载的使人们明白自己是谁和与他们有着关系的房屋的等级。换言之，族谱记述的是房屋的谱系，而非人的谱系。因此，在某人屋之外的人就只能是亲戚，而非"自家屋"。姻亲隐喻的是那些从其他社区中可能被选中的个体，而作为男性普遍称谓的兄弟则是个转喻，指涉的是共享同样房屋的人。进一步言之，每位兄弟都存在于和其他兄弟的相互关系之中，这种关系总是相互依赖并分等级的。不同房屋之间的物理距离决定了社会距离的远近，亲兄弟、堂兄弟等亲疏有别的社会关系就是由房屋之间的距离远近体现出来的。在赵家河，血亲两极之间的许多兄弟群体的关系在空间布局上就表现为整个社区作为一个大的自家屋和每个屋之间的关系。也因此，在日常交际之中，自家屋所指人群大小和空间范围大小有着明显的差别。

狭义的"屋"——窑，也体现了自我认同和群体分类在日常生活实践中的空间化。[3]在赵家河，窑一直都是院子最为重要的部分，是当地人宇宙观主要的

---

① Liu, Xin, In One's Own Shadow: An Ethnographical Account of the Condition of Post – reform Rural China, University of California Press, 2000, P42, 38.

② Liu, Xin, In One's Own Shadow: An Ethnographical Account of the Condition of Post – reform Rural China, University of California Press, 2000, P36—37.

③ Liu, Xin, In One's Own Shadow: An Ethnographical Account of the Condition of Post – reform Rural China, University of California Press, 2000, P39—51.

象征之一。窑内男女日常关系是与桌子和炕—床的空间布局互现，即：炕—床：桌子∷女：男。一个人在窑内能清楚地看见外面的世界，外面的人则很难看见窑内的情形。窑内的桌子大致靠近门，坐在桌边能看见窑外的情形。窑外的人通常也能看见窑内的桌子。桌子还意味着娱乐，是接待客人，让客人抽烟喝茶的地方，也是鸡、狗等家禽家畜可以到达的地方。与桌子相对的炕则隐藏在门内，窑外的人透过打开的门是看不见炕的。通常，客人不能上炕。同时，炕也与暖、食物相连，是夫妻做爱、生儿育女的所在，也是婚礼最终完成的地方和新娘最终要占据的地方。不但是婚礼的终点，炕也意味着生命的终结。一个人死了，人们首先要将他从炕上挪开。正因为窑内的空间布局体现着这些基本的功能、组织观念和我与他者之间的关系，村里事情的讨论常常是在桌子边进行，而商谈彩礼嫁妆则是在炕上或者灶边。白天，炕为妇女所有，也是妇女们准备食物的地方。吃饭时，男性坐在桌边，女性围绕炕边，在给男人盛饭菜的同时也照顾小孩。

在华北乡村，人们日常闲聊的位置及其移动意味着关系的亲疏、能力的高下、身份地位的差异和角色的转换，[①] 待客时既定的座位排序本身也体现着人的身份地位、尊卑亲疏和权利义务。[②] 在赵家河，平常待客时，围绕窑门边桌子的座位排序也与空间的把握、内外主客之分和亲疏远近的社会关系密切相关。朝门的座位是主人坐的主位，朝窗子的座位是客人坐的客位，朝向室内帘子的座位常常是陪客坐的位置。主位能对窑外一览无余，客位则可同时审视窑内外。如果将主位让给客人，则是当地待客的最高规格。由此，待客时，最习以为常的餐位布局鲜明地体现出"里：外：主：客"这两组并置的分类范畴。于是，转喻兄弟血亲关系的方言土语"自家屋"的空间布局同时也表达着不同人群及其属性多重对立统一的关系：床：桌子∷女性：男性∷内：外∷主：客∷暖：凉∷隐藏：公开∷亲：疏∷欲望/本能：理性/自制。

在这些精彩的民族志描述、分析之前，坦言深受布迪厄实践理性影响的流心，同时对关于中国宗族自下而上和自上而下的两种理论模式提出批评，认为二

---

① 西村真志叶：《日常叙事的体裁研究：以京西燕家台村的"拉家"为个案》，北京师范大学博士学位论文，2007 年，第 105—164 页。

② 刁统菊：《姻亲关系的秩序与意义：以山东枣庄红山峪村为个案》，北京师范大学博士学位论文，2005 年，第 27 页。

者并没有真正立足于与"意识"相对的"实践",仅仅关注的是作为一种意识形态体系的亲属制度,而这种亲属制度并不是被研究者自身的。因此,流心强调自己要做的是从实践者的角度观察,并描述实践中的亲属关系。[①] 由于亲属的意识形态融合在家居空间的实践中,所以流心将这种意识形态称之为"实践的意识形态(practical ideology)"[②]。显然,流心关于一个普通北方乡村亲属关系的实践的意识形态的研究,不但丰富也冲击着固有的宗族范式理论,更为可取的是从"自家屋"这一日常言语思辨的方法论意义,以及该研究所表明的社会形态学与地理(空间)形态学在乡民日常生活实践中自如的转喻关系。

三、我们村东:血缘的地缘化

事实上,在华北乡村,家居空间不仅仅是人生活的空间、人与人关系的转喻,它同时也是一个圣化的空间,再现着人与神等超自然力量之间的关系,象征着人对未知世界的思考,以至于分家就意味着分神。[③] 但是,不论家屋是一种世俗和神圣如何混融的存在,个体生活显然不可能只在家屋之内,他必然要游走在家与家之间。这样,在一个自然村落中,因为人们交际往来频率的高低和已有的惯习及记忆,在家之外、村之内,又形成了不同的分野和与之相关同时也具有约束力的表述。在以产梨为主的河北梨区[④]的众多村落中,"我们村东"就是这样的表述。在调查过程中,受访者经常会强调"我们村东怎样怎样,他们村西如何如何"。

无庙不成村,村庙长期是中国乡村社会人文地理学和社会形态学的基本特征。但是,因为与华南相较,华北乡村宗族外在形态的松散,使得学界很早就关注华北乡村的村庙以及庙会,并将它作为华北与江南以及华南的一个区别性特

① Liu, Xin, In One's Own Shadow: An Ethnographical Account of the Condition of Post-reform Rural China, University of California Press, 2000, P34.

② Liu, Xin, In One's Own Shadow: An Ethnographical Account of the Condition of Post-reform Rural China, University of California Press, 2000, P50.

③ 岳永逸:《家中过会:中国民众信仰的生活化特质》,《开放时代》,2008年第1期。

④ 岳永逸:《田野逐梦:走在华北乡村庙会现场》,广西人民出版社,2007年,第44—65页。

征。① 早在 20 世纪 30 年代，受当时民俗学思潮影响的傅振伦在其主持编撰的新河县志中，详细描绘了该县各村简图，老母庙、关帝庙、三官庙、真武庙、玉皇庙、五道庙等村庙都图上有名。② 同样，虽然主要是侧重中国乡村社会经济、政治方面的研究，但很早在北中国乡村进行调查研究的甘博也格外关注村庙，认为拥有一个甚至更多的村庙是绝大多数北中国村庄的基本特征。③ 这深远地影响到了与他合作多年的李景汉参与调查并编写的《定县社会概况调查》。④ 村庙及其相关活动在该书中占了大量篇幅。随后，日本人在对华北村庄的调查中，村庙同样是重中之重，六卷《中国农村惯行调查报告》抄录了大量庙碑碑文。在关于华北村庙的地理学研究中，贺登崧指明万全县的村庄平均有 6.8 个村庙，宣化附近的村庄平均有 4.5 个村庙。⑤

如同华北多数乡村一样，在梨区这些曾经作为乡村景观和地理坐标的绝大多数村庙已经荡然无存。⑥ 但是，这些村庙仍然留存在村民的记忆之中，并不同程度地支配着乡民的日常活动和交际方式。同时，梨区的家与庙也并非如学界惯常认知的那样，是一种神圣与世俗、私与公的二元对立关系。围绕村庙、宗族意识和地缘关系，在村落日常生活中形成了村民们心知肚明的也是流动易变的多种次生群体。

在梨区，村落的东西人们惯说村东、村西，南北则常以前街、后街称之。如同众多的华北村庄一样，梨区曹庄的口头历史只能追溯到明初。根据村中刘姓族谱，刘姓的始祖刘全是在永乐年间从山西洪洞迁来的。到 2001 年，曹庄有 1019 户，4586 人，有刘、黄、尹等 32 个姓氏。其中刘姓占全村人口的 60%，并相对集中在村东。如今，通往县城的公路横穿曹庄东西，在村内的这段公路也成为村

---

① 赵世瑜：《狂欢与日常：明清以来的庙会与民间社会》，生活·读书·新知三联书店，第 187—230 页。

② 傅振伦纂，《民国新河县志》，铅印本，1930 本。

③ Gamble, Sidney, North China Villages: Social, Political, and Economic Activities before 1933, Berkeley: University of California Press, 1963, P119.

④ 李景汉编，《定县社会概况调查》，中国人民大学出版社，1986 年，第 417–431 页。

⑤ Grootaers, Willem A., Temples and History of Wan – ch' uan (Chahar): The Geographical Method Applied to Folklore, Monumenta Serica 13, 1948, P217. Grootaers, Willem A., Rural Temples around Hsuan – hua (South Chahar): Their Iconograph and Their History, Folklore Studies 10, 1951, P9.

⑥ 岳永逸：《庙会的生产：当代河北赵县梨区庙会的田野考察》，北京师范大学博士学位论文，2004 年，第 152—153 页。

中的东西主街道。在村民的记忆中，解放前的曹庄有 7 座庙宇：村东的三官庙、五道庙，村西的老母庙、真武庙、五道庙，村南的关爷庙，村北的观音庙。目前，只有村西的老母庙在 1994 年得以重建。

过去，村东的人死了就到村东的五道庙报庙，村西的人死了就去村西的五道庙报庙。五道庙作为人们对生死的理解和与丧礼必然发生关联的仪式空间，也对村庄进行了不同的分割。在村民的感觉结构中，作为阳间和阴间中转站的五道庙使人们具有了更加明确的方位感、群体感、权利感和归属感。因此，尽管梨区的五道庙荡然无存，但它对村落生活的影响却仍然通过语言留存下来，也即现今梨区人常说的"村东""村西"不仅指方位，还有"我们"的含义。

早在民国时期，曹庄就有主要由村东刘姓参与组织，每年前往苍岩山敬拜三皇姑的朝山茶棚会和敬拜梨区铁佛寺九莲圣母的茶棚会。在村内，围绕村西的老母庙、村东的三官庙、村北的观音庙和村南的关爷庙，人们分别会在农历二月十九、六月十三、六月十九和五月十三过会。改革开放后，由于政策的松动、生活条件的好转、风险危机意识的增加、地缘感、不同信仰之间的张力、老人的兴趣爱好等多种原因，曹庄东头的人们不但恢复了朝山茶棚会和铁佛寺茶棚会的活动，还一度围绕村东的三官庙，在其旧址张罗三官庙会。在苍岩山景区收昂贵的门票之后，朝山会不再前往苍岩山而是在农历三月十五这天在村中搭棚过会。无论是朝山会、铁佛寺茶棚会，还是一度恢复的三官庙会，组织者和参与者都是以村东头的人为主。不但是刘姓，在东头居住的其他姓氏也都可参与，只不过会首主要是刘姓担任。在清末、20 世纪 80 年代和 2002 年的三张合会名单中，合会成员中刘姓的比例一直都不低于 70%。[①] 在前往外村过会时，会旗上标的都是曹庄会，而不是曹庄东头会。

曹庄村西的老母庙会主要是村西头的人张罗，村东头的人很少参与老母庙会的组织。对于村东头的人而言，处于村西的老母庙是曹庄的，但更是村西的。可同样，在外出进行村际交际或敬拜时，老母会也笼统地称之为曹庄老母会。虽然村西也有不少刘姓，但在 1994 年重新成立的老母庙委会中，刘姓仅占了 50%，

---

① 岳永逸：《庙会的生产：当代河北赵县梨区庙会的田野考察》，北京师范大学博士学位论文，2004年，第 85—88 页。

会长也由高姓担任。

值得注意的是，尽管作为大姓的刘姓还局部保留着自己的族谱，并且也续家谱，在村东、村西各类群体性组织和活动中也占主体，但宗族观念明显不强。在村内，或者是对熟识的人，他们会强调自己是村东的或自己是村西的。可一旦走出村界，对外村与外人，他们则一律称自己是曹庄的。由此，我们可以进一步说，血缘关系已经根据交际场合的不同，被不同程度地地缘化。在曹庄，不仅是与地缘相暗合的夹带淡漠宗族意识的信仰组织，曹庄东、西两头祖辈上传下来的少林会、五虎会这样强身健体、保家卫村的群体组织也有着类似的特征。

在明了了这些背后潜在的历史记忆和延续的日常实践之后，受访者常常念叨的"我们村东怎样怎样"，"村西怎样怎样"显然有着分类学的意义和情感认知意义。这些口语是血缘地缘化的结果，但反过来看似口语化的地缘化表达，又暗含着血缘关系不同程度的认同。因为村东的刘姓更多更集中，群体组织、活动也更多，所以村东的人在说"我们村东怎样怎样"时，比同处一村的村西的人有着更多的自豪感和认同感。

当然，如同既往的乡村社会格局一样，今天在曹庄，不同的宗教也在对曹庄进行着切割与重整。在曹庄村南，由赵县柏林寺出资修建的观音院成为"正统"佛教的象征。在观音院听讲经说法的村民自称"居士"，并有意将自己与茶棚会行好的进行区分或在行好的场合强调自己的居士身份。天主教在曹庄传播了近百年，目前有教徒 200 来人，多系家庭内部传承。2001 年，由奉教的自己"捧钱"（捐钱）在村东北重新修建了宏伟高大的天主教堂。但是，气派的天主教堂的修建也强化了同处一村的遵从本土信仰的行好的和奉教者之间的对立。这时，村东与村西、前街与后街的地理区隔已经被掩盖，对奉教者的负面评价也就不绝于耳："谁家地里的草多，奉教的！谁家超生孩子，奉教的！"即，懒惰、违法成了奉教者的标签。有趣的是，本土民间信仰至今在官方的表述中基本上还是与封建迷信互为表里，而天主教则是合法的制度性宗教。

鲁中地区的西小章村和东小章村原本是一个村。因为族际之间的争斗和处于同一村落的群体势力的消长，尤其是由于竹马一直有着强大凝聚力的马氏家族，这个村很早就一分为二。但是，至今当地村民对外时才说东小章或西小章，而在他们自己日常交流时，脱口而出的则是承载群体记忆并有着褒贬认同的"东围子"与"西围子。"村民马镇华曾说："对远处的人我们说说小章，对外人我们说东小章、西小章，但在家里就说顺了嘴，张口就说东围子、西围子。"① 显然，不但因空间距离远近决定的社会关系的亲疏使同一个村子有着不同的别名，而且在村内，村民之间交流时的具体语境和心绪的差异也会使得声音轻重缓急不同的"东围子"、"西围子"有着不同的意义。

同样，主要因为信仰和天然穿村而过的鹞子涧沟的关系，京西桑峪村分为了偏北的后峪和偏南的前峪两个聚落。原本同宗的张、杨两姓则散布在整个村落。后峪的人都信天主教，有着教堂。前峪的人则属"大教"——本土民间信仰。于是，在对外人交谈时，不同村民不同场合口中的"我们村"有着截然不同的内涵。一般来说，后峪的人在说到"我们村"时，常指后峪，前峪人在说到"我们村"时，常指前峪，而村干部在谈到"我们村"时，则通常指作为一个行政村的桑峪村。但是，在桑峪的发展过程中，不仅有着信仰象征意义村口的过街楼和村尾的天主堂等特出建筑物争奇斗艳，无声地抗争也共存着，就连原本同宗同姓的人由于信仰关系也在空间分布上被重新配置，成为界限明晰的地缘群体和信仰群体。② 自然而然，桑峪人在使用"我们村"来表达自己时一样套叠着多重意义，复杂、微妙得多。

简言之，如果脱离"我们村东"这些口语的生发场景和使用语境，就容易片面地对其背后所指的组织、群体认知简单地归属于血缘或地缘，也容易按政治、经济或宗教的标准去分类。反之，尽管微妙多变，但对于运用这些言语进行交际的村民而言，其能指与所指、隐喻和转喻都是明白如画的，其指涉的群体感、认同感、地方感、归属感不仅是多层次的，在言说的那一瞬间也是互动和纠缠一处的。费孝通曾将契约社会基础的地缘视为是身份社会基础的血缘的发展与社会性质的转变。③ 显然，无论是从共时性还是从历时性而言，在乡民的实践的意识形态和日常生活实践与表述中，血缘和地缘之间或者并非泾渭分明的演进关

---

① 张士闪：《乡民艺术的文化解读：鲁中四村考察》，山东人民出版社，2006 年，第 28 页。
② 曹荣：《乡村天主教群体的信仰与生活：北京桑峪村天主教群体的考察》，北京师范大学博士学位论文，2008 年，第 41—51 页。
③ 费孝通：《乡土中国 生育制度》，北京大学出版社，1998 年，第 69—75 页。

系，而是一个动态的赛局模型。① 在华北乡土社会的前行过程中，尤其是在一个具体的村落，血缘、地缘等社会联结都仅具有相对的竞争力，并不拥有绝对的权力或优势。

四、对子村：东头与西头

不同的自然条件、生态环境、生产方式、经济状况使得不同地域的人对自己左近的村庄有着不同的分类。"穷奔山（山区/高地），富奔川（谷地/平原）"，这句长期在华北广泛流传的俗语，就是华北民众对因自然地理条件制约而形成的人群社会分类的转喻，是将社会形态学用地理形态学进行表述，抽象与具象同在。换言之，这句俗语是下述三组循环互动对立关系的一体化：穷人/下等人：富人/上等人↔乡下人/城里人↔山/高远：川/低平。在具体的区域中，这种分类会更加具体。

在北京房山山区，当地人的"南沟"包括霞云岭、堂上、四马台等村，和南沟大致相对的"北沟"则包括金鸡台、秋林铺、青土涧、下三水、史家营等村。因为地理条件相似，距离较近，并有着共同的生产方式、生活形态以及山梆子戏等娱乐传统，南、北两沟的人通婚较多，于是当地有"南北沟——亲家村"的俗语。② 在渭南地区的赵家河一带，人们将村庄分为塬上（高地）和塬下（谷里）两个范畴。改革开放后近二十年飞快的经济发展，使得塬上的妇女不愿意嫁到塬下的村庄。③ 在陕北，村庄的地理位置是决定一个村庄繁荣与否和社会地位高下的重要因素。按照所处的地理位置，当地人将村庄划分为后沟、山里和川口三个类型。与渭南的塬上相似，陕北川口的人有着更多的谋生机会。与偏僻的后沟的人家娶媳妇时的彩礼高达千元不同，川口村民娶媳妇的彩礼只是象征性的

---

① Elias, Norbert 著、郑义恺译：《什么是社会学》（Was ist Soziologie），台北：群学出版有限公司，2007 年，第 79—120 页。

② 曹俊仙：《地域社会与地方戏的传承：民俗学视野下京西山梆子戏的传承研究》，北京师范大学硕士学位论文，2009 年，第 38—40 页。

③ Liu, Xin, In One's Own Shadow: An Ethnographical Account of the Condition of Post – reform Rural China, University of California Press, 2000, P51.

百余元。[①]

学界和媒体一贯指称的河南宝丰马街书会在当地人的口语中则称为"十三会"或"十三马街会"。与他者关注马街这个地名不同，当地村民对书会的言说关注的是会期。因为书会举办地在马街村，马街村与周围的马头寨、乌峦照和小店村等村落也就被归属到当地人的不同言语范畴。马街周围村落的村民习惯称马街为"街里"，而马街村民则称其他村庄为"乡下"。考虑长期裹挟中国社会前行的城乡二元对立的事实，更多喻指空间的街里、乡下显然有着优劣、好坏、高低等社会文化属性与价值评判。虽然不一定有垂直方向的升降，但身体位移的目的地却决定了动词的使用。于是，"街"与"上"相连，"乡"与"下"为伍。时至今日，"上街"、"下乡"都有着阳光灿烂、充满渴望与沮丧没落、日薄西山的心性之别，而且下乡亦总是要宣传号召甚或强力的助力。

在火神庙正月初七过会时，人们对街里前来为火神祝寿的队伍有特殊的礼遇：庙上主事的人会走到距离火神庙有 500 米的石桥边迎接；街里祝寿队伍走到这里时也止步不前，等候恭迎。另一方面，在农历二月唱护青戏时，乡下是不用出戏钱的，费用全由街里担负。[②] 这样，在对抗与妥协的合谋中，街里、乡下各司其职，有序共处，各自享有与自己名声相符的权利义务。

在村际之间的交往中，梨区的"对子村"有别于上述诸例，它不一定与经济、婚姻甚至信仰有关，是两个并不相邻的村落相互之间有着认同感的亲情化表述。在人们说"我们两村是对子村"或"他们两个村是对子村"时，对子村是两个有着认同感的不相邻的村落之间的，也是针对第三者的。

相距约 30 里的豆腐庄与范庄有"对子村"之称。两村的大姓，豆腐庄的徐姓和范庄的范姓都有从山西洪洞移民的群体记忆。因为范庄靠东，豆腐庄靠西，两村的村民习惯称范庄为"东头"，豆腐庄为"西头"。考虑到前文所述的"我们村东"等梨区日常言语，东头与西头显然有着将原本空间间隔的两个村子合二为一的感觉。如今，两村村民对其良好关系的历史和现状都是共认的，并强调

---

① Chau, Adam Yuet, Miraculous Response：Doing Popular Religion in Contemporary China, Stanford, California：Stanford University Press, 2006, P31—32.

② 王诗愉：《说唱与敬神：对马街书会说唱艺人"还愿戏"表演的田野考察》，北京师范大学硕士学位论文，2007 年，第 7—13 页。

两村村民在任何时候都存在的那种融洽和互帮互助的关系。这种俨然一村的关系，与两村都还在举办的醮会有着关联。在豆腐庄，现今仍然举办的醮会承袭了历史上就有的名称——皇醮会。除了没有道士主持仪式，醮会期间醮棚的布置，请神，在村庄不同方位送佛、鬼、神等仪式都还有浓郁的打醮色彩。[①] 范庄的醮会在上个世纪 90 年代以来，就以"龙牌会"取而代之，并且一跃成为梨区规模最大的庙会，不但在 2003 年成功修建了庙，还在 2006 年成为河北省省级非物质文化遗产。[②]

　　尽管因为龙牌会的显赫，对于两村过会时醮棚/庙中除主祀神之外的其他神马大致相同的原因，双方的表述出现了差异，但皇醮会和龙牌会两个庙会组织之间来往是密切的。在两村庙会举办的时候，双方总是早早地就赶往对方的庙会，敬拜唱诵对方的神灵。随着时代发展和社会变迁，皇醮会现今的规模远逊色于龙牌会。龙牌会过会是从不向外村发放会启的，龙牌会的男性会头也只前往梨区铁佛寺等几个规模较大的庙会，但豆腐庄皇醮会他们是必去的，至少会派两个主要负责人前往。2003 年，龙牌会会长因故未能前往豆腐庄过会，就让两个副会长前往。虽然豆腐庄人对如今范庄人曾经向他们醮会借神案闪烁其词有些不满，但让豆腐庄行好的格外自豪的是：2002 年，由于种种原因，在龙牌会没有给包括外来学者和他村香客在内的外村人提供斋饭的时候，唯独把来自豆腐庄皇醮会的人请到饭馆吃饭。

　　如果说，豆腐庄和范庄之间是因为信仰的联结而成为对子村，那么范庄与其东北相距 20 里的大马圈之间的对子村关系则没有任何明显的原因，似乎是起源于两村村民交往时的玩笑与戏谑。两村人常互称对方为"老姑父"或"老侄子"，见面时常调侃说："老姑父来了。""老侄子来了。"虽然与范庄跟豆腐庄的对子村关系相较，范庄和大马圈的对子村关系是玩笑式的，时间也并不长久，但同样两村人到了对方村吃、住、拿都很随便。在某种意义上，如果说范庄和豆腐庄的对子村关系是行为化为言语，那么范庄和大马圈之间的对子村关系则是言语

---

① 王学文、岳永逸：《嬗变的醮会：河北赵县豆腐庄皇醮会调查报告》，《民俗研究》，2009 年第 1 期。

② 岳永逸：《乡村庙会的政治学：对华北范庄龙牌会的研究及对"民俗"认知的反思》，《中国乡村研究》第五辑，福建教育出版社，2007 年，第 203－241 页。

及其诱导换化为了行为。进一步，"对子村"又规约着人们的言语、日常生活与交往方式。无论是哪种对子村，这些村庄的村民之间通婚的并不多，与婚姻圈关联甚少。对子村这种关系也存在于梨区的大马与南庄之间。

如果说，"我们村东"是通过日常言语象征性地对村内的划分，那么正好相反，作为日常言语的"对子村"则是将不同而且相距甚远的村庄黏合为一体，使两村象征性地成为一个，相互履行着各自的权利和义务。但正如范庄和大马圈之间的对子村所言传的关系一样，对子村未必一定有着诸如通婚、宗教、经济交易、水利这些纽带，关系的结成可能仅仅是因为言语的游戏。显然，这与地处平原梨区村落的密集、交通的方便、交往的频繁与社会的风险性增大等因素相关。其实，在华北，对子村这种村际关系有意无意的整合并非孤例，在山西洪洞，20多个村庄不同姓氏的村民都互称"亲戚"。

五、我们都是亲戚：地缘的拟亲属化

"问我老家在何处，山西洪洞大槐树"，"问我老家在哪里，大槐树下老鸹窝"。因为这两句俗语和《苏三起解》这出戏剧，洪洞县早已扬名海内外。如今，当地政府也尽力利用这些俗说和戏剧进行了文化再生产和旅游业的开发。赵世瑜等学界精英也纷纷研究洪洞移民传说的文化意义。[1] 近几年来，因为申报非物质文化遗产的关系，很多一度被忽视和淹没的地方文化得到挖掘和弘扬。洪洞县甘亭镇羊獬村传说是尧的故里，距离羊獬村70余里同属洪洞的历山传闻是舜的躬耕之地。在求得贤才舜之后，传说中的尧将自己的女儿娥皇、女英嫁给了舜。数百年来，当地数十个村庄还有与这一神话传说相关的仪式。

按照现世的亲属称谓，羊獬村民将传说中嫁往历山的娥皇、女英称作姑姑，历山村民将娥皇、女英称为娘娘，并各自立庙祭祀。事实上，两地人又习惯性地用方言"妞妞"称之。每年农历三月三，羊獬村民要前往历山接姑姑回娘家，而历山村民则在每年农历四月二十八前往羊獬接回娘娘。因为神亲，两村村民也

---

① 赵世瑜：《小历史与大历史：区域社会史的理念、方法与实践》，生活·读书·新知三联书店，2006，第73—124页。

成为亲戚。不仅如此，这两村之间的屯里、洪堡、南马驹、北马驹、赤荆、赵村、西乔庄、兰家节、石家庄、韩家庄、杨家庄、万安、东梁、新庄、西李村、白石村、杜戍等村村民也互称"我们是亲戚"，不少村庄还建有妞妞庙。

2007 年 4 月 18 日（三月初二），在羊獬人前往接姑姑的庞大仪仗队伍中，人们抬着装有两位姑姑行身的驾楼。对于今天在实践这些仪式的人们而言，从驾楼中的两位姑姑穿的绣花的"三寸金莲"可知，姑姑或者并没有传说中的那样遥远。同样，由于当下交通的发达，近几年的接亲队伍也非数十年前的步行，沿途在出村后进村前都搭乘汽车。

在接亲队伍前往历山和从历山回程途经的村口，当地村民都会在社首的组织下，由该村会旗、鼓乐队、旗幡队以及秧歌队等组成的仪仗队在村口设案迎接"妞妞"，有的村还有本村的妞妞驾楼或临时搭建的神棚，诸如西乔庄和万安等村还有妞妞庙。快要到村口时，只要远远看见在村口迎接的队伍，羊獬的接亲队伍就会下车，列队前行。在设有香案、搭有神棚和自己有驾楼、妞妞庙的村子，人们会抬着羊獬的驾楼在当地村子的妞妞神马前逆行一周。停留时间长的，还会将驾楼放下来，使驾楼中的妞妞与当地村子的妞妞相对。在进村出村时，途径村落的女性，主要是中老年妇女都会上前扶着轿杆或抬轿。在妞妞驾楼要离村时，迎送的队伍会纷纷跪拜，恭送妞妞一路平安并祈祷妞妞保佑自己。在妞妞驾途径村民家门口时，人们会燃烧金银元宝，燃放鞭炮，虔诚跪拜。

沿途的每个村庄都会从村庄得名、村庙修建等不同的叙事角度强调与妞妞及其父亲尧或夫君舜的关系。

在前往历山途中的西乔庄虽然是个只有 600 来口人的小村，但却有着规模宏大的妞妞庙，它也是 2007 年人们前往历山接姑姑行程中一个重要村庄。传闻该村在 20 世纪 30 年代初开始修建的妞妞庙是两位妞妞给西乔庄村民托梦的结果。在梦中，妞妞告诉村民，自己将有大难，要村民盖庙以供自己避难。但是，因为天旱无水，修建进展缓慢。妞妞遂托马子（神汉）指责村民。村民祈祷说，没有水我们怎么修呀？于是，在庄稼抢收完之后，一夜的大雨灌满了村里的陂。但是，因为白天蚊子叮咬，晚上青蛙吵闹，修庙进展仍然缓慢。妞妞上身的马子拿着神鞭在陂边"啪啪"地打了一圈。从此以后，西乔庄的蚊子不再咬人，陂里的青蛙也不再叫了。这样，有了"西乔庄的青蛙不会吼，西乔庄的蚊子不咬人"

的俗语。1939年，当鬼子烧了历山的姐姐庙后，这里也就真正成为姐姐的避难所。梦成为事实，西乔庄也成为两位姐姐的半个婆家。从那时起，西乔庄人就按照当地习俗，称羊獬人为表叔，成了名正言顺的亲戚。羊獬前往历山接姑姑也由三月初二改为初一前往，初二在西乔庄歇息一晚。现在，因为交通快捷，初二一早才出发接姑姑的队伍虽不再在西乔庄住宿，也要在这里吃派饭——午餐。

与传说中的西乔庄在半个多世纪前才成为姐姐半个婆家的原因不同，同样自称是姐姐半个婆家的万安似乎更名正言顺。传闻，万安是舜的出生地。也正因为如此，万安村的规模很大，分为南、北两社，其昔日的建制也与都城相类，有东西南北四门。村内除了姐姐庙、二郎庙、老爷庙、小南海庙、东王庙、三官庙、土地庙、虞舜安乐庙、商山庙、财神庙、娲皇圣母庙、筋骨神庙、火星圣母庙、菩萨庙、玉皇楼、魁星楼、千手菩萨楼、送子娘娘楼、姑子庵、通天教主楼、白衣楼、双王楼等众多的庵观寺庙之外，还有文章楼、更楼、四名楼、灯山楼、风水楼、广拥楼、木字牌楼、万华楼、过楼戏台、四户楼、龙凤楼、城门楼等很多楼。

每年三月三过会时，万安南北两社轮流组织过会。当接姑姑的队伍从历山返程途经万安时，要管接亲队伍的饭。2007年，是北社组织过会与管饭。万安的姐姐庙在村的北门，这也是近些年人们集资重新修建的庙宇群。不同的殿内分别供奉着二郎神、姐姐、舜、尧、东岳大帝、老君等主神。院内有戏台、功德碑林、供儿童游玩的梭梭板等设施。除三月三接姑姑过会时要唱五天戏、招待亲戚食宿，四月二十八尧王生日时，万安人要前往羊獬迎姐姐，九月九小姐姐－女英生日时，万安人同样过会，并从初一到初十唱十天戏，六月十八大姐姐的生日这天，却没有特别隆重的祭祀活动。近些年来，羊獬接姑姑的人三月初三在午饭前就要赶到万安，在万安吃派饭，过夜，把"献的"（供品）留一部分给万安的姐姐庙，初四再启程回羊獬。之所以万安在接姑姑仪程中如此重要，村民有如下说法：

传闻过去某年（一说是光绪年间），接姑姑的队伍走到万安北门，人困马乏。就在这十分饥饿之际，万安的富户乔家听说众人是前往历山接姑姑的，于是将众人引进家中烧菜做饭，热情款待并留宿。次日一早，乔家人还为接姑姑的人准备好了饭菜和路上的干粮，只象征性地收了坚持付钱的羊獬人几个钱。从此，每年三月三接姑姑时，羊獬人在万安买饼，不论买多少，都只是象征性地付钱。这饼也有了专门的称谓——"连心饼"。没想到的是，款待了羊獬接姑姑队伍的乔家当年百事顺利，生意兴隆。乔家相信这是妞妞保佑的结果，就前往羊獬姑姑庙烧香敬拜，并执意要求羊獬人来年接姑姑时再在万安歇息一夜，让他们尽地主之谊。回去后，乔家连同万安的杜、杨等大户集资修了妞妞庙。万安人也和羊獬人成了亲戚，称羊獬人为表叔。每年三月三接姑姑时，羊獬人在万安歇息遂成惯例。

另一种说法是，万安是舜爷的出生地，小妞妞女英就住在万安。姐妹二人共侍一夫，不等夫君舜安排大小之序，姐妹二人自己商定，娥皇上历山种田，女英在正宫管理内务。所以，万安同样是妞妞的半个婆家。

第三种传说则是，羊獬人三月三接姑姑时，初二到历山先接大姑姑，初三午饭前赶到万安就是为了接小姑姑。三月三万安早早赶到杨家庄村口迎接羊獬接姑姑的队伍，是为了早点让姐妹见面。双方见面时，万安人要将娥皇从羊獬的驾楼请进万安自己的驾楼。回到村中妞妞庙后，姐妹一同看戏、聚餐。晚上，一同向公婆请假，初四回娘家。①

2007 年接姑姑队伍三月初二和三月初三的派饭分别在西乔庄和万安。在这两个村庄，当进村的欢迎仪式结束时，村民就主动将接姑姑队伍中的人领会自己家吃饭。与 2007 年时社首分派谁到谁家吃饭不同，早些年都是村民自己到娘娘庙门口邀约亲戚到自己家吃饭的。到四月二十八历山人前往羊獬迎娘娘时，西乔庄、万安前往羊獬过会的人们同样也被羊獬的村民领回家吃饭。亲戚越走越亲，常年如此往来，"亲戚"感也就愈加浓烈。在较长时期，吃派饭时，人们邀约到谁就是谁，因为这是传说中也是人们信奉的妞妞的分派，是随机的、偶然的，也是不可违的。这种真实的随机组合、派对，也使村民在随后的日常生活交往中形成更为普遍的同盟。亲戚由传说中的神亲，到仍然相对抽象的村落层面，再具化为生命个体。反过来，异村个体之间一年一度重温的"回家"感也强化了相应村落之间的一体感。

---

① 受访者：杜瑞贞，男，70 岁；杜才才，男，61 岁；陈振豪，男，55 岁。访谈者：岳永逸。访谈时间：2007 年 4 月 20 日。访谈地点：山西洪洞万安妞妞庙。

事实上，不仅仅是西乔庄和万安有着妞妞庙和特定传说的村庄对接送姑姑的人说"我们是亲戚"，接姑姑队伍途径的其他 20 多个村庄也有着同样的说法。正因为有着亲戚的基本认同，接姑姑队伍往返所经村落各家各户门口所设香案上的供品，途经者可以随意食用。有的人家还专门在自己的院门口备好开水、饼干等食物，任人饮用。除此之外，大多数村子都由社首组织，为羊獬的接姑姑队伍准备有"腰饭"（路途中吃的饭），如杨家庄的馒头和豆芽菜、新庄的"黍子饭"、白石村的"苦苦菜"和馍等。虽然是打尖的腰饭，沿途村民都用自己村的特产和特有的烹饪技艺认真准备，并尽可能丰盛。亲戚吃得越多，他们心里也就越欣慰。

就神话传说和仪式实践之间的关系，很难分清谁在前谁在后。我们既可以说源远流长的神话传说被当地村民的这些仪式实践具化、真实化，也可以说因应这些仪式实践，当地人聪明地附会上了这些优美的神话传说。对于学者而言，相互孵化、孕育的言语和行为之间的复杂关系，在言语和相关行为的拥有者、实践者、传承者那里却异常简单。

在整个仪式过程中，一路上都能听到的"亲戚"两个字和"我们都是亲戚"这句话统括了远古传说和显然相对晚近的仪式实践，也涵盖了二者之间互生、互显、互促和与时俱进的动态过程。因为官民都在为将这一仪式申报为国家级非物质文化遗产而努力，所以在 2007 年仪式现场，沿途村民都在强调：由于是心意相通、世代往来的"亲戚"，"我们的鼓点能和到一起，其他地方的人就不行"。于是，神话传说中的联姻攀亲、特出时空场域中的仪式实践中的拟亲属交往，在新语境的激发下进一步融进相和的鼓点之中。通过年复一年神话传说的反复讲述，身体力行地随着妞妞行走，给予旅途中的人尽可能的帮助，被联结的每个个体真切地感受到了"大我"的存在。原本沉寂的土地、间隔的时空如同血脉相连的肌体，充满生气。这样，亲戚不仅仅是一个人们在仪式空间脱口而出的语词，实则是人们的基本感觉和意识，是他们对自己、对他人、对生命和社会基本感知、评价的语音再现，是"声音化"的人际关系本身。① 对于心理场和自我感

---

① Elias, Norbert 著、王佩莉译：《文明的进程：文明的社会起源和心理起源的研究》第 1 卷《西方国家世俗上层行为的变化》，生活·读书·新知三联书店，1998 年，第 203 页。

觉而言，地理空间的间隔化为无形。"亲戚"与妞妞也就在言说和行动两个层面成为互文。

六、用言语做：说出来的结构与关系

随着更多的深入研究，学界越来越普遍地认识到曾经一度作为认知视角和分析框架的国家与社会、官与民、大传统与小传统、传统与现代、个体与社会等二元思维的先天不足，注意到二者长期密切的互动与交融，民、社会、小传统的主体性、主动性越来越受到重视，个体的社会①、传统的发明②与循环再生③、变迁之神④、乡民生活中国家的在场⑤、乡村/民的国家⑥、传统的动力学⑦等具有思辨性，且更贴近日常生活实践的命题纷纷出炉。在此背景下，在地理空间上位居边缘的，长期也被他者视为封闭的、落后的任何一个村庄、任何一个群体、任何一种生活样态都被置入更绵长的历史时段和更宽广的世界，以及全球化的语境下进行讨论。在民俗学、历史学、社会学、人类学、政治学、经济学等领域，长期预设的"封闭的村庄"、"自给自足的小农经济"等经典命题受到强有力的挑战。事实上，随着教育的普及，科技的迅猛发展和快速渗透，资信工具的多样化与普及，在前述对立关系中俨然处于弱势的一方越来越显得主动，乡民也善于利用国家、当政者和大传统来建构自己的社会，传承自己的知识文化。尖锐的对立、冲突更多地转化为共谋和妥协。在当下社会，弱者充分利用自己的言语、行为等多种武器与强势群体展开博弈，充分展现了其抵抗的技艺。

在梨区范庄，正是当地人及时回收、消化了学术写作中对龙牌会民间文化的

① Elias，Norbert 著、翟三江、陆兴华译：《个体的社会》（Die Gesellschaft der Individuen），译林出版社，2003 年。

② Hobsbawm，E. &Ranger，T.：《传统的发明》（The Invention of Tradition），译林出版社，2004 年。

③ Siu，Helen F.，"Recycling Tradition：Culture，History，and Political Economy in the Chrysanthemum Festivals of South China."in Cultures of Scholarship，edited by S. C. Humphreys. Ann Arbor：The University of Michigan，1997，p139—185.

④ Hansen，Valerie，Changing Gods in Medieval China，1127—1276，Princeton University Press，1990.

⑤ 高丙中：《民间的仪式与国家的在场》，郭于华主编《仪式与社会变迁》，社会科学文献出版社，2000 年。

⑥ 朱晓阳：《罪过与惩罚》，天津古籍出版社，2003 年。

⑦ 岳永逸：《传统的动力学：娃娃亲的现代化生存》，《北京师范大学学报》，2005 年第 6 期。

定位与对传统的张扬，准确地把握了当政者欲借文化发展地方经济同时也要政绩的企图，原本在十多户人家中供奉的华北乡村常见的写有"天地三界十方真宰龙之神位"的龙牌才越长越大。随着这块龙牌形制的增长，龙牌之龙实现了从范庄人的祖先、中华民族的祖先，直至人祖的语言化历程。夹杂精英意识和官方叙事色彩的言语叙事为核心依旧是瞧香治病的龙牌会的仪式实践谋求了全方位的合法性。随着龙牌神格的提升，龙牌会的规模也始终保持着相当的水准，对梨区的社会结构、文化传承与再生产产生着深远影响。① 在近20年的历程中，在基本不可能为本土地方性偶像修建庙宇的情况下，前往调查采访的学者以及媒体的间接参与，激发了包括会头在内的当地精英对大号（学/官名）、小号（乳名）这一传衍多年的"双名制"命名传统的创造性和艺术性的使用，在梨区罕见地修建了龙祖殿—龙文化博物馆这一同体异名、官民各表的标志性建筑。② "民间文化"、"非物质文化遗产"等官方语言及时地成为当地民众的口头禅和操作的言语。刚刚被评定为河北省非物质文化遗产后，不但龙牌会游行的仪式队伍前端有了非物质文化遗产的大幅横标，在庙宇前很快也竖立起了高大的非物质文化遗产石碑，名声显赫的专家学者在碑文中被一一呈现。

尽管由于多种原因，梨区的娘娘庙会并未取得龙牌会那样预期的效果，但C村村民在新世纪的头几年依然进行了类似的努力。他们不但将仪式实践规模搞得尽可能大，还将传说中出生于当地的主祀神水祠娘娘通过画像具化的同时，称其为C村贾姓祖先、C村人的老祖宗和母仪天下的国母。③ 在若干层面上与相距八里地作为男性神祇的范庄之龙遥相呼应，无意中延续了中国人建构神灵世界时给神配对的传统，实现超自然世界中阴阳的平衡。

在陕北震川，同样出现了与梨区龙牌、水祠娘娘相类的言说行为，而且因为有庙首老王那样精明灵活地游走在官民两界的新型乡村精英，关于黑龙大王的言说更加丰富多彩。

① 岳永逸：《乡村庙会的政治学：对华北范庄龙牌会的研究及对"民俗"认知的反思》，黄宗智主编，《中国乡村研究》第五辑，福建教育出版社，2007年，第203–241页。

② 高丙中：《一个博物馆——庙宇建筑的民族志：论成为政治艺术的双名制》，《社会学研究》，2006年第1期。

③ 岳永逸：《对生活空间的约束与重整：常信水祠娘娘庙会》，《民俗曲艺》，2004年总第143期；《传说、庙会与地方社会的互构：对河北C村娘娘庙会的民俗志研究》，《思想战线》，2005年第3期。

　　在当地人的记忆中，地处龙王沟的黑龙大王庙庙址发生了三次变化。与任何适应社会变迁并存身下来的乡村庙宇和庙会一样，庙址变动一回，庙宇的规模就增大一次，庙会也越红火。在同生的言语叙说中，新近的庙址是最好的，也是黑龙大王最喜欢的，因为这里有一眼泉水——圣水①。在老王的经营下，黑龙大王庙实际上已经成为当地一个影响巨大的经济实体——公司。它不但给龙王沟的村民带来福利，也给政府带来税收。它不但有改善生态环境植树造林的植物园，还建立有满足龙王沟孩子上学的当地最好的小学。然而，所有这些都是以人们对黑龙大王的信仰和红火的庙会为依托。老王还加强了所属的植物园和国内外绿色环保组织的合作，以此谋取黑龙大王庙会在体制内的合法地位。就在拓展这些业务、扩大庙会影响的同时，老王格外关注对相关事件的记述和言说。于是，在黑龙大王庙，同时有着七八块牌子，而老王一人是所有这些牌子指涉的第一负责人或者说法人，包括黑龙大王庙庙首、红柳滩村村长、文物管理所所长、植物园园长、龙王沟小学名誉校长、龙王沟道教管理委员会主任以及榆林市政协委员等头衔。②

　　其中，尤其引人瞩目的是 1998 年五一劳动节，老王特意为前来黑龙潭植物园植树的北京环保组织"自然之友"立碑。此时，一直受到老王和龙王沟热情支持，专门调查研究黑龙大王庙会以及当地信仰的学者周樾，也是一直警戒自己不介入当地政治和文化生产的周樾，不得不为老王和龙王沟撰写意在凸显龙王沟和老王的碑文。在 1998 年 5 月 3 日揭幕的这块石碑碑阴的碑文下面，有日文和英文的落款。碑文本身也散布着"环保"、"生态"、"绿色文明"之类对多数陕北半文盲农民来说无疑充满神秘力量的符码。周樾清楚地意识到这些言语都成为老王在当地政治生活中无声却有力的筹码。显然，经由物质呈现，文本刻写所传达的权力远远大于文本内容本身。在稍晚些龙王沟道观管理委员会挂牌仪式上，老王宣读的由他人代写的讲话稿也充满了类似的言语。在诸如立碑、挂牌这样主要由言语为主体的仪式场合，在更大的空间有着声名，但仅仅是龙王沟这个地方

---

　　① Chau, Adam Yuet, Miraculous Pesponse：Doing Popular Religion in Contemporary China, Stanford California：Stanford University press, 2006, P85 - 86。

　　② Chau, Adam Yuet, Miraculous Response：Doing Popular Religion in Contemporary China, Stanford, California：Stanford University Press, 2006, P219—225.

的精英的老王巧妙地利用言语对个人卡里斯玛的呈现是将黑龙大王的灵验呈现和地方政府的政治呈现熔铸一体的。① 换言之，国家、政策、政府的相关部门、社会前沿的组织都成为老王的策略、工具、符号，并借老王的眼光、智慧、言语行动成为龙王沟这个地处西北边远小山沟生活世界的有机组成部分。

无论是梨区的范庄、C 村还是陕北的龙王沟，"上边人"形象的学者、官员、记者等都作为在场或不在场的直接或间接的参与者贡献了自己的力量。但是，在没有这些外人搅和、参与的时候，没有老王那样要扬名立万的新型地方精英，乡民同样充分运用言语来展示它们的智慧和能力。原本就在一定范围内的田间地头流传的传说故事在不同的外在语境下被人们生产为新的言语。

由于国家惯有的强势和家天下儒学观念的普及，仅限于地方的灵验传说总是与国家的兴旺、昌盛，与大传统不露痕迹地联系起来。② 不但远离乡民生活的国家成为乡民表述自己的一种策略，而且被乡民表述的国家是需要与他们自己生活息息相关的神灵来庇护的。由此，村庙的重修，对神灵的礼拜、颂扬也就成为村民的"国祭"。对村民而言，其观念世界中的地方性、个体化的信仰行为也就具有更广泛意义上的合法性。1994 年，在梨区曹庄村西重修的老母庙壁上刻写的《重修老母庙记》交代了作为显圣物的老母塑像"出土"后的灵验，云：

> 几年来，白叟黄童，凡有所请，无不灵验。馨欵瞬间福及生灵可见，数例奇患，顷刻痊愈。顶礼膜拜者，门无虚日。庙祝三妇，侍迎香客，累喘不息。庙神之灵何地蔑有，而菩萨灵异若是。国家兴旺，庶民安宁，梨果满园，屡丰告庆。然时有恶徒意飏，遂匿，搜于室，徙而闭关秘匙，以影代之。仍日增月盛，叩谒相寻。

也即，这个仅一间小屋的村庙之所以要重修，不仅仅是因为老母治愈村民奇患的灵验——佑民，还因为这个偏居一隅的老母使遥远的国家兴旺——护国。因此，这些主动与主流意识形态联姻的言语不但叙说着建庙过会的合理性，还建构

---

① Chau, Adam Yuet, Miraculous Response: Doing Popular Religion in Contemporary China, Stanford, California: Stanford University Press, 2006, P225—236.

② 岳永逸：《村落生活中的庙会传说》，《民族艺术》，2003 年第 2 期。

着属于乡村和乡民的民族国家。至今依旧默默无闻的村庙小神也就在指向上、正统的"护国"和指向下、合情的"佑民"的两极刻写、叙事与言说的合体过程中，安坐于简陋村庙，享受着人间或稀稀拉拉或红红火火的香火。

其实，当下的乡民已很少以这样的委婉与羞涩与国家对话交流，他们呈现出了更多的自信。在洪洞三月三接姑姑的仪式现场，随着近几年来多了像我这样有着所谓的调查者、领导、专家等多种称谓的外来人之后，社首以及村领导也就或多或少地干预谁到谁家吃派饭。这样，"派饭"的"派"就多了世俗的意义。但是，虽然有了世俗权力参与分派的性质，但作为外来者的我仍然受到好客村民的热情接待。用他们自己的话说："这两天，你随便到哪家，只要门开着的，你都可以进去，要吃就吃，要喝就喝，随便！在这个日子，只要你来了，就是亲戚！"显然，这个时候的"亲戚"已经远远脱离了乡土的限制，表达的是淳朴乡民与外界、他者交流的自信。语言学中的偏义复词，在词典中定义为主要指国的"国家"，在乡民的嘴中更多的时候其实指的是他们心目中的"家"。于是，2007年4月18日下午4点20分，在西乔庄吃完派饭告辞时，还不到30岁的主人，从小就会打鼓的小李得知吃派饭的我的真实身份之后，朗声说："咱们村的这事三皇五帝就有了，几千年了，祖祖辈辈都这样。这就是民俗，是山西的文化，你们回去一定要好好报道报道、宣传宣传。明年，你们再来，再来我家吃饭，一定来啊！"

当然，乡民用言语做自己想做的事情，也成就自己想做的事情，并且越来越多地在国家与社会、官与民的交往中增强了更多的主动性。用个时髦的词来说，就是"公民意识"日益增强。但是，这并非说国家或者说当政者越来越被动，而是说在与一贯强势并拥有话语霸权的国家、主流意识形态的交往过程中，乡民在运用自己"土语"的同时也更加主动地运用官方的语汇、基本句法和语法规范，以拓展自己日常行为的公共空间。这也即流心所谓的在乡民日常生活中"实践的意识形态"。当然，在更多的场合，为政者同样也游刃有余地利用民间的言语，让民众自觉或不自觉地皈依到官方既定的轨道，正如世纪之交梨区铁佛寺庙会的变化。官方对铁佛寺戏台上对联的悄然替换，就展示着在铁佛寺庙宇的毁与建、庙会的禁与放的官民博弈赛局中，官方不露声色的优势和主动，"封建迷信"的标签，"千年古寺""传统文化"等的新定位，尤其是许诺能增收的

"梨园民俗度假村"的灿烂前景，都通过言语有力也有效地压缩着民众信仰生活的空间。[1]

总之，在华北，乡土社会的结构、关系确实与学界惯常关注的血缘、地缘、姻缘、业缘有着关联，也可以用婚姻圈、信仰圈、贸易圈、水利组织、劳作模式等来勾画，但从"自家屋"、"我们村东"、"对子村"、"我们都是亲戚"这些简单而又复杂的日常表述可知，乡土社会是乡民自己的，他们有着自己的话语体系和表达方式。乡土社会是乡民行出来的，也是他们自己说出来的。只有在动态的过程和交际的具体场景中，作为他者的我们才能更真切地把握属于乡民的乡土社会及其心性。这样，无论是如今声称田野调查的社会学、人类学、民俗学，还是历史人类学，以及广义的乡村研究，既有的学术话语体系也就有了重新检视的必要。

---

[1] 岳永逸：《传统民间文化与新农村建设：以华北梨区庙会为例》，《社会》，2008 年第 6 期。

后　记

　　本书是中山大学历史人类学研究中心承担教育部人文社会科学重点研究基地重大课题的结项成果。

　　2006 年，我主持了题为《10 世纪以来华北村社、移民与宗族的历史人类学研究》的基地项目。由于"历史人类学"研究的跨学科特点，这个项目邀请了历史学、人类学和民俗学的学者和博士生共同参与完成。其中除人类学学者张小军教授、北京师范大学民俗学团队的两位学者和山东大学民俗学团队的三位学者外，其余都是历史学学者。这两所高校的民俗学团队在全国相关研究机构中，实力相当强，他们长期从事北京、山东、河北等北方地区的调查研究，特别重要的是，他们在与我的多年合作中，十分重视历史的观照，因此他们的加入不仅于本课题十分必要，而且使我们的关怀能够延伸到比较晚近。

　　香港中文大学的讲座教授科大卫先生的加盟是非常重要的。虽然他多年来研究的重点在华南，但承蒙他对整个中国研究的"野心"，使他在发表"告别华南"的宣言的同时，把一部分研究热情投放到华北。他在新著《皇帝与祖先》一书中，讨论了他对华北历史研究的心得。因此，本书的另外两位香港中文大学的博士生的研究，与科大卫的研究一起，构成了从华南看华北、看中国的组成部分。事实上，张小军教授也是香港中文大学的人类学博士。他的博士论文研究的是福建的一个村落，因此是历史人类学"华南派"的成员，这次合作不过是我们多年往来的又一次而已。

　　其余作者都是我以前的学生。在他们当中，有的从我学习至今已有近 10 年，短的也有 6 年之久。无论他们的研究水平如何，但在华北研究的领域里都能孜孜不倦，耕耘不辍。我希望他们以及他们的学生，能与海内外关注华北区域社会史的所有学者一起，将研究推向深入，以达到我们重新认识和解释中国历史的初衷。

中山大学历史人类学中心先后两届主任陈春声教授、刘志伟教授对本项目的完成一直非常支持。我们围绕这个项目先后开过两次学术讨论会，也曾赴北京房山和河南濬县考察。他们不仅在百忙中参与其中，而且在活动的组织和经费使用方面给予支持，这是需要特别感谢的。中心的助理黄晓玲女士在许多具体的项目事务上给予了大力帮助，没有她的认真工作，项目的按期完成是不可想象的。

此外，在本项目即将完成之际，我从北京师范大学调入北京大学。北京师范大学校领导与社会科学处支持我建立了乡土中国研究中心。这里作为一个很好的研究平台，与海内外学术机构进行了频繁的合作，承办或主办过四届历史人类学高级研修班。本项目的工作也大多是在这个平台上完成的。因此也要对母校表示衷心的谢意。

本项目虽告一段落，但作者们的研究仍在继续。说实在话，我们在华北做的工作还是零星的，不仅还有大量区域上的和时间段上的空白点存在，而且我们还缺乏综合和系统，我们在解释上还比较苍白无力。这些都是我们今后工作的努力方向。

编者赘于 2010 年春节

作者信息

从《钦明大狱录》看明中叶的户籍、身份与城市生活　　　科大卫（香港中文大学历史学系）

明清时期裕州的市镇兴替与移民社会　　　张兴华（香港中文大学博士候选人）

民国初年一个京城旗人家庭的礼仪生活　　　赵世瑜（北京大学历史学系）

鲁中小章竹马：军户移民的历史记忆与文化表演

　　　　　　　张士闪（山东大学文史哲研究院民俗学研究所）

庙宇·水权·国家　　　张小军（清华大学人文社会科学学院社会学系）

唐宋以来高平地区寺庙系统与村社组织之变迁　　　罗丹妮（中华书局历史编辑室）

从"官军之庙"到"商人之庙"　　　邓庆平（中国政法大学人文学院历史研究所）

祖先记忆与明清户族　　　王绍欣（中国社会科学院历史研究所）

社会资源与家族化进程　　　丁慧倩（中央民族大学历史文化学院）

村社与宗族：明清时期中原乡村社会组织的演变

　　　　　　　李留文（郑州航空工业管理学院人文社科系）

"忠闾"：元明时期代州鹿蹄涧杨氏的宗族建构　　　韩朝建（香港中文大学历史系博士候选人）

近代以来北京城乡的市场体系与村落的劳作模式

　　　　　　　刘铁梁（北京师范大学文学院民俗学与人类学研究所）

土地拥有、流动与家庭的土著化　　　刁统菊（山东大学文史哲研究院民俗学研究所）

　　　　　田传江（山东枣庄市山亭区龟城乡人大主任，常住红山峪村）

山东青州市井塘村民间文献述略　　　叶　涛（中国社会科学院世界宗教研究所）

我们都是亲戚：说出来的华北乡土社会

　　　　　　　岳永逸（北京师范大学文学院民俗学与文化人类学研究所）

406